晚清以降：西力冲击下的社会变迁

苏生文　著

商务印书馆
创于1897 The Commercial Press
2018年·北京

图书在版编目(CIP)数据

晚清以降:西力冲击下的社会变迁/苏生文著.—北京:商务印书馆,2017(2018.9 重印)

ISBN 978-7-100-14031-7

Ⅰ.①晚… Ⅱ.①苏… Ⅲ.①社会变迁—研究—中国—近代 Ⅳ.①K250.7

中国版本图书馆 CIP 数据核字(2017)第 126030 号

晚清以降:西力冲击下的社会变迁

苏生文 著

商 务 印 书 馆 出 版

(北京王府井大街 36 号 邮政编码 100710)

商 务 印 书 馆 发 行

北京市艺辉印刷有限公司印刷

ISBN 978-7-100-14031-7

2017 年 10 月第 1 版　　开本 880×1230 1/32

2018 年 9 月北京第 2 次印刷　　印张 14¼

定价:42.00 元

目录

在传统与现代之间

走向世界与认识世界

西力冲击下的社会变迁

文学视野中的现代文明

大变动时代的历史人物

在传统与现代之间

晚清学术的传承与创新

——以“小莽苍苍斋”所见学者为考察中心

晚清学术（1840—1911）是清中前期学术的自然传承和延续，有其内在的发展理路。在此期间，学者们秉承乾嘉学派的治学传统，在经学、小学、音韵学、金石、版本、史学、边疆史地等领域都取得一定的成就，甚至在某些方面有所突破。

然而，晚清学术也随着社会环境的变化而变化。面对着内忧外患的局面，一些学者改变了乾嘉时期那种为考据而考据、为经学而经学的老路，开始面向现实、关心政治。不论是汉学还是宋学，是“今文”还是“古文”，都不约而同地趋向于经世致用。在对待西学的问题上，则趋向于“中体西用”——即在“原则”问题上遵循捍卫中国传统的道德文化，在实际问题上则吸收西方的长处。当然，也有个别“出乎其类”的学者，如郭嵩焘等则认为西方的文教制度也多有可学之处，但难以被主流社会所接受。

甲午战争的隆隆炮响，使晚清学术界受到了强烈的震动。为了救亡图存的需要，康有为等今文学派学者“巧妙”地将今文学说中的某些观点加以提炼和改造，使之变成维新变法的思想武器，并将之运用于实践。甚至那些在学术上与今文学对立的古文学者，也在一定程度上同情和支持维新变法。

庚子之变后，革命学说兴起，作为封建专制制度思想基础的儒学的独尊地位受到了质疑和批评。一些学者在回归儒家作为诸子百家中普通一家的本来地位、孔子作为儒学创立者的普通学者身份方面做了大胆的探索。这是一场前所未有的思想解放，对清末以至民国初期的新文化运动产生了直接的影响。

一、“旧”学后劲

盛行于清盛期的汉学考据学发展到晚清，虽势头有所减弱，但依然人才济济、著述丰富。被章太炎称为“天下耆硕惟兹一个”（《致“国粹学报”馆书札》）的孙诒让，研究门径完全传承乾嘉训诂考据，尤其服膺段玉裁、钱大昕、王念孙、王引之诸家之学，走的是正统的考据学（朴学）的道路。他的一生，著作多达三十五种，在经学、史学、诸子学、文字学、考据学、校勘学等诸方面都有卓越的成就。计有：《广韵姓氏刊误》《白虎通校补》《六历甄微》《温州经籍志》《温州古甓记》《古籀拾遗》《周礼正义》《札迻》《墨子间诂》《周礼三家佚注》《逸周书补》《大戴礼记斠补》《周礼政要》《九旗古义述》《古籀余论》《契文举例》《名原》《学务平议》《学务枝议》《尚书骈枝》《籀庼述林》等。未完稿的还有《经迻》《四部别录》《汉石记》《古文大小篆沿革表》等多种。其中积二十余年之功著成的《周礼正义》，被公认为是研究周礼的最精审详备之作，把《周礼》研究提高到一个新水平；他的另一名著《墨子间诂》为训诂名著，被誉为“现代墨子复活”;《契文举例》则是研究甲骨文的最早著作，开创了利用甲骨文这一新材料进行学术研究的先河。孙诒让在考据学上的研究成果与他的前辈相比，毫不逊色。

另一位“能为正统派张大其军”(梁启超《清代学术概论》)的章太炎，治学门径也是继承乾嘉汉学风格。其主要精力放在语言文字和历史研究方面，从校订经书扩大到校订史籍和诸子诸书，从解释经文扩大到考究历史、地理、天文历法、章律和典章制度等。主要学术著作有《訄书》《古文尚书拾遗》《春秋左传读叙录》《刘子政左氏说》《广论语骈枝》《新出三体石经考》《说文部首韵语》《文始》《国故论衡》《太炎文录》等。

此外，王先谦、李慈铭、杨守敬和陈澧等学者，也以考据见长。

王先谦“治经循乾嘉遗轨，重考证”[①]，著有《尚书孔传参正》《诗三家义集疏》《释名疏证补》《汉书补注》《后汉书集解》《新旧唐书合注》《元史拾补》《史记旁证》《日本源流考》《外国通鉴》《五洲地理志略》等，汇编刊刻了《东华录》《东华续录》《续皇清经解》等。其中《续皇清经解》为阮元刊刻的《皇清经解》的续集，使“有清一代汉学家经师经说每赖以传”[②]。

李慈铭深受汉学考据影响，在治史方面承乾嘉遗风，精于训诂，通释假借，旁征博引，细入毫芒，以精博而著称于世。经李慈铭校勘、考证的史籍有《史记》《汉书》《后汉书》《三国志》《晋书》《宋书》《梁书》《魏书》《隋书》《南史》《北史》等

① 蔡冠洛《清代七百名人传》，中国书店 1984 年版，第 1707 页。
② 支伟成《清代朴学大师列传》，岳麓书社 1998 年版，第 346 页。

十一种，其中以《汉书》的校勘最为精湛，为史籍考据的经典之作。此外，还著有《唐代官制杂钞》《宋代官制杂钞》《元代重儒考》《明谥法考》《南渡事略》《历代史乘》《闽史》《后汉书集解》等十余种，是继钱大昕、王鸣盛、赵翼之后的又一大家。

杨守敬用考据方法，著《禹贡本义》《古地理志辑本》《历代舆地沿革险要图》《水经注疏》等史地类著作多种。

陈澧宗汉学，以训诂考据为门径，精于天文、地理、乐律、音韵、律历、算学、文字等，有《说文声表》《切韵考》《声律通考》《汉儒通义》《东塾读书记》《水经注提纲》《水经注西南诸水考》《东塾集》《弧三角平视法》等传世。

桐城派自"桐城三祖"（方苞、刘大櫆、姚鼐）之后，经"姚门四杰"（梅曾亮、管同、方东树和姚莹）的传承，势力虽有所削弱，但到了晚清之际，在新掌门人曾国藩的努力下，重振旗鼓，重新焕发出勃勃生机。此后，"曾门四子"黎庶昌、张裕钊、吴汝纶和薛福成传承了该派的衣钵。其中，被称为"桐城后殿"的吴汝纶，甚至把"辞章"提高到"与其伤洁，毋宁失真"（吴汝纶《答严几道》）的地位。而这种"宁失真，不伤洁"的思想，对他的弟子、翻译家严复有着直接的影响。后者以桐城古文笔法译述西方名著，在《天演论·译例言》中第一次提出了翻译中的"信、达、雅"三大准则，被后来的翻译家奉为圭臬。

梁启超在《清代学术概论》中说："金石学之在清代又彪然成一科学也。"在晚清，著名金石收藏及研究者陈介祺、缪荃孙、孙诒让、罗振玉、王国维等人传承诸前辈（阮元、翁方纲、钱大昕、孙星衍、程瑶田等）的金石爱好和借助于金石材料研究学术的方法，在金石学上多有创获。

以收藏毛公鼎而著称、与潘祖荫并称为“南潘北陈”的陈介祺嗜好收藏文物，仅三代、秦汉古印一项，就有七千余方，特建“万印楼”藏之，并将自己的研究成果编成《簠斋印章》。此外还有《十钟山房印举》《封泥考略》《簠斋藏古目》《簠斋传古别录》《簠斋吉金录》《簠斋金文考释》《簠斋藏镜》等。

缪荃孙也是位收藏家，曾将自己收藏并考证研究的一万八千余种金石拓片编成《艺风堂收藏金石目》。后又在这本目录的基础上，编撰了《江苏金石志》。

十九世纪末、二十世纪初甲骨文的发现，使金石学这一传统门类拓展了研究对象。孙诒让1904年著成的《契文举例》，成为甲骨学研究的开山之作。罗振玉也从1906年起收集甲骨近两万片，并断定甲骨是殷商遗物，辑得《铁云藏龟之余》，并在此后的二十多年时间里，陆续编订了《殷虚书契前编》《殷虚书契菁华》《殷虚书契后编》《殷虚书契续编》等。王国维在帮助罗振玉整理校订《殷墟书契考释》的过程中对甲骨文产生了浓厚的兴趣，并把甲骨文作为史料来研究商周时期的礼制和地理等，将甲骨学研究提高到一个新高度。

在传统的地理学方面，李文田、屠寄、杨守敬、王国维等人，传承前代学者的研究方法，在边疆史地研究上颇有建树。

李文田是著名的辽金元史专家，谙熟三朝史地，著有《元秘史注》《元史地名考》《西游录注》《塞北路程考》《和林金石录》等。为了获得第一手资料，他亲自深入北地寻碑访刻、考察地理，写下了“左临虎北右飞孤，逦迤长城古画图。绝塞关山秦上谷，极天岚采汉军都。明昌故苑生禾黍，统漠荒台长桦榆。斜日牧童忘旧事，尚从沙碛觅沈庐”（《行书七言律诗轴》）的壮丽诗篇。

屠寄长于蒙古史研究，用二十多年时间编撰成蒙古史巨著《蒙兀儿史记》。该书广采中外文资料对《元史》进行校补，纠正了《元史》中的许多讹误，并搜集零星史料，补充了《元史》所缺的数百个人物传记，弥补了《元史》对元朝建立前的早期蒙古族史、四大汗国史以及许多重要历史人物记载的缺略，以双行夹注形式对蒙元史的史实、年月、人物、世系、官爵、地理、部族等作了大量考释，见解精辟。他的其他著作还有《黑龙江舆地图》《黑龙江舆图说》《京师大学堂中国史讲义》《成吉思汗陵寝商榷书》《答张蔚西成吉思汗陵寝辨证书》等。

杨守敬在《水经注》研究、历代地图绘制以及《地理志》校补等方面颇有成就。他与弟子熊会贞合作完成的《水经注疏》，对《水经注》一书征引的故实均注明出典，对所论述的水道逐一详其源流，并对清代全祖望、赵一清、戴震诸大家的校释进行订正，被视为明清以来《水经注》研究的集大成者。杨守敬的另一著作《历代舆地图》，以一朝或一国为一组，绘录了从《左传》《战国策》《汉书》至《明史》的各《地理志》中的绝大多数地名和山川形势。《历代舆地图》以《大清一统舆图》为底图，以朱墨套印、古今对照、大比例尺等方式制成，其详细精确程度超过以往，在中国地图学史上具有重要意义。

王国维则在先秦时期的部族名称和部族迁移、国家地域、都城，以及秦汉郡的变迁、辽金元时期的边疆部族及其文献等方面，都有精到的研究。

二、“通经致用”

然而，学术往往随着社会环境的变化而变化。面对着晚清内忧外患的局面，一些学者改变了乾嘉时期那种为考据而考据、为经学而经学的老路，开始面向现实、关心政治。

率先走出书斋的是今文学者。他们借用今文经学便于附会、发明己意的特点，积极从今文经典中寻求变革的“微言大义”，并根据现实需要加以解释或比附，为我所用，以达到“以复古为解放”（梁启超语）的目的。

段玉裁外孙龚自珍从28岁时起追随今文学者刘逢禄治《公羊春秋》，皈依了今文学，著有《春秋决事比》《大誓答问》《左氏决疣》《五经大义终始论》《古史钩沉论》《壬癸之际胎观》《尊隐》等今文学著作。他治学的终极目的并不是为了学术，而是借用今文经学来抨击封建专制、昌言社会改革、反对满清统治者的民族压迫，给当时沉闷的学术思想界注入了生机和活力。龚自珍是晚清思想解放的第一人，“光绪年间所谓新学家者，大率人人皆经过崇拜龚氏之一时期”（梁启超《清代学术概论》）。他的今文经学直接孕育了光绪年间的一代思想家，康有为、谭嗣同、梁启超等人都曾受过他的巨大影响和深刻启示。龚自珍不仅使康梁等人产生了对传统的封建思想的怀疑和动摇，而且为他们提供了一个宣传新思想的新方法和新形式。康有为等人发动戊戌变法所依据的今文经学理论，实质上是龚自珍理论的直接发展，而这种发展导致了传统经学的彻底破坏。因此，龚自珍被认为是“六经之道，扫地尽矣”的始作俑者。

魏源也从刘逢禄学《公羊春秋》，主今文经学。他的重要的今文学著作《诗古微》，是在前人研究的基础上，将失传已久的西汉今文经学派鲁、韩、齐三家所据的《诗经》文本及其论说组织为一个系统，用以攻击古文经学所推崇的《毛诗》；另一著作《书古微》，则意在阐明西汉《尚书》今古文的微言大义，对东汉马、郑的古文学说提出了严重的质疑。同龚自珍一样，魏源的治学目的也是借今文经学昌言变革、谋求经世。他曾代江苏布政使贺长龄辑纂了旨在"备朦诵，知民务，集群虑，研几微，究中极"的《皇朝经世文编》，成为晚清经世思想的开启者。

继龚、魏之后，宗奉今文学的学者有戴望、王闿运等人。王闿运又将薪火传给了弟子廖平。廖平又影响了康有为。而康有为在牵强附会、发明己意为政治斗争服务这一点上，则远远地超过了前者。

康有为通过撰写《新学伪经考》和《孔子改制考》等著作，把《公羊》的"三世"和《礼运》的"大同""小康"糅合起来，在戊戌变法前基本上形成了一套比较完整的思想体系，即将《公羊》的"升平世"说成是《礼运》的"小康"，《公羊》的"太平世"说成是《礼运》的"大同"，认为今日中国已是"小康"，通过变法维新，就可逐渐达到他所向往的"大同"境界。这种依据儒家今文学说而推演出的、由"乱世"到"小康"、由"升平"到"太平"的庸俗进化论，是达尔文学说尚未输入中国前的一大"发明"，为维新变法找到了理论依据并将之运用于实际（百日维新）。

宋学（理学）讲究义理、注重内修，在明末清初曾因"空疏"而大受谴责。但是，在汉学占主导地位的盛清时期，仍有一股宋学潜流贯穿始终，从未间断。从清初的陆陇其、陆世仪、张履祥、张伯行，到乾嘉时期的桐城派，都在捍卫着宋学在儒学中的道统地位。这一派学者强调“明体达用”，即先专心致力于“为己之学”，进而推己及人，贡献于国家、社会，通过经世而达到“修齐治平”的理想。他们认为，学问与事功不应该分离，作为一名学者，治学为其所当为，事功亦为其所当为，都是自己的分内之事。

晚清最著名的宋学家曾国藩正是在他的老师唐鉴的启发下，在前贤提出的“义理、考据、辞章、经济”这“儒学四门”的基础上，适应时势的变化，明确地将“儒学四门”与“孔门四科”联系起来的，他说：“为学之术有四：曰义理，曰考据，曰辞章，曰经济。义理者，在孔门为德行之科，今世目为宋学者也。考据者，在孔门为文学之科，今世目为汉学者也。辞章者，在孔门为言语之科，从古艺文及今世制义诗赋皆是也。经济者，在孔门为政事之科，前代典礼、政书，及当世掌故皆是也。”（《劝学篇示直隶士子》）从而为“经济之学”找到了相对应的正统地位。由于他在镇压太平天国起义过程中建立了“不世之功”，不仅实现了作为一个学者所孜孜以求的“修齐治平”的理想，而且在宋学和经世之学之间找到了最佳的契合点。

在晚清，经世致用不仅是今文家和宋学家的专利，而且也是许多古文家的追求。特别是甲午战争之后，民族危机空前加剧，原先“一心只读圣贤书，两耳不闻窗外事”的古文家的思想也为之一变，他们的治学旨趣也从“求真”转向“致用”（“通经致用”“通大义”）。最典型的例子莫过于孙诒让和章太炎。

孙诒让本来是一心沉迷于考据的古文家。在甲午战争的刺激下，他开始关注、参与维新事业，在家乡倡导新学，兴办学会、创办学校，选派留学，开办公司，改革习俗。他的《周礼正义》虽以考据见长，带有浓厚的乾嘉遗风，但他认为“（周礼）非徒周一代之典也，盖自黄帝、颛顼以来，纪于民事以命官，更历八代，斟汋损益，因袭积累，以集于文武，其经世大法，咸粹于是”（《周礼正义序》）。他的《周礼政要》更是明显地染上了经世色彩，认为《周礼》一书“政法之精详，与今泰东西诸国所以致富强者，若合符契”（《周礼政要叙》），进而从《周礼》中找到了革新社会的根据，与今文家康有为的“托古改制”所见略同。

古文家章太炎虽然早年就具现实关怀，但甲午战争后更加明显。从1897年起，他应《时务报》之约担任该报编辑，开始投身于维新事业。后又到杭州与宋恕、陈虬等人创立兴浙会，拟定章程，主张“由训诂通大义，足以致用”[①]。作为通经致用的另一思想主题，章太炎还在儒家经典中找到了现代民主思想的“源头”：“今夫民主，至公也，《尚书》始《尧典》，序以禅让；《春秋》崇五始，而隐元不书即位，圣人之情见乎辞矣。”（《变法箴言》）从《春秋》的攘夷大义中发掘出民族主义：“纵观《春秋》乐道五伯，多其攘夷狄，扞族姓。虽仲尼所以自任，亦曰百世之伯主也。”（《检论》）并以一个学者的身份积极投身于反满民主革命中去。

汉学与宋学、今文与古文之间虽然在治学方法和思想内容上均有区别，彼此之间存在着门户之见，有时甚至互相攻击，

① 姚奠中、董国炎《章太炎学术年谱》，山西古籍出版社1996年版，第49页。

势同水火。但在晚清特殊的历史条件下，由于面对着同样的现实问题（内忧外患），要求突破藩篱、消除门户之见的呼声日益高涨，出现了汉宋合流、兼采古今的新趋势。

曾国藩把汉学概括为“实事求是”，把宋学概括为“即物穷理”，认为“实事求是”和“即物穷理”都体现了传统儒学的“力行”与“致用”的务实精神，具有实质上的共通性。[①]

陈澧对于汉宋门户之争，一向持反对和超然的态度，主张兼包并蓄：“读书三十年乃知读书之法。汉学、宋学门户之见，消融净尽，惟寻求其切要以窥见古贤之学，庶不虚此一生耳。”[②]

王先谦也认为做学问没有必要被汉学与宋学的名分所累，认为“道咸以降，（汉、宋）两家议论渐平，界域渐泯，为学者各随其材质好尚，定趋向以蕲于成而已，本无所用其辨争”（《复阎季蓉书》）。他所编的《续皇清经解》，不仅大量收录了古文经学的著作，而且也收录了今文家庄存与、孔广森、刘逢禄、宋翔凤、凌曙、龚自珍、陈乔枞、魏源等人的解经著作。

由康有为等今文学者揭起的维新变法运动，一度得到古文学者的支持、理解和同情：康有为设学会、办报刊，章太炎表示“愿附骥”；康有为组织强学会，章太炎“寄会费银十六元入会”；梁启超主编《时务报》，章太炎也“应其请”，并在自己的文章中运用了今文观点。戊戌政变后，章太炎避居台湾，在

① 参史革新《从“汉宋鼎峙”到“汉宋合流”——兼论晚清汉宋学关系》，《社会科学辑刊》2007 年第 5 期。

② 出自《陈兰甫先生澧遗稿》，转引自李绪柏《陈澧与汉宋调和》，《南开学报》2005 年第 6 期。

《台湾日日新报》发表了不少诗文，对戊戌变法失败表示惋惜，对慈禧的残忍表示愤怒，极尽讽刺之能事。孙诒让对康有为的"公车上书"乃至设会办报也表示赞同，对梁启超在《时务报》撰文、在湖南讲学也表钦佩，曾经考虑过自己也设立一个像强学会那样的学会，以"振强学之规，略究几何之术"[①]。

"晚清所谓新学家者，殆无一不与佛学有关系。"（梁启超《清代学术概论》）在晚清的社会大变革中，站在思想前沿的那一批学者，多借助于佛学来推动变革。康有为的大同思想有一部分就是由佛学而来，他的众生平等、同登极乐的幻想，与佛学有异曲同工之妙。章太炎对隋唐佛学做过深入的研究和精辟的论述，常用"宗教（佛学）发起信心，增进国民的道德"，通过宣扬佛教"依自不依他"的主观唯心主义，以扫除权威，鼓舞士气。[②]梁启超也常借用佛学语言，要求人们超越此岸现实，放眼于未来的彼岸世界，并认为如果了解了佛学，"小之可以救一国，大之可以度世界矣"（《论佛教与群治之关系》）。谭嗣同的主要学术著作《仁学》，更是杂糅儒、佛、耶而成，将佛教提升到"能治无量无边不可说之日球星球，尽虚空界无量无边不可说之微尘世界。尽虚空界，何况此区区之一地球。故言佛教，则地球之教，可合而为一"（《仁学》）的高度。他援儒入佛，将消极、避世的佛教哲学阐释发挥成蔑视现实、奋不顾身、不计功利、"勇猛精进"和"大无畏"精神。他之所以能够"冲决网罗"、舍身取义，与他的佛教信仰有着必然的

① 汤志钧《近代今、古文学派的异同与分合》，《河北学刊》第25卷第4期（2005年7月）。

② 参侯外庐《中国思想史纲》，上海书店出版社2008年版，第669页。

关系。

晚清学术的另一大变化是诸子学研究的兴起。俞樾、孙诒让、王先谦、章太炎、梁启超等人对孔子之外的其他儒家代表人物（如荀子）以及诸子百家中的道家、法家、墨家、名家、杂家、农家、兵家等进行了初步的研究，不仅扩展了研究领域，而且意味着对传统思维模式的突破。

章太炎发表“尊荀抑孔”论，对孔子采取批评态度，尖锐地揭露出历代帝王尊孔的目的是为了“便其南面之术，愚民之术”(《驳康有为论革命书》)，并把诸子学看作是与儒学同样重要的历史遗产和文化宝库。

梁启超的《保教非所以尊孔论》对康有为创设孔教的主张提出非议，认为两千多年来中国学术停滞不前，“皆由思想束缚于一点，不能自开生面……守一先生之言，其有稍在此范围外者，非惟不敢言之，抑亦不敢思之，此两千年来保教党所成就之结果也”。又说:“孔子者哲学家、经世家、教育家，而非宗教家也。”并向世人宣布:“吾爱孔子，吾尤爱真理；吾爱先辈，吾尤爱国家；吾爱故人，吾尤爱自由。吾又知孔子之爱真理，先辈、故人之爱国家、爱自由，更有甚于吾者也。吾以是自信，吾以是忏悔。”(《保教非所以尊孔论》）他还把先秦诸子百家活跃的时期称为中国学术的“全盛时代”，对孔子的独尊地位提出了大胆的怀疑和批评，把孔子从圣坛上拉了下来，恢复了孔子作为儒学创立者普通学者的本来身份、儒家作为诸子百家中普通一家的本来地位，仿佛使人们恍然大悟：原来在儒学之外还有他学，六经之外还有诸子。因此，“晚清之学术，实已超出二千年之故辙，所谓经学理学范围之外，更非古文今文所能局限之矣”[1]。这是史所罕见的大变局，在不知不觉中改变了两千多年来的孔子独尊、儒术独尊的地位，无疑是一场思想解放，对民国初年的新文化运动产生了直接的影响。

三、西学的冲击

西学的再次东渐，为晚清学术注入了新鲜血液。

西学自明末传入中国后，在明末清初曾一度成为显学。雍、乾以后，由于皇帝本人不喜欢西学以及耶稣会的解散（耶稣会士是明末清初西学的主要传播者）等原因，一百多年间西学一直处于中国学术的边缘地位。鸦片战争以后，西学伴随着坚船利炮卷土重来，与中国传统学术再次发生大规模的冲突与交融，渗入、改变和丰富了中国的学术。

从被动的方面来说，传统学术受到西学的冲击，必然有所反应，表现为一个从排拒到吸收的过程：先是从物质层面到制度层面的吸收，然后是从制度层面到精神层面的吸收。

从主动的方面来说，中国学者逐渐意识到传统学术资源毕竟有限，很难解释千变万化的新世界（特别是很难用“夷狄”二字来概括列强诸国）。因此，他们中的“先知先觉”者转而直接从西学中寻找答案，“通西学以致用”。不论是今文家还是古文家，不论是汉学家还是宋学家，都或早或晚、或浅或深地吸收了西学。到了清末的最后十年，极顽固者实际上已经很少

① 萧一山《清代通史》第4册，华东师范大学出版社2006年版，第312页。

见了，只是由于对现实关怀的程度不同，不同学术流派的学者、同一个学术流派的不同学者在吸收西学的时间和程度上有所差异罢了。

由于学术上“善变通”的特点，最先接受西学的依然还是今文家。龚自珍弘扬今文学的精华，首先驳斥了宋明儒者把“华夷之辨”视为孔子学说本义的落后意识，提出了在民族关系上“太平世无内外”的观点。[①] 魏源进而在《海国图志》中喊出了“师夷长技以制夷”的著名口号，开了了解西方、学习西方的新风气，成为“开眼看世界”的第一人。

紧接着今文家接受西学的是宋学家。十九世纪五六十年代，在“借师助剿”镇压太平天国起义的过程中，兼有宋学学者身份的湘、淮军首领和他们的幕僚们，实实在在地领教了洋枪洋炮、铁甲火轮的厉害，于是以仿制洋枪洋炮、铁甲火轮为开端，发起了洋务运动。他们的治学范围也自然而然地从中学扩大到西学。

曾国藩是宋学家中较早提倡采用西学的人。他率先创立了制造洋枪洋炮的兵工厂，并聘请当时少有的懂西学的学者徐寿和华蘅芳来仿制轮船。中国的第一位留学生容闳，也一度得到曾国藩的信任，被派遣到国外去购买机器。曾国藩还是提议选派幼童留学的第一人，目的是“使西人擅长之技中国皆能谙悉，然后可以渐图自强”（《拟选聪颖子弟赴泰西各国肄业折》）。他还成功地把自己的儿子曾纪泽培养成为中国著名的外交家。

① 参见陈其泰、李廷勇《中国学术通史》（清代卷），人民出版社 2004 年版，第 419 页。

“幼学算，涉猎于中西两家”（《致张星鉴书札》）的冯桂芬（李鸿章的幕僚），曾作为上海官绅的代表与英、法、美等国领事组成会防局。凭着他对西学的了解和与西人的实际接触，敏锐地认识到“人无弃材不如夷”“地无遗利不如夷”“君民不隔不如夷”“名实必符不如夷”（《校邠庐抗议》），中国已经大大落后于被视为“夷狄”的西方国家了。因此，他提出了“以中国之伦常名教为原本，辅以诸国富强之术”的洋务纲领，成为后来流行一时的“中学为体，西学为用”理论的滥觞。

古文家对西学采取开放态度大约始于甲午战争之后。如王先谦在甲午战后开始主张因时变革，建议开矿兴商、扶植和鼓励民间工商业，并亲自投资办厂。他在掌教岳麓书院期间，撰文抨击科举制度，力主改革书院课程，明确提出：“学堂科目，自群经、国文外，历史、舆地、算学、图画，中西共者也。各国语言文字，亟宜通者也。”（《学堂论》）坚持把算学和译学列入书院的课程，以“西人之学”补“中国之学”的不足。他还积极参与时务学堂的创建，购《时务报》供岳麓书院学生传阅。这些说明王先谦已突破了古文学的界限，将一些新生事物纳入了自己关注的视野。

章太炎也主张以西学来补充传统学术的不足，在他拟定的《兴浙会章程》中说：“经世之学，曰法后王。虽当代掌故，稍远者亦刍狗也。格致诸艺，专门名家。声、光、电、化，为用无限。”①他在《訄书》中汲取了进化论、天文学、社会学的知识和理论，在诸子学研究中重视融会西方哲学。

① 姚奠中、董国炎《章太炎学术年谱》，第 49 页。

孙诒让研究《周礼》时，也与西学会通起来，试图以古学来印证西政的合理性。他大量地引述了英、法、德、美等国的历史、经济、政治和科学技术资料，主张引进西方文明以变法自强。他还用西学的方法和知识发掘了《旧唐书》《墨经》和《礼记》等中国古籍中的自然科学成就，订正了前人对这些古籍中有关地理学、力学、电学、农学等知识的错误解释。

晚清还有一类学者，因自己独特的人生经历——或亲自走向世界，或长期主持洋务而形成自己独特的学术思想。他们通过著书立说，在当时的思想界大放异彩。这一类学者有王韬、郑观应、郭嵩焘、黎庶昌和严复等。

秀才出身的王韬早年受传统儒家思想影响，其华夷观（华尊夷卑）、道器观（尊中学贬西学）和本末观（重农轻商）与当时的一般士人没什么两样。但后来定居上海、南遁香港、西游欧洲、东渡日本的独特人生经历，彻底地改变了他的思想观念，形成了在当时比较先进的新的华夷观、道器观和本末观。他说："华夷之辨，其不在地之内外，而系之于礼之有无也明矣。苟有礼也，夷可进为华，苟无礼也，华则变为夷，岂可沾沾自大，厚己以薄人哉？"（《华夷辨》）不再认为西人是蛮夷，而是与华人一样的文明、优秀的民族。不仅如此，他还清醒地认识到中国在物质文明、制度文明和精神文明等方面实际上已经全面落后于西方，如果仍然"执春秋内中国外四夷之说"，不正视客观现实，将有亡国之危险。他十分赞赏英国的君主立宪制度和重商政策，主张在中国推行"犹有三代以上之遗意焉"（《重民》）的"君民共主"制度和保商助商制度。

郑观应本人虽然没有去过西洋，但从小就通过港澳浸染了西方文化，并在西方传教士创办的英华书馆夜校学习过。他长期同洋务打交道，曾任英商宝顺洋行、太古轮船公司买办，在上海机器织布局、上海电报局、轮船招商局、汉阳铁厂和商办粤汉铁路公司等企业担任高级职务，是有官方背景的大企业家。他不仅实践经验丰富，而且还通过撰写《盛世危言》等著作将自己的实践上升到理论高度，形成了自己独特的赋税思想、商战思想和教育思想。郑观应虽然没有什么“功名”，但从《盛世危言》对晚清思想界的影响来看，把他列入学者行列，郑观应当之无愧。

郭嵩焘是进士出身兼有宋学家身份的学者型官僚，是中国第一任驻外公使。他在“使西”的过程中，亲眼目睹了西方先进国家在物质文明和政教制度上所取得的巨大成就，观念发生了根本性的变化，发出“西洋政教、制造，无不出于学”的惊呼，首次以一个高级官员和博学学者的身份提出了向西方学习的建议，在当时的士大夫阶层，一石激起了千层浪。

黎庶昌曾任驻英、德、法、西等国参赞，详细地考察了西方各国的政治制度、文化教育、工农业生产、交通设施和民情风俗。后又两度出使日本，对日本明治维新的得与失都有所体察。通过深入考察，黎庶昌眼界大开，消除了视东西洋各国为“夷狄”的成见。他认为：“孔子作《春秋》，明王道，制义法，诸侯用夷礼则夷之，进于中国则中国之。可知夷狄无定名、定形，褒讥予夺，一本政教而言。非谓舍己以外，综地球七万里而皆可禽扰兽畜也。”（《尊攘纪韦序》）并推论：“使孔子而生今世也者，其于火车、汽船、电报、机器之属，亦必择善而从矣！”（《儒学本论序》）

严复14岁入福建船政学堂，后被选派至英国学习海军。学成归国后，他相继翻译了《天演论》《原富》《群学肄言》《穆勒名学》《法意》《群己权界论》《社会通诠》等西方哲学社会科学典籍，将社会学、经济学、逻辑学、伦理学和法学等学科介绍到中国。其中《天演论》一书，对中国的思想界影响极大。在该书的按语中，严复指出，植物、动物中都不乏生存竞争，适者生存、不适者淘汰的例子，人类亦然。人类的竞争，其胜负不在人数之多寡，而在其种其力之强弱。中国再也不能盲目地妄自尊大，一味大弹"夷夏轩轾"的老调，否则就会有亡国灭种的危险。

《天演论》的出版和流行，正是在中国屡战屡败之后。《天演论》所宣扬的"优胜劣败"法则，就如当头棒喝，给了无数中国人以绝大的刺激。"适者生存"的思想，像野火一样，延烧着无数中国人的心和血，吸引着一批又一批有志之士投身于救亡图存的大潮中。

港埠外向与沪津汉城市重心的转移

鸦片战争之后，中国逐步开放通商口岸。为了满足大型对外贸易船舶的停泊需要，殖民者往往在所开口岸离旧城不远且水运条件较好的地方开辟租界，兴建码头，修路造屋，从而形成新市区，并最终将城市的重心由浅水沿岸向深水沿岸转移、由“华界”向租界转移、由旧港城向新港市转移，形成所谓的“东方的巴黎”“东方的芝加哥”等西化的大都市。其中，上海、天津和汉口就是这类从内向型小港城向外向型大港市演变的典型。

一、港区重心由浅水区域向深水区域转移

与青岛、大连等完全从小渔村发展起来的近代大港不同，天津、上海和汉口这些特大港市，在开埠通商以前就已经有比较发达的港埠贸易基础，具备一定的城市规模。

上海原本就是依港而兴的，由县城城厢以及东门外黄浦江西岸的港市组成。港市集中在十六铺码头至南码头一带，这里街道纵横、店铺林立，商业繁荣，有“一城烟火半东南”的说

法。[1] 黄浦江上帆樯如林、舳舻相接，呈现出十分繁忙的景象。

“晓日三岔口，连樯集万艘”，自金朝迁都燕京后，由于大批漕粮须从三岔口转输入京，三岔口逐渐发展成为繁忙的口岸，并在附近形成市镇。明永乐年间，天津城始筑，清雍正年间升格为府城。由天津府城衙署关榷、城东城北沿河街市、海河东岸连绵数里的盐坨、城内城外寺庙书院以及三岔口码头，共同展现了一幅繁盛的河港城市的历史画卷。[2]

汉口在开埠通商以前的港埠重心在长江支流汉江的沿岸。从硚口至大江口一带，有民船码头数十处。汉口的城区，也集中于汉江沿岸至长江口一带，即今中山大道东南，花楼街口至硚口的一片狭小地区，面积约有 11.2 平方公里。有正街、后街、黄陂街等主要街道 20 余条，小巷 60 余条，“家家列肆汉江滨，南朔东西百货陈”[3]，很早以前就是人口稠密、商业繁盛的所在。

为了照顾内河航运以及与之相应的小型木帆船的停泊，避开大风大浪，这些传统港城有一个共同点，即港口一般都处在江河比较靠近上游的区域（这里上下游的概念只是相对而言），或者是大江的支流沿岸（小型木帆船对水道深度的要求也相对要低一些，上游区域和支流沿岸足以满足小型木帆船的停泊），而城市的重心——衙署所在地均筑有厚厚的城墙以资守卫（汉口城墙晚至 1864 年才筑成，是少有的例外），城一市呈现出内

① 参茅伯科主编《上海港史》（古、近代部分），人民交通出版社 1990 年版，第 86 页。

② 参天津市政协文史资料研究委员会等编《近代天津图志》，天津古籍出版社 2004 年版，第 2 页。

③ 雷梦水等编《中华竹枝词》，第 4 册，北京古籍出版社 1997 年版，第 2657 页。

向型城市的特征；港—埠呈现出内向型港埠的特征。[①]

开埠通商后，从远洋而来的外国帆船（后来轮船又代替帆船）越来越多地进入这些港口，使本来就比较繁忙拥挤的港口变得不堪重负，大船掀起的大浪也容易倾覆或撞伤小船，从而引发华洋冲突。且旧港水道较浅，也不适合于大型船舶的停泊。为了解决这些问题，就需要向深水区域扩大港口范围，或者在深水区域另寻停泊之地。

上海开埠之初，由于经黄浦江进出上海的外国大型船舶增加，而其时上海东门外的十六铺码头一带，已经是舳舻相接、几无隙地，大型船舶掀起的大浪也常常对小型木帆船造成威胁。为了避免外国大船与中国小船发生冲突，官府在黄浦江上划定了“洋船停泊区”和“民船停泊区”两大区域：“民船停泊区”限定在十六铺码头以南，专供中国民船停泊，不许洋船靠泊；“洋船停泊区”限定在十六铺码头以北，专供外国商船抛锚、靠泊、装卸，中国民船不得停泊。“洋船停泊区”在“民船停泊区”的下游，水道更深，更适合于从远洋而来的大型外国船舶的停泊。

十九世纪六十年代以后，随着中外航线的陆续开辟，越来越多的外国船舶驶入黄浦江，“洋船停泊区”也越来越向下游方向延伸。与此同时，“总想沿着河浜，伸张得越远越妙”[②]的租界当局，也不断地沿着黄浦江下游扩张租界。1863 年，“洋船停泊

① 正如有学者指出的，木帆船时代大多数船舶之所以选择汉江沿岸停泊而不选择长江沿岸停泊，是木帆船时代商贾们只能活动在汉水岸边，而难以在长江上运营的表现。见皮明庥《近代武汉城市史》，中国社会科学出版社 1993 年版，第 55 页。

②《上海港史话》编写组编《上海港史话》，上海人民出版社 1979 年版，第 231 页。

区”扩展至虹口（今提篮桥附近），同时英美租界也跟着扩展到那里。[①]久而久之，“洋船停泊区”以及与之相对应的租界逐渐演变成为上海港市的重心。

天津的情况也相似。天津河港的重心原在海河、北运河和南运河交汇处的三岔口一带，这里也是海河的起点，离出海口较远。开埠通商后，天津的重心逐渐转移到了靠下游的紫竹林一带。

紫竹林在三岔口的下游，是海船进入三岔口的必经之地，也是扼守天津城的门户。这里河阔水深，满潮和落潮时潮差达8至11尺，涨潮时有利于大型船舶的进出和停泊。[②]开埠初期，外国船舶便在此停泊并建了许多码头、仓库，在紫竹林一带划定了天津最早的三个租界：英租界、法租界和美租界。甲午战争和“庚子事变”后，德、日、俄、意、奥、比各国又相继在海河两岸划定了租界，使天津的租界数达到九个（1902年美租界并入英租界，通常称天津有八国租界），并且逐渐成为天津的重心。

从1903年起，海河航道及租界范围内的河道普遍加宽到79至98米，为大船掉头创造了条件。1905年进出天津租界码头的轮船“宜昌号”，长83.8米，吃水2.9米，是当时进出天津港最长的轮船，掉头时河面尚余6.1米。在1909年到达天津租界码头的623艘轮船中，有54艘吃水在3.6米以上。1910年，英租界码头建设了第一架岸壁式钢结构固定起重机，为港口装卸

① 参茅伯科主编《上海港史》（古、近代部分），第117页。

② 参李华彬主编《天津港史》（古、近代部分），人民交通出版社1986年版，第60页。

大件货物发挥了重要作用。这一时期，法租界在填平了沼泽地之后，建立了货栈，有 2900 米码头投入使用。奥租界也加宽了航道。俄租界修建了两座 61 米的专用码头。比租界码头也填高了。[①] 后来大型船舶的停泊地虽然转移到了塘沽，但仍由驳船驳运至租界码头卸货，天津的重心依然在租界。

汉口原来的重心在长江支流汉江沿岸，汉口一带供木帆船停靠的土坡或石级码头共有 51 处，其中 35 处在汉江沿岸。[②] 十九世纪六十年代外国航运势力侵入汉口后，为了便于外轮起卸货物，开始在江岸平直、水深流缓的深水区域——长江沿岸设立轮船码头。1864 年，旗昌轮船公司率先在张美之巷（今民生路）江边设立轮船码头、仓库。后来又有怡和码头、太古码头、大阪码头和招商码头等在长江江岸建立，共同构成了汉口狭长的江滩港区（自江汉关至黄埔路）。到 1911 年左右，江滩港区已初具规模，与一字排开的汉口五大租界连为一体，逐渐演变成为汉口的城市重心。

二、城市重心从旧港城转移到新港市 [③]

十九世纪六七十年代以后，随着轮船运输业的兴起，旧式

① 参彭德清主编《中国航海史》（近代航海史），人民交通出版社 1989 年版，第 434 页。

② 参郑少斌主编《武汉港史》，人民交通出版社 1994 年版，第 152 页。

③ 需要说明的是，沪津汉城市重心的转移虽主要是因租界的兴起而发生的，但列强在选择租界的时候，良好的深水条件无疑是最先考虑的因素之一。租界均选在旧码头的下游沿岸和江河的干流沿岸，而不是相反。

的木帆船码头很难适应大型轮船的停泊，旧式的仓库和堆栈也很难容纳从轮船上卸下来的大宗货物的堆放。因此，那些最先抢滩的洋行、轮船公司，纷纷在深水沿岸进行大规模的新式码头以及配套的仓库堆场的建设，然后又在临近码头仓库的地方建立办公楼、宿舍和票房等。有的还购买地皮，造屋出租或兼营房地产业、批发零售业，从而在临近码头仓库的地方形成了最初的办公区、生活区和商业区。与此同时，教堂、领事馆、海关、休闲娱乐场所和最初的市政管理机关等也建立了起来，并修筑道路将这些建筑物连接在一起，共同构成了新港市的雏形。随着贸易（特别是对外贸易）的发展，新港市越来越繁华，地位也变得越来越重要，汉口的城市重心也由汉江沿岸（旧港城）转移到了长江沿岸（新港市）。

上海的第一轮新型码头建设始于十九世纪六十年代。

十九世纪六十年代以后，随着长江和北方口岸的开放、苏伊士运河的通航，进出上海的大型船舶日渐增多。由于大型船舶的装卸、大宗货物的存储条件要比小型木帆船高得多，过去那种比较简易的码头和仓储条件很难满足需要。于是，兴建大型的船舶码头以及配套设施也就提上了日程。1861年，英商宝顺洋行和美商旗昌洋行率先在虹口建造了宝顺码头和旗昌码头。此后，怡和、旗记、琼记、同孚、惇裕、耶松、仁记、和记、公正、法国轮船公司等也相继建立了各自的轮船码头。[①]在早期，这些洋行或轮船公司一般都在离码头不远的地方建筑低层的办公楼、仓库和货栈。办公楼的底层作为营业场所，上层作为宿

① 参茅伯科主编《上海港史》（古、近代部分），第176页。

舍，楼的四周留有空地种植花木，楼房上下都有阳台，“以便傍晚时可以闲坐着，喝喝威士忌，望望浦江的景致”[①]。这些洋楼与江岸并行排列，并以狭长的马路——黄浦滩路隔开。于是，在黄浦江西岸就形成了一条狭长的新街区，这就是著名的上海外滩。我们在早年拍摄的上海外滩老照片中可以一睹当时的实景。

图一：早期上海外滩油画，中国国家博物馆藏。

小刀会起义和太平军进攻上海期间，大量的华人涌入租界，其中不乏富商巨贾。这些华人也纷纷在租界修筑住宅、商店，与洋人所建的洋行、银行、教堂、领事馆、租界管理机构、跑马场、公家花园等一起，共同构成了上海新市区的雏形，“停车者踵相接，入市者目几眩，骎骎乎驾粤东、汉口诸名镇而上之”[②]。租界（新港市）逐渐成为上海最繁华的区域，成为上海城市的重心和中心。

①〔美〕霍塞《出卖上海滩》，上海书店出版社 2000 年版，第 12 页。
② 葛元煦《沪游杂志》，上海书店出版社 2006 年版，第 7 页。

天津在《北京条约》签订后开放为通商口岸，英、法、美三国沿海河西岸划定了长三公里的租界，共占地960亩。最初，殖民当局用拍卖租界土地所得的有限收入投资建设了与贸易息息相关且必不可少的设施——简易的码头和堆栈，铺设了纵贯租界的最早的道路——中街（维多利亚道），并在街道两旁栽种了树木，排除了积水，垫高了地基。与此同时，传教士在这里建起了小教堂，商人在自己租占的土地周围钉上了界桩，建起了仓库，再盖几间简陋的办公室和临时住宅，就开始做起生意来了。

为了便于经营，天津最早的洋行办公楼（点）和仓库一般也建在离码头不远的地方。由于仓库有限，刚从船舶上卸下来的货物经常凌乱地堆放在海河沿岸的露天堆货场，使这里的商业与生活带着“守旧和粗杂”的特征。①

十九世纪七十年代后，外商从最初的贸易中获得了丰厚的利润，租界当局也有了较多的租金和税收。于是，他们拆掉了简易的木石码头，开始建设混凝土码头。其中英租界码头有五处：第一码头长60尺；第二码头长200尺；第三码头长420尺；第四码头长350尺；第五码头长60尺。法租界码头一处，长90尺。分别为怡和洋行（英）、美最时洋行（英）、亨宝洋行（德）、大阪商船会社（日）、日本邮船公司及招商局、开平矿务局使用。②

与此同时，英租界内盖起了（老）海关大楼，除维多利亚道外，还新筑了河坝道、领事道（今大同道）、海大道和怡和道（今大连道）等。1883年，津海关道还修筑了一条从紫竹林

① 参〔日〕中国驻屯军司令部《二十世纪初的天津概况》，天津市地方志编修委员会1986年版，第347页。

② 参李华彬主编《天津港史》（古、近代部分），第60页。

码头直通天津旧城的沿河石路，大大方便了旧城区与紫竹林码头的交通联系。1887 年 6 月，作为城市建设重要特征之一的公园——英国花园对外国人开放；1890 年 5 月，又落成了大型的市政厅——戈登堂，英租界的市区格局初步形成。

法租界在十九世纪八十年代以后也开始了有规划的发展，填平了水坑，铺设了道路，安装了照明设备，建起了商店和西式住宅。华商聚集的地方也重新进行了规划。美租界 1880 年 10 月归还清政府管辖后，一些工业企业相继建在了这里。

经过三十多年的发展，到十九世纪末，天津租界新市区已经形成雏形。天津城市的重心也逐渐转移到了这里。

汉口开埠通商后，从远洋直接驶来或从中国其他口岸驶来的大型船舶纷纷在水道条件较好的长江沿岸停泊。为了适应大型船舶特别是轮船停泊的需要，原先结构比较简单的木石结构甚至仅是土坡的码头已经不能满足要求。于是，那些结构性能比较优越的新型码头纷纷在长江沿岸建立了起来。除了前面提到的旗昌码头、怡和码头、太古码头、大阪码头和招商码头外，还有宝顺洋行码头、麦边洋行码头、鸿安公司黄陂路码头、亨宝公司码头、美最时洋行码头、蓝烟囱公司南京路码头和东方公司蔡锷路码头等。这些码头一般采用浮趸栈桥式结构，码头前沿置有趸船或浮船，以栈桥（跳板）、跳船来连接趸船和坡岸，可以适应江水涨落的变化，无论是丰水季节还是枯水季节大船均可靠泊作业。趸船还可兼作仓库，储存货物。[①] 这些码头沿江依次排开，以与江岸平行的大道相连。大道的另一侧则为领事馆、

① 参郑少斌主编《武汉港史》，第 153 页。

洋行、银行、教堂、工厂、海关大楼、邮政大楼等西洋建筑，其布局酷似上海外滩，所以有人把它称为“汉口的外滩”[①]。

为了便于运输和装卸出口物资，外国洋行在兴办航运的同时，还在沿江地带创办了一批出口加工工业，如砖茶制造、棉花打包、蛋品加工、皮革压制等，将农产品加工成半成品或成品出口。一些洋行还修建了专用的轮船码头，如俄商顺丰砖茶厂码头、阜昌正栈码头、德商美最时蛋厂码头、瑞典瑞光蛋厂码头等。

外国工厂的开办使汉口港区成为汉口加工工业的中心，给城市布局注入了新的内容。港口贸易的发展，促进了商业和金融业的发展；而外国洋行、商号和华商店铺的与日俱增，以及以外国银行为主体的近代金融业的迅速发展，又使汉口沿江的江汉路直至一元路一带，成为新的商业中心。

二十世纪初，汉口沿江成片的住宅区也发展了起来。码头、马路、商店、住宅和公用设施，迅速改变着这个原本荒芜偏僻地区的面貌，使这里变成了“危楼杰阁，车马殷阗，万里航船，衔尾碇泊”的繁盛之区。[②]汉口的港埠重心逐渐从汉江沿岸转移到长江沿岸，汉口的城市重心也随之转移到了这里。二十世纪二三十年代，汉口因具备较大的城市规模和较发达的重工业，被西方人士誉为“东方的芝加哥”。

总之，上海、天津和汉口这三个城市在近代的发展颇有一些相似之处。它们原本都是因港而兴、港城一体的内向型港口

---

①〔英〕兰孙姆《武汉革命外记》，引自皮明庥《近代武汉城市史》，第 114 页。

② 参郑少斌主编《武汉港史》，第 177 页。

城市。开埠通商以后，这些内向型港口城市的重心发生了重大变化，港区由浅水区域转向深水区域，城市重心也由旧港城转向新港市。原先为内向型城市，最终演变成了外向型城市。这三个城市的演变轨迹在近代中国具有一定的典型性。与此类似的城市还有不少，可视为中国城市近代化的一个缩影。

中国近代水运中的帆、轮消长

传统的中国近代史研究认为，近代以来，随着外国轮运势力的侵入，中国旧式帆船运输业遭到了严重的打击，[①]许多船夫和有关的其他劳动人民在“洋船”汽笛声中失去了生存的依靠。[②]但实际上，这样的论断有失笼统和武断，大大低估了木帆船运输业在中国近代水运史上的顽强生命力，同时也高估了中国水运的近代化水平。[③]我们只要想一想1949年解放军“百万雄师过大江”时征用了成千上万的木帆船的情形就明白了。[④]为

① 参《中国近代史》编写组《中国近代史》，中华书局1983年版，第140页。

② 参胡绳《从鸦片战争到五四运动》，人民出版社1981年版，第288页。

③ 也有不少学者注意到了中国近代木帆船运输仍有顽强生命力这一史实。如聂宝璋认为，由于木帆船存在于坚强的封建关系之上，同时又有其势力可观的社会基础，所以，在中国的封建社会里，木船与轮船长期并存（聂宝璋《轮船的引进与中国的近代化》，《近代史研究》1988年第2期）；陈绛分析过在清季长江航运近代化的过程中，旧式帆船并未受到摧毁性的影响，帆船仍然是长江重要的运输工具，旧式航运业的传统力量仍不可忽视，长江航运近代化实现的程度是有相当限度的（陈绛《清季西方资本与长江航运的近代化》，《上海社会科学院学术季刊》1987年第4期）；戴一峰在《近代闽江航运业初探》中分析了木帆船在近代闽江航运业中占主导地位的原因（《中国社会经济研究》1986年第3期）；徐永志也认为过分强调新式交通工具的引进对传统船业的排挤和打击，“仅系一种抽象化和简单化的逻辑推理与假设，并不尽符合历史的本来面貌”（徐永志《开埠通商与津冀社会变迁》，中央民族大学出版社2000年版，第130页）。但作者均没有展开论证。

④ 在渡江战役中，苏北支前司令部共动员组织了来自泰州、扬州、南通三专区和长江工委为主的渡江船8,302只，后方转运船12,675只，其中绝大多数是木帆船。见郭孝义主编《江苏航运史》（近代部分），人民交通出版社1990年版，第235页。

此，笔者企图本着具体问题具体分析的原则，对中国近代水运史上帆、轮消长情况作一考察，[①]以求对中国近代水运的近代化水平作一个合乎历史本来面目的评估。

一、十九世纪末以后木帆船基本上退出了远洋航线

中国古代木帆船的远洋航海活动一度非常活跃，很早就开辟了“海上丝绸之路”，有过举世闻名的“郑和下西洋”的辉煌。但是，自十九世纪中叶以来，随着外国轮运势力的侵入和轮船招商局的崛起，中国传统的木帆船运输业难以与轮船展开竞争，比例逐年下降，最终淡出了远洋运输航线。

中国海关每年的贸易报告指出，1868 年和 1869 年，在海关管理下的中外船舶，轮船和木帆船的数目大约相等，各有 7,000 艘。1869 年以后，由于苏伊士运河的开通和中欧电报线路的联通，仅过了短短的几年，到 1875 年，海关管理下的轮船数目增加到了 11,000 只，吨位共达 800 万吨；木帆船的数目则下降到约 5,500 只，共仅 150 万吨；到了 1884 年，轮船的数目则四倍于木帆船，吨位为木帆船的十七倍。[②]我们可以从最主要的对外贸易口岸上海 1870 年至 1900 年每隔十年轮船在进出口船舶中所占的比重看到这一变化：

① 本文所说的“帆”指非机动而靠传统的人力、风力航行的船只。木帆船安装机动设备的，就不属于本文所讨论的“帆”的范畴，而归到“轮”的范畴。

② 聂宝璋编《中国近代航运史资料》第 1 辑，上海人民出版社 1983 年版，第 645 页。

年份	进出口船舶总吨数	轮船吨数	轮船所占比重
1870 年	1,754,322	1,248,609	77.6%
1880 年	3,317,298	2,537,783	76.2%
1890 年	5,443,179	4,730,123	86.9%
1900 年	9,432,419	8,463,123	89.7%

资料来源:《中国航海史》第 103 页。

再以天津港为例。十九世纪六十年代到港帆船吨位占总吨位的 50%；1880 年到港帆船为 117 艘，轮船为 292 艘，帆船不足总艘数的 1/3；1890 年只有 52 艘帆船到达天津，而轮船却有 533 艘；到 1900 年，只有 4 艘帆船进入天津；而 1905 年以后就再也没有一艘外国帆船进入天津港了。[①]

如果说海关的统计资料主要是针对外国的帆、轮消长而言，那么中国的远洋木帆船的命运又怎样呢？虽然缺乏比较准确的统计资料，但我们依然可以从一些侧面窥见它们的生存状况。

在很早以前，福建广东一带已经有许多人陆陆续续地乘帆船远走他乡。轮船航运业兴起之后，这些移民逐渐抛弃原来靠信风航行的木帆船，改乘以机械为动力的轮船。1866 年厦门海关报告说，“每年乘坐帆船往来于马尼拉和厦门之间的中国人，现在有很大一部分逐渐偏爱于乘坐定期航行于两个口岸间的轮船”。欧洲公司的轮船“几乎完全”承担了厦门与海峡殖民地之间“大规模的客运业”，并且承揽了运自海峡殖民地的货

① 参李华彬主编《天津港史》(古、近代部分)，第 74 页。

物。[①]“到了（十九世纪）七十年代，很多航运业务都被轮船接替了。这些船只，除了运货以外，在十九世纪下半期，乘风破浪，满载从中国前往暹罗、马来和东印度的移民，在这方面发挥了重要作用……到了1879年，从汕头到新加坡和曼谷的移民，十分之九都乘轮船（出国）。”[②]1875年，厦门（最重要的华侨出国地点之一）对外移民95%左右是乘轮船动身的。[③]到十九世纪九十年代初，“从前从事于厦门、泰国和海峡殖民地间的航运贸易的大型民船，如今只从事台南、宁波和厦门间的航运贸易。这是因为海峡殖民地的托运人如今都利用定期前往厦门的轮船。轮船运载的货物能在较短时间内运抵本口岸，从而有时间将货物运转他处”[④]。也就是说，远洋的帆船贸易因轮船的竞争和排挤，已经收缩为沿岸贸易。

在广东汕头，1858—1869年间，有100艘海上帆船被淘汰，尚存300艘。1869年以后的十年间，竟又被淘汰了235艘，以至航行远洋、往来南洋各国的帆船几乎绝迹。到光绪末年，只剩少量的木帆船依傍海岸短距离往来运货了。[⑤]

从上述资料我们不难判断，随着轮船运输业的兴起，最晚到十九世纪末，传统的木帆船已经难以同轮船一争高下，终于退出了远洋航运的历史舞台。不论是外国的木帆船，还是中国的木帆船，均无例外。

---

①《厦门海关年度贸易报告》，1875年，转引自徐晓望主编《福建通史》（近代），福建人民出版社2006年版，第158页。

② 聂宝璋编《中国近代航运史资料》第1辑，第1412页。

③ 陈瀚笙主编《华工出国史料汇编》第5辑，中华书局1985年版，第73页。

④《厦门海关十年报告》（1882—1891），转引自徐晓望主编《福建通史》（近代），第159页。

⑤ 参蒋祖缘主编《广东航运史》（近代部分），人民交通出版社1989年版，第93页。

二、木帆船在沿海和长江中下游航线仍占一席之地

近代以来，随着轮船运输业的兴起，在沿海航线和长江中下游航线，传统的木帆船运输业受到了很大的打击。当时有这样一种论调，认为自十九世纪七十年代之后，“沿岸贸易已为后者（外国轮船）所垄断，他们的轮船篡夺了木船货运，以致该业全部消失”①；“扬子江上不断增长的国内贸易也正在吸引着越来越多的外国轮船……过去中国的船业资本家现在变成了乞丐”②；“成千上万的帆船闲置在黄浦江上，闲置得快要烂掉了”③。

固然，近代轮船运输业的兴起对传统的木帆船运输业造成了很大的打击，这是不争的历史事实。然而，上述论调只是时人夸大其词的渲染，并非历史的全貌。现代的研究者也往往仅凭海关的统计资料，断定某港的木帆船运输在某年完全消失，实际上是犯了致命的史料运用错误。因为在中国近代水运史上，一般情况下中国的木帆船（民船）不归海关管辖，④有关木帆船进出港口的资料是残缺不全甚至是空白的，仅凭海关的资料是无法窥见中国近代航运的全豹的。⑤

① 交通、铁道部交通史编纂委员会编《交通史航政篇》第1册，1931年，第61页。

② 姚贤镐《中国近代对外贸易史资料》，中华书局1962年版，第1417页。

③ 聂宝璋编《中国近代航运史资料》第1辑，第1267页。

④ 部分常关后来划归海关管理，截止至1928年，通商口岸有十九个常关划归海关管理。见陈诗启《中国近代海关史》，人民出版社2002年版，第492页。

⑤ 如《天津港史》称，“从此（1905年）以后，帆船海运在天津便已消失”。其依据是天津海关1902—1911年十年报告。实际上，这里所说的帆船应该专指外国帆船。在1905年之后，外国帆船可能的确在天津港消失了，但中国的木帆船并未消失。该著作的论断显然是有问题的。见李华彬主编《天津港史》（古、近代部分），第126及131页注释。

我们先看看长江中下游航线。十九世纪六十年代，每年平均有大约2.5万艘民船到达汉口。轮船运输业兴起之后，抵达汉口的木帆船不但没有减少，反而有所增加，1905年大约有7至8万艘。[①] 长江的木帆船修造业也不但没有消失，反而有所增加（只是比以前更加分散了），如江苏无锡的造（木帆）船工场最多时达到600家，比较低潮的1937年也仍保持在300多家。[②] 行驶在长江中下游流域的木帆船船帮势力很大，其中“三江帮”拥有木帆船1,000余艘，船只最大载重量800余石至数千石不等；“泰州盐船帮”拥有500石至800石木帆船1,500艘。[③] 因此，正如英国领事所总结的，在长江中下游，“轮船运输严重影响了三桅帆船的生意，但对平底帆船的影响却微乎其微，事实上，长江上的平底船比其他船有较多的获利机会，因为它们不仅被雇来运载日益增多的进口货物，还被用来运送由轮船运来的国内产品”[④]。这里所说的三桅帆船指的是外国的木帆船，平底帆船指的是中国的木帆船。从某种意义上说，长江中下游轮船运输业的发展，实际上是造成了外国在华航运业帆、轮此消彼长的局面，而对遍布长江的中国木帆船不仅没有太大的影响，相反在一定的条件下还有增长的趋势。

再看沿海航线。

沿海航线由于风大浪高，轮船与木帆船相比，优势更为显著，轮船取代木帆船是大势所趋。但木帆船生命力之顽强，仍

①〔美〕罗威廉《汉口：一个中国城市的商业和社会（1796—1889）》，中国人民大学出版社2005年版，第112页。

②参郭孝义主编《江苏航运史》（近代部分），人民交通出版社1990年版，第157页。

③同上书，第74页。

④〔美〕罗威廉《汉口：一个中国城市的商业和社会（1796—1889）》，第112页。

不可小视。温州海关十年（1922—1931）贸易报告称，在这十年的初期，仍有21艘三桅帆船在政府部门登记，总吨位为2,503吨，直到二十世纪三十年代初，三桅帆船才基本上从温州港消失，只剩下了1艘，而且从1930年起这条船也一直闲着。[①] 这里的三桅帆船指的应该还是外国的帆船，中国的木帆船一直到三十年代仍有不少往来于温州—台湾和温州—香港之间。[②] 厦门海关的贸易报告也称，到二十世纪二三十年代，中国商人虽然"在利用汽艇和汽车联合制造公司提供的先进交通工具方面，是不甘落后的"，但"帆船运输仍然继续取得进展，在技术熟练的勇敢的船员们的操纵下，福建帆船来往于沿海从事航运贸易，并越过海峡到台湾"。[③]

在北洋海域，由于沙多水浅（个别港口如青岛除外），木帆船在沿海贸易中的比重更大。1908年，北洋牛庄、天津、烟台、青岛和大连五口民船所占比重依次为23.57%、7.14%、5.31%、14.18%和49.81%；1919年分别为11.50%、2.75%、5.55%、13.01%和67.20%。[④] 其中，从1908年至1930年，烟台常关统计的进出口民船数量连续二十二年每年维持在1.4—1.9万只之间。[⑤] 即使是行轮条件最好的青岛港，自开埠后木帆船进出该港

① 陈梅龙、景消波译编《近代浙江对外贸易及社会变迁》，宁波出版社2003年版，第189页。

② 参周厚才编著《温州港史》，人民交通出版社1990年版，第111页。

③《近代厦门社会经济概况》，鹭江出版社1990年版，第388页。

④ 见刘素芬《近代北洋中外航运势力的竞争（1858—1919）》，《中国海洋发展史论文集》第5辑，台北"中研院"中山人文社会科学研究所1993年版，第336—337页表格。

⑤ 见《近代山东经济沿海通商口岸贸易统计资料》，对外贸易教育出版社1986年版，第85页。

的数量也呈上升趋势，1902 年为 3,062 只，1911 年增加到 4,716 只。[①]1919 年胶海关所收的民船贸易进口税比前一年度增加了 200 万两。[②] 单从船只的数量来说，木帆船一直是遥遥领先的，有的年份甚至是轮船的十倍还多。[③]

三、木帆船在内河航运占绝对优势

中国东部地区河网密布，除个别大江外，行轮条件十分有限，再加上人为因素，内河的轮船运输业一向不很发达，木帆船运输占有绝对优势的地位，即使是 1898 年《内港行船章程》颁布后也是如此。正如日本东亚同文会所编的《支那省别全志》所概括的，由于“民船的航行区域远比轮船为广，它不大受河水深度的限制，无论怎样小的河流，都有大小合宜的民船可资利用，所以民船的营业并没有全部为轮船所夺，加之，中国人很久以来习惯使用民船，他们缺乏时间观念，重视眼前利益，民船运输所费时间虽多，但运费远较轮船低廉，所以除了不适于民船载运的货物以外，一般说，把货物托交民船运输者还很多。固此，即使轮船往来的江河里面，仍然可以看到民船往来颇盛”[④]。这样的资料俯拾皆是。

在长江上游，民国初年，进出重庆的轮船每年基本上仅有

① 见青岛市档案馆编《帝国主义与胶海关》，档案出版社 1986 年版，第 111 页。

② 同上书，第 291 页。

③ 见《近代山东经济沿海通商口岸贸易统计资料》，第 71 页。

④ 聂宝璋、朱荫贵编《中国近代航运史资料》第 2 辑，中国社会科学出版社 2002 年版，第 1396 页。

数十艘，而木船每年则有一二千艘。[①]

在近代航运最为发达的上海，内河的木帆船运输依然不减当年。1926年，经内河进出上海的民船共有51,582只。从外地运进“牲口、鲜蛋、柴炭、腿肉、土布、木材、植物油、鲜菜、段木（非建筑用）”，运出去的货物有“竹、砖、筷子、卷烟、卤咸蛋、麦粉、草帽、席子、土布、纸、糖、瓦、钱币”等。这个数目还不包括在上海境内县乡、县县间活动的木帆船。[②]

在浙江，传统的木帆船仍在客货运输中起着重要作用，甚至有所发展。浙江食米的不足部分，主要都是从安徽、江西、江苏三个邻省通过内河和内港用木帆船运进来的；浙江的部分漕粮，也是靠木帆船沿运河北上的；浙江沿海所产的盐也有一部分经内河运往嘉兴、松江等地；安徽屯溪的徽茶、绍兴府的平水茶、浙西北的杂茶以及其他土产品，也主要是用木帆船通过内河运至杭州，再从杭州销往外埠的。即使是客运方面，浙江的内河航运也并不是轮船一统天下的局面。迄至十九世纪末、二十世纪初（其时轮船运输业已经起步），浙江境内小城镇与通商口岸之间、县城与县城之间、县城与集镇之间、集镇与集镇之间往来的商旅，仍主要乘坐传统的航船、快船和夜航船；有钱的客商则可单独雇脚划船；一些官宦、富商还可雇有旅游船模样的丝网船。经常性的客源比较稳定，民船客运状况大体未变。[③] 直至二十世纪三十年代，浙江各地的农产品运输依然大量依靠传统的民船运输，尽管从速度来说，轮船、火车等近代交

① 聂宝璋、朱荫贵编《中国近代航运史资料》第2辑，第1410页。

② 参王敬德主编《上海内河航运史》，人民交通出版社1995年版，第176—177页。

③ 参童隆福主编《浙江航运史》（古近代部分），人民交通出版社1993年版，第298—301页。

通工具具有很大的优势。[1]

江苏传统的木帆船运输，在轮运业发展、铁路通车和漕运停摆后仍然有所发展，主要用于运输商品粮、农副产品、淮盐、工业原材料和工业产品，县乡之间的短途客运也很繁荣。[2]内港扬州 1927 年各种帆船的运货数，约占全数的五分之三，小轮仅占五分之二。[3]1934 年在江苏省内停泊或航行的轮船只有 472 艘，总吨数才 5,800 吨，而民船（木帆船）却约有 18,400 艘，载重量约 160 万担（约 8 万吨）。[4]

福建的木船运输业也牢居统治地位。在福建内河四大水系中，清末闽江共有木帆船 11,000 多艘、九龙江 2,000 多艘、晋江 700 多艘、汀江 1,000 多艘，除了古代的各种船型外，还新出了许多新的船型。[5]而 1937 年福建全省统计在内的木帆船却达到 28,670 艘，[6]与清末相比，有过之而无不及。

在广东内河，从十九世纪七十年代至二十世纪四十年代，除了珠江三角洲和西江有很好的行轮条件外，其他内河只有很少的轮船或者根本没有轮船，还不存在轮船排斥木船的问题。因此，在那些很少有轮船或根本没有轮船航行的河流，木船运输不仅没有减少，反而或多或少地有所发展。在这些河流，在个别时段和个别地区，木船业也有衰退的情况，但这反而属于

① 参见丁贤勇《新式交通与社会变迁》，中国社会科学出版社 2007 年版。

② 参见郭孝义主编《江苏航运史》（近代部分），第 68—78 页。

③ 聂宝璋、朱荫贵编《中国近代航运史资料》第 2 辑，第 1374 页。

④ 参《江苏史纲》（近代），江苏古籍出版社 1993 年版，第 417 页。

⑤ 参林开明主编《福建航运史》（古、近代部分），人民交通出版社 1994 年版，第 270 页。

⑥ 同上书，第 340 页。

例外。[①]

在直隶，近代以来内河民船运输也是不降反升。特别是南北运河，仍然是一片繁忙景象。光绪三十年（1904），通过西河进出天津的木帆船达35,621只，货运量84.17万吨；光绪三十一年（1905），经南运河进出天津的木帆船达33,992只，货运量92.48万吨；同年经过北运河进出天津的木帆船达16,288只，货运量42.44万吨。[②]因海河河道的限制，从海上进出天津的轮船很难直接从海口开到天津，需用民船驳运。1904至1906年由民船从大沽和北塘运进天津以及从天津运至大沽和北塘的"粗重"商品有二三十种，数量也非常庞大。[③]1912年，内河民船运输占天津内贸出口的41.61%，进口的45.87%。[④]到二十世纪二三十年代，民船依然是天津内贸的主要交通工具。1928年进出天津的货物运输，民船运输占运输总量的46%，与铁路的运输量相当；1930年，民船运输所占的比重略有增加，超过了铁路运输。[⑤]

四、木帆船长期存在的原因

木帆船为什么长期存在并在某些水域中不消反长？要回答

① 参蒋祖缘主编《广东航运史》（近代部分），人民交通出版社1989年版，第101页。
② 参方尔庄《河北通史》（清朝下卷），河北人民出版社2000年版，第236—238页。
③〔日〕中国驻屯军司令部编《二十世纪初的天津概况》，天津市地方史志编修委员会1986年版，第289—290页。
④ 参李华彬主编《天津港史》（古、近代部分），第171页。
⑤ 参王树才主编《河北省航运史》，人民交通出版社1988年版，第165、167页。

这个问题，我们首先不能忽视的两大背景是：首先，中国近代史虽然是中国历史上前所未有的“衰世”，但在外力的冲击下，商品经济的发展却远迈前代，是向上发展的。随着自给自足的自然经济向（半）资本主义经济过渡，加上对外贸易的扩大，供销旺盛，流通频繁，为木帆船的运输提供了充足的货源（尽管有很大部分的商品的流通是靠轮船、火车等近代交通工具来承担的，但木帆船作为轮运和铁路运输的必要补充还是出现繁荣景象）；其次，开埠通商以来，中国虽然受到西方工业力量和资本力量的强力冲击，但中国近代化的总体水平是很低的。

除此之外，还有以下几大原因：

1. 水运条件的限制

一些水道条件较差的内港和内河，由于本身条件的限制，只适合于对水道条件要求较低、灵活性较高的木帆船的行驶而不适合于对水道条件要求较高、灵活性较差的轮船的行驶；有的河段可能在丰水期有行轮条件，到了枯水期则不利于行轮；有的水道可能本来有行轮条件，后来由于河道淤积，又得不到及时的疏浚，反而失去了行轮条件。这些情况，都为传统的木帆船运输业提供了天然的屏障。

与此相关的是，那些水道条件较差的水域，由于行轮的风险太大，而且商业利益相对于大江大港来说微不足道，对轮船公司吸引力不大，从而给传统的木帆船运输留下了生存空间。

2. 木帆船经营灵活机动

木帆船虽航速较慢，但具有体积小、靠岸容易的特点，船主为了弥补航速上的缺陷，往往采取比较灵活的运输经营方法，不拘时间、不拘码头、不拘航线、不拘航班（这几点一般的轮运是很难做到的），与轮船争夺尽可能多的货源。而且，中国海岸港汊纷歧、岛屿众多、地形复杂，除少数优质港口外，大部分小港都有利于木帆船而不是轮船登岸起卸货物，从而为木帆船的走私运输创造了条件。如南部沿海，走私者往往利用木帆船将走私的货物，在港口条件不好的安铺、石头埠、山口、北海、钦州、廉州等处卸下，分销内地。估计仅1929年上半年，由广州湾私运进北海的洋货，几乎等于北海港全年报送进口的数目。①

木帆船还适合于运载批量大、笨重而不求速达的货物，如食盐、煤油、煤炭、木材、石膏、瓷器、丝麻、茶叶、家具、纸张、原棉、粮食、竹木器、铁器和其他杂货等。广东就有专运某一种货物的专门木船，如专门运盐的“盐船”、运木柴和木炭的“柴炭船”、运米的“米船”以及果艇、菜艇、鱼艇、米艇、蔗艇等名目。②

3. 木帆船的运输成本一般来说比轮船低

木帆船的运输成本一般来说比轮船低。这是因为：第一，木帆船本身的造价成本要比轮船低；第二，木帆船所纳的常关关税要比轮船所纳的海关关税低（也有情况正好相反的，常关税率虽低，但沿途若遇到额外的需索反而增加成本③），而且通常都省去了保险费用。因此，木帆船船主可以以较低的水脚

① 参顾裕瑞、李志俭主编《北海港史》，人民交通出版社1988年版，第149页。

② 参蒋祖缘主编《广东航运史》（近代部分），第209—210页。

③ 如闽江上游沿岸土匪很多，为了应付土匪，民船船主不得不定期贡纳土匪规费，而轮船航速快，散匪难以拦截，无形中减省了成本。见张仲礼主编《东南沿海城市与中国近代化》，上海人民出版社1996年版，第149页。

（指水路运输费用）揽到货物，[①] 以较低的票价吸引乘客。[②]

4. 木帆船从业者以帮派势力或聚众闹事的方法阻挠行轮，有时还能得到官府的支持

中国的木帆船运输业作为一个大行业，历史悠久，依此为食者众多，行会和帮派林立，深深扎根于汪洋大海般的小农经济和手工业经济之中，根深蒂固。面对着轮船这种近代化的交通工具对他们生存造成的冲击，木帆船运输从业者有的改弦更张，转向经营轮运；有的则借助于帮会的力量或是仅以聚众闹事的方式极力反抗。反抗有时是无力的，但成功的例子也不在少数。如 1900 年，汉口的轮渡开通后，因影响了当地划船的生计，船主“纠集妇女数百人向道署滋闹，声言如不将小轮停止，即当与之为难”。结果轮船中人恐遭众怒，自愿停办。[③] 二十世纪初，直隶创办的“南运河轮船公司”“（天）津保（定）轮船公司”的轮船经过的各州县常以“各河流平时多患淤浅，水闸、桥梁不下数十处，行驶小轮诸多不便，而河水涨发时轮船鼓荡，又恐于堤防有碍”为由，极力阻挠。宣统三年（1911）前后，这些轮船公司都被迫关闭。[④]1923 年，川江重庆“尝有轮船拟载盐斤至宜（昌），即有民船船户纠合数百人，于本港猝登首犯之一轮，捣毁百物，卒至杀毙引水一名，以警示轮船于预装盐

① 以温州为例，进出该港的帆船水脚比轮船低 25%，见聂宝璋、朱荫贵编《中国近代航运史资料》第 2 辑，第 1368 页。

② 如十九世纪末往来于台湾海峡两岸的贫穷旅客，因买不起轮船船票，多有乘本地华船（木帆船）的。见聂宝璋、朱荫贵编《中国近代航运史资料》第 2 辑，第 1392 页。

③ 聂宝璋、朱荫贵编《中国近代航运史资料》第 2 辑，第 1384 页。

④ 参王树才主编《河北省航运史》，第 126 页。

之不可宥。而装盐之事，遂成泡影”[①]。在传统木帆船从业者的阻挠下，小轮公司或难以成立、或半途而废、或知难而退，除非资本足够雄厚或后台足够强硬，否则很少有能长期坚持的。

余论

与以人力和自然力为动力的木帆船相比，以机器为动力的轮船具有种种不可比拟的优越性，这是自不待言的。但由于种种原因（上面所述可能还不全面），中国传统的木帆船运输在近代仍具有长期的、顽强的生命力，大体上从一个侧面反映了中国近代化水平之低。

值得注意的是，本文所讨论的范围是1937年日本发动全面侵华战争之前的情况。实际上，历史的发展往往不是直线上升的，有时是曲折的，甚至倒退的。就以帆、轮的消长来说，1937年日本发动全面侵华战争后，中国并不发达的轮船运输业遭受了一次浩劫，力量更加削弱。为了阻挡日军的进攻，国民政府征调了87艘轮船、共11.7万吨自沉于长江。还有大批轮船被敌人炸沉或自沉，有的则改旗避祸。这样，到武汉沦陷后，中国的轮船吨位仅为战前的15%。中国最大的轮运企业轮船招商局的轮船只剩3万吨。为了弥补轮船的不足以及因退守水道条件较差的后方而造成的行轮困难，国民政府交通部反而建造了大量的木帆船。1941—1942年中国木帆船的通航里程为轮船

① 聂宝璋、朱荫贵编《中国近代航运史资料》第2辑，第1382页。

通航里程的三倍多，大大地超过了轮船的总航程；由船政机关登记和管制的木帆船的运力是轮船的五至七倍，在其他年份也都在三至四倍之间。不在管制内的小木船和农用船更多。[①]虽然有力地支持了抗战，但从航运近代化的角度来说，无疑是无可奈何的倒退。1949年国民党军队在全面溃败前又有组织地将轮船及修造器材迁往台湾，不能移动的则予以破坏，轮运业又遭遇一次浩劫，以致解放军进入广州的时候，广州残存的轮船和渡轮竟只剩下5艘！[②]从中国近代水上交通工具的变迁中，我们不难理解中华人民共和国成立之初，是在怎样一个“一穷二白”的状态下重新起步的！

① 参见许涤新、吴承明主编《中国资本主义发展史》第3卷，人民出版社2003年版，第539页。

② 参蒋祖缘主编《广东航运史》（近代部分），第373页。

近代交通工具与“男女之大防”的突破

近年来，随着史学的“眼光向下”以及妇女史研究的深入，除了那些相对比较宏观的妇女史研究课题如女子放足、娼妓问题、女子教育、女子参政、婚姻自主、经济独立外，一些更加微观的研究课题如“社交公开”“男女同学”“男女同坐”“男女合演”等直接触及中国传统礼教“男女之大防”的新鲜课题也逐渐有人涉及。[①]但就笔者陋闻，不论从中国近代妇女史的研究路径，还是中国近代交通史的研究路径来说，尚未见到把近代交通工具同“男女之大防”的传统礼教联系起来的研究。在史料的采用上，由于这一部分的内容几乎处于“失语”的状态，对于这方面的历史真实，我们很难在“正式”的史料中找到，但本着胡适“史料的来源不拘一格，搜采要博，辨别要精，大要以‘无意于伪造史料’一语为标准。杂记与小说皆无意于

---

① 如凌兴珍《清末民初“男女同学”的争论与实现》，《四川师范大学学报》，第30卷第4期（2003年7月）；陈永祥《从“男女合演”的论争看清末民初上海社会观念的变迁》，《广东社会科学》2005年第6期。刘志琴主编的《近代中国社会文化变迁录》也较多地涉及这些问题，见浙江人民出版社1998年版，第一卷，第483—498、616—622页；第三卷第143—144、209—215、304—305、384—393页。王笛的《街头文化——成都公共空间、下层民众与地方政治》也有一节专门讨论这个问题，见中国人民大学出版社2006年版，第255—264页。

造史料。故其言最有史料的价值，远胜于官书”[①]的思路，笔者拟尝试着从时人撰写的能反映一定历史真实的小说、笔记等资料中寻找出蛛丝马迹，并通过文本分析，进行初步的探微索隐，权当为当下流行的“微观史学”研究添一趣味，以补充“正史”之不足（如果承认“妇女史”是“正史”的话）。

一、相遇于途的“危险记忆”

在《诗经》的时代，男女相遇于桑间濮上，赠芍采兰，保持着乱交的野蛮遗风。随着文明的进展，古人制订了男女有别的规矩，所谓“男女授受不亲”（《孟子·离娄》）、“非祭非丧，不相授器。其相授，则女授以篚。其无篚，则皆坐奠之而后取之”（《礼记·内则》）。其实都是为了避免男女接近或发生直接的身体接触，“以求脱离于乱交的状态”（因疑《进化与改造》），使中国早早地就步入了文明礼仪之邦。但久而久之，却成了中国妇女挣脱不去的精神枷锁。

中国的礼教社会延续了两千多年，在大部分的年代，男女防范都是非常严的，男女接触的机会非常有限。但有两种场合下男女容易发生接触，以至出现“危险”，一是庙会或节庆，[②]二

① 胡适指导陈东原撰写《中国妇女生活史》时语。见陈东原《中国妇女生活史·自序》，商务印书馆 1937 年版。

② 中国传统社会男女之防甚严，平日里陌生男女相见的机会很少，但每逢节庆或进香之日，包括“男女之大防”在内的各种传统礼教规范和法律秩序却往往遭到挑衅和颠覆。对这个问题的论述，参见陈熙远《中国夜未央——明清时期的元宵、夜禁与狂欢》，蒲慕州主编《生活与文化》，中国大百科全书出版社 2005 年版，

是在路上。

在古典文学作品或流传很广的民间故事中，多有描写男女在路上（包括水路）发生“私情”的描写。《雷峰塔》里的许宣和白娘子初遇于舟[①]；《梁山伯与祝英台》里的女扮男装的祝英台在求学的路上初遇梁山伯[②]；《西厢记》里的女主人公崔莺莺也是在扶父柩回乡的途中与赴京赶考的张生在暂住的寺庙中相识并发生爱情故事的[③]；《聊斋志异》中有关男女（人鬼）相遇于途的故事就更多了，如《婴宁》《白秋练》《粉蝶》等等[④]。

“在路上”既是男女发生私情的理想所在，又是容易发生“危险”的地方。

《杜十娘怒沉百宝箱》里的李甲携杜十娘双双乘船把家还，本来是可能得到幸福的，没料到在途中邻舟杀出了一位轻薄公子孙富，诱惑意志不坚的李甲放弃了这段姻缘，酿成了悲剧。[⑤]《十五贯》中的熊友兰，在路上偶然遇见一位女子并与她同行，却不明不白地卷入了一场人命官司。[⑥]《赵太祖千里送京娘》的

第 309—341 页；赵世瑜《狂欢与日常——明清以来的庙会与民间社会》，三联书店 2002 年版；李孝悌《中国的城市生活》，新星出版社 2006 年版。对于为什么男男女女热衷于赶庙会，《妇女杂志》的一位女作者一语道破了天机：赶热闹、为消遣、求福报只是附带的，“还有一件说破了要被人骂的事，是男人看女人，女人看男人”。见施前《轮船上》，《妇女杂志》第 17 卷第 12 号（1931 年），第 92 页。

① 清方成培《雷峰塔》第六出“舟遇”。叶桂刚、王贵元主编《中国古代十大悲剧赏析》，北京广播学院出版社 1993 年版，第 1991—1993 页。

② 梁祝故事的版本甚多，大部分故事都有男女主人公初遇于途的描写。见周静书编《梁祝的传说》，中华书局 2001 年版。

③ 元王实甫《西厢记》，《重订增注中国十大古典喜剧集》，齐鲁书社 1991 年版，第 67、72 页。

④ 清蒲松龄《聊斋志异》，人民文学出版社 1992 年版，第 150、1462、1635 页。

⑤ 明冯梦龙《警世通言》，上海古籍出版社 1996 年版，第 455—461 页。

⑥ 清朱素臣《十五贯》，吉林文史出版社 1997 年版，第 43—48 页。

故事更为典型：京娘被强人掳掠，幸遇赵匡胤相救。赵出于义气，千里迢迢保护京娘回家。在路上，两人保持着清白的关系。然而京娘到家后，却遭到家人的误解，男女两人千里相伴，岂能没有私情？且一个未婚女子与一个男子走了千里路，意味着失去了贞洁，将来就不会有人聘娶了，还不如干脆将京娘许配给他，以免别人议论。当京娘的父亲提出这桩婚事时，赵匡胤心头火起，大骂道："俺若贪女色时，路上也就成亲了，何必千里相送？"掀翻桌子而去。京娘百口莫辩，心想自己既涉瓜李之嫌，连自己的家人都不能见谅，何况他人？"不如死于清油观中，省了许多是非，到得干净"，竟悬梁自缢！[①]这则故事从侧面说明，在中国社会的传统记忆中，"在路上"对于男女关系来说，是个"危险"的所在，男女一旦有双双在路上的经历，也就意味着私情，即使没有私情，也会被人误会，很难洗刷得干净，甚至不得不以失去生命的代价来表明自己的清白。

这些文学作品或民间故事的流传，一方面是"社会记忆"的反映，有时候则反过来影响"社会记忆"，并且深深扎根在民众的心里，以致在阿Q者的眼里，"一个女人在外面走，一定想引诱野男人；一男一女在那里讲话，一定要有勾当了"（鲁迅《阿Q正传》）。为了避开"危险"，自古以来，中国的礼教就对男女相遇于途作了明确的规训："道路，男子由右、女子由左"（《礼记·王制》），或者干脆规定"女子十年（岁）不出"（《礼记·内则》），"危险"当然也就不存在了。

---

① 明冯梦龙《警世通言》，第258—275页。

二、“危险记忆”的延续：新式交通工具初现时国人对“男女混杂”的担忧

近代以来，轮船、火车和公共电汽车相继传入中国。对于那些最初接触到这些新式交通工具的中国人来说，不仅储存于心中的“相遇于途的危险记忆”自然而然地还在起着作用，而且有可能因这些新式交通工具空间狭小存在着巨大的心理障碍——对“男女混杂”的担忧（在使用传统交通工具的时代，陌生男女共处于某一交通工具内的情况是很少见的，人们或走路、或骑马、或坐轿、或行舟，一般情况下都各自处于一个独立的空间内，发生“男女杂坐”的机会很少）。

图二：1908 年上海开行的第一辆有轨电车

许多人都知道，上海电车初行的时候，因华人害怕触电不敢乘坐而生意清淡。但据徐珂的《清稗类钞》记载，华人之所以害怕乘电车，还有一个心理障碍在作怪，那就是担心女子乘车会引来寻芳猎艳的不良男子乘机“吃豆腐”占便宜。开办电车公司的西方人揣摩到了华人乘客的心理，一度允许妇女在某些路段可以出三等车的车资坐头等车的座位（头等车人少，不那么拥挤，可以避免被“吃豆腐”），这一促销举措果然有效，电车公司的营业从此日益发达。与徐珂的记载不谋而合的是，陈伯熙在《上海轶事大观》中也说，上海规定一辆人力车只能载客一名，最初的原因也是因为若乘二人，会出现男女苟且之事。曹聚仁也有类似的说法。[①]

徐珂、陈伯熙和曹聚仁都是在上海工作或生活多年的“上海通”，平生喜欢搜集一些为士人所不注意的社会生活的细枝末节，这类说法很可能来源于他们的亲闻、亲见、亲历，应该是比较可靠的。至少说明在他们的眼里，这个解释是合情合理的。他们的记载说明，在当时的华人社会中，的确存在着这样的心理：近代交通工具对于“男女之大防”来说，是个“危险”的所在。

另一位“上海通”包天笑在轮船上曾有过一次经历：他平常是乘包间的，1900年因发生义和团运动，有一次实在买不到包间

① 见曹聚仁《上海春秋》，上海人民出版社1996年版，第162页。上海公共租界规定一辆人力车只能载客一名，确有其事。参见上海市档案馆编《工部局董事会会议录》，上海古籍出版社2001年版，第7册，第664页（1879年2月17日）。上海竹枝词有“人力车从马路穿，捕房注意到安全。章程拟定单人坐，倘不遵行就罚钱”（郁慕侠《上海鳞爪》，上海书店出版社1996年版，第221页；顾炳权《上海洋场竹枝词》，上海书店出版社1996年版，第295页），可能在当时这条规定是尽人皆知的常识。

的票，只好在低等舱屈就，男女并铺而卧。他认识的一位邻家女子阿金，对贴邻的“不三不四，像马车夫一样”的陌生男子怀有戒心，特与包天笑调换了一个位置，“做了他们之间的缓冲”。[①]

在男女同坐（卧）的近代交通工具上，女乘客存有戒心应该说是普遍存在的现象，只不过一般来说乘坐普通车（舱）的都是在历史上没有“话语权”的下层民众，我们很难听到她们的声音。但在一些偶然的机会，也可能被“精英”们记录下来。包天笑的回忆录为我们提供了一个清晰的历史场景。

像这样的“危险经历”，偶尔也可能由知识女性记录下来。《妇女杂志》曾经刊登过一篇女子游记，作者蔡苏娟显然是一位富有且有知识的女性，有一次她乘轮船出去旅游，乘的虽是包间，但“窗外时有男子经过，或且有向内窥望者”，保护她出游的老女佣把那些窥视者痛骂了一顿，“始稍稍敛迹”。（《牯岭五日记》）

近代交通工具上人多拥挤的特点，有时也可能被流氓团伙加以利用。清末谴责小说《新上海》就描述过一个干“仙人跳”勾当的流氓团伙在电车上以女色猎取那些爱占小便宜的男人并敲诈钱财的故事。

“相遇于途的危险记忆”在延续，只不过两腿走路和车马舟楫换成了机动的交通工具罢了。这也可以从当时流行的竹枝词得到旁证：如上海竹枝词有“申江好，男女不妨嫌。榻上横陈同倚枕，车中共载不垂帘。一任从观瞻”（袁翔甫《望江南》）。成都竹枝词有“汽车更比包车好，男女相逢坐一堆”（陈宗和《青羊宫花会竹枝词》）。北京竹枝词有“乘客不分男女座，可

① 包天笑《钏影楼回忆录》，山西古籍、山西教育出版社 1998 年版，第 234 页。

怜坐下挤非常”（张笑我《首都杂咏》）等。从这些竹枝词所流露出来的语气上看，不像是把这种现象当作美好事物加以赞赏的，而是讽刺挖苦，隐约中含着忧虑。

因此，在近代交通工具初现中国的早期，经营者为了吸引更多的中国乘客，当务之急就是要消除中国乘客对“男女混杂”的疑虑，单独辟出女座（间）。1873年，较早在中国运营的德忌利士公司在揽客广告中宣称，该公司投入运行的南澳轮船“有妇女沐浴房梳妆房而妇女所寓之房极好，其华丽精洁能与西人搭客房并埒，且男女有别，更不虑其混杂”（“德忌利士公司、新创南澳轮船”，《申报》癸酉年正月十四日）。天津租界十九世纪八十年代引进的“地可味而”轻便列车，就辟出一个车厢专载女客。[①] 一些铁路线路的头、二等车设有女客包间。[②] 有的火车站还分女候车室和男候车室。[③]

三、“男女杂坐不以为嫌”：“男女之大防”的第一个突破口

但是，专设女座（间）只能是权宜之计和少量现象。随着

① 参尚克强、刘海岩主编《天津租界社会研究》，天津人民出版社1996年版，第76页。

② 蔡陈汉侠《汴梁游记》，《妇女杂志》第3卷第1、2号（1917），“记述门”第12、15页连载。民初京汉铁路火车设有女客间可以从1914年11月发布的《交通部直辖京汉铁路管理局公报》第3页得到印证。该公报披露了一则“探访员擅入女客车已由警察厅酌罚示儆”的消息。另，著名红学家俞平伯1924年乘坐津浦铁路三等车，因三等车不分男女座而发了一通“富人要脸，穷人不要脸”“穷人不配有风化”之类的牢骚。见《俞平伯散文选集》，百花文艺出版社1990年版，第80、81页。

③ 徐凌霄著、徐泽昱等整理《古城返照记》，同心出版社2002年版，第118页。

客流量的增加，火车和轮船只有高等级的车、舱设有女间或女客可以包下来的包间，而大部分的普通车、舱则没有这个条件。电车虽然分等级，但同一等级的车厢里也是不分男座、女座的。而且火车、轮船的高等车（舱）数量毕竟有限，票价也要比普通车（舱）高得多，不是普通乘客所能经常性消费得起的。在市内交通方面，人力车虽然可以满足一部分走向社会的女性的独立空间和安全需求，但对于那些需要精打细算、家庭经济条件一般的职业女性（或其他女性，如女学生）来说，如果每天上下班（学）都需要使用交通工具，电车无疑是最“稳快价廉”的，常年乘坐人力车在经济上是难以承受的。

图三：电车场景漫画

因此，从晚清到南京国民政府时期，尽管社会上对在近代交通工具上男女杂坐有各种担心、非议，但一般情况下公共电（汽）车不分男车、女车；火车的普通车厢不设男座、女座；轮船的普通舱也不分男铺、女铺，均男女杂坐（卧）。

随着近代人口流动的加剧、城市化进程的加快以及女性在社会上抛头露面甚至就学就业机会的急剧增加，中国传统社会那种“男主外，女主内”的故态逐渐被打破。女子走向社会，很多情况下必须乘坐近代交通工具，也就难以避免要与男子并肩而坐（甚至在轮船的通铺上比邻而卧）。久而久之，人们对在近代交通工具上男女杂坐的现象也就习以为常，“男女杂坐不以为嫌”①。

我们虽然很难像政治史一样以某个历史事件来划分“阶段”、说清楚中国人是什么时候开始接受“男女杂坐”现象的（清末新政、辛亥革命、五四运动、南京国民政府成立等历史事件均有一定的影响，但没有任何一个历史事件可以使人们在一夜之间改变观念）。事实上，从交通工具本身来说，不同类型的交通工具可能存在着差异；从人的观念上说，沿海和内地、南方和北方、大城市和中小城市、同一城市的不同阶层都存在着差异。② 观念的变迁，不仅“阶段”性是非常模糊的，而且往往不是呈直线上升，有时还可能出现反复和倒退。但可以肯定的是，随着时间的推移，人们最终还是接受了在近代交通工具上“男女杂坐”这一现实，“男女之大防”的底线最终在近代交通

① 侯祖畲修、吕寅东纂《夏口县志》卷二《风土志》。

② 如重庆一直到二十世纪三十年代，还有人仍然认为在公共汽车上“男女混杂不清，颇与风化有碍”（“公共汽车乘客不守秩序，致受警备部取缔”，《商务日报》1934年4月15日）。那些更加封闭的地方，甚至“还守着‘授受不亲’的旧制，见男子必要躲避的”（徐肖符《谈谈船上的妇女》，载《妇女杂志》第15卷第5号，第1页）。

工具上被突破了。

在几种最主要的近代交通工具中，客轮在十九世纪四十年代就已经开始客运服务、火车1876年初通、电车1899年初行。虽然我们不能肯定轮船、电车初现时就有中国女子与男子同坐在船舱、车厢里（妓女则另当别论），但从笔者掌握的资料上看，至少火车初通时就有很多女子已经冲破“男女之大防”与男子同乘火车了。1876年淞沪铁路通车后，“华客即持照纷纷上车，并有妇女小孩”[①]、“男女老幼，纷至沓来”（“火车开市”，《申报》1876年7月4日）。1897年京津间铁路告成，“京城内外附近居民，咸思（乘火车）到津一扩眼界，其中以旗人妇女为最多”（“藉开眼界”，《申报》1897年10月28日）。

而在其他的公共空间如动物园、植物园、商场、戏园等，清末民初仍有严防男女混杂的规定。[②]至于男女同校，要晚至“五四”时期才取得较大突破。[③]而男女在同一车、舱里共处，恐怕要比在动物园（植物园）里同游、在同一个商场里购物、

① 这里所说的“妇女”不包括那些“满头插遍珠兰栀子、花香四溢”的“妓馆中之姨娘”，而是指普通的良家妇女。见“记华客初乘火车情形”，《申报》1876年7月3日。

② 清末，北京的“文明茶园”尚且“男女都分上下楼”（见忧患生《京华百二竹枝词》，雷梦水等编《中华竹枝词》第1册，第288页）；东安市场营业规则有“市场内不准男女杂坐及嘲骂戏谑等事以端风化”（《清末北京城市管理法规》，北京燕山出版社1996年版，第213页）。万牲园开放之初，规定男女不得同日游览，“男客以星期（日）及星期一、三、五日，女客以星期二、四、六等日游览，以昭严肃”（“万生园游览规则”，《大公报》1907年7月20日）。天津植物园也规定“星期一、二、三、五、六日准男客入览。星期四、日，独许女客入览”（“种植园游览章程之迂滞”，《大公报》1907年9月12日）。成都的戏院和商场严男女之防的情况可参见王笛《街头文化》，第295页。

③ 参见刘志琴主编《近代中国社会文化变迁录》第三卷，第442页。

在一个戏院里看戏、在同一学校里上学要“危险”得多。因此，从某种意义上说，近代交通工具对“男女之大防”的突破是最早也是最有冲击力的。

事实上，二十世纪二三十年代以后，在上海等开放城市，在近代交通工具上不仅“男女之大防”的屏障已经被打破，而且许多人还把它当作谈情说爱的理想场所（且不论是真情还是假情）。许多以都市生活为背景的文学作品，都热衷把发生男女之情的场景搬到近代交通工具上。

刘呐鸥的小说《风景》里，男女主人公在特别快车上邂逅，两人在一个车站下车后，男子在女子的挑逗下在野地发生了性爱；[①] 张资平小说《伯约之泪》里描写一对情窦初开的少男少女在电车上“相视一笑”，就如“放电时的两极火花”[②]；张爱玲《封锁》里的男女主人公也是在电车上“恋爱着了”[③]；洛依的诗《在公共汽车中》把公共汽车作为男女新式恋爱的场所，“幸而有灯光的昏黄，荫蔽了初恋的脸红；幸而有机声的震响，掩护了初恋的嗫呐”[④]；穆时英的《骆驼·尼采主义者与女人》描写尼采主义者在街车上“瞧着她，觉得她绸衫薄了起来……一阵原始的热情从下部涌上来，他扔下了沙色的骆驼，扑了过去”[⑤]；钱锺书的小说《围城》的第一个场景就是方鸿渐乘轮船回国，在船舱上与黑皮肤的鲍小姐发生了一夜情，

① 刘呐鸥《都市风景线》，中国文联出版社 2004 年版，第 18—29 页。
② 孙志军选编《张资平作品精选》，长江文艺出版社 2003 年版，第 208 页。
③ 王伟华编《张爱玲全集》第 4 卷，海南出版社 1995 年版，第 104 页。
④《现代》第 2 卷第 5 期（1933 年），第 664 页。
⑤ 穆时英《上海的狐步舞》，中国文联出版社 2004 年版，第 236 页。

被侍者敲诈了三百法郎；[①]施蛰存的小说《魔道》里的男主人公甚至幻想着与他同乘在火车上丑陋的老妇人变成美丽的王妃[②]……

有这么多的作家把近代交通工具作为发生男女之情的场景，应该说不是偶然的。尽管再多的小说描写也不能当“正史”看待，但正如梁启超所说的，“作小说者，无论骋其冥想至何程度，而一涉笔叙事，总不能脱离其所处之环境，不知不觉，遂将当时社会背景写出一部分”（《中国历史研究法》）。这些颇具异曲同工之妙的小说（诗歌也是如此），至少给我们提供了一个强烈的历史信息：“男女之大防”的堤坝因近代交通工具的特殊性——空间狭小、男女杂坐而已经崩坏，已经演变成了为男女提供情爱可能的习以为常的理想场所，过去的“危险记忆”已经“变异”为一种全新的社会记忆，尽管在这种全新的社会记忆中，依然残留着“危险”。[③]

在城市化、城市近代化的进程中，随着人际交流的频繁，男女同处在一个公共空间，特别是狭隘、拥挤的“大众乘物”

---

① 钱锺书《围城》，人民文学出版社 1980 年版，第 17 页。

② 施蛰存《薄暮的舞女》，中国文联出版社 2004 年版，第 58 页。

③ 上世纪八十年代初上海发生过一件大案。上海交通大学的男生王志明有一次假期与华东师大的女生（名字忘记，福建人）在火车车厢里同坐，两人聊天认识。途中，女生打盹时无意中靠在王志明的肩上。王志明误以为女方对他有意，回校后开始猛追该女。遭到拒绝后，王竟起歹意，持刀前往该女宿舍将她砍成重伤，同舍女生勇敢相救，也被砍伤。后王志明被判死刑，在华东师大公审后押往刑场。公审大会是笔者亲历的，而案件的起因——女生在火车上靠在男生身上打盹引起男生的误会——则出自当时广为流传的传闻，也可能是真实的、也可能是附会的。但无论如何，人们认为在近代交通工具上男女杂坐可能引发男女之情（包括误会）的心理却是真实的。

上的情况越来越多，人们从开始时的忧虑、防范，逐渐过渡到习以为常。这种习以为常虽然也可能产生不良的后果——譬如性骚扰，但毕竟意味着社会的进步，因噎废食是行不通的。这种进步虽然是非常隐蔽、不易为人所发现的，但其意义与“社交公开”“男女同学”“男女合演”一样，同样是将传统礼教打开一个缺口，在近代中国观念近代化的进程中，是起了一定作用的。对此，我们没有理由视而不见。

铁路与近代旅游

“山川之美，古来共谈”（南朝陶弘景《答谢中书书》），讲究“天人合一”的国人自古就对旅游发生了浓厚的兴趣，悠久的历史留下大量的文物古迹，广阔的国土处处都有风景。历代文人骚客、升贬官员、僧道缁黄“发掘”出无数的风景名胜，有的通过文学作品流传下来、张扬开来，有的作为口碑在民间流传。

火车等近代交通工具引入之后，由于省时、省钱、便捷和舒适，为人们的旅游创造了更好的条件，也使旅游的形式发生了某些变化。笔者认为，火车对旅游的影响至少表现在以下几个方面：一是“日行千里”成为现实；二是“游铁路”本身成为一项新兴的旅游项目；三是铁路的通过使一些人迹罕至的地方成为旅游新景点、一些旧景点也因游客增加而更加显名；四是团体旅游成为可能，从而使旅游呈现大众化的倾向。

一、“日行千里”成为现实

在火车出现以前，人们出游，晓行夜宿，日行不过数十里。

乘船顺流而下，自然要快得多，但所谓的“千里江陵一日还”，如同“白发三千丈”一样，恐怕只能存在于诗人的浪漫诗句中，当不得真，何况局限性显而易见（逆水行舟则慢得多）。利用邮驿传递紧急文书，据说最快能达到六百里甚至八百里每日的速度，所谓的“六百里加急”“八百里加急”是也，但那需要夫马接力传递，很可能付出夫死马毙的代价。人非文书，邮传速度对于旅人来说，并没有实际意义。

火车的出现，则使“日行千里”变成了现实。过去从苏州到上海，乘民船需要三天时间①，沪宁铁路开通后，乘火车只需要两个多小时。从嘉兴到北京，谈迁曾经用了四个月②，若乘火车，只不过是三天左右的行程。马可·波罗横跨欧亚大陆，从欧洲来到中国，据说用了三年半的时间③，西伯利亚铁路建成后，乘火车从哈尔滨到伦敦，只需要十五天左右④。这只是早年的火车速度，现在就更不用说了。

古人远游，两腿走路或使用驽钝的交通工具，虽然可以充分领略到贴近大自然的乐趣，但车马劳顿的艰辛则是现代人难以想象的。且不说“难于上青天”的蜀道，即使是平坦的大道，颠簸在马背上或坐在装着木头轮子（而不是橡胶轮子）的大车上，也是一件无比痛苦的事，更不用说“霖雨泥我途，流潦浩纵横”（曹植《赠白马王彪》）的雨天了。遇上前不着村后不巴店、无人可以打探的歧路，最为头疼，据说阮籍就曾经

① 包天笑《钏影楼回忆录》，山西古籍、山西教育出版社 1998 年版，第 132 页。

② 明谈迁《北游录》，中华书局 1960 年版，第 44 页。

③《马可·波罗游记》，中国文史出版社 1998 年版，第 11 页。

④ 见钱单士厘《癸卯旅行记》，岳麓书社 1985 年版，第 727—754 页。

路遇歧途大哭而返。要是遇上强盗、猛兽，还有性命之虞。徐霞客曾在湘江遇盗，侥幸逃命，弄得“身无寸丝”、狼狈不堪，同时遇盗的有多人被害。[①]《水浒传》里武松、李逵等好汉都有路中遇虎的经历，武松把老虎打死了，而李逵的娘却被老虎吃掉了。虽是小说家言，但像这样的事在古代恐怕并不稀奇。至于夜行，对古人来说，更是一项极为冒险的行动。[②]所以，自古以来，远行意味着生死未卜，“长驾远征，几无殊漂泊天涯，而他乡行役，亦极人生之惨苦矣”（芃吉《交通与旅行部之关系》）。明代李渔说：“‘逆旅’二字，足概远行，旅境皆逆境也。”（《道途行乐之法》）虽有“苦中求乐”之法，但毕竟是件苦事。

有了火车，上述的这几个困难也就迎刃而解了。“行役千里而瞬息可到，兼程而途费转轻，无寇盗之虞、无风波之险。”（李鸿章《妥议铁路事宜折》）既不用担心歧路迷失方向、虎豹强盗夺人性命，而且在一般情况下，刮风下雨都不影响旅程。夜行也不算一件冒险的事。

早在民国年间，上海—南京、上海—杭州等线路就已经开通了“夕发朝至”火车。[③]旅客正好在车上睡一个晚上，到达目的地后就可以马上做事或旅游，休息、工作（旅游）两不误。乘坐火车等近代交通工具，虽然也可能遇到交通事故或者车匪

① 明徐霞客《徐霞客游记》，岳麓书社 1998 年版，第 147 页。

② 明代程敏政有一次冒险夜行，历尽艰险。他用“濒危而幸免”来形容这次夜行，并劝告别人引以为戒。（程敏政《夜渡两关记》，《中国古代游记选》，中国旅游出版社 2000 年版，第 377 页）

③“京沪特快夜车”，《旅行杂志》第 4 卷第 1 号；“沪杭路开行夜客车”，《申报》1919 年 7 月 18 日。

路霸什么的，但总的来说，比过去安全多了。以致铁路部门在广告中，除了宣传火车的价廉便捷外，还往往把旅途安全、“保护周密”作为吸引旅客的手段之一。[①]

二、“游铁路”成为旅游新项目

“浓烟一路冲天起，汽笛频鸣在转叉”（顾炳权《上海洋场竹枝词》），蒸汽火车一旦出现在古老的农业国大地上，很快成为人们争相围观、一睹为快的对象，“游铁路”“坐火车”本身也就成为一项全新的旅游项目（并不一定有什么旅行目的地）。

中国出现的第一条铁路淞沪铁路在施工期间，就吸引了无数游人前来看热闹。人们见小火车往来运输沙石木料，“就招来一批批好奇之客，每天总有千把人。游人一多，小贩就跟来设摊，林林总总，也居然形成一种景观”，“不少人家举家出游，一时‘游铁路’盛况空前”。（傅家驹《中国第一条营业铁路》）淞沪铁路通车的那天，当地人扶老携幼，争乘火车，比赶庙会还热闹。记者随车采访，生动地报道了这一情景：

> 予于初次开行之日，登车往游，惟见铁路两旁，观者云集，欲搭坐者，已繁杂不可记数，觉客车实不敷所用。尤奇者，火车为华人素未经见，不知其危险

① “粤汉铁路广韶段管理局广告”，铁路部铁道年鉴编纂委员会编《铁道年鉴》第1卷，汉文正楷印书局1933年。

> 安妥，而妇女及小孩竟居其大半。先闻摇铃之声，盖示众人以必就位，不可再登车上，又继以气筒数声，即闻勃勃作响者，即火车吹号，车即由渐而快驰矣。坐车者尽面带喜色，旁观者亦皆喝彩，注目凝视，顷刻间车便疾驶，身觉摇摇如悬旌矣。
>
> 此时所最有趣者，莫如看田内乡民。查上海至江湾一带，除稻田数亩外，余则半皆花地。当花秆已长，乡人咸锹以治地。但此处素称僻静，罕见过客，今忽有火车经过，既见烟气直冒，而又见客车六辆，皆载以鲜衣华丽之人，乡民有不诧为奇观者乎？是以尽皆面对铁路，停工而呆视也。或有老妇扶杖而张口延望者，或有少年倚望而痴立者，或有弱女子观之而喜笑者；至于小孩，或惧怯而依于长老前者，仅见数处。则或牵牛惊看，似作逃避之状者，究未有一人不面带喜色也。及甫近江湾，气筒复鸣，火车渐慢，又见两旁人立如堵墙。[①]

在北京，当京津铁路通至京郊马家堡时，“京城旗妇出城游观火车站者络绎不绝，日约有千余人，故永定门至马家堡之电车生意大佳，每日售出票数约有二千余张之多”（“电车盛行”，《中外日报》1899年9月30日）。1909年，京张铁路通车后，京城各界公费、自费前往张家口者络绎不绝，一时张家口的旅

① 上海通社编《上海研究资料》，上海书店1984年版，第316页。

馆爆满。[①] 铁路线上的火车站，也吸引了不少游人前来游览，在清华学校读书的吴宓就是其中的一位。[②]

铁道、火车、火车站、铁路大桥这些东西是工业革命的最重要成果之一，也是近代文明的重要组成部分。有人说，“铁路终点站和旅馆对于十九世纪来说，就像十三世纪的修道院和教堂那样，他们确是我们在那个时代所拥有的最具代表性的建筑物”，是“时代艺术精神的先锋”。[③]

在从农业社会向工业社会过渡的过程中，是否见（乘）过火车，往往成为评价一个人是否“文明”“见过世面”的标志之一。1910 年，在绍兴府中学堂任监学的鲁迅率领二百多学生到南京参观“南洋劝业会”。这些学生从来就没有见过、更没有乘过火车。鲁迅特意带领他们乘坐了一段火车，以开阔眼界。一位学生后来回忆说，“幼年在校时，老师曾出过一国文题《国有铁路论》，叫我做一篇论说文。我因年幼，未曾见过火车和铁路，想来想去，认为天下岂有用铁做的路？如果用铁造路，不但所费不赀，且铁硬而滑，冬太冷，夏太热，反不如绍兴的石板路或泥路好。至于‘国有’二字，在专制皇朝时代的小伙子，更是莫名其妙，不知其含义如何。这样静坐两小时，交白卷了事。从南京回到绍兴，才知铁路行火车的情况，这题目再叫我做，我至少可以写：铁路是用枕木和轨道造成，火车行于其上，疾驰如飞”。这位学生的经历和感受，有一定的典型性。参加过

① 汪国垣《京张铁道旅行谭》，《东方杂志》6 卷（1909 年）第 11 期，“行纪”，第 31 页。

② 见《吴宓日记》第 1 册，三联书店 1998 年版，第 39、126 页。

③ 张复合主编《中国近代建筑研究与保护》，清华大学出版社 1999 年版，第 20 页。

这次远行的学生都真切地感叹:“南京之行胜读十年书”,“我们这些绍兴‘井底蛙’已由豫才先生带队游过汪洋大海了!”①

三、旅游目的地得到开发

由于铁路的铺设(加上一些其他因素),使铁路沿线一些本来默默无闻的地方,一夜之间变成闻名遐迩的旅游胜地,如鸡公山、北戴河等;一些传统景点也因铁路线的经过、游人增加而更加著名,如津浦线上的曲阜、泰山,(南)京沪沪杭甬沿线的苏州、无锡、莫干山等。

北戴河“在昔交通往返不便,文人学士罕至其地,是以不甚著闻于世”。1893年,津榆铁路洋工程师金达勘测线路时来到这里,“发现”这里是海滨度假的理想之地。北京、天津等地的外国人闻风而至,盖房避暑,很快就发展成闻名于世的旅游胜地。(管洛声《北戴河海滨志略》)河南信阳的鸡公山在近代以前游屐罕至,后来卢汉铁路从附近通过,修筑铁路的洋员(一说传教士)“发现”这里是个很好的避暑胜地,便“开发”了这里。每年夏天,引来大批不堪忍受“火炉”武汉酷热煎熬的外国人和“高等华人”乘火车到这里避暑消夏。正太路经过的山西寿阳芹泉也因为“地势高爽、气候清凉”而吸引了众多西方人前往避暑。(“正太铁路广告”,《铁道年鉴》第2卷,广告插页)

① 邵鲁智《鲁迅率绍兴府中学堂师生赴宁参观“南洋劝业会”始末》,《鲁迅生平史料汇编》第1辑,天津人民出版社1981年版,第448页。

莫干山虽早已闻名，但作为避暑胜地，则是“西方传教士于光绪二十四年（1898）卜筑山中，一时风从云集，辟作奥区……层楼林立，俨然一消夏湾矣”，“每至夏令，履舄纷沓”（周庆云原著、周延礽续补《莫干山志》），才更加出名。为了方便上海、南京、镇江、常州、无锡、苏州等大城市的游客，每年夏天，铁路部门都要和公路部门联手，推出莫干山往返联运套票（三个月有效），实行铁路、公路联运，游客从上述几大城市出发，先乘火车再转乘汽车和山轿，直达山上。（《莫干山志》）

苏州本是旅游胜地，沪宁铁路的开通使其旅游业更加兴盛。曾在上海西餐馆打工发财的孙福田在苏州火车站附近开办了豪华的中西合璧的惟盈旅馆，由通晓英语的导游将沪宁线上各地的中外政要权贵、富商巨贾吸引到苏州旅游。[①]

无锡太湖湖滨虽是闻名的风景名胜，但在沪宁铁路通车前，各景点非常分散，没有公路相通，旅游很困难。沪宁铁路通车后，游人陡然增加，当地有识之士便集资对一些景点进行人工点缀，并修筑道路将各景点联在一起，方便了游客。（“国内公路新闻：无锡整理湖滨风景”，《铁路公报·津浦之声》第7期）

为了吸引更多的客源，各条线路的铁路管理局紧紧抓住旅游景点大做文章，争相发布广告。这些广告颇有雅意且画龙点睛，即使在今天也很有参考价值，摘录如下：

① 参见饶金宝、施士英《清末民初的苏州几家名店》，《苏州文史资料》第18辑，第271—275页。

胶济铁路：沿线林木茂美，风物秀润，由梨林九水而达劳（崂）山，景色之佳，岩壑之胜，冠绝齐东，堪称仅见……又以青岛地方气候夏凉冬暖，寒暑咸宜，设备齐全，道路清洁，四时小住，最足怡情，而本路行车稳捷，坐（座）位舒畅，种种优点，适合旅行，尤有宾至如归之了焉。（“中华民国胶济铁路”，《铁道年鉴》第 1 卷，广告插页）

京绥铁路：本路屏障京师绵亘绥库居庸，翠峦八达，天登汤山之温泉，毗其旁大同之石佛巍其迹，考古者负笈争游，揭裳恐后。（《京绥铁路管理局公报》第 15 期）

京沪沪杭甬铁路：乘本路车，畅游江南，有左右逢源之乐。（《铁道年鉴》第 3 卷）本路自南京经杭州以迄宁波，沿线各站悉属名都胜邑，或以山水见称，或以史迹见著，典籍所载，誉冠东南，游屐所至，四时咸宜。（“京沪沪杭甬铁路管理局广告”，《铁道年鉴》第 1 卷，广告插页）

正太铁路：山西东阻太行，西薄黄河，北迄大漠阴山，南至首阳，砥柱尧舜禹之故都，周唐叔之封邑。历史悠久，古迹孔多，研寻史事者不可不前往考查。（“正太铁路广告”，《铁道年鉴》第 2 卷，广告插页）

浙赣铁路：浙赣两省向饶名胜，而本路沿线，古洞怪石，泻瀑飞泉，玮奇崇丽之峰岩，幽秀静邃之湖泽，洞天福地，桂阁兰亭，颇多令人流连之处，其景物之胜，盖得天独厚也。顾外人知者甚鲜，除金华北山、永康方岩、诸暨五泄，贵溪龙虎山，已脍炙人口，有骚人名士为其题咏外，余如弋阳圭峰、贵溪仙岩，其怪丽之景，诚非人间所能多得。（“浙赣铁路沿线之古迹景物”，《浙赣铁路月刊》第2卷第8期）

铁路部门还组织名人免费参观铁路线上的旅游景点，以名人效应促旅游、增客源。1934年，平绥铁路局长沈昌约请燕京大学名教授郑振铎、雷洁琼、顾颉刚、吴文藻冰心夫妇等一行八人组织“平绥沿线旅行团”，目的非常明确，是“要教授们参观之后，每人写一篇文章，介绍当地的古迹、物产、风俗，激起游客的兴趣”[①]。这几位名家各自写下了旅途观感，有的还成为名篇佳作，对推广旅游应该是起了积极作用的。

为了解决旅游景点住宿不便的问题，铁路部门还在一些重要的风景名胜地开设铁路旅馆。《铁路公报》称，铁路部门拟“各路沿线名胜之地建设新式旅馆以便游客莅止。京奉则天津、唐山、北戴河、山海关；京绥则南口、张家口、大同、绥远；京汉则西陵、鸡公山；津浦则济南、泰安、曲阜；沪宁则南京、宁波等处云”（“国有铁路拟设旅馆”，《铁路公报·京汉线》第25期）。其中，根据笔者所知，在“七七事变”前，至少设立了下列铁路旅馆：平（京）汉路北平前门宾馆；津浦路济南宾馆、兖州宾馆（离孔林较近，有军工大道相通）、泰安宾馆；京沪沪杭甬铁路莫干山铁路旅馆；胶济路济南饭店；正太路山西

① 郑振铎《西行书简》、冰心《平绥沿线旅行记》合订本，山西古籍出版社2002年版，封面题记。

大饭店;（以上铁路旅馆记载于《本年度国有各路事业概况·附属营业》，《铁道年鉴》第2卷）京沪沪杭甬铁路青阳港铁路花园饭店（《铁道年鉴》第3卷）。北宁铁路在北戴河也“租定洋房二处，设立铁路旅馆，以便旅客”（《铁道年鉴》第3卷）。铁路宾馆的设立，扩大了铁路沿线旅游景点的吸引力。

四、团体旅游成为可能

古人旅游，因为交通工具的限制（至少是原因之一），“单打独斗”的情况较多，如“翩然独往，逍遥泉石之上”（宋苏辙《武昌九曲亭记》）的苏轼，“不计程期，不求伴侣”（潘耒《遂初集·徐霞客游记序》）的徐霞客。多的一般也不过是三五好友结伴同游。这固然体现了旅游者的孤傲和潇洒，但也与传统交通工具的局限有关。火车等近代交通工具载客量大、方便快捷、费用相对低廉的特点，使团体旅游成为可能，从而使旅游出现了某种程度的大众化倾向。

铁路使少则数十、多则数百的团体旅游成为可能。1909年夏天，“驻京美国福音之女教习三员，率同女生二百余人……直赴秦王岛、山海关一带避暑”（“女生避暑”，《大公报》1909年6月18日）。1930年清明节，华商证券、纱布两交易所六百余人集体包车前往杭州旅游（“今岁之游杭专车”，《旅行杂志》第4卷第4号）。铁路部门还开通了各类旅游专列，如在上海开通游杭专列（“春游特刊”，《旅行杂志》第2卷）、海宁观潮专列[①]；在北京开设至北戴河的旅游专线列车[②]；在天津开通到北平间的“赏花专车”（王西稔《赏花记》）等。

铁路部门还实行种种团体旅游的优惠办法。早在清末，国有铁路就规定周六、周日或召开盛会时，团体可享受折扣票价。（曾鲲化《中国铁路现势通论·运输》）1920年7月颁布的《客车运输通则》，则统一规定了“国内周游票发行规则”，“周游票”打七折，两个月内有效。（“国内周游票发行规则”，《铁道年鉴》，第1卷）有的线路有低至五折的。[③]看来，旅游业降价倾销也不是今天才有的新鲜事。

因铁路的开通，旅游者成群结队地出游，给善于捕捉商机者带来了商机。承办团体旅游的旅行社也应运而生。

旅行社是伴随着近代交通工具而兴起的一种新式的旅游载体。西方国家在十九世纪上半叶开始出现旅行代理商。[④]近代以来，列强入侵，也把这种旅游方式移植了进来。1903年3月，一位名叫德木兰的法国人在北京开设了一个类似于旅行社的洋行，开辟从北京至法国的旅游专线。该旅行社在《大公报》上登出的组团广告称：

> 有法商德木兰者，因华人欲游法国者，多不知用若干时日，用若干路费，乃在西安门内大街开设一行。

① “沪观潮专车增加”，《申报》1919年10月15日；“沪杭路今日开驶观潮专车”，《申报》1920年9月28日。

② 参刘鹏《老北京的铁路》，《北京档案》2006年第6期。

③ “正太铁路广告”称“本路各站发售至娘子关站来回游览，票价五折以助游侣之雅兴”，《铁道年鉴》第2卷，广告插页。

④ 参章必功《中国旅游史》，云南人民出版社1992年版，第424页。

> 凡有欲游法国者，伊可派人导引、照顾。其包办之价值，计去路一月，回路一月，在法居住一月；上等价银一千两，三等四百五十两。定于五月初六日早七点钟在前门外火车站开行。欲往游者，须于开行之前一月到该行订议。（“游法指南”，《大公报》1903 年 3 月 16 日）

在贵族子弟如云的北京，最多一千两的费用算不了什么。我们尚不知道到底有多少人报名参加了德木兰旅行社组织的国外旅游，但从这些贵族子弟爱玩的特性推测，参团的恐怕不在少数。

民国年间，在中国比较活跃的外国旅行社主要有英国通济隆公司、美国运通公司、日本观光局等。①

1923 年，中国人自办的第一家旅行社——上海商业储蓄银行旅行部（后改为中国旅行社）宣告诞生。中国旅行社的创办与铁路大有关系，创始人陈光甫回忆说，“某年冬夜，我一个人于午夜乘火车抵徐州。那年气候特别寒冷，朔风凛冽，冰雪载途，我虽身裹重裘，仍止不住得连打寒噤。其时因夜色已深，凋月腊尾，异乡过客，不免有一阵萧凉落寞之感，可是，当我出站的时候，望见还有许多三四等车的乘客，麇集在露天的月台上等候搭车，男女老幼，各自守着自己的行李，依偎一团，在彻骨的寒风中发抖。长夜漫漫，无栖身之地”，于是产生了创

① 参徐芳田《中国旅行社与早期的北京旅游》，北京市政协《文史资料选编》第 29 辑，第 186 页。

办服务机构以方便行旅的想法。(《创办中国旅行社自述》)

中国旅行社的主要业务就是组织旅游团，借助包括铁路在内的交通工具前往国内国外的名胜古迹旅游，也为铁路、轮运部门代售普通车船客票。该社总是紧随着新铁路的通车而随时拓展业务，陇海铁路修至西安，即相继在陕州、潼关、西安设立分社；浙赣铁路通车，即设金华、南昌分社；粤汉铁路通车后，又在广州、衡阳设立分社。[①]1936年初，赵君豪考察即将全线告竣的粤汉铁路，途经南岳衡山时发现，中国旅行社在山上已经设立了住宿条件很好的招待所。(赵君豪《南游十记》)可见，旅行社在很大程度上是要依托铁路资源的。

余论

在近代中国，因贫穷、战乱以及铁路线路有限、设施不配套，铁路部门一开始就存在着“蔑视义务”“侵夺权利”(曾鲲化《中国铁路现势通论·运输》)等弊端，旅游业受到很大的限制。利用近代交通工具旅游，虽然不能像古人一样“施施而行，漫漫而游”(唐柳宗元《始得西山宴游记》)，冒险和浪漫的乐趣也减少了许多，或许再也难以产生《聊斋志异》里的那些美丽的人鬼爱情故事了。但总的来说，铁路给人民的生活(包括出游)带来的便利是前所未有的。所以有人把火车、轮船等近代交通工具与《人权宣言》和《共产党宣言》相提并论，说：

① 郑焱《中国近代第一家旅行社》,《史学月刊》1996年第4期。

“正如整个世界感受到斯蒂芬森的机车、富尔顿的汽船和加特林的机枪的影响一样，它也感受到《独立宣言》《人权宣言》和《共产党宣言》的影响。”[①] 孙中山先生对铁路的钟情也是众所周知的，他曾说：“铁路常为国家兴盛之先驱，人民幸福之源泉也。”（《中国之铁路计划与民生主义》）又说：“交通为实业之母，铁道又为交通之母。国家之贫富，可以铁道之多寡定之，地方之苦乐，可以铁道之远近计之。”（“孙中山先生之谈话”，《民立报》1912年6月26日）

托近代交通工具的福，旅游者不必再像徐霞客那样跋山涉水、借住荒庙了。且乘坐火车，沿途还能“飞霙掣电自成欢，翠掠车窗饱看山”（吕碧城《苏宁旅行诗答韦斋再叠前韵六首》），对沿途的风土民情有个大概的印象。今天很多人乘飞机旅游，连这一点乐趣都没有了。倒是自驾车既能享受古人的行无定止的乐趣，又能享受现代文明的便捷，可谓是最佳的旅游方式了。

①〔美〕斯塔夫里阿诺斯《全球通史》（1500年以后的世界），上海社会科学院出版社1999年版，第325页。

交通近代化与公共秩序

古代形容一个城镇的繁荣，往往用“车毂击，人肩摩”“襟连袂接、络绎不绝”或“四方辐辏，百货毕集”来形容。尚不知古人是如何理顺交通秩序、解决交通拥堵问题的。[①] 历代有关交通管理的法律条文只有寥寥几条，而且界定模糊不清。如《唐律》有“诸于城内街巷及人众中，无故走车马者，笞五十，以故杀伤人者，减斗杀伤一等。若有公私要速而走者，不坐”（唐长孙无忌《唐律疏议》）；《宋刑统》有“诸犯夜（闭门鼓后，开门鼓前，行者皆为犯夜）者，笞二十，有故者不坐”（宋窦仪《宋刑统》）；《明律》规定“凡侵占街巷道路，而起盖房屋，及为园圃者，杖六十。各令复旧。其穿墙而出污秽之物于街巷者，笞四十。出水者，勿论”，“京城内外街道，若有作践，掘成坑坎，淤塞沟渠，盖房侵占，或傍城使车，撒放牲口，损坏

① 民间可能有一些约定俗成的“规则”，如南宋闽江上游松溪码头设有一路碑，标明“贱避贵、少避长、轻避重、去避来”。见林开明《福建航运史》，人民交通出版社 1994 年版，第 66 页。若是逢到世风日下的世道，则“少不逊长，而舆盖交于途”（《嘉靖宁波府志》，嘉靖三十九年刊本，卷四，转引自邢义田、林丽月主编《社会变迁》，中国大百科全书出版社 2005 年版，第 308 页）。从“舆盖交于途”这句话不难想象两个坐在车上的暴发户在街道上狭路相逢、互不相让的情景。

城脚,……俱问罪枷号一个月发落”[①]。一般情况下，城门昼启夜闭，甚至街巷的两头还要安上栅栏，夜晚关闭，“以备宵小”。

到了近代，随着列强在中国建立租界（或类似租界），把西方那一套比较先进的市政管理模式（包括交通规章）搬到中国。一方面，这些先进的市政管理促进了中国的乡村城市化、城市近代化进程；另一方面，在实行这些由殖民当局制订的、源自西方城市、适应新的交通工具和城市扩张需要的新规章、新秩序的过程中，充满着城乡冲突、公私冲突、新旧冲突、强弱冲突和华洋冲突，这几类冲突又往往交织在一起，呈现出错综复杂的局面，构成了近代中国复杂的城市景象。

一、乡与城

中国传统社会是乡村社会，即使是城市也与乡村有着千丝万缕的关系，正如许多学者所说的，“中国的城市在政治、文化、经济等方面与周边的乡村是合而为一的。……处于不同的地理区域，行政管理、商业经营水平完全不同的城市和乡村，呈现出一片和谐相融的景象。尤其在社会、文化方面，城乡之间并没有明显的差异和鲜明的对照”[②]。

近代以来，随着城市近代化进程的加快，传统的城乡一体

① 黄彰健《明代律例汇编》，台北“中研院”历史语言研究所1979年，第1024、1025页。

② 卢汉超《霓虹灯外——20世纪初日常生活中的上海》，上海古籍出版社2004年版，第3页。

模式开始出现了“断裂”和分离。仅就交通状况而言，乡村依然保持着自由自在的状态，而城市的情况则发生了重大变化：人口激增、城市范围扩大；新的交通工具层出不穷，除原来的轿子、马车、手推车之外，又增加了东洋车、西洋马车、电车、汽车、摩托车、自行车等等；道路也从过去的寥寥几条变得七横八纵。

由于作为中国现（近）代城市发端的租界多是建立在旧城之外的乡村地带，突然间从田野中矗立起的一片片洋房、修筑起的一条条马路，一下子打破了农民无拘无束的日常生活习惯——开始时他们可能一如从前地随意穿过马路，或挑着粪担慢腾腾地行走在马路中央，或任由散养的家畜在马路上窜来窜去，或在夜里驾车通过马路而不点灯。这样，很容易给交通安全带来隐患。为此，市政管理当局首先要做的就是对各种源自乡村的习惯进行规范。

其一，禁止家畜上街、上车。上海公共租界设立初期，工部局董事会的议项里就有“把当地人饲养的猪也迁到租界以外”的建议，[①] 并多次提到集中巡捕抓捕在街道上随意穿行的狗，可见那时这种现象还是比较严重的。清末出版的《上海指南》也有“携有猎狗或鸟笼者，均不得带入客车，应在上车之站缴费另装”之类的条文。青岛德占当局制定的章程中有“不准在傲古斯威克图亚海崖街迤南会前海岸上或骑马或乘车或牵骡马驴狗等行走，或放其牲口自便行走”等规定。[②] 铁路部门也限制将

① 见上海档案馆编《工部局董事会会议录》第5册，上海古籍出版社2001年版，第651页。

② 见《订立行路章程》，谋乐辑《青岛全书》，青岛印书局1912年版，第40页。

“旅客所畜之犬，或其他动物”带入车内。[1]

其二，夜间行驶必须点灯。从常理上说，古人上街也需要照明，但若驾驶骡马牵引的大车，则未必点灯，因为这类牲口夜行不需要照明也能辨清道路。在现（近）代城市，由于各种车辆混杂，夜里不燃灯很容易造成安全隐患。为此，上海公共租界强行规定各种车辆“在日落后一小时至日出前一小时，必须悬挂边灯”[2]。车夫夜晚必须备有灯笼。[3]天津法租界1886年制定的章程规定，界内住户及所有店铺、客栈等都必须在晚11时（后改为午夜12时）以前“收挂门灯，并上排门”；12时以后外出者要手提灯笼，不得暗中摸索行走，违犯者要受到惩罚。意租界也有类似的规定。[4]“都统衙门”统治时期，还规定“城厢内外各项华人夜间行走……每夜十点钟至黎明五点钟，均须执持灯笼，如敢违抗，定即拿办”[5]。清末北京城市管理法规中也有“车辆夜行不燃灯处罚章程”[6]。

其三，不许制造噪音。在乡村社会，遇喜庆燃放鞭炮，或做工时齐呼劳动号子，或沿途高声叫卖、大声吆喝牲口，习以为常。这种现象在地广人稀的乡村不算一回事，若发生在人多嘈杂的城市，则可能增添更多的噪音。因此，租界当局对各种

---

① 见北宁铁路管理局编印《北平旅游便览》1934年版，第64页。

② 上海档案馆编《工部局董事会会议录》第5册，第554页。

③ 参任烈《上海的非机动客运交通》，《上海文史资料存稿汇编·市政交通》，上海古籍出版社2003年版，第247页。

④ 参尚克强、刘海岩主编《天津租界社会研究》，天津人民出版社1996年版，第145页。

⑤《天津都统衙门告谕汇编》，《天津历史资料》第15期，第58页。

⑥ 田涛、郭成伟整理《清末北京城市管理法规》，北京燕山出版社1996年版，第53页。

噪音做出种种限制。如禁止小贩在夜晚11点到翌晨6点沿街高声叫卖[①]；“禁止苦力在夯筑地基的劳作中哦唱打夯号子”[②]；“指控人力车为了拉生意而发生的吵闹声……决定通知一些主要的人力车业主，要求停止这种做法，同时指示总办对此事采取一些必要的措施”[③]；“尽一切努力告诉那些推手推车的人，要采取办法来制止手推车所造成的噪音，并且只有在所有的措施均不能生效的情况下，才不得不禁止使用发出吱吱嘎嘎声音的手推车，并加以扣留和没收”[④]。葛元煦《沪游杂记》所列的“租界例禁”中，有几项也涉及限制噪音，如“禁小车轮响”“禁肩舆挑抬沿路叫喝”“禁施放花爆”“禁卖夜食者在洋行门首击梆高叫”等。天津各租界均规定在界内禁止鸣放鞭炮、焰火；不准在住宅内喧哗（天津法、意等租界还规定，未经许可不准在住宅内演奏音乐，包括丧庆典礼的音乐）；严禁在公共场所吵闹喧哗、肆意骚扰、酗酒滋事、争吵斗殴、殴打牲畜等。[⑤]青岛德占当局甚至规定“青岛大包岛两处不准用有响小车运货”（谋乐辑《青岛全书》）。

二、“私”与“公”

在传统城市，市民特别是商户随便占用公共场所（包括街

① 见上海档案馆编《工部局董事会会议录》第7册，第509页。
② 见上海档案馆编《工部局董事会会议录》第14册，第495页。
③ 见上海档案馆编《工部局董事会会议录》第16册，第553页。
④ 见上海档案馆编《工部局董事会会议录》第2册，第739页。
⑤ 参尚克强、刘海岩主编《天津租界社会研究》，天津人民出版社1996年版，第145页。

道）为自己所用，可能是习以为常的（尽管有法律约束，但除了“天子脚下”的都城，一般城市恐怕很难实行），从而妨碍了公共交通和公共卫生。有人描述上海老城厢街道狭窄、混乱的情况：“上海的街道大多数非常狭窄。例如，三牌楼路是城市知名的主干道，但仅仅看一下街两边的居民把竹竿搭在街两侧的屋檐上，我们就可以想像街道是多么狭窄。这条街一个固定不变的特点是：各种各样的东西，从女人的内裤、婴儿的尿布到裹脚布，都挂在竹竿上，在街道上空飘扬。更糟糕的是，一些懒婆娘没先拧干就把湿漉漉的衣服挂上去，所以水就像下雨一样滴在街上。经常是，路人‘有幸’被这‘鲜奶油’打湿后破口大骂，主人回骂，于是，一场无休止的吵架开始了。这时如果响起打锣声，意味着地方官要打此经过，衙门的差役会跑到前头请道，吆喝道：‘拿走洗的衣服！’急匆匆的就像开火打仗一般。接着，人们跑过去把竹竿收回家，慌忙捡起掉在地上的衣服。动作若是不麻利就会当众受到斥责，这样，一场闹剧才宣告结束。”（刘亚农《上海民俗闲话》）外国人形容像“迷宫”一样的广州城的小巷“两旁的房屋和商店毗连着伸向各个方向。……大路很窄，人们似乎要花好几个小时才能走完这个庞大建筑物的全部。在这里，各种物品一件接一件地摆放着售卖，也许还能看见这些物品的制作过程”[①]。

像上述的描写有很多。这种现象，追其本源，就是一个“私”字。将衣物晾晒到街道或将出卖品摆放在人行道上，其

① 克尔《广州指南》，引自钱曾瑗《重绘广州》，《城市史研究》第22辑，天津社会科学院出版社2004年版，第182页。

实是住户或商户将自己的生活空间或商业空间从自己的家（店）延伸到公共地域上，从而在寸土寸金的城市里扩大了自己的利益。

随着城市近代化进程的加快，这类“私”的现象逐渐被消灭或受到限制。上海公共租界工部局董事会早年的《会议录》多次记录这样的情节：“商店住户因安装了一个木架伸出在公共通道上而遭控告。指令立即把这个凸出的木架拆去并予以警告”[①]，“现议决如果那些在房屋或障碍物危及或影响了沿街通道，应通知房屋或建筑物的主人以他们认为合适的方式拆除或改建这些凸出部位或障碍物”[②]。天津法租界在十九世纪八十年代曾作出规定，不准商贩在界内道路随地摆摊，停留叫卖，违者罚款200文。到了二十世纪，道路摊贩在各租界大都被禁止，而只允许小贩挑担走街串巷叫卖，如在街道设摊必须得到巡捕的同意。[③]袁世凯治下的天津旧城，也“改造杂乱的河岸地段，向使用河岸地段的商户征收出租费”，“把卖蔬菜、鱼、鸟及其他食品类的商户集中到指定的几个市场出售，其他物品，也都迁到对交通没有妨碍的地方。改变过去存有的对公共道路几乎象个人私有物那样，可任意占用的观念，使人们逐渐产生了公共意识。”[④]清末《四川通省警察章程》也规定街上的居民不得把私人物品堆放在街道两旁，必须拆掉所有的附加在住宅外的棚子以及其他阻碍交通的建筑物；小贩不得在十字路口摆摊设点，沿

---

① 上海档案馆编《工部局董事会会议录》第1册，第641页。

② 上海档案馆编《工部局董事会会议录》第2册，第492页。

③ 参尚克强、刘海岩主编《天津租界社会研究》，第147页。

④〔日〕中国驻屯军司令部《二十世纪初的天津概况》，第24页。

街的货摊不得超过建筑物的屋檐。[①]

"私"的另一种表现就是"私路"、街栅、"私桥"现象的存在。后来，这类现象也基本消失。据《上海租界略史》载："考路政之进化，大约最初由租地人自筑私路，然后交工部局管理；其次，洋商收买土地，由工部局代为筑路；最后乃由工部局自购土地，自辟道路"，"最初在租界内各路口均建有木质栅门，以备宵小，夜间闭栅，以更夫守之，直至清同治五年，南京路上栅门，始行撤去。"[②]苏州河上的"外摆渡桥"最早是英国人威尔斯私人在苏州河上建造的，需收"过桥费"，"行人往者每输钱四文，来者亦然，车舆倍之"（葛元煦《沪游杂记》）。后因遭到大众的反对，工部局在"外摆渡桥"附近另建一桥，取消了"过桥费"。

三、旧与新

在现（近）代城市生活中，有一些全新的东西，是古代社会所没有的。比如各行其道、停车入位、单行线、靠左（右）行驶、红灯停绿灯行、先下后上、一票一位、精确的时间观念、不许吸烟、不许随地吐痰等。

各行其道、靠左（右）行驶、红灯停绿灯行、停车入位、单行线等新鲜事物，是城市化达到一定阶段的产物。在传统的

① 参见王笛《街头文化》，中国人民大学出版社 2006 年版，第 197 页。

② 岑德彰《上海租界略史》，文海出版社 1971 年影印本，第 98 页。

城市，一般也没必要作此类规定。那时候的交通规则主要依等级而定，上自帝后，下至文武百官，乘坐的车型式样、规格大小和车饰配件的物料、质量、颜色、制作方法等，各有等差，不可越雷池一步。而现代城市的新的秩序则主要根据交通类型而定，机动车、非机动车和行人各行其道，并且要靠左（或右）行走（驶）。上海公共租界早年随英制，规定“过往车轿必须靠马路左侧通行；独轮车必须在马路左侧紧靠人行道通行，不准乱窜”[①]。1946年元旦，统一改为靠右行驶。[②]在流量比较大的交叉路口，则设立红绿灯，并告诫人们“欲保安全维秩序，认明红绿两边灯”[③]。在人力车比较集中的地方，人力车必须“排成一列”，在指定的位置等候，依次接客。[④]汽车增多了以后，则要“选定某些位置供汽车或其他车辆停放”[⑤]。八个租界并存的天津，则统一规定车辆靠左行驶。[⑥]天津旧城也参照租界的规则，“各街往来车马相遇，车夫等俱应向左边躲避，免有相碰之虞”[⑦]。

先下后上、一票一位、精确的时间观念是乘坐“公共乘物”所必须遵循的规则。“公共乘物”是一个现代（或者说是近代）的概念。在这之前，欧洲曾经通行“公共马车”，能载客一二十人。早年到过欧洲的中国人还见过这种“公共马车”，称之为“通城海车”（张德彝《航海述奇》）。虽不是机动的，但与近

---

① 上海档案馆编《工部局董事会会议录》第5册，第554页。

② 见上海图书馆编《老上海风情录·交通揽胜篇》，上海文化出版社1998年版，第85页。

③ 顾柄权编《上海洋场竹枝词》，上海书店出版社1996年版，第289页。

④ 见上海档案馆编《工部局董事会会议录》第12册，第486页。

⑤ 上海档案馆编《工部局董事会会议录》第20册，第668页。

⑥ 参尚克强、刘海岩主编《天津租界社会研究》，第148页。

⑦《天津都统衙门告谕汇编》，《天津历史资料》第15期，第54页。

代意义上的“公共乘物”相似，按位计价、按里程计价、定时发车，但可能还没有“先下后上”的规则，而是“登车必先女后男。女坐正面，男坐对面，若三女，则未嫁者先登，坐于对面；已嫁者后登，坐于正面。至则后登者先降。主客同车，至则客先降”（张德彝《随使英俄记》）。中国古代似乎没有类似的“公共乘物”，要么靠两腿走路，要么使用“专车”“专马”，即使搭乘大船，也要“包了舱口”（《杜十娘怒沉百宝箱》），保持私密（可能个别情况例外，如在渡船上）。

清末以降，轮船、火车、电车、公共汽车相继出现，数十位乃至成百上千的乘客集中在一个公共空间内，是一个前所未有的新鲜事物，也带来了前所未有的交通秩序问题。

首先必须解决的是时间问题。轮船、火车何时发车，时间都是定死的，“钟声一及时，顷刻不少留”（黄遵宪《人境庐诗草》），对传统的自由散漫的生活习惯是个巨大的冲击，迫使人们适应这个新变化。[①] 火车的“旅客须知”明确规定：“按时刻表行走，万难稍等，如有旅客中途停留，不能赶及，皆系自误，务望注意，以免烦言”，“车已行动，虽未离月台，亦不得冒险跃登。”（《上海指南》）

其次，是一票一位的问题。乘坐轮船、火车，买票上车（船），一般都有固定座（铺）位，这也是新鲜事物。因此，客运部门还得把“车行时旅客不可在车内任意往来乱坐，致占他人地位”（《上海指南》）载入明文。

第三，是需要乘客遵守公共道德。“公共乘物”是个流动的

① 参见丁贤勇《新式交通与生活中的时间：以近代江南为例》，《史林》2005年第4期。

公共场所，需要乘客自觉遵守公共道德，保持安静、卫生，否则就会妨碍他人、传播疾病。近代中国，在“公共乘物”上吵闹、吸食鸦片和随地吐痰的情况比较突出。据包天笑回忆，他乘坐从苏州开往上海的轮船，“船一开了，许多怪现状都显形了，首先是鸦片烟盘，一只只都出现了，鬼火磷星，东起西灭，而且船上也有鸦片可买。其次，便是赌局，非但可以叉麻雀，牌九、摇摊也行”(《钏影楼回忆录》)。有一位美国船主告诉蒋介石，有一次一位中国公使乘坐他的轮船，不仅在船上不停地打喷嚏，而且还在贵重的地毯上吐痰。当船主用丝巾擦痰的时候，那位公使还是一副不经意的样子。(蒋介石《救国之道在以教育发扬四维八德》)公使尚且如此，一般的旅客可想而知。为了规范公共道德，一般车船都有“不得吃鸦片烟”(《上海指南》)，“不许脱衣赤膊、梳发整容、随地吐痰、大声吵闹”，“船上摆设不准乱移及各宜清洁，不许污秽”，“船上夜间安睡之时，不许高声谈笑，令同船者不能安睡”等规定。[①] 但实际上，这几项恶习长期难以禁止，尤其是随地吐痰问题，更是一项影响交通公共卫生的顽症。

四、弱与强

传统的交通工具比较简单，古代的法律里有禁止在城里“无故走车马”的条文。实际上，由于街道狭窄，条件也不允

---

① 汪熙、陈绛编《轮船招商局》，上海人民出版社 2002 年版，第 624—625 页。

许。近代以来，除了传统的交通工具外，新的交通工具层出不穷，特别是机动车的使用，带来了比过去复杂得多的问题。各类交通工具混杂的结果，引发了“弱”与“强”之间的矛盾：相对于行人来说，车马是强者；相对于弱势交通工具（人力车、手推车等）来说，马车、汽车、电车等是强者。“弱”与“强”之间发生矛盾难以避免。

在电、汽车出现前，马车在街道上狂奔是城市近代化早期的一个突出现象，以上海公共租界为甚。那些有钱人或装作有钱的人，为了讲排场、摆阔气，经常乘坐马车在街道上狂奔，或在夜深人静的晚上喧嚣扰民，竟然成为公害。从《工部局董事会会议录》上看，早期董事会讨论的最多的问题之一就是如何禁止马车狂奔的问题。1872年，租界当局颁布的“马路管理条例”开始以法规的形式规定：“车辆在驶向或驶近行人时，车夫应勒马转为慢步；为了一切行人安全，指示巡捕制止在租界内超速骑马或驾车。”[①]但马车超速驾驶、招摇过市的现象一直到十九世纪末仍长期存在。1896年出版的《申报》仍提到这样的现象：“西人之尚马车，原为办事迅速起见，非徒为游观计也。若华人之坐马车，大率无事之人居多，故马车若专为游观而发。”（《申报》1896年7月16日）

二十世纪后，随着电车和汽车较多地出现，“往来如织密如麻，满眼汽车与电车。谁说中华生命重，噬人虎口日增加”（《上海洋场竹枝词》），交通混乱的情况变得更加严重。1908年，上海的电车刚开通不久，就连续发生了一系列伤人事故：3月

① 上海档案馆编《工部局董事会会议录》第5册，第554页。

15 日这一天，连续发生两起撞伤行人事故；3 月 16 日，宁波乘客李友林突然从行驶中的电车跳下，被迎面开来的另一辆电车撞死；3 月 28 日，《申报》又报道电车撞伤了海门人王永仙。事故的直接原因，都是人们不适应新的交通情况而发生的。尽管此时大众心理对新交通工具抱着畏惧、对死伤者抱着同情的态度，但不再像过去那样将（吴淞铁路）铁轨一拆了事，而是逐渐接受了这种新的交通工具。3 月 16 日撞死李友林的电车司机被拘入捕房，经查实确系死者自己的责任，随即就被无罪开释。上海早期的电车不设车门，乘客甚至可以在电车行进的过程中“飞车而上，飞车而下”（曹聚仁《上海春秋》），直到 1922 年才统一安上自动门，“以便在车开动时门锁起来，这样就可以避免乘客在车子开动时上下车”①。北京电车在高峰时段也常有人攀附在车尾或侧立于车门处，人称“挂票”。② 电车公司为了尽可能多地揽客和节省成本，对乘客如此地不负责任，堪称中国公交史上的一怪。

电车“快稳价廉，大众可乘”，是城市中最省钱的现代交通工具，吸引了大批收入不高的乘客。近代中国电车的拥挤现象一点都不亚于现在的公共电（汽）车。北京有首打油诗这样写道：“站头等车二三时，两眼望穿脖梗直，为省金钱六七角，如似婴儿盼奶吃。”③ 老舍《四世同堂》描写北京上学的孩子“由人们的腿中拼命往电车上挤。他们不象是上车，而象两个木橛硬往车里钉。无论车上与车下有多少人，他们必须挤上去”。张

① 上海档案馆编《工部局董事会会议录》第 22 册，第 601 页。

② 见《北京电车公司档案史料》，北京燕山出版社 1988 年版，第 24 页。

③ 同上书，第 21 页。

爱玲《桂花蒸阿小悲秋》里描写女佣阿小在上海的三等电车上，“被挤得站立不牢，脸贴着一高个子人的蓝布衣衫，那深蓝布以为肮脏到极点，有一种奇异的柔软，简直没有布的劲道，从那蓝布的深处一篷一篷慢慢发出它内在的热气”，为我们提供了一个历史场景。

电车与人力车为争夺客源的矛盾一直是近代中国城市的突出现象。从交通工具本身来说，电车是强者，人力车是弱者。但有时“强”与“弱”之间也可能发生转换。作为“强者”的电车在与汪洋大海一样的人力车的争斗中，未必处于优势，常常受到弱者有组织地攻击，受损失的往往都是电车公司。交通近代化过程中的复杂和艰辛，由此可见一斑。

汽车是各种近代交通工具中口碑最不好的交通工具，被人称为“市虎”。“汽车来往疾如风，苦煞行人在路中”（《上海洋场竹枝词》），早年拥有汽车者均为有钱有势者，处于强势的地位，汽车代替了西洋马车成为那些纨绔子弟摆威风的工具，在人车混杂的街道上，要么“急速开车和叫喊”[①]，要么将“前嵌之两巨灯，光力至猛，射入眼欲晕”，超速驾驶、无照驾驶的情况很普遍。尽管管理当局制订了限速措施，但拥有汽车者宁可“一日数罚”也要开快车、出风头。[②]一旦造成事故，则赔钱了事。民初黑幕小说《新歇浦潮》里描写的那位魑魅魍魉式的人物张大小姐，就公然说：“乡下人的性命是不稀罕的，就是死了也赔不到多少洋钱。……情愿轧死十个乡下人，不情愿轧死

① 上海档案馆编《工部局董事会会议录》第15册，第555页。

② 参陈伯熙编著《上海轶事大观》，上海书店出版社2000年版，第297页。

一条外国狗。”[1]如此地漠视生命，现在的人听起来毛骨悚然。有人称《新歇浦潮》“直如董狐笔、太史简，非可视为无稽之谈”（严独鹤《新歇浦潮·序》），张大小姐的所作所为，还是能反映一定的历史真实的。

火车价廉快捷，无疑是最省钱、安全的长途交通工具，是绝大多数旅客最佳的选择——在近代，中国的公路极不发达，乘飞机也只是极少数人的奢侈享受。这样，铁路部门是具有垄断性质的“铁老大”，没有其他交通工具可以与之竞争，自然就成为拥有优越地位的强者。垄断容易带来腐败、管理混乱和服务意识的薄弱。清末从事铁路管理工作的曾鲲化在他的著作《中国铁路现势通论》中，就列举了当时铁路服务“蔑视义务”“侵夺权利”等弊端。这些弊端长期存在。二十世纪二三十年代，中国旅行社的创办人陈光甫在日记里多次记载了火车乘客在寒冬时节挨冻的情景。如1931年1月12日记：

> 是日在平汉车上，车中暖气管冰冻，气不能通，车行寒风中，重裘不暖，缯纩无温。旁室有客，大发牢骚，云花钱买苦受，但既已遭遇此种境况，发牢骚惟自动气而已，既不能有改进此种环境之力，亦惟有忍受之一法耳，动气殊无谓也。是晚宿车上，颇寒。天明车过一站，见有一无盖之车，满载旅客，人皆直立车中，想已终宵露立，其苦当较余等为尤甚。余等之车，尚有门窗顶格，严风不能侵入，若彼等所乘，则寒风直刮，一无阻隔，直立终夜，即幸不冻毙，亦

① 海上说梦人《新歇浦潮》，上海古籍出版社1991年版，第742页。

> 必手足僵直。蜀道难行，昔人所叹，今则当有铁路难行之嗟，不谓便利交通之利器，竟成为苦民之地狱，此恐为提倡铁路者所梦想不到者矣。

不负责任、因循守旧、官僚主义、脏乱差和冷面孔成为铁路部门的历史痼疾，这种状况持续了很长时间。

五、华与洋

近代以来，列强在中国设立租界，直接把在西方已经实施的那一套管理模式（包括交通规则）搬了进来。租界当局在制订规则的时候，虽然表面上对中外人等一视同仁。但正如人们所熟悉的那样，租界是“国中之国”，租界的市政管理是被外国人操纵的（如制定规则的上海公共租界董事会在很长时间内只有外国人而没有中国人）。这些外国人以“主人”的身份自居，坚持“外人第一”的原则，在实行某种规章制度时，往往或明或暗地庇护、偏袒外国侨民，歧视华人，做出许多“损华利洋”的事情，在“平等”的表象下掩盖着不平等。更有甚者，租界（或者类似租界）当局还制定了许多赤裸裸的、明显带有民族歧视的规章。在1928年以前，上海外滩的公共花园不准华人入内已经是尽人皆知的历史事实。其实，在其他的公共场所华人受歧视的情况也不鲜见。笔者随意摘录以下几条史实，可以为证：

> （1）上海：“如果华人马车从后面赶超洋人马车，

即以违章处理。”(《上海指南》)

（2）上海：“苏州河边上的一些（西方）房客来信指控在他们住房前面的汽艇排放出来的烟尘，整天从他们窗户钻进房内……（工部局董事会）决定要求公审谳员，让这些汽艇开到河南路上游去。因为那里没有西人住房。”(《工部局董事会会议录》)

（3）上海：“会议对准许所有有相当身份并穿着体面的华人坐前滩这些（公共）座椅的规定交换了意见，有人提议应将他们限制在海关堆栈的一边，或者应该为西人和华人准备间隔的座椅，漆上不同的颜色。”(《工部局董事会会议录》)

（4）青岛：“无事闲人等不准在铁路两翼已占地内游玩，倘有犯者，(欧洲人）即罚洋五元，若系华人亦可责打二十五板。”(《订立禁止闲人行走铁路章程》)

（5）青岛：“出于健康的原因，必须把欧洲居民与中国居民尽可能地分隔开来。……尤其可以避免中国居民用过的脏水流经欧洲人居住的地方，这些脏水往往会产生极大的危害。”①

（6）汉口：“华人擅入江边草坪者，拘罚。”②

（7）汉口：“鸿沟界限任安排，划出华洋两便街。莫向雷池轻越步，须防巡捕捉官差。”（罗四峰《汉口

① 余凯思《在“模范殖民地”胶州湾的统治与抵抗》，山东大学出版社 2005 年版，第 275 页。

② 李绍依《汉口英租界见闻》，上海市政协等编《列强在中国的租界》，中国文史出版社 1992 年版，第 214 页。

竹枝词》)

(8)汉口:"凡是用进口材料装配的车辆,检验就容易过关,凡是用国产材料装配的车辆,检验就多方挑剔。"(李绍依《汉口英租界见闻》)

在"执法"的过程中,洋人欺负华人的事件更是层出不穷。胶济铁路的德国人把乘坐头等车的华人黄中慧拖出来一事,曾经成为一时的新闻。(包天笑《钏影楼回忆录》)天津比商电车电灯公司的电车发生轧死轧伤华人的交通事故后,公司竟然雇佣地痞流氓强迫受害者家属接受电车公司的有限赔偿,枪杀中国公勤人员的电车稽查员竟然逍遥法外。[①] 最典型、最让国人触目惊心的是滇越铁路法国查票员残害无票的中国女童的事件:

本月五日由省(城)开往阿迷之车,行至可保村,有一年约七八岁之中国幼女,登四等车内,因未买有车票,被查票法人用两手将幼女举高抛下,反复数次,复将该幼女抱至车口,由车上抛下车去,而该幼女畏甚,复又绕往后面上入第二辆车内,双手紧抱车口铁柱,而该查票法人复用力将女孩双手拨开,又将该女举高用力往下抛去数次。……旋该幼女因看蹂躏过甚,向后面惊跑,而该查票法人,仍向彼追捕,当时适逢火车行入阒硐,此阒硐既长而又黑暗,而各乘客不能目睹情形,只闻该女大声叫救命,其声甚惨,且声音

① 参肖祝文《比商电车电灯公司在天津的掠夺》,《天津文史资料选辑》第27辑,天津人民出版社1984年版,第214页。

> 十分紧急，如临死然。移时叫声顿止，而火车亦出阒硐，只见该查票法人喘气，并不见有该幼女。当经查车队长及众乘客向该查票法人询问，适闻汝所追捕之幼女现在何处，而该查票法人言语支吾，彼经众人索问甚紧，但谓该幼女现在躲藏，后经查车队官兵并众乘客会同该法人，在车内详细搜寻，将各等车中之坐位掀起，各侧房内暨车顶上车脚下，以及火车头内均已寻过，毫无踪迹。后车到宜良，由查车队长拍电命令可保村路警局，派人前往该阒硐内查寻，亦无下落。据众人推测，该幼女必被查票法人万阿德推跌下车，被车轮拖带，旋转碾成粉碎浆汁，经火车行走以后，一路摩擦，一路掉落，以致无影无踪。该法人之行为，其恶毒实世界俱无矣。①

上车买票虽然是人人必须遵守的规则，逃票可以采取罚款或其他办法。但这个法国查票员的残暴已经远远超出了一般的规则问题，而是视华人的生命如草芥，令人发指。

余论

中国的交通近代化进程是一个漫长、复杂的过程。在这个漫长的过程中，中国城市的道路和管理显得杂而乱，李大钊的

①《津浦铁路月刊》第1卷第1期（1930年），“路政纪闻”，第21页。

一段话足以概括这种杂乱状况："其间竟能容纳数多时代的器物：也有骆驼桥，也在上面贴'借光二哥'的一轮车，也有骡车、马车、人力车、自转车、汽车等，把念（廿）世纪的东西，同十五世纪以前的汇在一起。轮蹄轧轧，汽笛呜呜，车声马声，人力车夫互相唾骂声，纷纭错综，复杂万状。稍不加意，即遭冲轧，一般走路的人，精神狠觉不安。推一轮车的讨厌人力车、马车、汽车，拉人力车的讨厌马车、汽车，赶马车的又讨厌汽车；反说回来，也是一样。新的嫌旧的妨阻，旧的嫌新的危险。"（《新的！旧的！》）这一现象正是中国近代社会的一个缩影。

走向世界与认识世界

十七、十八世纪欧洲人眼里的中国人形象

——德国德累斯顿访古记

2006 年 10 月，为了筹备“16—19 世纪中国与欧洲——欧洲人眼里的中国和中国人眼里的欧洲”展览，笔者应展览的主要合作单位——德国德累斯顿国家艺术馆的邀请，前往德国进行为期十天的考察，主要任务是为展览挑选展品，并考察与展览有关的“不可移动文物”。

考察的重点是德累斯顿国家艺术馆陶瓷分馆。

在 16—19 世纪的几个世纪中，欧洲从中国进口了数以千万计的瓷器。[①] 由于岁月的流逝和战争的摧毁，这些“外销瓷”存世的已经不是很多。德累斯顿国家艺术馆陶瓷分馆是欧洲比较知名的收藏中国“外销瓷”的单位之一，它有幸躲过了第二次世界大战期间著名的“德累斯顿大轰炸”，得以完整保存自十七世纪以来收藏的中国瓷器以及由仿制中国瓷器而发展起来的欧洲瓷器。其中，最让笔者感兴趣的是该馆收藏的欧洲人自己生产的陶瓷。

---

① 据估计，仅 1557—1764 年前后的二百多年时间里，销往欧洲的中国瓷器最低不会少于七八千万件。王健华《中国瓷器在欧洲的外销》，“中德国际学术讨论会”发言稿，2004 年 11 月，北京。

十七世纪，受中国瓷器高额利润的诱惑，欧洲也尝试着自己生产瓷器。但在很长的时间内，都没能生产出合格的产品。十七世纪末、十八世纪初，在（德国）萨克森选帝侯[①]奥古斯都（1670—1733）的支持下，才成功地研制出了比较合格的硬质瓷，并在迈森地区形成了一个制瓷中心，[②]直到现在。

迈森瓷器与中国瓷器相比，有一些显著的特色，其中给笔者印象最深的是把西方的雕塑艺术融入陶瓷制品中，烧制出的瓷器乍看起来很像雕塑。该馆常设陈列中展示了一组人物造型瓷，说明牌上赫然写着“中国男人”和“中国女人”！但在我们中国人看来，一点也不像。不是说明牌的错误，也不是我们看错，亲自陪同我们的陶瓷馆馆长肯定地说，这就是“中国男人”和“中国女人”——当然，是十八世纪欧洲人眼中的“中国男人”和“中国女人”！

在十七、十八世纪，由于东西方的隔阂，欧洲人对中国的了解非常有限。他们或是根据耶稣会传教士从中国寄回的文字描写，或是根据去过中国南部沿海经商的欧洲商人、水手的描述，或是根据中国漆器、瓷器、手工艺品和绘画作品上的图案，甚至仅仅根据《马可·波罗游记》来了解中国。因此，对中国的理解难免出现偏差，甚至把近东、中东的许多因素误加在中国人身上。那位头戴斗笠、留着两撇长长胡子的“中国男人”

① 选帝侯指神圣罗马帝国时期德意志境内拥有选举皇帝特权的三个教会大主教和四个世俗封建主的统称。那时德意志还不是一个统一的国家，境内分布着众多分裂的封建小国。萨克森是其中势力较强的小国之一，其首领（那时不称国王）即为四大世俗选帝侯之一。

② 参韩琦《中国科学技术的西传及其影响》，河北人民出版社1999年版，第154页。

的形象稍微靠谱一些，笔者在其他场合也见过类似的中国男子形象。而“中国女人”的形象与实际却是相去万里。从面孔上看，更像欧洲女人，或者更具体地说，像欧洲东南靠近近东一带的欧洲女人。乳房裸露的表现方式，也是纯欧式的。

考察的另一项内容是德累斯顿国家艺术馆收藏的有关中国的绘画作品和印刷品。

十七、十八世纪欧洲绘画中的“中国人”形象非常奇怪，他们通常戴着中国南方特有的大斗笠，身着不明身份的服装（看上去有点像戏装），坐姿有点像中国寺庙里供的佛。戴斗笠是十七、十八世纪欧洲人眼里的中国人的最重要标识之一，可能是因为当时欧洲人接触的中国人基本上都是闽粤沿海一带的人。闽粤多雨，人们为了劳作方便，常常戴着那样的斗笠（当然到了欧洲人手里，斗笠变了形）。服装可能源于扑克牌上的小丑形象。而坐姿则可能源于中国无处不在的寺庙里所供奉的神灵。总之，欧洲人把道听途说的、浮光掠影的有关中国人的各种因素奇怪地组合在一起，加上一些欧洲的因素，就成了这个样子。

德累斯顿国家艺术馆收藏的版画中有不少中国名人像，如孔子、康熙皇帝等。孔子像基本上与我们中国人心目中的形象相去不远，可能是因为当时已有孔子的典籍翻译成欧洲文字，[①]翻译的原本上可能就有原汁原味的孔子像，欧洲人如实地将它临摹了下来，只是在表现手法上作了处理，融入了侧光、阴影、焦点透视等欧式绘画的诸多因素，显得很有立体感。但对于康熙皇帝，则只能靠想象，多少有些滑稽。

---

① 参阅杨焕英《孔子思想在国外的传播与影响》，教育出版社 1985 年版；张立文、李平主编《中外儒学比较研究》，东方出版社 1998 年版。

十七、十八世纪欧洲人对中国人的了解出现这么大的偏差，说明当时东西方存在着巨大的隔阂。这种隔阂有地理上的原因（尽管“地理大发现”之后东西方之间的交流日益增加，但毕竟有限），也有人为的原因。

清朝在很长的时间里，只开放广州一个口岸，并对来华的欧洲人作出种种限制，不允许越冬长住、不允许进入广州城、更不许深入内地。这些欧洲人所能见到的中国人无非是那些在海上劳作的渔民，与他们做交易的商贩以及对他们百般刁难的低级官吏。也许这些中国人给他们留下的印象并不好，因此他们回国后在向画家描述中国人的时候，故意进行了丑化。而那些没有亲眼见过中国人的画家，又糅进了自己的主观想象，以致于创作出来的作品就成了我们所看到的那副漫画式的样子。

尽管这样，在十七、十八世纪的时候，欧洲人对中国的了解还是要比中国人对欧洲人的了解多一些。那时去过欧洲的中国人比到过中国的欧洲人的数量还要少得多。一直到十九世纪上半叶，几乎所有的中国人都认为中国就是“天下”，其他地方都是没有开化的蛮夷之地。后来在与“蛮夷”的交锋中，一次又一次地吃了大亏，才有一部分人慢慢地睁开了眼睛，看到了欧洲，看到了世界。

走向世界的航路

现在的人出国，来去乘飞机，一日可至万里之外。而在飞机尚不普及之时，情况就大不一样了。那时要远至欧美国家，一般只有一种交通工具可供选择，那就是帆船或轮船（经西伯利亚铁路至欧洲的情况也有，常有共产党人秘密往来于这条“红色丝绸之路”上）。旅人所受惊涛骇浪之苦，现代人难以想象。

在“帆船时代”，从中国到欧洲，走西行路线，经印度洋—好望角—大西洋—欧洲，大约需要 120 天时间（以上海—伦敦计）。而远航美国，一般也是“南辕北辙”地沿印度洋—好望角航线，再横渡大西洋到达美国的东部口岸。如果一路顺风顺潮的话，需 100 天左右，若不顺的话，则需要 130 余天（正如中国第一位留学生容闳所经历的那样）。1869 年苏伊士运河通航后，由于只允许轮船通过，[①] 轮船就可以不必再绕道好望角而走此捷径，航程缩短了 5,500—8,000 公里，航行时间由原来的 120 天减少到 40 至 60 天（以上海—伦敦计）。而帆船仍需绕行好望角。从此，轮船迅速取代帆船，成为国人前往欧洲的主要交通工具，同时也宣告“轮船时代”的真正到来。

而轮船运输业的兴起，也使越太平洋航行变得比较容易。

---

① 聂宝璋编《中国近代航运史资料》第 1 辑，上海人民出版社 1983 年版，第 300 页。

从中国去美国，就不必再“南辕北辙”地走西行航线，而是可以“抄近路”直接向东横渡太平洋。从上海到旧金山，全程只需 20—30 天。

著名的美国传教士丁韪良是乘坐过帆船和轮船这两种交通工具往返于中美之间的人。年青时他从美国乘帆船来中国，走了 134 天。到晚年写回忆录的时候，已经进入了轮船时代，中美之间的航行时间缩短到原来的五分之一。以致他深有感触地说：“只有那些顶着风绕海岬（多风暴）航行，或者在更加令人烦躁的风平浪静中消磨了一生大量时间的人，才能真正地领会到蒸汽机为缩短地球两端的距离带来的好处。”[①]

那时，远渡重洋的既有身份显赫或饶有家财的政府要员、外交官员、社会名流、富裕商人，也有囊中羞涩的职业革命家、穷学生、投亲靠友的移民，更有大批被拐骗偷运出洋的“猪仔”和被公开“招募”去的“契约华工”。身份不同，所受到的待遇（或遭遇）可能天差地别。[②]

邹韬奋曾感叹地说，“中国人往欧美旅行或视察，不管有钱没钱，却必须勉强支撑着相当的场面。例如乘轮船至少必须乘二等舱，否则上岸时便要发生许多麻烦，往美国甚至要被关在什么岛上的拘留所里，好象锒铛入狱一样！”（《韬奋自述》）但不论有钱没钱、有名无名，作为一名旅客，其乘坐帆船或轮船远航的经历（航行时间可能长达数月），无疑是一生中最刻

①〔美〕丁韪良《花甲忆记》，广西师范大学出版社 2004 年版，第 3 页。

② 舱位等级的不同，价格也是相差甚远的，笔者查阅了宣统三年（1911）版《上海指南》，从上海到马赛的船票，头等舱为 61 英镑、二等舱 42 英镑、三等舱 24 英镑、四等舱（末等）150 两（1911 年英镑对银两外汇比价在 6.5 : 1 至 8.8 : 1 之间），头、末等舱价差在三倍左右。

骨铭心的事情之一。不论是出洋前看着父亲在“倘有疾病生死，各安天命”的具结上画押的詹天佑[①]；还是那些仅带着“一个本地的水罐、两身衣服、一个笠帽，一条草席”[②]，把自己的命运交给喜怒无常的海洋和暴虐苛酷的雇主的穷苦华工；无论是发出“始见轮舟之奇，沧海之阔，自是有慕西学之心，穷天地之想”的孙中山[③]，还是“漫云女子不英雄，万里乘风独向东”的秋瑾[④]；不论是被嘈杂混乱的旅客将诗兴“戕害到几等于零”的闻一多[⑤]，还是同人兴致勃勃地“讲了一路的诗”的徐志摩[⑥]。我相信旅途上的这一切，一定都深深地烙印在他们的脑海里，留下了终身难忘的印象。

下面，笔者结合交通史的有关史料，利用旅客本人留下的游记、日记、回忆录、口述资料，以及后来的研究者写下的年谱、传记和其他研究著作，追踪一下那些曾经远航他乡的旅行者的足迹，以图通过发掘一些为人所忽视的历史细节，去感受一下近代国人走向世界的艰辛历程。

一、世界航海史上的帆、轮交替

中国古代水上运输业很发达，以长江内河水运为主的内河

① 参经盛鸿《詹天佑评传》，南京大学出版社 2001 年版，第 14 页。

② 陈翰笙主编《华工出国史料汇编》第 5 辑，中华书局 1984 年版，第 11 页。

③ 孙中山《孙中山全集》第 1 卷，中华书局 1981 年版，第 47 页。

④ 郭延礼《秋瑾年谱》，齐鲁书社 1983 年版，第 44 页。

⑤《致景超、毓琇、毅夫、实秋》1922 年 9 月 23 日，引自刘烜《闻一多评传》，北京大学出版社 1983 年版，第 50 页。

⑥ 陈从周《徐志摩年谱与评述》，上海书店出版社 2008 年版，第 24 页。

水运和以广州、泉州、明州（宁波）和张家港等海港为出发点的远洋航运共同构成了亚洲水上运输圈。① 中国人渡东瀛、“下南洋”是常有的事。“郑和下西洋”更是把航线延长到非洲东海岸，但就此止步不前。郑和最后一次“下西洋”（1431—1433）的半个多世纪后，1497—1498 年，葡萄牙人达·伽马率船绕过好望角、越过印度洋，到达了印度南部的科泽科德（中国古籍作古里），首次开辟了欧洲至东方的航线。随后，葡萄牙人继续向远东前进，越过马六甲海峡，于 1514 年到达中国海域的上、下川岛，1517 年在广州第一次与中国官方接触，1557 年正式入居澳门。② 欧洲至中国间的海上通道就此打通。此后，英国人、荷兰人、法国人、瑞典人、丹麦人也沿着这条航线接踵而至。这条航线的大体航行路线是：从欧洲某口岸出发，南行一段路程后，第一次横渡大西洋，穿过赤道，到达南美的里约热内卢或其他口岸，补充给养后再次越过大西洋，绕好望角进入印度洋，经马六甲海峡到达澳门或广州。③ 也有沿非洲西海岸直接南行至好望角再进入印度洋的，正如达·伽马曾经走过的一样。

中欧航线除绕道好望角外，还有一条间接的、可以大大缩短航程的线路，那就是地中海—苏伊士地峡—红海—印度洋航线。在苏伊士运河通航前，此行须在苏伊士地峡的北端舍舟登岸，经陆路到达地峡的南端，再换船前行。反之亦然。但此路

---

① 聂宝璋编《中国近代航运史资料》第 1 辑，第 43 页。

② 汤开建《澳门开埠初期史研究》，中华书局 1999 年版，第 22、97 页。

③1792 年英使马嘎尔尼使团的行走路线，斯当东《英使谒见乾隆纪实》，上海书店出版社 2005 年版。

虽短，却一点都不便捷。有一段被称为“关于欧洲人地理知识之最重要的来源”的描述，为我们提供了这样一幅图景：

> ……在热德亚（即基达，麦加一港口）它们卸下货物，缴纳关税给大苏丹（埃及的），在那里把香料装载在较小的船上，沿红海上溯直到位于西奈半岛上，近圣喀德麟的地方，叫做吐茨（即苏伊士城）；在这里，再缴纳关税。此后，把商品装在骆驼背上——每只骆驼的租费需四个金币——运到开罗，需时十昼夜。在那里再缴付关税。在经过的路上常常有被袭击的危险，因为地方聚集着强盗、坏人等等。在开罗，再把香料装在船上，沿河航行；该河叫做尼罗河，发源于下印度的祭司约翰的国家里。沿尼罗河航行两昼夜后，可到达罗克塞特城（即罗塞达）再缴付关税。在那里，又把香料载在骆驼背上，经过一昼夜，到达那个沿海城市，即亚历山大港。[①]

苏伊士铁路通车后（在苏伊士运河开通前通车），麻烦要小一些。1867 年远行欧洲的王韬就曾经在这里换乘过火车。据他的游记描述，他在苏彝士（苏伊士）地峡南端登陆后，先在旅馆住了一夜，第二天乘轮车（火车），仅用半天时间就抵达改罗（开罗）——而以前靠骆驼走这段路却要十昼夜。在开罗小住三

① 耿淡如、黄瑞章译注《世界中世纪史原始资料选辑》，天津人民出版社 1959 年版，第 151 页。

日（一边等待轮船进港的消息，一边游览埃及的古王陵）后，再乘火车到达亚勒散得港（亚历山大港），登上开往欧洲的轮船。（王韬《漫游随录》）

1869 年苏伊士运河通航后，王韬所经历的换乘麻烦又可以省去了。1876 年出使英国的大臣郭嵩焘就是乘轮船直接通过苏伊士运河的。他在日记里对通过运河的整个过程有过非常详细的描述，为我们留下了运河初通时宝贵的历史细节：

> （廿二日）酉刻开行，入新开河，仅容一船。中有湖数所，来往船于此交互取道以行。沿江置计里牌以知路之远近，而于江南岸安设电报。每十里许设木房一二间，皆司电报者。船东至，则报知西局，树牌江岸，以示东行者（悬球于竿，大于瓜，以为表识），船过则落牌而转报前局，各择地便处以相避。船西至，亦报东局如前。是以江仅容船，而无拥塞喧嚷。是日行三十六里，泊小苦水湖。以新开江至夜必停船，停船必于湖荡稍宽处。皆依成例以行，无敢违者。
>
> （廿三日）卯初开行，入大苦水湖，亦名盐湖。适报有船西至，停轮待之。又过阿美大、塞拉宾诸湖，入剔木萨湖，又遇二船，湖次交首而过，湖旁亦有开河机器船停泊，至日斯麦里亚，适当新开江之中，有法王后宫。江路愈狭，两岸沙山高十余丈，舟行距岸不逾数尺，又多作湾回之势。再过巴拉小湖，至满萨磊湖停舟。是日记（计）二百二十里。
>
> 廿四日，卯刻开行，五十里至波赛（赛得港）……

停轮逾一时许，至未初开行，始入地中海。(《伦敦巴黎日记》)

苏伊士运河的通航，是世界航运史上革命性的事件之一。它使轮船和帆船这两种使用不同动力的海上交通工具在经过半个多世纪的竞争后，“突然”地向着有利于轮船的方向倾斜，“结束了用帆船对茶叶贸易竞争的时代”[①]，直接促成了世界航运史上轮、帆交替，意味着“轮船时代”的真正到来。

原来，早在十九世纪初，用蒸汽机作为动力的蒸汽轮船就已经发明。1807年，美国人富尔顿设计制造的蒸汽轮船“克莱蒙脱”号在哈得逊河试航成功，一般被认为是轮船诞生的标志。1822年，轮船开始在中国出现。[②]第一次鸦片战争期间，英军在中国沿海使用了大约20艘小型轮船，用于传递信息。1841年，英国全权公使璞鼎查从英国到中国谈判以及1842年麻恭携带《南京条约》回英国，都是搭轮船往返的。1843年11月，英国第一任驻沪领事巴富尔（Balfour）也是乘轮船来到上海的。[③]

不过，在轮船发明后的相当长时间里，轮船技术还不成熟，吨位偏小耗煤量却非常惊人，运输成本甚至要高出帆船十倍，而且长途航行难以取得补给。因此，轮船虽有逆风逆潮也能行驶的优点，但在与帆船的竞争中并不占优势。

据统计，十九世纪五十年代的时候，远洋运输仍以帆船为主，轮船只起辅助作用，前者约占总量的五分之四，后者占五分

① 张仲礼等《太古集团在旧中国》，上海人民出版社1991年版，第25页。
② 见聂宝璋《轮船的引进与中国近代化》，《近代史研究》1988年第2期。
③ 见黄炎培《关于上海租界开始年期之史料》，《人文》第6卷第1期（1935年）。

之一。如1853年1月至9月，停泊在上海港的外国船舶共175艘，其中轮船只有11艘，其他都是帆船。1855年4月4日，在上海港停泊的32艘外国船中，除2艘轮船外，其他都是帆船。[①]

当时来到中国的洋式帆船，沿海人民通称为“夹板船”，种类很多，唱主角的是一种航速较快的帆船——飞剪船（Clipper）。“飞剪”一词的来源不详，可能是从“剪切”一词派生出来的，含有“快跑”“疾飞”之意。[②]它的体型特别狭长，低舷平面，吃水较浅，首部装有突出斜桅，帆篷很多，挂满风帆，驾驶灵活，速度极快，载重在一二百吨之间。

从1830年左右到苏伊士运河通航的三四十年时间里，是飞剪船的全盛时代。在此期间，虽然轮船的制造技术越来越成熟，但并不能马上取代飞剪船等洋式帆船，二者大体上保持势均力敌的态势。中国海关的贸易报告显示，1868年和1869年，进入中国港口的帆、轮数目大体相等，各7,000艘。

而苏伊士运河的通航，一下子就打破了这一平衡，意味着“飞剪船时代”的结束。[③]仅过了几年，到1875年，进入中国的轮船数目就增加到了11,000只，吨位800万吨，而帆船的数目则下降到约5,500只，吨位仅150万吨。到了1884年，轮船的数目为帆船的四倍，吨位为十七倍。[④]以天津港为例，十九世纪六十年代到港帆船吨位占总吨位的二分之一，1880年下降到不

① 见〔美〕马士《中华帝国对外关系史》第1卷，上海书店出版社2000年版，第402页。

② 聂宝璋编《中国近代航运史资料》第1辑，第17页。

③ 同上书，第165页。

④ 同上书，第645页。

足三分之一，1890 年下降到十分之一。1905 年以后，再也没有一艘外国帆船进入天津港了。[①]

二、中欧航线

“盎格鲁—撒克逊在中国的扩张，依赖轮船的到来。”[②] 最早打开中国大门的英国，靠的是两件武器，一件是“坚船”，另一件是“利炮”。“坚船”起初指的是那种武装的巨型帆船，而后来指的是以蒸汽为动力、披挂着坚硬“铁壳”的轮船。

早在第一次鸦片战争期间，英国侵略军就使用小型汽轮传递消息。第二次鸦片战争以及后来的侵华战争，英国更是将武装的轮船直接用于作战，显示出了可怕的威力，使中国水师的木船“曾不转瞬，即被轮船焚毁殆尽”[③]。在近代史上，英国历次侵华战争的取胜，无疑与“坚船”的使用有关。

英国的商业轮船也在第一次鸦片战争后不久出现在中国。1845 年，大英轮船公司（The Peninsular and Oriental Steam Navigation Co.）的商轮首航中国。从这一年起，该公司每月都有快班轮船从扫桑波敦（Southampton，南安普敦）进入香港。[④]1850

① 参李华彬主编《天津港史》（古、近代部分），人民交通出版社 1986 年版，第 74 页。
②〔美〕布鲁纳等《赫德日记——赫德与中国早期现代化》，中国海关出版社 2005 年版，第 282 页。盎格鲁—撒克逊是指从欧洲大陆移居大不列颠的两大民族的合称。后来这两大民族融合为一个民族，并与当地土著及外来民族融合成英格兰民族。现代也代指英格兰人。
③ 台北“中研院”近代史研究所编《海防档》甲，购买船炮（一），1957 年影印本，第 134 页。
④ 参〔美〕马士《中华帝国对外关系史》第 1 卷，第 386 页。

年以后，这条航线延长到上海。1866 年，经营“蓝烟囱”航线（Blue Funnels）的英国霍尔特公司（Alfred Holt & Co.）也加入英国—中国远洋航线的经营。随后，葛连（Glens）、夏尔（Shires）、卡索尔（Castle）、贝恩（Ben）、协力（Mutual）等轮船公司也派轮船来往于英国与中国间。十九世纪末二十世纪初，英国又有银行轮船公司（Bank Line Ltd.）、印度轮船公司（India Line of Steamers）、东澳轮船公司（Eastern Australian Steamship Co.）、蒙古轮船公司（Mogul Line）、爱尔曼轮船公司（Ellerman and Buchnall S. S. Co.）、美满轮船公司（American and Manchurian Line）、外洋轮船公司（British Foreign S. S. Co.）、瓦拉克轮船公司（John Warrack & Co.）的轮船航行（或途经）中国。到 1911 年，英国共有 21 家轮船公司，设置了 28 条航线，使用轮船约 170 艘，远远超过了其他国家。①

与海洋大国英国相比，法国的航运势力要小得多。来往于欧洲和中国之间的主要是接受法国政府补助的法国邮轮公司（Messageries Imperiales，后改称 Compagnie des Messageries Maritimes，俗称 French Mail Co., 国人则称为“公司船”）。该公司于 1862 年将航线从法属印度支那延长到中国，定期航行于上海—马赛之间，1871 年又延长到伦敦。②

十九世纪七十年代之后，刚刚建立统一帝国的德意志也开始支持本国的轮船公司打入远东航线。1871 年，北德路易轮船公司（The North Deuscher Lloyd）开始派轮船来到中国。此后每年的 4 月至 11 月，该公司均有轮船在汉口和欧洲的热洛瓦（意大利）、

---

① 参樊百川《中国轮船航运业的兴起》，中国社会科学出版社 2007 年版，第 288 页。
② 聂宝璋编《中国近代航运史资料》第 1 辑，第 661 页。

汉堡、不来梅（德国）、马赛、勒哈佛（法国）、安特卫普（比利时）、鹿特丹（荷兰）以及埃及的塞得港之间作不定期航行。[①]十九世纪末、二十世纪初，德国强租胶州湾并初步建成青岛港后，在中国的航运势力大大扩张。除北德路易轮船公司外，德商汉美轮船公司（Hamburg American Line，一译亨宝公司）、禅臣洋行、捷成洋行（Jebsen & Co.）、瑞记洋行（Arnhold Karberg & Co.）和美最时洋行（Melchers & Co.）也纷纷开辟欧洲—青岛航线。[②]1911年，进出青岛港的德国轮船增至521艘，高居首位。[③]

中俄陆路贸易由来已久。自1871年俄轮“铁希卡挫夫”号从敖德萨航行至中国后，中俄海上贸易也开展了起来。第二年，新成立的俄国轮运、贸易及敖德萨铁路公司（Russian Steam Navigation, Trading & Odessa Railway Co.）派轮船“露西亚”号从敖德萨来到中国。1874年，俄国义勇舰队（Russian Volunteer Fleet）从德国购买了4艘轮船，航行于欧洲至远东之间。该舰队在战争期间服役，在和平时期则用于贸易，并从1892年起得到俄国政府的补助。[④]到日俄战争前，已拥有10余艘3,000至7,000吨级的轮船，每月从上海发船两次。[⑤]此外，俄国东海轮船公司（Russian East Asiatique de Navigaion）也于1897年开设了彼得堡—上海—海参崴航线。在运茶季节，两个公司争先恐后地派船到汉口收购茶叶，运往敖德萨。[⑥]

---

① 参郑少斌主编《武汉港史》，人民交通出版社1994年版，第151页。
② 参寿杨宾编著《青岛海港史》（近代部分），人民交通出版社1986年版，第72页。
③ 参王守中《德国侵略山东史》，人民出版社1988年版，第193页。
④ 见聂宝璋编《中国近代航运史资料》第1辑，第671—674页。
⑤ 参茅伯科主编《上海港史》（古、近代部分），人民交通出版社1990年版，第231页。
⑥ 参郑少斌主编《武汉港史》，第150页。

此外，航行于中欧洲航线的还有意大利航运公司（Compagnia di Navigaque Italiana，国人称“意国邮船”）和日本邮船会社（横滨—上海—伦敦航线）等。

中国轮船招商局成立后，也曾派轮船航行欧洲。1880年，派“海琛”号载运北洋水师员弁前往英国实习；同年10月，派“美富”号运载茶叶96万余磅驶往伦敦。1882年，黎兆棠创设肇兴公司，在伦敦设立办事机构，“美富”号运送有关人员再次前往伦敦。但招商局开辟中欧定期航线的计划一直没能实现，“能力既微，基础未固，或甫为刱始之萌芽，或仅为航政史留影之一瞥，可不复祥”[①]。

在上面提到的轮船公司中，大部分都是经营货运业务的（偶尔也搭载旅客），只有少部分是以经营客运为主的。其中比较著名、与国人关系较为密切的有：大英轮船公司、“蓝烟囱”（霍尔特公司）、法国邮船公司、北德路易轮船公司、意大利航运公司（中国旅行社成立后，均由中国旅行社代理票务[②]）和日本邮船会社。

当时从中国去欧洲除了走西伯利亚铁路的外（如钱单士厘[③]、蔡元培[④]、季羡林[⑤]、乔冠华[⑥]、朱自清[⑦]、冯至[⑧]、顾绶昌[⑨]），其

① 交通、铁道部交通史编纂委员会编《交通史航政篇》第1册，1931年，第6页。
② 参潘泰封《早期之中国旅行社》，《文史资料选辑》第71辑，第139页。
③ 见钱单士厘《癸卯旅行记》，岳麓书社1985年版，第727页。
④ 见郑勇编撰《蔡元培影集》，山东画报出版社2001年版，第45页。
⑤ 见季羡林《留德回忆录》，（香港）中华书局1993年版，第17页。
⑥ 见茆贵鸣《乔冠华传》，江苏文艺出版社2007年版，第57页。乔冠华和季羡林同行前往德国。
⑦ 见朱自清《欧游杂记》，凤凰出版社2008年版，第59—62页。
⑧ 见冯至《留德散记》，载《旅德追忆》，商务印书馆2000年版，第42页。
⑨ 见《中国当代社会科学家》第6辑，书目文献出版社1983年版，第307页。

他绝大部分都是乘坐上述轮船公司的轮船前往欧洲的。其中，乘坐英、德、意、日轮船公司的轮船登陆欧洲的中国名人有郭嵩焘[①]、傅斯年和俞平伯[②]、钱锺书杨绛夫妇[③]、丁文江[④]、王统照[⑤]、李国豪[⑥]、李四光[⑦]、梁启超[⑧]、徐悲鸿蒋碧微夫妇[⑨]等。而与中国旅人最有缘分的恐怕要数法国轮船了。笔者查阅了有关资料，发现近代国人乘坐法轮前往欧洲的例子数不胜数：1878年曾纪泽乘法轮“阿马松”号出使法国（《出使英法俄国日记》）；1879年徐建寅乘法轮赴德国考察军工、订购兵轮（《欧游杂录》）；1890年薛福成乘法轮“伊拉瓦第”号出使欧洲四国（《出使英法义比四国日记》）；1896年李鸿章乘法轮“爱纳斯脱西蒙”号（在塞得港换俄轮）赴俄国参加尼古拉二世加冕仪式（蔡尔康等《李鸿章历聘欧美记》）；1906年载泽、李盛铎、尚其亨乘法轮赴欧洲考察宪政（载泽《考察政治日记》）；1927年巴金乘法轮“昂热”号去法国（《巴金自述》）；1939年萧乾赴欧洲采访乘坐的也是法轮（《海外行踪》）……而最引人注目的，莫过于1919—1920年间赴法勤工俭学的那一批中国学生。

众所周知，五四运动爆发后，一群热血沸腾的青年学生，

---

① 见郭嵩焘《伦敦巴黎日记》，岳麓书社1984年版，第27页。

② 见焦润明《傅斯年传》，人民出版社2002年版，第124页；孙玉蓉编纂《俞平伯年谱》，天津人民出版社2001年版，第26页。

③ 见吴学昭《听杨绛谈往事》，三联书店2008年版，第102、138页。

④ 见宋广波编著《丁文江年谱》，黑龙江教育出版社2009年版。

⑤ 见王统照《欧游集》，中国青年出版社1995年版，第1页。

⑥ 见李国豪《战火纷飞中的留德生活》，《旅德追忆》，商务印书馆2000年版。

⑦ 见马胜云、马兰编著《李四光年谱》，地质出版社1999年版，第117页。

⑧ 见李喜所、元青《梁启超传》，人民出版社1993年版，第440页。

⑨ 见王震编《徐悲鸿年谱》，上海画报出版社2006年版，第29—30页。

为了寻求救国救民的道路，分几批前往法国勤工俭学。在这些赴法勤工俭学的学生当中，涌现出了周恩来、邓小平、陈毅、聂荣臻、赵世炎、李维汉、李富春、李立三、蔡和森、向警予、蔡畅等一大批中国共产党的高级领导人。这些勤工俭学的学生，大部分都是乘坐法国轮船前往法国的（只有小部分乘日、美、英轮船）。如 1919 年 8 月 14 日陈毅等 78 名四川学生乘法轮“麦浪”号前往法国勤工俭学，同船的还有被遣送回国的德国战俘[①]；1919 年 10 月 31 日李维汉、李富春、李立三等 207 人乘坐“宝勒加”号（S. S. Paul Leca）赴法[②]；1919 年 12 月 9 日聂荣臻等 158 名学生乘坐的“司芬克司”号[③]、1920 年 5 月 9 日赵世炎、肖三等 126 人乘坐的“阿芒贝尼克”号（Ahdié Lebon）[④]、1920 年 11 月 24 日张申府、刘清扬等 22 人搭乘的“高尔基尔”号[⑤]、1920 年 12 月 15 日何长工等 134 人乘坐的“智利”号[⑥]，都是法国轮船。而与留法勤工俭学关系最密切的恐怕要数法轮“博尔多斯”号（S. S. “Porthos”，一译“包剧斯”）和“盎特莱蓬”号了。前者于 1919 年 9 月 29 日、1920 年 2 月 15 日、6 月 25 日、11 月 7 日分别搭载着徐特立、许德珩、刘伯坚和周恩来等人赴法留学；而后者搭载的名人则有任光、蔡和森、向警予、蔡畅

---

① 见刘树发、王小平编《陈毅口述自传》，大象出版社 2010 年版，第 13 页。

② 见李维汉《回忆与研究》，中共党史资料出版社 1986 年版，第 12 页。

③ 见聂荣臻《聂荣臻回忆录》，解放军出版社 2007 年版，第 11 页。

④ 见姚仁隽《赵世炎传》，中共党史出版社 1998 年版，第 38 页。

⑤ 见张申府《张申府文集》第 3 卷，河北人民出版社 2005 年版，第 476 页。

⑥ 见何长工《勤工俭学生活回忆》，工人出版社 1958 年版，第 31 页。船名见中国革命博物馆编《中国留法勤工俭学运动图录》，上海人民出版社 1997 年版，第 48 页。

和邓小平等人。[①]

这些赴法勤工俭学的学生，除了极少数“看见了四等舱里的待遇不好，就不免要怨恨连天”（刘半农《欧游回忆录》）的公子哥儿外，大部分都是囊中羞涩却志向远大、不怕吃苦的穷学生，旅费多不宽裕。当时，从上海到马赛四等舱票价约为200余元，经留法勤工俭学运动的主要组织者李石曾的努力，法国海部同意每位学生只收一半的船费。[②]四等舱的条件很差，“高约一丈，连地板共分三层，每层可让人坐直，每四立方丈要住20多人。行李无处放，只能堆在走道上。这四等舱本是货舱，原无照明设备，仅凭小圆窗透进来的一点阳光照亮。学生们上船后才安上了电灯。学生登船时，每人发一个草垫做床褥，但学生们将草垫铺在床上后便不能坐直，于是只好弃之不用”[③]。有的虽名为四等舱，但实际上是条件比四等舱还要差的统舱，“统舱里还装了不少活牛（因船上无冰箱设备，现吃现宰）。我们就睡在牛栏旁，当时正是夏天，舱里臭气熏天，加上船身颠簸，很多人头晕呕吐，吃不下饭，遭了不少罪。因为当时是在第一次世界大战结束后不久，沿途还有鱼雷没扫尽，一上船每人都发给一串软木塞，以防万一。在海上一共航行了四十五天，终算到达了法国马赛港”[④]。条件虽然艰苦，但学生们胸怀理想，

① 参见许德珩《许德珩回忆录》，中国青年出版社2001年版，第86页；邓小平《邓小平自述》，解放军出版社2005年版，第9页；中国革命博物馆编《中国留法勤工俭学运动图录》，上海人民出版社1997年版，第48页。

② 参范秀莲《李石曾与勤工俭学运动》，《史学月刊》1991年第2期。

③ 周永珍《留法纪事——二十世纪初中国留法史料辑录》，国家图书馆出版社2008年版，第130页。

④ 唐铎《五四运动时期参加留法勤工俭学有关情况的回忆》，《辽宁大学学报》1979年第2期。

“我们能够去寻求真理，改造社会，就是苦，也觉得有其乐趣和前途”[①]。

三、太平洋航线

由于印度洋航线一度被葡萄牙人所垄断，西班牙人开辟了一条与葡萄牙人的航线相反的航线——从美洲的墨西哥越过浩瀚的太平洋到达马尼拉。[②]在马尼拉，早在西班牙人到来之前，就有中国人在那里做生意，因此，西班牙人最早在那里接触到了中国人，并通过马尼拉同中国人建立起了贸易关系，将大把大把的“墨洋”运到中国，换取中国商品后再满载而归。这些归航的西班牙帆船，一般都走北太平洋航线，利用季风与黑潮（日本暖流）东航，在靠近北美海岸的地方再南下墨西哥。[③]同中国商品一同运到墨西哥的还有中国人，包括商人、仆役、奴隶、手工艺人和水手等，其中有一部分长期旅居美洲，被称作“马尼拉华人”。[④]

随着西班牙向北美扩张，可能早在十六世纪就有华人跟随西班牙人到达北美。1571年，在加利福尼亚北部曾有少数中国

① 许德珩《许德珩回忆录》，中国青年出版社2001年版，第86页。

② 此路要两度越过炎热的赤道，异常艰苦，时有船随风漂流到不知名的太平洋岛屿上，被土著杀害。如1575年，由西班牙的大主教和40名教士组成的使团带着西班牙国王的信前往马尼拉，途中被风暴吹至一个“居住着异教徒的岛上”，除一人生还外，其他人都被杀害。见〔西〕门多萨《中华大帝国史》，中华书局1998年版，第149页。

③ 参周一良主编《中外文化交流史》，河南人民出版社1987年版，第835页。

④ 参张铠《明清时代美洲华人述略》，《拉丁美洲丛刊》1983年第6期。

造船工人受雇于西班牙人。但在十九世纪五十年代加利福尼亚发现黄金的消息传到中国以前，到达北美的中国人毕竟是凤毛麟角。据美国官方的移民记录，从1820年到1840年，只有11位来自中国的移民在美国登陆。从1841年到1850年，也只有35人进入美国。[①]这些早期来到美国的中国人，有的是“南辕北辙”地经行印度洋—好望角—大西洋航线到达美洲东海岸的，如1846年中国第一位留学生容闳所走的路线那样。[②]走这条航线虽然要比直接横渡太平洋远得多，但需跨越的两大洋——印度洋和大西洋的水域面积要比太平洋小得多，中途可以多次停靠休整，舒适度和安全性均比太平洋航线高。也有经北太平洋航线到达美国西部的，如福建人林鍼。[③]

十九世纪五十年代加利福尼亚发现黄金的消息传到中国以后，吸引了大批的中国淘金者远渡重洋来这里淘金，北太平洋航线一下子变得热闹起来。1852年，有29艘载运华工的船只驶抵旧金山。其中的28艘直接来自中国，还有1艘是从南美西班牙殖民地转来的。[④]从1850年到1859年，平均每年有6,680位中国人到达加利福尼亚。1860年在美国的中国人达34,933人。[⑤]

北太平洋航线的最佳途径，在很长的时间内，都在探索之中，大体上是从中国南部某口岸出发，北上台湾海峡，开往台湾岛的北端，以避开东北季风，然后从日本列岛的东面，利用

① 参邓蜀生《关于美国华人历史的几点思考》，《世界历史》1988年第1期。
② 参见容闳《我在中国和美国的生活》，百家出版社2003年版。
③ 1847年，参见林鍼《西海纪游草》，岳麓书社1985年版。
④ 参张铠《明清时代美洲华人述略》。
⑤ 参见邓蜀生《关于美国华人历史的几点思考》。

北纬的西风，在北纬 35°—45° 之间横渡太平洋。航行时间完全依气候条件和洋流的情况而定，从香港到旧金山，短的航行记录是 45 天，长的多达 115 天，一般需两个月左右。①

轮船发明后，由于不必依靠信风和洋流也能航行，走北太平洋航线变得容易起来。1848 年，美国国会开始讨论建立北太平洋轮运航线，"受到普遍的欢迎"。经过多年的酝酿，1867 年 1 月，美国国会通过的一项设立太平洋邮轮公司（Pacific Mail Steamship Co.，国人称之为花旗轮船公司或万昌轮船公司）的法案生效，该法案给予太平洋邮轮公司为期十年共 450 万美元的补助。当月，该公司派轮船"科罗拉多号"首航中国上海（从旧金山出发，经夏威夷、横滨），"开创（了）一项新的事业"②。随着 1869 年横贯美国东西部的中央太平洋铁路贯通，从中国到达美国西部口岸后，不必再绕道美洲南端或巴拿马地峡就可以直达美国东部。反之亦然。从此，从中国去美国，若非有特别的安排，"舍近求远"绕道欧洲的情况就比较少见了，一般都是直接走北太平洋航线。十九世纪七十年代中国选派赴美留学的幼童是较早享受这一便利的中国人。从中国到美国，只用了一个月左右的时间，与他们的前辈容闳相比，航行时间缩短到原来的 1/4—1/3（容闳去美国用了 98 天，从美国回来用了 134 天）。

除太平洋邮轮公司外，1887 年，英国在加拿大设立的太平洋铁路公司（Canadian Pacific Railway Co.，国人称昌兴轮船公司）派轮船第一次来到中国。1891 年后，正式用三艘以"皇后"命名的大型客轮（"中国皇后""印度皇后"和"日本皇

---

① 陈翰笙主编《华工出国史资料》第 7 辑，中华书局 1984 年版，第 99 页。

② 聂宝璋编《中国近代航运史资料》第 1 辑，第 306 页。

后”——引者注），开设中加定期航线。大约与此同时，美国东西洋轮船公司（Occidental and Railway Co.）租用英商制造的轮船，航行于美国和日本、中国之间。[①]到日俄战争前，又有美国的北太平洋邮船公司（Northern Pacific S. S. & Co.）、波特兰亚洲轮船公司（Portland and Asiatic S. S. Co.）、加利福尼亚轮船公司（California S. S. Co.）、巴勒轮船公司（Barbers Line of Steamers）、波士顿轮船公司（Boston S. S. Co.）、大来洋行（Rorbert Dollar Co.）、大北轮船公司（Great Northern S. S. Co.）加入到太平洋航线。但除了太平洋邮船公司外，其他公司的规模都不大，有的不久便消失了。[②]

1898年，日本邮船会社也开辟了香港—上海—西雅图航线。日本东洋汽船会社则开设了香港—上海—旧金山航线。[③]

中国轮船招商局成立后，曾于1879年派“和众”号试航檀香山。次年又顺道开往旧金山，被美国无故扣留，在照缴了进口正税后，又被加征10%的船钞和每吨一元的罚款，以致大为亏损。（“科税不公”，《申报》1880年10月7日）“和众”号是招商局少有的具备远洋航行能力的轮船，可惜1881年4月17日被英国军舰“腊混”号撞沉。此后，招商局为开辟中美航线又做了一些努力，终因1884年中法战争爆发而搁浅，战后也没有实现。[④]

---

① 参樊百川《中国轮船航运业的兴起》，第122页。

② 同上书，第284页。

③ 参茅伯科主编《上海港史》（古、近代部分），第230页。

④ 参见张后铨《19世纪中国外洋航运初探》，载《招商局与近代中国研究》，中国社会科学出版社2005年版。

第一次世界大战期间及稍后的一段时间，也就是人们所熟知的中国民族资本主义发展的“黄金时期”，华人曾一度自行开办中美远洋航运。

1915 年，为了抗议日本压迫中国的“二十一条”，美国华人相约抵制日货。此时适逢太平洋邮船公司的水手罢工，美船停航，在这条航线上航行的英国轮船也因战事大为减少。日本轮船乘机独占该线，而且故意与华人为难，加倍收费。华人群情激愤，决定集资自办中美航运。1915 年 10 月，中国邮船公司成立，以 30 万美元向太平洋邮船公司购买了万吨级轮船“中国”号，于当年 11 月 1 日从美国开始做第一次跨洋航行。由于业务兴隆，后又添购了两艘万吨级轮船“南京”号和“尼罗”号（一作“乃路”号），航行于太平洋两岸之间，获利丰厚，成为华人自办的、发展最快规模最大的远洋轮运企业。[①] 二十世纪二十年代后，由于外国轮运企业“卷土重来”、自身经营不善、得不到祖国资助等原因，中国邮船公司亏损严重，不得不于 1922 年停业清理。[②]

在近代走向世界的中国名人中，经北太平洋航线赴美的难以计数。其中，乘坐太平洋邮轮公司赴美的除前面提到的幼童外，还有：

1876 年，李圭赴美国参加世界博览会，乘坐太平洋邮轮公司的“席地厄夫别径”号（即“北京”号），从横滨到旧金山仅用了 18 昼夜零 3 个小时，若加上上海—横滨的 2 天，全程仅约

① 聂宝璋、朱荫贵编《中国近代航运史资料》第 2 辑，中国社会科学出版社 2002 年版，第 1157—1162 页。

② 参彭德清主编《中国航海史》（近代航海史），第 272 页。

20天。[①] 蒋梦麟1908年从上海乘太平洋邮轮公司的"西伯利亚"号赴美留学，到旧金山只用了24天。[②] 当年选派幼童出国的李鸿章1896年从美国回到中国（李鸿章在俄国签完《中俄密约》后，访问了德国、荷兰、比利时、法国、英国、美国），也是搭乘美国太平洋轮船公司的轮船回国的。[③]

中国邮船公司替代太平洋邮轮公司期间，乘中国邮船公司的"南京"号来往于中美之间的名人有徐志摩[④]和萧友梅[⑤]。

此外，乘加拿大太平洋铁路公司（昌兴公司）的轮船赴美的有梁启超[⑥]；乘大北公司的轮船赴美的有载泽等人[⑦]。

除北太平洋航线外，还有一条南太平洋航线。这条航线"激流汹涌，飓风横生"，是"世界上航程最长、最艰险的远洋航线"，[⑧] 远比北太平洋航线难走。其大体途径是这样的：从中国某口岸向南航行，经瑙鲁、萨摩亚、波利尼西亚，"在快到瓦尔帕莱索、距南美洲海岸3,000公里处时，船调头向北，最终抵达目的地卡亚俄（秘鲁一港口，华人赴秘鲁在此登陆，旧开劳）"[⑨]。此线路要穿越炎热的赤道，过了波利尼西亚后连续数十天见不到任何陆地或岛屿，是对旅人心理和生理极限的严峻挑

① 参见李圭《环游地球新录》，岳麓书社1985年版，第317—326页。

② 见蒋梦麟《西潮·新潮》，岳麓书社2000年版，第72页。

③ 见苑书义《李鸿章传》，人民出版社1991年版，第350页。

④ 1918年，见陈从周《徐志摩年谱与评述》，上海书店出版社2008年版，第24页。

⑤ 1920年，见廖辅叔《萧友梅传》，浙江美术出版社1993年版，图版页。

⑥ 1899年，见梁启超《新大陆游记》，岳麓书社1985年版，第422页。

⑦ 1905年，"达柯达"号（28,000吨，当时最大的轮船之一），见载泽《考察政治日记》，岳麓书社1986年版，第588页。

⑧ 周一良主编《中国文化交流史》，第834页。

⑨〔秘〕费尔南多·德特拉塞格涅斯·格兰达《沙国之梦——契约华工在秘鲁的命运》，世界知识出版社1999年版，第32页。

战。在帆船时代，该航线因在苦力运输中死亡率高而臭名昭著。在轮船时代情况略好一些。1919年秘鲁华侨邬子才等人曾组织中华航业公司，以四艘轮船行驶于该航线的香港、南洋各岛及南美之间。[①]但该公司也由于“营业不振，亏累不堪，负债过巨”，勉强支撑到1928年，被迫停业。[②]

四、近洋航线

近洋航线的开辟由来已久，由东洋和南洋两个方向的航线组成，路线相对固定。晚近以来，传统的南洋航线由所扩散和延伸，最远可延伸至澳大利亚、新西兰和南太平洋上的一些岛屿。而随着十九世纪末、二十世纪初西伯利亚铁路的修通，来往于中俄（海参崴）之间的航路也热闹了起来。

1. 南洋航线

福建、广东是中国的主要侨乡，每年都有大量的侨民来往于家乡和南洋之间。在这些传统的航线上，帆船往来络绎不绝。十九世纪七十年代后，随着“轮船时代”的到来，“很多航运业务都被轮船接替了。这些船只，除了运货以外，在十九世纪下半期，乘风破浪，满载从中国前往暹罗、马来和东印度的移民，在这方面发挥了重要作用。……到了1879年，从汕头到新加坡

① 聂宝璋、朱荫贵编《中国近代航运史资料》第2辑，第1165页。

② 同上书，第1166页。

和曼谷的移民，十分之九都乘轮船（出国）”[①]。经营该航线的外国轮运公司主要有英籍大英轮船公司、德忌利士公司（Douglas Lapraik & Co.，也译道格拉斯公司）和霍尔特公司，它们在厦门卸下从上海运来的货物，然后由厦门搭载去马六甲的福建旅客。1882 年，英商又创办曼谷客运轮船公司，开设汕头直达曼谷的定期航线，在开办两年中，从汕头到曼谷的班轮平均每星期一班，汕头到曼谷移民每年约一万人。[②]1891 年，由新旗昌洋行（Shewan Tomes & Co.）代理的中国马尼拉轮船公司（China and Manila Steamship Co.）的轮船，在上海、香港、马尼拉之间航行。[③]1896 年，太古轮船公司也增开了从厦门经汕头、香港至东南亚各埠的航线。[④]1877 年，又有西班牙籍的三艘轮船，定期航行于厦门至马尼拉之间。1880 年，荷兰籍的“荷印轮船公司”（Nederlandsch Indische Stoomvaart Maat Schappij）的八艘“芝”字号轮船，专在厦门至印度尼西亚及爪哇之间行驶。[⑤]

1895 年日本割占台湾后，台湾总督府指令大阪商船会社开辟多条航线，行驶于厦门至菲律宾、爪哇及东南亚各地之间。[⑥]

轮船招商局也一度是行驶南洋航线的主力。该局成立后不久，就派“伊敦”号驶往吕宋等地。第二年，又以“富有”号

① 聂宝璋编《中国近代航运史资料》第 1 辑，第 1412 页。

② 潮汕历史文化研究中心等《汕头开埠及开埠前后社情资料》，转引自毛立坤《晚清时期东南沿海通商口岸对外航线与港势地位的变迁》，《史学月刊》2005 年第 12 期。

③ 见樊百川《中国轮船航运业的兴起》，第 122—123 页。

④ 参林开明主编《福建航运史》（古、近代部分），人民交通出版社 1994 年版，第 263 页。

⑤ 同上书，第 253 页。

⑥ 同上书，第 263 页。

开辟汕头—新加坡航线。1880年，招商局又派船开航越南、吕宋、暹罗、新加坡、槟榔屿、印度等地。但由于吕宋等国实行保护本国商船的政策，新加坡与槟榔屿又是欧洲航行东南亚的通道，西方轮运公司极力排挤，招商局难以与之争衡，东南亚航线先后被迫停驶，仅剩越南一地。1884年发生中法战争，轮船招商局将轮船出售给旗昌洋行，越南航线也被迫停航。战后未能复航。

经营南洋轮运的还有不少华侨资本。据记载，最早大规模经营南洋至国内轮运的华侨是福建海澄人邱忠波。光绪初叶时，他就已拥有“轮船十四艘”，航行于新加坡、槟榔屿、满剌加和香港、汕头、厦门、宁波、上海，“海外商务之大，以忠波为最”。1879年，从汕头到新加坡和曼谷的移民十分之九都乘轮船，其中半数乘坐邱忠波公司的轮船。[①] 十九世纪末、二十世纪初，林敏彦组织的伯昌轮船行号，租赁外国轮船，航行于汕头与暹罗之间，后延长到仰光；由广东商人和暹罗华侨合资创办的华暹轮船公司，在汕头、香港、琼州（海口）、曼谷和新加坡之间航行，在经营上颇为成功。辛亥革命后，仰光华侨林振宗创办了宗记公司，购置“双安”“双美”和“双春”三艘轮船，航行于厦门与仰光之间。新加坡华侨林秉祥将父亲林和坂的和源公司扩大为和丰轮船公司（又名和济公司），以“内港船”航行于仰光、槟城、吉隆坡、新加坡各地，以“外港船”航行于香港、汕头、厦门、上海、宁波、福州以及泰国、缅甸等地。[②] 另外，

① 参蒋祖缘主编《广东航运史》（近代部分），人民交通出版社1989年版，第88页。

② 参林金枝、庄为玑《近代华侨投资国内企业史资料选辑》（福建卷），福建人民出版社1985年版，第339页。

广东大埔县籍华侨张振勋和张榕轩、张耀轩兄弟创设的广福、裕昌远洋轮船公司，其中两艘轮船“专行日里、庇能、新加坡、香港、上海各埠”[①]。

第一次世界大战爆发后，许多外国轮船或被本国政府征召回欧洲服役，或被迫躲避在中立国港口不敢出航，或被封锁在内海不能动弹，或遭敌国的轰炸而受重创。因此，随着战争的进行，进入中国港口和在中国江海湖面上运营的外国轮船数量迅速减少，给中国的民族轮运业的发展腾出了巨大的空间。1917 年中国加入协约国一方参战后，没收了敌对国德国和奥匈帝国的十几艘轮船，并把它们转让给民营轮运企业承租。[②]一战末期，俄国发生了“十月革命”，在中国东北经营航运的俄国资本家由于担心轮船被革命政权没收，慌忙将自己名下的轮船出售给中国绅商。[③]上述这些有利的机会，给中国的民族轮运业带来了前所未有的机遇。因此，从第一次世界大战爆发前后到战争结束后的头几年，是中国民族轮运业发展最快的时期，成为中国民族资本主义“黄金时代”的一个缩影，同时也是中国民族轮运企业从事国际航运仅有的一个高峰，出现了几家有能力横渡太平洋的轮运企业，一些本来不经营航运或仅经营国内航运的民族企业也纷纷转向南洋航线，使该航线的民族轮运业一度繁荣。

在此期间经营近洋轮运的华资企业列表如下：

---

① 蒋祖缘主编《广东航运史》（近代部分），人民交通出版社 1989 年版，第 88 页。

② 聂宝璋、朱荫贵编《中国近代航运史资料》第 2 辑，第 1134 页。

③ 同上书，第 1096 页。

公司或船号	创办人	创办时间	航线
中华汽船公司	菲律宾华侨	1915年	上海—马尼拉
“建源”号	爪哇华侨黄仲涵、周炳喜	约1915年	厦门—汕头—香港新加坡—泗水—三宝垄
金汪记	金叔屏	1916年	海参崴—新加坡
“谦德”号		1917年	厦门—新加坡
“大司马”号[①]	陈庆霖	1917年	香港—安南
利淮商号	顾棣三	1918年	上海—海参崴 上海—印度
“南金”号	黄碧荃	1918年	上海—仰光
“亚洲”号	刘维源	1918年	厦门—新加坡
“中华”号	李星衢	1918年	日本—中南半岛
“拈孖治”（公司）		1919年前	上海—新加坡
“华潞潞”号	陈文鉴	1920年	不定期地来往于中国与美洲、澳洲、非洲、欧洲等处
中澳轮船公司	郭标等[②]	1921年	中国—澳大利亚
利通轮船公司	傅绍禹、毕明斋	1921年	烟台—仁川

资料来源：根据樊百川《中国轮船航运业的兴起》，第352—353页表；聂

① 见彭德清主编《中国航海史》（近代航海史），第257页。

② 同上书，第271页。

宝璋、朱荫贵编《中国近代航运史资料》第2辑，第1423—1428页“附录”；部分由《中国航海史》《中国水运史丛书》《山东通史》《福建海外交通史》《广东近代民间航运业发展史略》补入，并注明出处。

二十世纪二十年代之后，外轮卷土重来，上述的华资轮运企业的经营状况每下愈况。与1918年的高峰年份相比，已大不如前。而海外航线的衰落，比国内航线还要快得多。从历史悠久的伯昌轮船公司到华暹轮船公司，陆续消失，估计都已换了主人、落入外人之手。[①] 到了二十年代末，“除马尼拉一线外，是很少有经常航行的”[②]。

2. 中日航线

中日之间，一衣带水，航程虽短，但在帆船时代，此路却艰辛异常。有两件家喻户晓的故事可以想见：一是鉴真和尚六渡日本，前五次竟然都失败了（其中有三次是航海技术原因），第六次在海上漂泊一个多月才终于获得成功；另一件事是阿倍仲麻吕（晁衡）从中国东归日本，也在海上遇暴风，漂流到了安南，辗转十四年才回到长安。当时都误传他已经遇难，李白还写了一首非常著名的《哭晁卿诗》悼念他。

这种情况虽然后来随着航海技术的发展有所改善，但在帆船时代，这条航线依然被视为畏途，彻底改观则是在轮船出现以后的事了。

1867年开始运行的美国太平洋邮轮公司的轮船可能是最早定期航行于中日（上海—横滨）之间的轮船。大英轮船公司也

① 见彭德清主编《中国航海史》（近代航海史），第272页。

② 交通部编印《四年来之航政》，1931年，第14页。

曾有轮船在中国和日本之间往来。1873 年中国轮船招商局成立后，最早海外航行目的地就是日本的神户和长崎（1873 年 8 月，“伊敦”号）。[①]

1875 年，日本政府支持三菱邮轮会社，开辟了横滨经神户、长崎至上海的轮运航线，并在几个月后接收了美国太平洋邮轮公司在日本的所有船只和设备，随后又赶走了实力雄厚的大英轮船公司，独占了中日之间的航运。1885 年，三菱邮轮会社与日本政府支持的另一家轮运企业共同运输会社合并为日本邮船会社，并于次年开辟了神户、长崎至天津的航线，1889 年延长至牛庄，1893 年又增设了神户—上海—孟买航线。[②]1906 年又以两艘轮船开始航行于汉口与神户间，以后又将航线延伸到横滨。[③] 日本大阪商船会社也分别于1905年和1907年开辟了大阪—天津、大阪—大连航线。[④]1905 年 5 月起又以两至三艘轮船航行于汉口至神户、大阪间。[⑤] 上述两公司的轮船均在烟台中途停靠。[⑥] 日俄战争后，“满铁”运输部、大阪商船会社、山下汽船会社和辽东汽船会社等日本轮运机构（企业）联翩侵入大连港。[⑦] 并从 1908 年开始，每月至少都有一艘日本轮船从日本直航青岛。[⑧] 还有一些轮运企业偶尔也到中国贸易，如摄津航业株

① 参张后铨《19 世纪中国外洋航运初探》。
② 参李华彬主编《天津港史》（古、近代部分），第 105 页。
③ 参郑少斌主编《武汉港史》，第 250 页。
④ 参李华彬主编《天津港史》（古、近代部分），第 107 页。
⑤ 参郑少斌主编《武汉港史》，第 250 页。
⑥ 参丁抒明主编《烟台港史》（古、近代部分），人民交通出版社 1988 年版，第 103 页。
⑦ 参见刘连岗等编《大连港口纪事》，大连海运学院出版社 1988 年版，第 77—85 页。
⑧ 青岛档案馆编《帝国主义与胶海关》，档案出版社 1986 年版，第 111 页。

式会社和中越轮船会社，“皆从事输入神户之杂货、北海道之枕木”，“归航之际，则装豆饼及大豆”[①]。

对于轮船来说，航行于中日航线可以说是轻而易举的事，一般从上海或烟台出发到达横滨或神户，只需要短短的几天时间，真正做到了“一苇可航”。在清末的时候，从中国乘船去日本非常方便，花钱即买票，买票即上船，船靠日本码头即上岸，全无我们今日所必需的护照、签证等，[②]吸引了大批中国学生到日本留学，客运非常繁忙。较早留日（1899年）的章宗祥曾经写过一本《日本游学指南》，以指导继来者:“凡自吾国至日本，分为南北两大道。南省各地，以上海为出发之地。北省各地，以芝罘动身，可买船票至神户。由神户换坐火车到东京，凡火车行十七点钟，计路程共十日。自上海动身，可买船票至横滨，换坐火车到东京，凡火车行一点钟，计路程共七日。若买票至神户，由神户坐急行火车至东京，则五日可到。”去日本的轮船有英国、法国和日本的轮船公司，“其中以日本船最为亲切便当。若言明留学生，则看待更好，其船中理事等，大都从学生出身，故于学生另有一番看待，盖同类使然也。……（留）日本学生，则往往坐三等者居多，取其廉也。三等舱固为最下，然较之吾国航船，及轮船之散舱，则舒服远矣”[③]。比章宗祥晚一年留日的曹汝霖曾得益于这本《指南》。[④]

去日本留学，除了从上海或烟台直接渡海外，还有一条水陆联运的路线可走，即在北京买好“联络票”后，乘火车经京奉铁

① 邮传部图书通译局编译《水运》，宣统二年夏五月印行，第74页。

② 沈殿成主编《中国人留学日本百年史》，辽宁教育出版社1997年版，第50页。

③ 沈殿成主编《中国人留学日本百年史》，第51—52页。

④ 参曹汝霖《一生之回忆》，中国大百科全书出版社2009年版，第17页。

路到奉天（沈阳），再从奉天换乘火车到达朝鲜的釜山港，最后从釜山乘船到日本。郭沫若第一次去日本走的就是这条路线。①

3. 中俄（海参崴）航线

第二次鸦片战争之后，俄国割走黑龙江以北、乌苏里江以东的大片中国国土，并通过海参崴港（符拉迪沃斯托克）与中国的北方口岸建立起航运联系。除物资外，还有大批商贩和劳工沿此航线登陆海参崴，北方人民称之为“闯崴子”，与“闯关东”“下南洋”齐名。

经营中俄（海参崴）航线的主要是俄国黑海义勇舰队轮船公司（Russian Volunteer Fleet），该公司于1896年开辟了上海—海参崴航线，② 在运茶季节，则把航线延长到汉口，承运茶叶。③1898年俄国强租旅大后，新组了东海轮船公司（Russian East Asiatic S. S. Co.），与黑海义勇舰队轮船公司交互派船来往于中国北洋、日本和海参崴之间，以加强辽东半岛同本国的联系。④ 除俄轮外，日本邮船会社、英商新宝顺洋行（Dent & Co.）和协隆洋行（Fearon Danill & Co.）⑤ 也派轮船往来于上海与海参崴间。

4. 中朝航线

中国与朝鲜半岛山水相连，自古以来，除陆上往来外，还

① 参刘元树主编《郭沫若自传》，安徽文艺出版社1997年版，第247—251页。
② 参茅伯科主编《上海港史》（古、近代部分），第230页。
③ 参郑少斌主编《武汉港史》，第150页。
④ 参樊百川《中国轮船航运业的兴起》，第255页。
⑤ 参樊百川《中国轮船航运业的兴起》，第122—123页。

有若干海上航路，其中有一条被称为“日本海环流路”的航线最为有名：从乐浪郡出发，沿朝鲜西南海岸航行至朝鲜东南端的狗邪韩国（今庆尚道金海），而后渡日本海去日本。[①] 近代以来，随着轮船运输业的兴起，中朝之间的轮运航线也建立了起来。1883 年 11 月，朝鲜统理各国事务衙门与中国轮船招局之间签订《轮船往来上海朝鲜公道合约章程》，从该月起，招商局每月派一艘轮船航行于上海与仁川间。但实际上，招商局的轮船只在 1883 年 11 月、1883 年 12 月、1884 年 1 月来往 3 次，就因上海金融恐慌和中法战争一度停止。直到 1888 年 3 月，招商局才又派轮船“广济”号行驶于上海—烟台—仁川之间，形成定期航线。1894 年中日甲午战争爆发后再次中断。此外，英国怡和洋行的“南升”号、德国世昌洋行也开设了上海与仁川之间的定期航线，但仅维持了很短时间。来往于中朝之间的主要是日本三菱公司和共同运输公司（后来合并成日本邮船会社）的轮船。[②] 甲午战争后，日本罔田洋行也开设了烟台至仁川航线。[③]

五、一个特殊的出洋群体——契约华工

中国沿海一带人民（特别是闽粤人）出洋谋生有悠久的历史，而成批成批的契约华工（或称苦力、“猪仔”）被诱骗到海

---

① 参杨昭全、韩俊光《中朝关系简史》，辽宁民族出版社 1992 年版，第 23 页。

② 参〔韩〕高秉希《晚清中朝定期航线的开设背景及其影响》，《史学月刊》2005 年第 8 期。

③ 参丁抒明主编《烟台港史》（古、近代部分），第 103 页。

外做苦工是十九世纪以后的事（当然有的是怀揣发财梦想自愿签约出洋的），直到二十世纪三十年代才基本上宣告结束。据粗略地估计，从十九世纪初到二十世纪三十年代这前后一百多年的时间里，出洋的华工约有一千万人次。[①] 而在这一千万人次中，除了少数是沿西伯利亚铁路线从陆路出去的[②]，其他绝大部分都是乘船从水路出去的（“出洋”一词也由此而来）。

十九世纪五十至七十年代是契约华工出洋的第一个高潮。据估计，从 1851 年至 1875 年的二十五年间，共有 128 万名契约华工出国。其中到马来半岛 35 万名，东印度群岛 25 万名，美国 16 万名，古巴 13.5 万名，秘鲁 12 万名，澳大利亚 5.5 万名，菲律宾 4.5 万名，加拿大 3 万名，西印度群岛及英属圭亚那 3 万名，夏威夷群岛 2.5 万名，南美哥伦比亚、巴拿马地区 2.5 万名，新西兰 0.5 万名，其他地区 4 万名。[③] 在此期间，难以数计的专载契约华工的“苦力船”（或称“猪仔船”）从香港、澳门、汕头、厦门等口岸出发，前往上述国家或地区。

这些契约华工多有被诱骗、强迫者，常常身无分文，离家前与招工的苦力贩子签订合同，合同内载前往某处做某种工，每月工资若干，一般合同期三年，三年后双方同意可再续。船

① 参彭家礼《十九世纪开发西方殖民地的华工》，《世界历史》1980 年第 1 期。

② 中国腹地的湖北（以天门为多）人中的一部分是作为劳工（一般为单身）应招到西伯利亚修筑铁路的，也有一部分是携带着缠足的妻子远走他乡，靠卖手艺为生的，男的做纸花、演把戏、卖草药、耍拳艺；女的卖纸花、“取牙虫”等，沿着铁路的路线，逐步西移，一直到莫斯科的。这些靠手艺为生的夫妻，大部分做好不回头的准备，哪里有谋生的机会，就到哪里去。他们又从莫斯科分散到欧洲各国。到第一次世界大战爆发前，他们的足迹已经遍布欧洲各国了。见萧志华主编《湖北社会大观》，上海书店出版社 2000 年版，第 80—81 页。

③ 参王启民《契约华工制的历史分期问题》，《福建师大学报》1982 年第 1 期。

费由苦力贩子垫付，到达目的地后从工资内扣除。一般到美洲的华工月薪 5 元，三年共 180 元，而苦力贩子代垫的船费和其他费用高达一百元左右，都从工资里扣除，另 80 元仅够三年零花。因此三年合同期内一般很难有储蓄，只好继续出卖劳动力。[①]

契约华工出洋的第一个高潮，也正是世界交通史上的轮、帆交替时期。由于帆船的运输成本比轮船低，那些苦力贩子为了追求最大利润，不顾苦力的死活，往往高价抢购那些已经弃置多年的"破烂不堪的老（帆）船"[②]。并往往以大大超载的办法把华工塞在船舱底部，以致船舱之内，"日则并肩叠膝而坐，夜则交股架足而眠，人数既多，水量不足……又如晕船呕吐，狼藉满舱，屎溺纵横，奇臭逼人。加以南洋酷热，上下蒸郁，全船数百人中岂无一人带有病菌能传染者乎。故病风一播，往往十人之中常死三四"[③]。下表的一组数字，让人触目惊心：

年份	目的地	"苦力"人数	死亡人数	死亡占比
1850 年	秘鲁	740	247	33%
1852 年	巴拿马	300	72	24%
1852 年	英属圭亚那	811	165	20%
1853 年	古巴	700	104	15%
1853 年	巴拿马	425	96	23%

① 陈翰笙主编《华工出国史料汇编》第 5 辑，第 46 页。
② 同上书，第 101 页。
③ 同上书，第 32 页。

续表

年份	目的地	“苦力”人数	死亡人数	死亡占比
1854 年	秘鲁	325	47	14%
1856 年	秘鲁	332	128	39%
1856 年	古巴	298	132	45%

资料来源：李长傅《中国殖民史》，商务印书馆 1998 年影印本，第 263—264 页。

华工的境遇，比当年贩往美洲的黑奴的惨状有过之而无不及。人们把这种“苦力船”称作“浮动地狱”，是中华民族屈辱史上难以磨灭的记忆符号之一。

远航美洲的“苦力船”的航行路线，大体上有三条：

一是北太平洋航线。去北美西岸、夏威夷一般走此航线。如前所述，该航线大体上是从中国南部某口岸出发，经台湾海峡和日本列岛以东海面，在北纬 35°—45° 之间横渡太平洋。一个让人忽视的历史细节是，苦力贸易最为猖獗的那二三十年——十九世纪五十年代至七十年代，太平洋航线的最佳途径一直在探索之中——在美国西部大开发以前，太平洋航线并不是一条常走的航线，仅作为大西洋航线的补充而存在，正是近代以来伴随着美国西部开发以及与美国西部开发密切相关的苦力贸易的兴起，使太平洋航线变得繁忙起来，并最终取代印度洋—好望角—大西洋航线，成为中国与美洲之间的首选航线。[①] 也就是说，那些漂洋过海的苦力船，实际上还充当着探索北太平洋航线的实验船，因此往往成为探索太平洋航线的牺牲

① 参见张坚《近代世界经济交往大潮中的契约华工》，《八桂侨史》1998 年第 4 期。

品——层出不穷的事故不能不说与此有关。

二是南太平洋航线，去南美西部的秘鲁多走此线，途经瑙鲁、萨摩亚和波利尼西亚等地，最后在秘鲁的卡亚俄港（开劳）登陆，全程约需120天。但南太平洋航线并不是去秘鲁的唯一航线，也有可能走北太平洋航线，经夏威夷南下秘鲁。十九世纪六十年代有一艘开往秘鲁的意大利船“普罗维顿莎”号在日本北海道附近海面上被发现，船上血迹斑斑，破坏不堪，原来从中国装出的380个苦力只剩下42个。[①]1872年运送秘鲁华工的帆船“玛也西”号途经横滨时被日本政府扣留。[②]可见去秘鲁也有走北太平洋航线的。

三是印度洋—好望角—大西洋航线，去巴西、英属圭亚那、古巴等美洲东岸或西印度群岛有时候走此路线（也有走太平洋航线，在美洲西岸登陆后穿过巴拿马地峡到达东岸的）。古巴国家档案局收藏的关于中国苦力的考察报告称，常有从中国驶往古巴的苦力船在圣海伦那岛（非洲以西的一个岛屿，也就是幽禁拿破仑的那个海岛）靠岸以及停泊在好望角、巴达维亚、毛里求斯、留尼汪岛、新加坡（均为中美印度洋—好望角—大西洋航线的必经之地）。[③]1862年，从香港出发开往特立尼达（在西印度群岛）的苦力船“麦吉密勒”号在海上遇难，“不得不把它所载的中国乘客在毛里求斯岛（非洲以东的大岛）的圣路易港转移到“瓦纳达”号船上”[④]。1883年唐廷枢原拟用招商局轮

① 陈翰笙主编《华工出国史料汇编》第6辑，中华书局1984年版，第56页。
② 陈翰笙主编《华工出国史料汇编》第1辑，中华书局1984年版，第976页。
③ 陈翰笙主编《华工出国史料汇编》第6辑，第177页。
④ 同上书，第38页。

船输送华工至巴西，“须由香港西北行，越苏尔士河，复南经大西洋，而到巴西水马头，计程约四万里”[①]。上述几条材料均可证明印度洋—好望角—大西洋苦力航线的存在。

十九世纪七十年代中期以后，由于清地方政府采取严厉的措施，打击苦力贩子，部分移民地当局也对苦力贸易进行了限制（很多地方掀起反华浪潮），加上几十年来海外劳工市场的饱和，“苦力”贩运现象才逐渐减少。从1876—1900年的二十五年间，出国契约华工只有750,000人，只占前二十五年数的58%左右。[②]而且在此期间苦力船大部分已经改用轮船，如同孚洋行（Olyphant & Co.）1877年与秘鲁政府签订为期五年的合同，每年在中国和秘鲁之间行轮28个班次，每一班多则880—1,000人，至少500名苦力（途经夏威夷，部分苦力留在这里）。[③]德商“森宝”洋行雇来专门装运华工出洋的“张辽”号、“孙权”号、“大发”号、“司马超”号、“甘宁”号、“司马炎”号、“黄忠”号、“山打根”号等都是轮船。[④]由于利润丰厚，各轮船公司纷纷加入这些航路的竞争。在近洋航线，有的公司甚至“不雇（顾）血本，几乎等于白载旅客来击败竞争者”[⑤]。

在轮船时代，虽然华工到达目的地以后身为奴隶的悲惨待遇并没有多少好转，但由于航行时间大大缩短（从中国到美洲西部口岸约三十余天），他们在船上的遭遇应该要比他们前辈好一些，在航行途中成批死亡的现象已经很少见了。而且，在轮船

① 陈翰笙主编《华工出国史资料》第1辑，第1203页。
② 参王启民《契约华工制的历史分期问题》。
③ 聂宝璋编《中国近代航运史资料》第1辑，第111页。
④ 参朱荣基《光绪末期海口贩运华工出洋若干史实》，《历史档案》1984年第4期。
⑤ 陈翰笙主编《华工出国史料汇编》第5辑，第313页。

时代，华工的运输方式也发生了若干变化。许多出洋华工，虽然仍受苦力贩子的幕后操纵，但至少从表面上看与普通旅客（“自由移民”）无异，“或三十为一起，或五十为一起”，搭乘定期班轮，“直与客商无异”。[①]1888年傅云龙乘“西地阿夫里澳叠日鸦尼路”号前往美国时，同船的就有700名这样的契约华工。[②]

二十世纪的头二十五年（1901—1925），仍有约65万契约华工出洋。[③]包括“英布战争”结束后英国殖民者为开发南非德兰斯瓦尔金矿而从中国（主要是北方的河北、山东和河南地区，也有少量闽粤人）招去的数万劳工。最多的时候（1906年），在德兰斯瓦尔金矿劳动的华工多达51,427人。[④]第一次世界大战期间，又有大批的华工被招到欧洲参加对同盟国的（间接）作战。这些参战华工，有的是用专轮运送出去的，如1918年7月8日英国用沙逊公司的轮船将1,800余名参战华工送往英国；[⑤]也有搭乘定期班轮出去的，如1917年8月23日150名华工搭乘法国邮船公司的“亚尔梦培依”号赴法。[⑥]

由于战争关系，华工出洋航线几经变更。1916年第一批800名华工出洋走的是最传统的印度洋—好望角—大西洋航线，到达法国马赛用了三个月。因缺乏蔬菜，很多华工病倒了。为了缩短航行时间，此后便改变航线，取道地中海前往法国。不

① 参朱荣基《光绪末期海口贩运华工出洋若干史实》，《历史档案》1984年第4期。
② 见傅云龙《傅云龙日记》，浙江古籍出版社2005年版，第120页。
③ 参王启民《契约华工制的历史分期问题》。
④ 参张芝联《1904—1910年南非英属德兰斯瓦尔招用华工事件的真相》，《北京大学学报》1956年第3期。
⑤ 参汤志钧主编《近代上海大事记》，上海辞书出版社1989年版，第878页。
⑥ 同上书，第862页。

久后，德国施行“无限制潜艇战”，运送华工的轮船极易遭受出没无定的德国潜艇的袭击，只得改道北太平洋航线，穿过加拿大全境（或绕过巴拿马运河），再越过冰冷的北大西洋，秘密前往协约国。[①]走此路线虽比较安全，但却异常艰辛。曾宝荪在第一次世界大战期间曾走过与此相反的路线，留下了一生中最为痛苦的旅行记录，有助于我们对这一路线的了解：

> 船由英国利物浦动身赴加拿大的蒙区阿（Montreal），共走了十天，本来不用走这样久，但因为躲避德国的潜水艇，所以纡回曲折，靠北边进行。我们的船有八只驱逐舰保护。我们全船的人每日都随身带着救生圈，两三日练习警报一次，可谓紧张之至。……船由北方进入寒带，天气很冷，摇簸也很厉害，我是最晕船的人，每日只能躺下，不能进任何食物，苦不堪言。已到了蒙区阿，还难过了两日，生平旅行痛苦以此为最。[②]

参战华工为中国赢得第一次世界大战的战胜国地位立下了汗马功劳，有近万人为此献出了宝贵的生命。第一次世界大战结束后，他们中的大部分人回到了祖国，也有少部分留在当地定居。

① 参张建国、张军勇编著《万里赴戎机——第一次世界大战参战华工纪实》，山东画报出版社 2009 年版。

② 曾宝荪《曾宝荪回忆录》，岳麓书社 1986 年版，第 65 页。

明清来华西方人吃什么？

位于北京行政学院校内的“利玛窦墓及明清以来外国传教士墓地”，是笔者经常要去瞻仰的两个墓地之一（另一个是位于北京植物园的梁启超墓），每次似乎都会悟出点什么。这一回故地重游，读着墓碑上外国传教士的中国名字，突然闪出了一个问题：这些西方人在中国吃什么？

之所以会有这个问题，也不是毫无原因的。大家都知道，利玛窦等人为了融入中国社会，都要进行一番改头换面，穿儒服、习汉语、取汉名、学中国礼节……一言以蔽之，就是尽量变得更像一个中国人。那么，他们是否也会改变自己的饮食习惯而改吃中餐（包括改喝中国酒）呢？要知道，和服饰、礼节甚至语言等相比，人的饮食习惯其实是更难改变的，有过异国或他乡经历的人恐怕都深有体会。

没有现成的答案。故宫博物院留下了一些档案，记录了皇帝赐给以及内务府供给西方人食物的情况。如“乾隆三十一年五月十五日，赏郎世宁菜一桌，王致诚、艾启蒙、安得义菜一桌半，共二桌半。每桌素菜两碗，摊鸡蛋一碗、虾米白菜一碗，又点心一盘及素粉汤”[①]。乾隆五十七年四月，内务府供给“德天

① 鞠德源等《清宫廷画家郎世宁年谱——兼在华耶稣会士史事稽年》，《故宫博物院院刊》1988 年第 2 期。

赐每日份例盘肉三斤，每月菜鸡七只半；巴茂正每日份例盘肉三斤，每月菜鸡七只半；潘廷章、贺清泰二人，每日份例肉三斤，菜肉三斤……”[①]，虽然记载得非常详细具体，但还是看不出这些西方人平常吃的是西餐还是中餐。看来答案只能从他们自己写的著作、书信里去寻找。

收获还是有的。乾隆年间，蒋友仁在发回欧洲的一封信中描述了皇帝与自己的一段对话，部分地解答了这个问题：

> （乾隆）问：“你们欧洲人饮用这里的酒吗？适量喝一点这种酒是利于强身的。”
>
> （蒋友仁）答：“从广州到这里的路上，人们让我品尝过各种酒，我觉得口味都不错；但这里所有欧洲人都感到我们的胃对此不大适应，所以我们教堂中不喝本地酒。”
>
> 问：“那你们让人从欧洲运酒来了？”
>
> 答：“我们让人从广州运来，于某些节庆日子饮用。”
>
> 问：“平时你们喝什么呢？”
>
> 答：“喝我们在这里请人酿造的酒。”
>
> 问：“这种酒是用什么原料酿造的？”
>
> 答：“我们用葡萄酿酒。欧洲所有的酒都是用葡萄酿造的。”
>
> 问：“葡萄酒比此地用谷物酿造的酒更利于健康吗？”
>
> 答：“对于不适应葡萄酒的人来说，这种酒对他可

① 水木《清代西洋画师的膳食》，《紫禁城》1983 年第 2 期。

能不像对我们那么有益。然而，由于欧洲人每餐都要喝一点葡萄酒，我们的胃对此早就习惯了，所以我们酿的酒口味如何，能让我们每人于席间喝上一盅子，我们就很满意了。”①

看来，当时在华西方人并没有改变（至少是没有完全改变）自己的饮食习惯。喝酒是这样，吃饭可能也是如此：就地取材，利用中国的原料，为自己做一顿可口的西餐（尽管因条件限制不可能是原汁原味的西餐），就像今天在海外的华人亲自动手为自己做一顿可口的中餐一样。

至少还有三条材料可以佐证笔者的推测：一为研究澳门史必备的《澳门记略》，二为反映中西贸易摩擦的《乾隆二十四年英吉利通商案》，三为法国人老尼克的游记《一个番鬼在大清国》。

《澳门记略》的作者是乾隆年间管理澳门地方事务的中国官员，他们观察到，西方人“食皆以苏合油煎烙，曼头（面包）牛臑皆度色如金黄，乃食酒以葡萄”（《澳门记略·澳蕃篇》）。

《乾隆二十四年英吉利通商案》则记录了英国商人因粤海关官员对他们随身带来的日常食品“洋酒、面头、干牛奶油、番蜜饯”强行征税（当然这只是原因之一），向朝廷告了一状，引起朝旨震怒，派员前往广东查办的事件。②

《一个番鬼在大清国》的作者描述了鸦片战争前夕自己在广

①〔法〕杜赫德《耶稣会士中国书简集》，大象出版社 2005 年版，第 53 页。

② 见梁嘉彬《广东十三行考》，广东人民出版社 1999 年版，第 95 页。

州十三行享受奢华的西式晚宴的情景。[①]

以上三条材料都从一个侧面证明了当时来华的西方人仍然“固执”地保持着他们的饮食习惯。

鸦片战争之前，来华的西方人虽然不多，但他们的食品以及饮食习惯对那些与他们关系密切的中国人可能还是产生了一定的影响。袁枚《随园食单》中的“杨中丞西洋饼”、李化楠《醒园录》里介绍的“蒸西洋糕法”，应该都与西方人有关。

鸦片战争之后，来华西方人的数量剧增，中西方之间的贸易也比利玛窦、郎世宁时代频繁得多、也便利得多，加上罐头储藏技术的普及，[②]那些不习惯于中国饮食的西方人可以更多地享受直接从欧洲舶来的西式食品。这可以从美国人霍塞对开埠初期西方人饮食状况的描述得到印证：

> 最先是一道浓汤，佐以一杯的舍利酒；继之以一两道小吃，佐以香槟；次是牛肉、羊肉或鸡、鸭和火腿，佐以香槟酒或啤酒；次是咖喱饭和咸肉；次是野味、布丁、糕饼、车厘冻、鸡蛋糕或牛奶冻，香槟酒，次是乳酪饼（即企斯）、冷盆、面包、白塔油和一杯红葡萄酒；最后还要加上橘子、枣子、葡萄干、胡桃肉和两三杯红酒或别的酒类，再佐以一杯咖啡，方才完事。（《出卖的上海滩》）

从上述开列的食单上看，酒类、饮料应是直接从欧洲运来

① 见〔法〕老尼克《一个番鬼在大清国》，山东画报出版社 2004 年版，第 20 页。

② 欧洲十九世纪初发明了食品罐装技术，见〔英〕德博诺《发明的故事》，三联书店 1986 年版，第 337 页。

的舶来品，[①]有些食品很可能是罐头食品，如火腿、布丁、车厘冻、牛奶冻、乳酪饼和白塔油等。以中国人的眼光来看，上面这一份食单，更像一顿点心或冷餐，虽然花样不少，但算不上奢侈，因为食单上没有中国人习惯的大鱼大肉等热菜，而牛肉可能是那种并不好吃的水牛而不是欧洲人吃的菜牛。这一方面说明了西餐的特点，另一方面说明在开埠早期，西方人在中国的生活受到西餐材料匮乏的限制，有些新鲜的保质期短的食品（如新鲜牛奶和可生吃的蔬菜等）无法从西方运来，只好将就一些。

但有一点足以让他们弥补这一缺憾，那就是中国城郊“聚满了不可胜数的野鹅、雁、野鸭、鹬和其他形形色色的水禽”（〔英〕呤唎《太平天国革命亲历记》），可以让他们饱猎一顿，满载而归。

有的西方人则采取一些古怪的组合方式以适应在华的生活环境，如李提摩太在山东青州传教时随身带着黄油，吃饭的时候把黄油抹在山东煎饼上（《亲历晚清四十五年》），就像今天出国的四川人随身携带着辣酱，实在吃不到川菜的时候，就在西式食品上抹上辣酱以解馋一样。

莫理循在四川旅行的时候，也随身携带着几瓶罐头，以备急需。（《中国风情》）

更多的西方人则呆在住所，亲自动手或指导为他们服务的中国厨师按照西法制作一顿合口的美餐。十九世纪六十年代，上海的西方传教士用中文编印了一本《造洋饭书》，介绍了267

① 上海开埠不久，酒类就成为最重要的进口商品之一，见黄苇《上海开埠初期对外贸易研究》，上海人民出版社1961年版，第150页。

种西菜西点的做法。该书可能是给他们自己用的，也可能用来培训为他们服务的中国厨师，在当时颇为流行，四十年后还在再版。《造洋饭书》可以说是我们了解近代在华西方人饮食情况最有价值的参考资料。虽说是西餐菜谱，但也不得不因地制宜地做些改变，其中有一道叫“朴定饭”的，就是用大米作原料，煮熟后又是加牛奶、又是加冻吉士的，很典型的中西合璧。

在西方人的饮食中，牛奶以及与牛奶有关的黄油、芝士等也是必不可少的，而农耕地区的中国人以前也没有喝牛奶的习惯，也不专门饲养奶牛。虽然牛奶也可以通过罐装从欧洲运来，但毕竟不如新鲜牛奶。于是，在外国人集中的地方，奶牛场应运而生。最晚在十九世纪七十年代，在上海的外国人就已经从西方引进了奶牛，开办了奶牛场，其中一家英国人开办的奶牛场，拥有奶牛 168 头，每天可生产 1,000 公升鲜奶。[①] 十九世纪末的时候，甚至“距上海一千五百英里的农村”（〔英〕立德夫人《穿蓝色长袍的国度》）也能搞到牛奶。

在引进奶牛的同时，西方人还引进了符合自己口味的多种蔬菜，而且大多数是用作生食的。我们今天常见的空心菜、生菜、卷心菜和芦笋等，都是从西方移植过来的。这也从王韬的《瀛壖杂志》中得到了佐证：

> （上海城）北郭外，多西人菜园。有一种不识其名、形如油菜而叶差巨，青翠可人，脆嫩异常。冬时以沸水漉之，入以醯酱，味颇甘美。海昌李君壬叔酷

① 参熊月之主编《上海通史 · 晚清文化》，上海人民出版社 1999 年版，第 6 页。

嗜之，曰："此异方清品，非肉食者能领略也。"蕹菜（即空心菜）一种，亦来自异域，茎肥叶嫩，以肉缕拌食，别有风味。

面包是西方人必不可少的主食，他们甚至把中国的粽子叫作"米面包子"（〔英〕李提摩太《亲历晚清四十五年》）。有趣的是，中国人则把面包叫作外国"馒头"。英国人亨利·埃凡开设的埃凡面包店在很长时间内就被华人叫作"埃凡馒头店"，当时有竹枝词专门讽刺这种外国"馒头"："匀调麦粉做馒头，气味多膻杂奶油。外实中松如枕大，装车分送各行收。"（顾炳权《上海洋场竹枝词》）早期的面包店所用面粉据说还全部是从西方运来的"原装货"呢。[①]

西方人每餐必喝饮料。早期的通商口岸已经有西式饮料厂出现（在《马关条约》签订以前，外国人在中国直接投资设厂尚无条约上的根据，但个别行业不受此限，食品业就是其中之一。这大概是因为中国当局觉得区区食品，无足挂齿，听之任之吧）。

从现有的资料上看，西方人最早在中国建立的西式冷饮企业是1853年开设的老德记药房，生产冰淇淋和汽水。十九世纪六十年代在中国开设的西式饮料企业，还有"末士法"苏打水与蒸馏水制造厂、"卑利远也"荷兰水——苏打水制造厂、"正广和"洋行等。[②]

---

① 参熊月之主编《上海通史·晚清文化》，上海人民出版社1999年版，第6页。

② 见孙毓棠《中国近代工业史资料》第1辑，科学出版社1957年版，第109页。

到了清末，以工业化的方式生产葡萄酒和啤酒的企业也在中国建立起来了。烟台的张裕葡萄酒公司创立于1892年（酒师是奥地利人）；哈尔滨的乌卢布列布斯基啤酒厂创立于1900年；日耳曼啤酒公司青岛股份公司（青岛啤酒厂的前身）创建于1903年。所有这些，对于在华的西方人来说当然是一件“十分高兴”的事[①]，因为这为他们省去了高昂的运输成本费。

西餐馆中国人也称之为“洋饭店（馆）”或“番菜馆”。前者主要面向西方食客，比较“正宗”；而后者多面向华人，实际上是一种中西合璧的西餐，更符合华人的口味。

鸦片战争前，在澳门“殖百货”“临街列肆”的葡萄牙人就已经有经营西式餐饮业的，如有一家名叫“圣地亚哥”的酒店，供应“第一流的葡国美食，有马介休鱼加梅子酱、烧猪排焗饭、椰汁咖喱野鸡、番茄烩牛舌等”（李士风《晚清华洋录》）。

战后被英国割占的香港以及被迫开放的上海等通商口岸城市也出现了西餐馆，较早且名气比较大的西餐馆（或设有西餐厅的“洋饭店”）主要有：香港的雍仁会馆，香港大酒店和维多利亚酒店；上海的亨白花园，汇中饭店和礼查饭店等。

面向中国人的“番菜馆”出现在十九世纪八十年代以后，最著名的有上海的“一品香”以及“四海吉祥春两处，万长春与一家春”（陈无我《老上海三十年见闻录》）等十数家。据包天笑回忆，上海福州路一带的番菜馆，不是广东派，便是宁波派。但他们的招牌上，都是写着“英法大菜”。真正的外国大菜，还要到黄浦滩一家写着外国名字的西餐馆去吃，十块钱一

① 参《青岛啤酒厂志》，青岛出版社1993年版，第10页。

客的菜，“在我们家庭中，不值五分钱耳”（《钏影楼回忆录》）。

另据郑孝胥日记载，汪康年、康广仁等人曾经邀请他和沪上西方名人立德夫人、李提摩太和福开森到“二十七号洋饭馆”共进晚餐，这里所说的“洋饭馆”指的应该就是那种“正宗”的西餐馆，一般都写着洋文，当地人多不认得，只好给它们编了号。（抑或是“某路二十七号”之意？）

第二次鸦片战争之后，北方地区也出现了西餐馆（或设有西餐厅的“洋饭店”）。最早的要数初建于1863年的天津利顺德大饭店。[①]

十九世纪末、二十世纪初，青岛的亨利王子饭店、北京的北京饭店和六国饭店、天津的起士林餐厅、哈尔滨的马迭尔宾馆、烟台的克利顿饭店等相继创建。

实际上，这些“正宗”的高档西餐馆固然主要是面向洋人的，但并不是普通的洋人经常能光顾得起的，倒是吸引着中国的“红顶花翎日日来”（吾庐孺《京华慷慨竹枝词·六国饭店》）。当中国人抱着“西洋风味睹先尝”（顾炳权《上海洋场竹枝词》）的心理去西餐馆尝鲜的时候，许多西方人反而“愿意打破他们日常生活习惯去吃中国菜”（〔德〕卫礼贤《中国心灵》）。

中华美食天下闻名，正如孙中山所说的，“我中国近代文明进化，事事皆落人之后，惟饮食一道之进步，至今尚为文明各国所不及”（《建国方略》）。甚至被鲁迅“常常引为典据”（《马上支日记》）、以批评中国国民的劣根性而著称的明恩溥也承

①《利顺德大饭店与近代天津》，百花文艺出版社1991年版。

认:“在吃的方面,我们都会毫不犹豫地承认,中国文明远远超过我们西方文明。”(《中国人的特性》)鸦片战争后,当受够了“洋气”的中国人看到西方人“红利利”的牛排(李伯元《文明小史》)、冰冷还要加冰的饮料、杀气腾腾的刀叉(“未开化”的象征)、没有想象力的菜名、永远是“土豆加牛肉”的单调搭配、“并不承认他们自己有胃”(林语堂《中国人》)的饮食态度,以及面对中餐,“手持一双筷子在盘子周围为夹住一颗米粒而奋斗不已,大出风头”(〔美〕何天爵《真正的中国佬》)的滑稽景象时,自尊心总算可以得到些许的满足。

近代国人对西方饮食文化的认识

在中华饮食史上，一向都善于吸收外来饮食文化，并把它融入中华饮食文化中，成为中华饮食文化的一部分。其中荦荦大者如对西亚、中亚、美洲地区农作物的移植，对佛教饮食文化的吸收等。

鸦片战争之后，面对着紧跟枪炮而来的带着奶酪黄油味的西方饮食文化，中国人抱着一种复杂且相互矛盾的心理：一方面，中国有着悠久的美食传统，当看到西方人吃着半生不熟的牛排、带着腥膻味的牛奶乳酪、喝着冰冷还要加冰的饮料、手持杀气腾腾的刀叉（“未开化”的象征）时，一种蔑视的心理油然而生，再加上饮食本身的固有惯性，国人在对待西式饮食的态度上，表现出的是鄙视与排斥；另一方面，当看到西方人体格比我们强壮、身体比我们健康时，又不禁把它与西方的坚船利炮和强权政治联系起来，认为就如西方人在政治、经济、军事上胜过我们一样，饮食方面一定也有胜过我们的地方。因此，也有人主张吸收西方饮食文化中的“先进”成分，强壮国人的体格、振奋国人的精神，以达到与西方人并驾齐驱的目的。

一、"番鬼的脾气凶残是因为他们吃这种粗鄙原始的食物"

鸦片战争后，最早走向世界的那一批中国人如郭嵩焘、曾纪泽、薛福成、张德彝、黎庶昌、斌椿、志刚、祁兆熙、王韬、李圭等，都对西方"与华殊异"的饮食习俗有过不同篇幅的描写和评论。

总的来说，他们对西餐的评价都不高（而对西方的其他物质文明却赞叹有加）。如1878年随崇厚出使俄国的张德彝在日记里就抱怨道：西餐又咸又甜，因是朋友请客，只好勉强下咽。（《随使英俄记》）出使大臣薛福成根据自己的亲身经历列举的为数不多的几项"洋不如华者"中，饮食就是其中之一，说"中国宴席，山珍海错，无品不罗，干湿酸盐，无味不调。外洋惟偏于煎熬一法，又摈海菜而不知用。是饮食一端，洋不如华矣"（《出使英法义比四国日记》）。

大体上说，西式饮食给国人留下了以下三个不佳的印象：一是腥膻和生冷；二是使用刀叉给人以一种"野蛮杀伐"的印象；三是西方人对于吃过于随便，不够"文化"。

腥膻和生冷是西式饮食的特征之一，初次接触到这类食品的国人对此非常鄙夷和不屑，下面一段描写很有代表性：

> 他们坐在餐桌旁，吞食着一种流质，按他们的番话叫做苏披。接着大嚼鱼肉，这些鱼肉是生吃的，生得几乎跟活鱼一样。然后，桌子的各个角都放着一盘盘烧得半生不熟的肉；这些肉都泡在浓汁里，要用剑

> 一样形状的用具把肉一片片切下来，放在客人面前。我目睹了这一情景，才证实以前常听人说的是对的：这些番鬼的脾气凶残是因为他们吃这种粗鄙原始的食物。他们的境况多么可悲，而他们还假装不喜欢我们的食物呢！……然后是一种绿白色的物质，有一股浓烈的气味。他们告诉我，这是一种酸水牛奶的混合物，放在阳光下曝晒，直到长满了虫子；颜色越绿则滋味越浓，吃起来也更滋补。这东西叫乳酪，用来就着一种浑浑的红色液体吃，这种液体会冒出泡漫出杯子来，弄脏人的衣服，其名叫做啤酒，你想，这些未开化的人，什么时候才能精通我前边提到的那位美食专家的教导……（〔美〕亨特《旧中国杂忆》）

这里面，“苏披”是带着奶油味的浓汤，把喝汤形容成“吞食着一种流质”，是一种很轻蔑的夸张；生吃鱼肉确有其事，笔者曾经亲闻亲历过；“半生不熟的肉”应该指的是牛肉，西餐牛肉的制法讲究五分熟或七分熟，看起来还带着血丝，现在的中国人对此早已不陌生了；“有一股浓烈的气味”的“绿白色的物质”乳酪是西方人常备的食品之一，国人很容易联想到在加工的过程中长毛的传统食品乳豆腐，这里夸张了一些，说它“直到长满了虫子”；啤酒就不用说了，现在中国已经成为啤酒消费大国了，那时的国人还担心这种冒泡的饮料“弄脏人的衣服”。这段描写颇为生动，反映了最初接触西式饮食的国人的本能感受。

使用刀叉是西方饮食文化留给国人的另一个不佳印象。据说中国古时也使用刀叉，但因有失文雅，不合礼仪，早在商初起就改用“匕”割肉、用“箸”夹菜了。后来则更进一步，菜肴在加工的过程中就已经被切成合口的细片，连“匕”都废弃不用，而只用“匙”舀汤、用“箸”夹菜。[①]

因此，筷子被视为文明开化的标志之一，而杀气腾腾的像“剑一样形状”的西餐刀具，则意味着野蛮与好狠斗勇，是“衣皮食肉”风俗的遗存：“西洋人开化在我国之后。当两汉之世，吾国文化已燦然可观，而欧洲北部诸民族，则尚渡其衣皮食肉之部落生活。虽然欧人文化进步迅速，而膳食之习惯，则仍其野蛮之风，观其餐台上所用之刀叉，可见其肉食意味之浓厚。”[②]

由于刀叉给人以“杀伐”的印象，所以在某些场合（如寿宴），国人忌讳使用刀叉，有竹枝词“寿头最怕请西餐，箸换刀叉顶不欢”（顾炳权《上海洋场竹枝词》）为证。

晚清“谴责小说”《官场现形记》描写行伍出身的洪大人吃西餐时“一个不当心，手指头上的皮削掉了一大块，弄的各处都是血。慌的他连忙拿手到水碗里去洗，霎时间那半碗的水都变成鲜红的了”（第七回）。虽是小说家言，但实际上隐含着当时国人对具有“杀伐气象”的西餐刀具的疑虑和恐惧。

在近代国人的眼里，西方人对待饮食的态度不像中国人那样认真和讲究。对中西饮食都很熟悉的林语堂对英式西餐作过如下的讽刺挖苦，很具代表性，可视作中国人对西方饮食评价的经典：

① 华国梁、马健鹰《中国饮食文化》，湖南科学技术出版社 2004 年版，第 26 页。
② 吴宪《营养概论》，商务印书馆 1940 年版，第 96 页。

> 英国人不郑重其事地对待饮食，而把它看作一件随随便便的事情，这种危险的态度可以在他们的国民生活中找到证据。如果他们知道食物的滋味，他们语言中就会有表达这一含义的词语，英语中原本没有“cuisine”（烹饪）一词，他们只有“cooking”（烧煮）；他们原本没有恰当的词语去称呼“chef”（厨师），而是直截了当称之为“cook”（伙夫）；他们原本也不说“menu”（菜肴），只是称之为“dishes”（盘装菜）；他们原本也没有一个词语可以用来称呼“gourmet”（美食家），就不客气地用童谣里的话称之为“Greedy Gut”（贪吃的肚子）。事实上，英国人并不承认他们自己有胃。……英国人感兴趣的，是怎样保持身体的健康与结实，比如多吃点保卫尔（Bovril）牛肉汁，从而抵抗感冒的侵袭，并节省医药费。（林语堂《中国人》）

中国菜不仅种类丰富多彩、烹调方法千变万化，而且“文化性”也是很强的，表现之一就是不管是多么普通的菜肴，都可能被冠以富有诗意的名字，如把豆腐番茄青菜汤叫作“珍珠玛瑙翡翠汤”、把黄豆芽炖豆腐叫作“金钩挂玉牌”等，而西餐的菜名却是一眼就望到底的“某某烤鱼”“某某炸鸡”之类；中国餐馆的名字也都是意味深长的，如“全聚德”“菜根香”之类，不像西餐馆那样总是取“倒人胃口的‘弗雷德全日餐’‘肯的街角咖啡屋’”。[①] 因此，即使是在国事日非的近代

①〔美〕安德森《中国食物》，江苏人民出版社 2003 年版，第 266 页。

中国，国人对自己具有悠久历史的传统饮食文化也是充满着优越感的。

二、“菜牛，吃了是不作孽的”

中国历史上的绝大多数朝代都是以农立国的，而耕牛是农民最重要的生产资料之一，历代都非常重视养牛和对牛的保护，[①]在缺牛的年代，宰杀耕牛甚至可能被处以“弃市”。(《三国志·魏书·陈矫传》)久而久之，就形成了不吃牛肉的习俗(在农耕地区似乎也不生产专门用来肉食的菜牛)，老一代人至今仍有“不吃牛肉，无论牛奶”的习俗。在农民眼里，耕牛终年为人劳作，太可怜了，不忍心吃它，除非牛意外地摔伤摔死——这是笔者的亲闻亲历，可能在农耕地区具有普遍性。

近代著名作家苏青也说在宁波乡下“没处买牛肉，也舍不得把自己耕牛杀了吃，只有某家的牛病亡了时，合村始有牛肉吃”(《说话》)。来华西方人也观察到了中国人不吃牛肉的习俗，如十六世纪一位西方人在中国南部旅行时发现“这些东西(指肉类)都很丰富，只有牛肉是例外”(〔英〕博克舍《十六世纪中国南部行记》)。晚清著名的西方传教士丁韪良在北京以西的一个地方旅行时，想吃牛肉却遭到旅店店主的反对。丁表示理解，因为此前他已经注意到在中国的南方地区也有这种习俗。

---

① 参唐启宇《中国农史稿》，农业出版社1985年版，第250、367、383、445、480、553、604、745页。

（《花甲忆记》）当代著名的人类学家安德森在他的名著《中国食物》里也注意到了中国乃至整个东亚很少吃牛肉的事实（游牧民部落或受游牧影响的民族除外）。安德森认为这种习惯的形成是出于以下几个原因：一是受印度的尚牛之风的影响；二是牛太有用了，不能被如此轻视；三是中国的牛肉（传统上来自长期拉犁耕田后死去的牛）味道不好。

笔者查阅了多种古菜谱，用牛肉作原料的菜肴极少，似可作一旁证。在常见的古典文学作品中，《金瓶梅》和《红楼梦》是以重“吃”而著称的，但里面也极少出现与牛有关的食物。《水浒传》比较特殊，有多处吃牛肉的描写，可能是因为该小说成书于元末明初，作者受了蒙元统治的影响，也可能与小说主人公们低下的社会地位有关。人在饥饿的时候，也就不那么顾忌了，甚至还有用人肉做包子的（第二十七回），何况牛肉？

由此可见，农耕地区的中国人（占总人口的绝大多数）是不怎么吃牛肉的，而牛肉却是西方饮食文化中必不可少的食物原料。因此，双方的饮食习惯存在着文化人类学上的差异。晚清小说《文明小史》第十八回有一段从内地来到上海的人拒绝吃牛肉的描写，颇能说明问题：

> 一霎西崽端上菜来，姚文通吃了，并不觉得奇怪，后来吃到一样拿刀子割开来红利利的，姚文通不认得，胡中立便告诉他说：“这是牛排，我们读书人吃了补心的。”姚文通道：“兄弟自高高祖一直传到如今，已经好几代不吃牛肉了，这个免了罢。”胡中立哈哈大笑道：“老同年！亏你是个讲新学的，连个牛肉都不

吃，岂不惹维新朋友笑话你么？”姚文通还是不肯吃。康伯图道：“上海的牛肉，不比内地，内地的牛，都是耕牛，为他替人出过力，再杀它吃它，自然有点不忍。至于上海外国人，专门把它养肥了，宰了吃，所以又叫做菜牛，吃了是不作孽的。”

虽然是小说，但实际上是当时社会现实的真实反映，为我们提供了中西饮食文化差异的清晰场景。

中西方饮食文化在文化人类学上的差异，有时甚至还会引发冲突。1927年，毛泽东通过对湖南部分地区的考察发现：“牛。这是农民的宝贝。‘杀牛的来生变牛’，简直成了宗教，故牛是杀不得的。农民没有权力时，只能用宗教观念反对杀牛，没有实力去禁止。农会起来后，权力管到牛身上去了，禁止城里杀牛。湘潭城内从前有六家牛肉店，现在倒了五家，剩下一家是杀病牛和废牛的。衡山全县禁绝了杀牛。一个农民他有一头跌脱了脚，问过农会，才敢杀。株洲商会冒失地杀了一头牛，农民上街问罪，罚钱而外，放爆竹赔礼。”（《湖南农民运动考察报告》）这里说得很清楚，牛本来被农民视为命根子，不杀牛几乎成了“宗教”。可能是由于湘潭是开放商埠、株洲是铁路交通枢纽的关系，这两个城市出现了一些需要消费牛肉的外国人或“开风气之先”的中国人，湘潭一度出现了六家牛肉店，株洲的商会杀了牛，触动了农民的“宗教”。随着农民运动的开展，牛肉店和杀了牛的商会受到了冲击，牛肉店被迫关张，商会被迫赔钱赔礼。毛泽东的本意是要以此说明湖南农民运动的发展状况，却无意中道出了中西饮食文化的冲突。

三、番菜："烹饪之法，不中不西"

有人说，"在汉民族的主流饮食文化中，其菜系的格局主要是以猪肉为核心建立起来的，而西方饮食文化则是以海产品为核心建立起来的，成为独特的海洋饮食文化特点"[①]，是有一定道理的。

的确，与英国这样的岛国相比，中国有着大面积的内陆，这些内陆地区所能获得的食物原料与沿海地区大不相同，最明显的体现就是海鲜的缺乏（今天由于交通便捷，情况有所改变，则另当别论），以致同样是岛国的日本还流传着"山西的猫不吃鱼"的说法。

但中国也有漫长的海岸线，沿海地区的饮食文化也同样具有"海洋饮食文化"的某些特征（如海鲜不宜做得过熟甚至干脆生吃），正好与西方饮食文化有某些相似之处。而且在清朝的很长的时间里，广州是唯一的通商口岸，澳门又长期作为中西交流的桥梁。因此，我们有理由推测，广东菜可能在近代以前就比较多地受西方饮食文化的影响，并且与西式饮食"合璧"，演变出一些新品种。法国人老尼克在游记《一个番鬼在大清国》中描述了鸦片战争前夕自己在广州十三行享受奢华的西式晚宴的情景：菜肴多是西式的，而厨师却是清一色的中国（广东）人。也就是说，当时已经有不少粤菜厨师掌握了西餐的做法。

鸦片战争后，西方人在广州以外的通商口岸城市也设立了

① 徐先玲、李相状《西方饮食文化》，中国戏剧出版社 2005 年版，第 2 页。

西餐馆，西餐的制作技法有可能通过在西餐厅工作过的中国厨师引进到中式餐饮业中来。

从笔者掌握的天津起士林西餐厅的一段纪实性影像资料上看，当时在制作间内制作西餐西点的十几位厨师中，只有一位是西方人，其他的都是中国人。这些中国厨师在西方厨师的指导下，已经能够熟练地使用西式的烹饪工具制作西餐西点，如用搅拌机和面，用打蛋机打蛋，用烤炉烘制面包、用奶油制作蛋糕等。可以推断，西餐的制作技法可能通过这些中国厨师引进到中式餐饮业中来，给中国传统的餐饮业带来一股新风。

从晚清民国刊登在报刊上的餐饮广告中，我们可以看到：有西餐制作经验的"番厨"颇受那些有革新意识的中餐经营者的青睐，如天津广隆泰中西饭庄发布广告称，本号"新添英法大菜，特由上海聘来广东头等精艺番厨，菜式与别不同"（《大公报》1907 年 4 月 26 日），这里所说的"广东头等精艺番厨"应该不是外国厨师，而是有西餐制作经验的中国厨师（粤厨）。这些中餐馆或者"番菜馆""引进"或"创新"的菜肴有的已经分不出是西式的、还是中（粤）式的，而且似乎也没有这个必要，因为二者已经融为一体了。

在"番菜"最为盛行的上海，人们可能已经不能很清楚地将广东菜和西洋菜区分开来，而通通地将那些具有"海洋饮食文化"特点的菜肴称为"番菜"。"一品香""海天春""四海春""万长春"等著名的"番菜馆"所做出来的"番菜"，其实都是"粤人仿夷式而制此"，并不是正宗的西餐，而是"中（粤）菜西吃"或者"西菜中（粤）做"，甚至仅是给中国菜取个洋名。有些中餐馆既没有洋厨师，也没有西餐烹饪的任何知识，只是看到西餐的生意好做，于是也在自己的店前挂上“新添英法大菜”的字样，菜单上也列着抄袭来的西菜名单，其实都是按中国传统的烹饪手法去做的。

这些“番菜馆”，经营者是中国人、厨师是中国人、食客也主要是中国人、烹饪手法也是“中国式”的，强调“制法透味”（“一言亭番菜广告”，《申报》1912年8月7日），使华人食客觉得“不会那么血淋淋，望之生畏了”[①]。

因此，可以比较确定地说：番菜不等于西餐，番菜馆也不等于西餐馆，而只是在菜名、材料和用餐形式（如使用刀叉）上借用了西餐的某些成分。正如徐珂在《清稗类钞》中所说的，“今繁盛商埠皆有西餐之肆，然其烹饪之法，不中不西，徒为外人扩充食物原料之贩路而已”。

不仅番菜“不中不西”（说好听一点叫“中西合璧”），近代中国的许多饮品、点心也都是这样。如天津广吉祥号的广告称：“本号不惜工本，置有外国机器，聘请旁通泰西化学饼师，选买上等洋面，精制各式面包、饼食、咸甜罐头、饼干……今再改良，以西式饼之材料制造中秋月饼，不独适口且花样新奇，至于一切人物、花草，均用以外国糖浆推凸，玲珑异常，食之既见爽心，观之更觉悦目，独开生面，与众不同，诚月饼中之特别也。”（“新式中秋月饼”，《大公报》1906年9月9日）看来中国最传统的食品之一月饼也已经“中西合璧”了。再如著名的张裕葡萄酒。早期张裕公司聘用的主要技术人员是西方人，主要的生产原料葡萄最早也是从欧美引进、在烟台本地培育成

① 曹聚仁《上海春秋》，上海人民出版社1996年版，第248页。

功的，可以说张裕葡萄酒是典型的中西合璧饮品。

在那些华洋杂处的城市，不少西点和西式小吃成为中国家庭的常备食品，也可以说是另一类型的“中西合璧”。如天津名为“托考斯基”的俄式小吃、“莫斯科硬肠”“辣肠”“肝肠”以及由白俄老人提着篮子走街串巷叫卖的甜面包夹火腿肠，颇受中国家庭的青睐；①“起士林”西餐厅走街串巷叫卖的手推糕点摊也颇受中国顾客的欢迎；②哈尔滨人很早就已经习惯把俄式面包称为“列巴”，把一种梭形的白面包叫作“赛伊克”，把一种用麦芽、面包屑或果浆酿制而成的俄式饮料称为“葛瓦斯”，并把它们摆上自己的餐桌。

四、西餐:“高档”、简洁和“文明”

从常理上说，西餐馆应该也有高、中、低档之分，但在半殖民地状态下的近代中国，情况并不是如此，一提到西餐，人们首先想到的是装修豪华、价格昂贵、服务周到（当然看人而定）的高级洋饭店或像起士林那样主要面对洋人或“高等华人”的西餐厅，因为普通百姓很少问津，平添了几分神秘的色彩，“据说北京还有六国饭店，连那儿的狗儿，都是喝牛奶，吃牛肉夹面包的。上海有一家华懋饭店……土老儿连门口都不敢张一张、看一看的”③。

---

① 见《天津租界谈往》，天津人民出版社 1986 年版，第 103 页。
② 见《起士林百年庆典纪念册》，2001 年。
③ 曹聚仁《上海春秋》，第 244 页。

在一般的老百姓眼里，西餐馆几乎与“高档”“昂贵”和“神秘”画等号，吃西餐的意义已经超过了“吃饭”本身，而是一种赶时髦、充门面、夸耀财富、显示品位的事情，“遇有佳客，尤非大菜花酒，不足以示诚敬”（虎痴“做上海人安得不穷”，《申报》1912年8月9日）。

政要人物如袁世凯、徐世昌、段祺瑞、蒋介石等邀请中外名流举行西餐宴会，是为了表明自己的“开通”“文明”“世界性”，是做给“友邦”看的（其实他们自己并不喜欢吃西餐）。

那么，为什么这些人遇到需要显示自己品位的时候非要舍弃美味的中餐而去吃西餐呢？除了“崇洋”的心理作祟外，恐怕还与中餐馆普遍存在“经营管理方法保守，陈设、用具陈旧，格调庸俗，缺乏美感，清洁卫生也差”[①]的毛病有关。因此，人们宁可舍弃美味也要选择虽然不合口味但格调高雅的西餐馆作为接待贵客的场所。

为了打破这种现状，一种既能像西餐馆一样显示格调和品位，又不违背华人口味的中餐馆应运而生，其中以上海的锦江川菜馆最为著名。

“锦江”的创始人董竹君在创业之初，就特别注意避免一般中餐馆的“吵闹、庸俗气氛”，在餐馆的内外部设计、装修、色彩、用具、格调等进行精心布置，使餐间“曲折雅趣”、店堂“玲珑精致”、装修豪华而不失雅致，用具光洁而不失古朴、色彩缤纷而不失幽雅；菜式漂亮讲究，色香味俱佳，所用器具洁净雅致，即使小至一双筷子、一根牙签也很清洁而有情趣；尤

① 董竹君《我的一个世纪》，三联书店1997年版，第247页。

其在管理制度化方面，很下功夫，要求员工“要有互助团结的精神；每人都应该有善良的品德；不要吸烟、赌博，对工作绝对负责”，“待顾客的态度：要求做到和蔼、耐心、有礼貌。并在任何满座的情况下，说话、举止都宜小声、轻步，动作敏捷，忙而不乱，做到整个营业时间没有噪声乱耳，只听到碗碟和脚步声，绝不允许互相瞎聊”。已经非常接近于现代酒店的管理方式。这种先进的管理方式有些是中国传统餐饮业固有的，有些是从日本学来的，但也“适当吸取”了西方的先进经验。①

由于“锦江”一开始就定位高、不落俗套，很快就成为可以与高级西餐馆相媲美的高档中餐企业之一，成了“上海闻人”们最喜欢光顾的餐厅之一。二十世纪五十年代“锦江川菜馆”（及茶室）扩充为“锦江饭店”后，这种高档的经营方式承续下来并且得到发扬光大，成为上海市政府专门用来接待中央首长和高级外宾的场所，长时间作为中国高级餐饮业的榜样。“锦江”的成功，固然有独创的成分在里面，但西方饮食文化影响的痕迹也是很明显的。

国人对西餐馆的另一个印象是它的简单和雅洁。

中国传统筵席讲究排场，所谓“食前方丈”，浪费十分严重。这种习气引发了一些有识之士对国民民族性的反思。这些人士认为，国人过分讲究吃喝并不是一件值得夸耀的好事，而恰恰暴露了民族性中“丑陋”的一面，因为“中国人既然好吃，所以无论大事小事一概都是以‘吃’来解决；没有事的时候，也得藉‘吃’生出事来，这样，自己就无心做事业了。中国人

① 参董竹君《我的一个世纪》，第254页。

既然吃好了，自己头脑一昏，倒身一睡，所以甚么事自己也就不能作了”（陈光尧《饮食与民族性》）。

一些趋新人士则仿效西方宴席的形式，对传统筵席进行改革。如无锡某游美归国的女士，“习西餐，知我国宴会之肴馔过多，有妨卫生，且不清洁而糜金钱也，乃自出心裁，别创一例，以与戚友会食，试视便餐为丰，而较之普通宴会则俭”。餐桌的布置也模仿西宴，但用的是中国的食具，“食器宜整齐雅洁，案上有布覆之。每座前，杯一，箸二，碟三，匙三，巾一，凡各器，食时宜易四次”。上菜的顺序，“亦有命意”，上完一道，撤了一道，再上一道，而且注意前后道菜的搭配，如前道菜为荤菜，则下一道就为素菜，“以清口也”。散席之后，进茶进烟，也与西宴合拍。（徐珂《清稗类钞》）

西方“文明”的饮食礼仪让中国人耳目一新。《清稗类钞》对此有详细的描绘：

> 席之陈设，男女主人必坐于席之两端，客坐两旁，以最近女主人之右手者为最上，最近女主人左手者次之，最近男主人左手者又次之，其在两旁之中间者更次之……及进酒，主人执杯起立（西俗先致颂词，而后主客碰杯起饮，我国颇少），客亦起执杯，相让而饮……食时，勿使餐具相触作响，勿咀嚼有声，勿剔牙。进点后，可饮咖啡，食果物，吸烟（有妇女在席则不可。我国普通西餐之宴会，女主人之入席者百不一觏），并取席上所设之巾，揩拭手指、唇、面，向主人鞠躬致谢。

这里至少蕴涵着两个与中国传统饮食礼俗不同的信息：一是在餐桌上男女平等乃至女子地位高于男子的特征；二是“执杯起立”“先致颂词”“相让而饮”“勿咀嚼有声”“鞠躬致谢”这样一系列优雅、文明、安静的举动与中餐“爱热闹”的饮食文化形成鲜明的对比。

西方宴席男女主人同时入席，而且地位要比男子高，习以为常。而中国的传统宴席，一般情况下女人是没有资格入席的，而是另辟餐桌。1878年，中国第一任驻外公使郭嵩焘在伦敦公使馆“仿行西礼，大宴英国绅商士女，令如夫人同出接见，尽欢而散”。消息传到国内，竟然引起了轩然大波。有人藉此攻击郭嵩焘以朝廷大员，令内眷入席陪宴，有失体统，“传闻因此为人弹劾”。[①] 在国外尚且如此，如果此事发生在国内，那就不问可知了。

中国虽然有“食不语”的古训，但到了后来，人们早已把这个古训抛到九霄云外了。吃饭讲究热闹，宴会时或者看戏，或者听说书、堂唱，以能博取食客的喝彩为“上档次”。即使是低等的中餐馆，也总有猜拳行令之类的活动，闹闹哄哄，人们不以为不妥。尤其是敬酒，更为“惨烈”，正如柏杨所批评的，“世界上似乎只有中国人敬酒的举动最为惨烈，远远望去，好象三作牌正在张牙舞爪修理小民。一个硬是要灌，一个硬是半掩其门，拉着嗓子声明自己是良家妇女，或者拉着嗓子声明自己早已改邪归正，不再喝啦。呜呼，如果有一天劝者尽其分，饮

① 参刘志琴《近代中国社会文化变迁录》第1册，浙江人民出版社1998年版，第483—485页。

者尽其量，也是减少噪音的一种良法”[①]。道出了中国传统饮食文化所固有的陋习。

随着西方饮食文化的传入，这种“爱热闹”的中国传统饮食文化受到一些“趋新”人士的摒弃，提出改变这种旧俗的主张。有的人则身体力行，选择优雅、安静的西餐馆而不是热闹的中餐馆作为应酬之所。如著名报人曹聚仁有一时期经常和文艺界的朋友相会于西方人开设的“文艺复兴（咖啡）馆”；[②]汪康年、康广仁等人曾邀请郑孝胥和立德夫人、李提摩太、福开森到“二十七号洋饭馆”共进晚餐。（《郑孝胥日记》）尽管国人对西餐的口味普遍不抱好感，但对西方的“文明”的饮食礼仪还是比较肯定和尊重的，据说“庚款”留美学生在出国前，清华大学的校长还要慎重地亲自对他们进行为期一个月的“吃饭”培训。当然学习怎样“吃”并不需要这么多时间，主要的还是接受西餐的礼仪训练，包括吃饭时如何保持优雅和安静。[③]

五、“以格致之理，推求养生”

十八世纪末、十九世纪初，现代营养学作为一门学科诞生于西方国家，是工业革命和实验科学的成果之一。其特点是建立在实验科学的基础上，研究出人体需要什么样的营养成分？每一种食物都含有什么营养成分？每一种营养成分有什么功

①《柏杨妙语》，作家出版社 1988 年版，第 83 页。

② 参曹聚仁《上海春秋》，第 249 页。

③ 参陈鹤琴《我的半生》，岳麓书社 1998 年版，第 58 页。

用？多少合适？人体如何吸收？吸收多少？等等，都是通过科学实验得出结论、厘定标准。借用梁启超的话说，就是“以格致之理，推求养生”（《读西学书法》）。现代营养学诞生不久，很快就与西方的传统饮食文化相融合，成为西方饮食文化的主要特征之一。

从十九世纪下半叶起，现代营养学的一些知识通过译书传入中国。七十到九十年代江南制造局翻译馆翻译的《保全生命论》《化学卫生论》《延年益寿论》《孩童卫生编》《幼童卫生编》等书籍中，包含有营养学的内容（尽管尚未使用“营养”一词）。二十世纪初，随着留日高潮的到来，西方的营养学知识同其他许多西方知识一样，从“中转站”日本间接地舶来（可能“营养”这个词也是这个时候借来的），并借助于女子学校教育而得到较为广泛的传播。

中国的女子学校教育起源于西方人在华开办的教会女校，这些女校的学生通常都要接受“家政”（家事）训练，而“家政”课一般都有营养学的内容。[①] 二十世纪初，清政府实行新政，把女子学校教育纳入新政教育改革的主要内容之一。学部颁布的《奏定女子小学堂章程》和《奏定女子师范学堂章程》也都对设立“家事”课有着明确的规定，[②] 这些规定民国后基本上延续下来。从笔者掌握的几种家事教科书上看，一般都把“营养”放在课程的重要位置上，如有一套“根据部颁课程标准”而编著的“家事”教材就包括“食物的种类及其成分和功用”“食物

① 参薛正《我所知道的中西女中》，《上海文史资料选辑》第59辑，第305页。

② 见舒新城《中国近代教育史资料》，下册，人民教育出版社1961年版，第814页。

与年龄的关系”“小学生的营养”等内容。（吴琬《家事》）

二十世纪二十年代后，一些教会大学还建立起了家政（事）系或设置了家政学课程，如燕京大学设有家事系，齐鲁大学教育学系有“家政学”选修课。[①]这些科系所使用的教材多来自西方，内容包括食物学、营养学、疾病营养学、高级营养学等。[②]毕业的学生多有从事与营养学有关的工作的，如燕大家事系自1932年起每年都要选送1—3名优秀毕业生到协和医院营养部进修一年，取得营养师的职称，并输送到全国各地，参加临床营养、儿童营养、航空营养、营养科研与教学工作。[③]一些教会大学的医学院或医学科设有营养学方面的课程，如金陵大学的医学先修科开设有“食物及营养化学”必修课。[④]营养学课程的开设，说明国人已经把营养学上升到科学的高度，在中国高等教育史上和科技史上均占有一席之地。

六、“吾国人苟能与欧美人同一食品，自不患无强盛一日”

救亡图存一直是近代中国的主旋律，而国人的体质康健与否，则一向被认为是很次要的事。众所周知，本来学医的鲁迅有一回在有关日俄战争的电影上看到一群“一样是强壮的体格，而显出麻木的神情”的中国人围着“赏鉴”一位体格强壮、被

① 参《山东济南私立齐鲁大学文理两院一览》，出版地不详，1931年版，第53页。
② 参《私立燕京大学本科各学院课程概要目录》，出版地不详，1936年版，第23页。
③ 参张玮瑛《燕京大学校史稿》，人民中国出版社1999年版，第273页。
④ 参张宪文《金陵大学史》，南京大学出版社2002年版，第241页。

认为是替俄国人做侦探、即将被日军杀头的同胞的情形，从而意识到“医学并非一件紧要事，凡是愚弱的国民，即使体格如何健全，如何茁壮，也只是做毫无意义的示众材料和看客，病死多少是不必以为不幸的”，从此决定放弃学医，改行从事文艺这种“善于改变精神”的事业。（《呐喊·自序》）这里说的虽是弃医的事，但不论是医学也好、营养学也好，其根本目的都是为了肉体的健康，二者有共通之处。既然医学如此不重要，营养学就更不用说了。

诚然，在近代中国，由于绝大多数人在国家遭受了奇耻大辱而不知奋进的麻木状态，“改变精神”确实是压倒一切的任务，鲁迅的弃医从文的事迹长期以来都被认为是正确选择。在这样的认识下，中国近代那些从事拯救人的“肉体”的工作的人几乎被历史学家所遗忘，或者只是作为大人物大事业的不起眼的陪衬，如孙中山、鲁迅、郭沫若的学医经历，恽代英对健康问题的研究。[①]

其实，在近代中国救亡图存的大合唱中，还是能听到一种微弱的声音，那就是“强身救国”。

在一些人士的眼里，中国之所以贫弱，很重要的原因就是东方人的体质不如西方，“走在路上，到处碰到黄萝卜色的脸孔，佝偻咳疮的病态”，因此要救国首先要从增强国人的体质入手。而要增强国人的体质，就应该改善国人的饮食结构，增加营养：“外国人的食物比我们少而简，但是他们的体躯却是比我们高大雄健……外国人并没有特别强健的方法，中国人也并不

---

① 恽代英投身革命前曾在《东方杂志》《妇女杂志》等刊物上发表多篇研究健康问题的文章，参见《东方杂志》16 卷 3 期、《妇女杂志》3 卷 11 期等。

是生来就又黄又瘦，实在是因为太缺少食物化学的智识以及对于食物不晓得去注意选择、配合、调和而满足我们身体上的要求之故。”（映蟾《新家庭主妇应有的几种意识》）

章绳以也认为：“东亚病夫之名，由来已久，迄今尚未除去，最大原因在食物的营养不讲究。”[①] 徐珂说得更加直截了当：“饮食为人生之必要，东方人常食五谷，西方人常食肉类。食五谷者，其身体必逊于食肉类之人。……吾国人苟能与欧美人同一食品，自不患无强盛一日。”（《清稗类钞》）

这类“救国方案”虽不免流于琐屑，大有回避社会主要矛盾之嫌，但毕竟作为近代中国诸多救国方案的“另类”而实际存在过。如果说“存在就是合理”的话，这种“另类”的救国方案也自有其合理处。

实际上，在近代中国，虽然有一部分本来从事拯救“肉体”工作的人转行成为职业革命家或职业“战士”，但有一部分人仍然默默地从事着拯救“肉体”的工作。吴宪就是其中的一位。

吴宪（1893—1959），字陶民，福州人。1916 年毕业于美国麻省理工学院，获学士学位，留校任教。1919 年毕业于哈佛大学，获博士学位，同年任哈佛大学医学院生物化学研究员。1920 年回国，历任协和医学院教授、生物化学系主任、中央卫生实验院北平分院院长、中国生理学会会长等职，[②] 是我国生物化学界和营养学界的前辈权威。

吴宪的贡献之一就是运用西方的营养学理论来分析国人体质不如西方人的原因，进而指明解决之道。他的研究成果集中

① 章绳以《家事学概论》，中国文化服务社 1946 年版，第 112 页。

② 参《民国人物大辞典》，河北人民出版社 1991 年版，第 338 页。

体现在《营养概论》一书中。在《营养概论》中，他对中国人和西方人（以美国人为例）在吸收人体所需营养素上的差距进行了比较：

1. 中国人食物以谷类为主，热量的十分之八来源于谷类，而西方人热量仅十之三、四来源于谷类；中国人的蛋白质几乎都来自植物性食物，而西方人植物性动物性各一半。因此，中国人从食物中得到的热量、蛋白质表面上看起来不低，但由于植物的消化率低、“生理价值”小，实际上被人体吸收的十分有限。因此，中国人所吸收的蛋白质和热量逊于西方人。

2. 西方人膳食中的油脂以奶油为主，奶油最富有维生素，而国人以猪油、豆油和菜油为主，这些油类仅含有少量维生素，因此，国人身体所吸收的维生素逊于西方人；牛奶、鸡蛋和蔬菜中含有甲种维生素（维生素 A），国人不吃牛奶，鸡蛋、蔬菜也不比西方人吃得多，所以甲种维生素不如西方人；蛋黄、牛奶富含丁种维生素（维生素 D），而国人偏偏不吃牛奶，食物又以缺乏丁种维生素的谷类、豆类为主，所以身体所吸收的丁种维生素不如西方人。

3. 在微量元素方面，牛奶是钙质的最优来源，西方人每天都喝牛奶而国人基本不喝，所以国人所得的钙质比西方人少。

总之，国人从食物中所获得的热量、蛋白质、维生素和微量元素均不如西方人，所以体质也理所当然不如西方人。究其原因，最主要是因为国人以素食为主、而西方人以肉类、牛奶为主。因此，吴宪主张国人应该改善自己的膳食结构，增加动物性营养的摄入，特别是多喝以往国人不爱喝的牛奶，儿童、产妇尤应如此。

《营养概论》还运用人类学家的调查结果，来旁证荤食优于素食。人类学家通过对非洲两个条件相近的部落的调查发现，食用牛奶、肉类为主的部落明显要比食用谷类、水果为主的部落在高度、体重和膂力上占有优势，而且身体也健康得多。

由于现代营养学理论是在不断发展的，从现在来看，吴宪的理论在某些方面可能是过时的（有的科学家得出相反的结论，认为素食比肉食更有利于健康），但我们不应该忽视这样一个基本前提：吴宪所处的时代和现在大不相同，当时的社会状况是国人普遍营养不良、动物性营养的摄入普遍不足，与现在许多人营养过剩、动物性营养摄入过多的情况完全不同。因此，在当时的社会状况下，吴宪的营养学理论是有针对性的，对提高国人的健康水平无疑是有帮助的。

结语

总之，近代以来，西方饮食文化对中国饮食文化产生了一定的影响，后者对前者既有吸收又有排拒：吸收的是西方饮食文化中的“科学”（“营养学”）、“文明”的成分；排拒的是它“野蛮”的成分、不合中国民俗的成分。但从总体情况上看，西方饮食文化的传入，并没有、也不可能较大地改变中国人数千年时间养成的饮食习惯。中国饮食文化“吸收”西方饮食文化的程度如何？我们很难从“量”上去考查，但可以肯定的是，这种“吸收”是非常有限的；若从“质”上看，所谓的“吸收”，也不过是把西餐、西点和西式饮料“改造”成符合中国人口味的新食物，而不是原原本本的照搬，更不可能取中餐而代之。

而对西方饮食文化中的“科学”和“文明”成分了解的人，更是寥寥无几（仅局限在大城市的知识阶层中），一个富翁也许经常吃西餐、一个黄包车夫也可能偶尔尝一片面包，但恐怕他们根本不会想到这里面还隐藏着什么“科学”或“文明”。

一般来说，在社会生活的各个方面中，“食”是最少带有时代烙印的，过去吃的东西跟现在吃的东西没有多大区别。近代从西方传进来的带着奶酪黄油味的饮食文化，虽然使一些“趋新”人士对它“津津乐道”，但对中国的传统饮食文化并没有产生多大的冲击，只不过增添了一道“异味”罢了，很多人只是偶尔尝一尝，然后依然如故，吃他的家乡菜。

木头与石头

——近人对中西建筑文化的比较认识

鸦片战争前，已有零星的、个别的西式建筑（如圆明园内的“西洋楼”、广州的“十三行夷馆”等）出现在中国。鸦片战争后，随着列强在中国建立租界，西洋风格的建筑开始大量地输入中国，中国建筑史进入了一个新的历史阶段。面对着高大张扬的西洋建筑，起初国人来不及认真审视和仔细消化，产生了莫名的自卑感，并在许多地方掀起了盲目模仿西洋建筑的风潮，从而“酝酿出光宣以来建筑界的大混乱”①。二十世纪二十年代以后，随着第一批现代建筑师从海外学成归国并逐渐成熟，在新民族主义的感召下，他们经过艰苦的努力和科学的工作，重新“找回”了中国传统建筑之美。一些“深刻的（西方）学者”和西方建筑师经过“慎重研究”和“细心体会”后，②得出了比他们的前辈中肯的结论，并营建了一批较好地将中西建筑优点结合在一起的建筑（群）。

---

① 梁思成《建筑设计参考图集序》,《梁思成文集》第 2 册，中国建筑工业出版社 1984 年版，第 221 页。

② 参林徽音（林徽因）《中国建筑之几个特征》,《中国营造学社汇刊》第 3 卷第 1 期，第 164 页。

一、"这个国家实在没有任何堪与其人民和文明相称的建筑"

西方历史学家福格森在《印度和东方建筑史》说，"这个国家（中国）实在没有任何堪与其人民和文明相称的建筑"①，很能代表一部分西方人的看法。中国人中也多有持此类观点的。概括起来，他们对中国传统建筑的批评主要集中在以下几个方面：

1. 匠人地位太低，缺乏创造性

中国古代"对营造工事，视等卑役"②，在匠籍制度下的中国工匠，形似工奴，而且子孙承业，不得脱籍改业，社会地位十分低下。中国的古籍虽然汗牛充栋，但"蔑视工巧，讳言匠事"，"周礼冬宫大司空之所掌则在建邦之事，书缺简脱，汉儒纂补，考工记仅缀绪论，未能加祥，马班作史，网罗万事，独未及百工，鲁班遗书，工家崇为圭臬，而参涉谬妄等于郢书燕说，故百工之业简陋不备，无一可传，殆为神州之绝学矣"③。

因此，"数千年来的（中国）匠师们，在他们自己的潮流内顺流而下，如同欧洲中世纪的匠师们一样，对于他们自己及他们的作品都没有一种自觉"④。遵循固定的法式、则例，设计"缺乏创意，世世代代都沿用一种款式，只是出于建筑位置的需要或者建筑面积的局限而稍作修改"（〔美〕丁韪良《花甲忆记》），风格单一，千篇一律，"从宫殿到茅舍、庙宇和私人住

① 引自赖德霖《中国近代建筑史研究》，清华大学出版社 2007 年版，第 249 页。
② 殷信之《筹建建筑银行缘起》，《建筑月刊》第 2 卷第 1 号，1934 年版，第 53 页。
③ 唐文治《建筑新法·序》，引自赖德霖《中国近代建筑史研究》，第 183 页。
④ 梁思成《建筑设计参考图集序》，《梁思成文集》第 2 册，第 220 页。

宅，到处都是这般式样”[①]。

而在欧洲，建筑师（可能同时又是科学家、艺术家、人文学者）的地位很尊崇。教皇曾经颁发亲笔敕令，赋予米开朗基罗在主持圣彼得大教堂工程时有随意设计的权力，可以拆除已经建造的部分，也可以加以增补，全体建筑人员必须听命于他。米开朗基罗逝世后，工程尚未完工，教皇又下令“米开朗基罗所规定的一切，绝不可以稍加修改”[②]。意大利著名的建筑师、被时人称为又一个米开朗基罗的伯尼尼，被教皇封为骑士。教皇自豪地称：“如今我更大的幸福是骑士伯尼尼将在我在位期间住在教廷里。”在人们的眼中，伯尼尼的名字与罗马那些不朽的建筑物同在，“伯尼尼为罗马建筑，罗马因伯尼尼而扬名”。[③]这即使是那些为中国皇帝设计皇宫禁苑的中国顶级建筑师，都是难以望其肩顶的，更何况是一般的民间能工巧匠。

2. 木构建筑存在着致命弱点

“蜀山兀，阿房出”，中国传统建筑采用木架构法，木头是主体、骨干，是承重的，墙壁“如皮肉之附在骨上”。[④]木材难以经受长时间的风雨和水火的考验，经不住白蚁、老鼠的啃食（在南方地区，这种情况更严重），坚固、长久很成问题。因此，一般情况下，中国人的住宅“在使用时间的设计上不超过主人自己的寿命”[⑤]。近代来华的一位外国传教士在中国的南方

①〔美〕卫三畏《中国总论》，上海古籍出版社 2005 年版，第 506 页。

② 陈志华《外国建筑史》，中国建筑工业出版社 2004 年版，第 169 页。

③ 同上书，第 180 页。

④ 参梁思成《清式营造则例》，引自杨永生编《建筑百家杂识录》，中国建筑工业出版社 2004 年版，第 9 页。

⑤〔美〕马森《西方的中国帝国观》，时事出版社 1999 年版，第 339 页。

地区见到某些沿江、沿河搭建的吊脚楼，“极像潘趣和朱迪（英国传统滑稽木偶剧中驼背木偶）的演出，较矮的部分有木桩支着，很多房屋倾斜得很厉害，经常一起倒下来”[①]，觉得非常的不可思议。

火灾是木构建筑致命的缺点之一，“设一不慎，则数十百家同时煨烬，从无一二家即止者”（徐珂《清稗类钞》）。从远的说，历史上许多赫赫有名的建筑早已灰飞烟灭，甚至确定遗址都很困难。

从近的说，能保留数百年并且仍然具有使用功能的木构建筑也是很有限的。初建于明初的紫禁城，有很多建筑物都是在火灾后重建的（当然也有后来新建或因其他原因损毁重修的），其实我们今天已经很难寻觅到明时的旧物了。圆明园在第二次鸦片战争中被英法联军烧毁，园中大多数雕梁画栋的木质建筑都毁于一炬，只有那些“有名而丑劣”[②]的“西洋楼”因为使用石质材料而保存着一定程度的主体结构。我们可以从圆明园劫后十几年所拍摄的照片上看出这一点。今天我们所见到的残迹，其实是民国之后经过一次又一次的浩劫才形成的。正如向达在1931年所说的，“圆明园兵燹以后，以地为禁苑，残迹历历，尚有可见，其荡然无存，盖近十余年间事耳”[③]。

而作为西方建筑文化之源的古埃及、古希腊、古罗马建筑，历经数千年的岁月，依然保留着较多的遗存，一些数百年前的

①〔美〕罗威廉《汉口——一个中国城市的商业和社会》，中国人民大学出版社2005年版，第32页。

② 范文照《中国建筑的魅力》，《建筑百家杂识录》，第6页。

③ 向达《圆明园遗物文献之展览》，《中国营造学社汇刊》第2卷第1册（1931年），第2页。

建筑物仍然具有使用功能，这显然主要得益于它们坚固的石质结构。二十世纪初，康有为游历了欧洲特别是罗马以后，看到罗马“二千年之颓宫古庙，至今犹存者无数。危墙坏壁，都中相望”。联想到中国历史上多少著名的巍峨宫殿、亭台楼阁，早已灰飞烟灭，无限感慨，认为最大的原因就是罗马的建筑都是石构的，而中国的建筑却是“以木为主，而砖瓦为从”，“架木既难久，架一毁坏，而砖壁随之”，“一星之火，数百年之古殿巍构，付之虚无”，从而“令我国一无文明实据，令我国大失光明”。因此，康有为主张中国的建筑广用石材，“此后新构广场、公所，皆为万国所观瞻。故国体攸关，当求壮丽，且使经营久远，以示将来。所有大工，宜开山伐石，以成巍构。其余民屋，皆宜崇尚石筑，以争光荣”。(《欧洲十一国游记二种》) 在当时的情况下，康有为的思想颇有前瞻性。

中国人为什么喜欢用不耐用的木材建造房子？这对西方人来说，是一个谜。一位英国建筑师的概括很有意思。他说，同发源于幼发拉底河、尼罗河和印度河两岸的文明相比，发祥于黄河流域的中国文明，“土地似乎是无边无际、毫无阻隔的，几乎没有沙漠，只有森林让人们感到危险……南方气候太炎热，又遍布深不可测的深山密林”，“其疯狂的生长速度让人非常头疼，人们不得不经常砍伐一些树木，然后用它们来建造房子”。所以中国的房子多为木结构。另一方面，中国人喜欢用木材，是因为在木材上更容易进行加工——只有在木材上才能雕刻出复杂的纹饰。[①]

① 参〔英〕斯蒂芬·加得纳《人类的居所——房屋的起源和演变》，北京大学出版社 2006 年版，第 84、85 页。

但这样的解释并不能令人满意。因为，后来随着人口的增加，森林资源变得匮乏之后，为什么中国还坚持以木构建筑为主？福格森的解释可能更有道理，他说："中国人从来没有占统治地位的僧侣，也没有世袭贵族。没有当权的僧侣阶级，这一点很重要，因为建筑有赖于宗教性艺术的最高灵感，处于强大等级制度的影响下，宗教性艺术从来不会得到有力的发展。缺乏世袭贵族，对于建造耐久性的民用建筑同样是不利的。直到近代为止，没有出现过非官职的封建主和私斗，因此不存在碉堡和设有防御工事的大楼，在西方，这类建筑规模宏大而坚固，成为某一阶级私有建筑的突出特征。"①福格森的话后来被来华的西方人和中国的建筑师反复引用，影响颇大。

3. 结构、功用不科学

"忽视基础"是中国建筑为世诟病的缺点之一。"中国的建筑师不可避免地具有两大缺陷，即地基的挖掘过浅，……经常能看到，一堵砖墙几乎是平地而起，几乎没用什么石灰，而同样的状况下，外国承包商必定会挖掘出一条沟，……在其中筑好地基，他们所考虑的是结实、稳固，而中国建筑者们所考虑的则主要是原料。"②"忽视基础"的直接后果是引起功用上的不合理——阴冷、潮湿："中式房屋最大错误，即屋之基础力求经济省费，结果终年潮湿，不可避免。"③

缺点之二是采光不足、通风不畅、拥挤嘈杂。外国人说："中国人房屋最糟糕的特点是采光设施差。"④"很少房子在对着南

① 见卫三畏《中国总论》，第507页。

②〔美〕明恩溥《中国人的特性》，光明日报出版社1998年版，第346页。

③ 朗琴译编《中国之变迁》，《建筑月刊》第2卷第2期（1934年），第44页。

④〔美〕马森《西方的中国及中国人观念》，中华书局2006年版，第178页。

边大门的正北也安一扇门，如果这样的话，必定会使空气流通，使屋内更通风并可减轻三伏天酷热的痛苦。”[①] 而且“华人对于拥挤和嘈杂，视之若无其事。西人见之，殊称奇不止”[②]。建筑师过元熙也说，“（中国）旧式住宅，则地铺土砖，阴湿极点，高顶椽屋，光线不足。夏暑无通风之方法，冬寒无使暖之器具，均为病疫之原，而床椅桌凳，均不顾安适。至若厨厕水火之卫生设备，则更置之度外矣”[③]。

对于这些缺点，早年来华的西方人把原因归结为中国人“不求舒适与方便”[④] 的特性和“在知识和审美力方面的不足”[⑤]。

4. 舒适的原则让位于礼教和“风水”

苏格拉底有一句名言：“一个人在为自己造房子的时候难道不应该考虑到住在里面的时候尽量地舒服和方便吗？”[⑥] 中国的先人未尝不想住在舒服的房子里，用木质材料本身也就是为了住起来更舒服一些。但大约是由于中国人自古重礼教、讲风水，有时反而将居住的舒服的功能让位给了礼教、秩序和风水。

“在中国传统社会中，把建筑看作是梳理世界秩序的手段，特别是梳理社会秩序的手段。”[⑦] 中国建筑讲求“辨方正位”（坐北朝南）、前卑后高、中轴布局，左右对称、主次分明、内外有别（《墨子·辞过》：“宫墙之高足以别男女之礼。”）、等级有序。为了遵守这些“规矩”，有时候就可能要付出失去舒适的代价、

①〔美〕明恩溥《中国人的特性》，第 115 页。
② 朗琴译编《中国之变迁》，《建筑月刊》第 2 卷第 2 期（1934 年），第 44 页。
③ 过元熙《新中国建筑之商榷》，引自赖德霖《中国近代建筑史研究》，第 185 页。
④〔美〕明恩溥《中国人的特性》，第 111 页。
⑤〔美〕卫三畏《中国总论》，第 506 页。
⑥ 陈志华《外国建筑史》，第 59 页。
⑦ 王鲁民《中国古代建筑思想史纲》，湖北教育出版社 2002 年版，第 88 页。

湮没居住者的人性。雄伟高大的宫殿起着“使藩属望而生畏”的作用，[①] 是“统治者用来威吓百姓的……连皇帝自己也怕它那种光怪陆离严肃堂皇的面孔，而情愿在园苑里住着那灰色、卷棚顶无斗拱华饰的房子”[②]。而衙门则给人以森严、肃杀和神秘莫测的气氛。即使是一般民居，也是“升堂入室，宛如官衙”（“华海工程师宴客并论建筑”，《申报》1924年2月17日），“正房的老祖宗只要咳嗽一声，全四合院上上下下一切人等就全要一起随着惊动，四合院永远是最高权威行使权力最理想的地方”，“时时提醒你不要忘了自己的地位”。[③]

古人建房特别讲风水、图吉利，重视五行八卦方位的安排，追求多福多寿。“风水”的情况比较复杂，有的也是为了舒服，讲究建筑必须与自然环境相协调，有一些合理成分，但有的则纯粹出于迷信，是反科学、与舒适的原则相背离的。有则流传甚广的故事很能说明问题。据说孙中山青年时不顾“风水”，亲自设计改建了一座坐东朝西的新房（依当地“风水”，房子应是坐西朝东的），并在梁下开窗通风（依“风水”之说，梁下开窗是破财不吉利的）。新房视野开阔、采光良好、凉爽通透，然而却引来一些守旧村民的非议，有的叹息道：“花这么多钱，建一间这样的房子，真是可惜啊！”有的摇头说：“周围走通又背向，住人不吉利喽！”[④] 可见，在一些人的眼里，“风水原则”是远远大于舒适原则的。

---

① 参梁思成《中国建筑史》，百花文艺出版社2005年版，第414页。

② 刘致平《先民居住建筑之经验》，《建筑百家杂识录》，第17页。

③ 林希《老天津》，江苏美术出版社1998年版，第99页。

④ 林华煊编著《革命先驱起翠亨——孙中山故居纪念馆》，中国大百科全书出版社1999年版，第55—60页。

二、“中国人对我们的印象，相当于我们对这些建筑物印象的十倍”

有人说，“罗马不是一天就建成的，而上海是”。近代以来，随着中国的被迫开放，世界上各个不同历史时期、不同建筑风格的建筑都一股脑儿地搬到了中国，遍布于各地的租界或类似租界中。它打破了中国建筑史的发展规律，也打破了西方建筑发展的惯有程序和固有周期，有如“错剪到中国建筑历史拷贝上的‘蒙太奇’”①，令人目不暇接。有人把洋楼林立的上海外滩誉为“万国建筑博览会”，可谓名副其实。其实在近代中国，北京东交民巷使馆区、哈尔滨中央大街、天津金融一条街、广州沙面、汉口长江沿岸……都是西洋建筑的聚集区，也都有“万国建筑博览会”之称。人们把上海称为“东方的纽约（或巴黎）”、把汉口誉为“东方的芝加哥”、把哈尔滨形容为“东方的莫斯科”、称青岛为“东方瑞士”……也多半与这些城市建筑表面上的洋化有关。

西洋建筑以完全不同于中国传统建筑的面貌出现在中国大地上，它们不仅仅代表着一种建筑风格，更象征着一种文化强势。西洋建筑雄伟挺拔的气势，与中国传统建筑的低矮、简单形成强烈的反差，给人一种前所未有的刺激和震撼。汉口的一位西方侨民写道：“穿过宽阔的马路，在一排排柳阴的背后，隐约可见宏伟的楼房，它们意味着力量与财富。……它们是

① 陈纲伦《从“殖民输入”到“古典复兴”》，《第三次中国近代建筑史研究讨论会论文集》，中国建筑工业出版社 1991 年版，第 163 页。

巨大的直尺与圆规的产物。中国人对我们的印象，相当于我们对这些建筑物印象的十倍……在他们眼里，我们是机械的、威严的和可怕的。”[①] 这位西方人的口吻带着明显的优越感，但还是比较恰当地概括了国人对西方建筑物的直观感受以及隐藏在直观感受后面的心理震撼。这可以从国人自己的描述中得到印证。

近代流行于上海洋场的竹枝词有很多是夸赞西洋建筑的高大、雄伟和强势的，如“洋楼更比蜃楼好，谁读坡仙海市诗”“洋楼金碧耀生光，铁作栏干石作墙”“高阁三层傍水偎，玻璃四面绮窗开”“峨峨公廨压江滩”“海气濛濛月上升，万千杨柳万千灯。满江垒浪翻空影，照入朱楼十二层”“教堂高立笔尖峰，屋宇红墙砌万重”（顾炳权《上海洋场竹枝词》）等。王韬早年也用“楼阁峥嵘，缥缈云外，飞甍画栋，碧槛珠帘”（《漫游随录》）来描述上海的租界。王锡麒北上赶考途经上海租界，在日记里记道：“洋楼有高三层者、四层者、五层者，金碧迷离，境各异态，珠宫贝阙，谅不过是。”（《北行日记》）

这些描述很能反映时人普遍存在的一种心态，语气中充满着对西洋建筑的羡慕和赞赏，隐隐约约地透露出对中国传统建筑的自卑。那些由中式住房搬迁到西式住房的人更是“欣欣然现得意之色”，“莫不欢悦相告，喜形于色，此后除非遇绝大变故，或家况惨落外，决不愿再迁入旧式住房，殆无疑义，以是可知洋式房屋，实有甚大之吸引力，如窗户之四辟，楼房之舒适，自来水盥洗盆、抽水马桶、啣浴盆等设备，均属应用便利，

① 见〔美〕罗威廉《汉口：一个中国城市的商业和社会》，第66页。

清洁而无污浊之存留，足使住房之人，易于养成卫生清洁之习惯，故欲使之重返其故居，已觉格格不相入，其曾受教育之知识分子，尤将感觉难堪”。[①]

人们在赞赏西洋建筑的高大、华美和居住舒适的同时，也透过这些物化现象，去捕捉建造或者拥有这些洋楼的洋人的民族性，王统照在他的《青岛素描》里对德式建筑和德意志民族作了这样评价：

> 德国的建筑移殖到中国来，当然青岛是一个重要地方。……盖洋楼，自然是在几层上面，有尖角、有石柱，有雕刻，有突出嵌入的种种凉台，窗子，统名之曰洋楼而已。实在直到现在，凡是留心的人还能由这些先建的洋楼上，看出德国人的沉鸷刚勇的气概。例如青岛著名的建筑物，现在的市政府与迎宾馆，以及当年德国人的军营，现在的山东大学与市立中学校。那些建筑物，除掉具备坚固方正，匀称，高大的种种相似之外，你在它们旁边经过，就觉得德国人凡事要立根很深的国民性有点可怕！……一切事他们早打定了永久的计划，所以都从根本上着想，建筑也是如此。……有形式与作风，自古代，建筑是与音乐，绘画，并列入文艺之内的。因为它表现着时代精神与人民生活性的全体，而愈长久的建筑物却愈代表那一个

① 竞舟《国人乐住洋式楼房之新趋势》，引自赖德霖《中国近代建筑史研究》，第189页。

国家一个地方的最高文化。端庄中具有稳静的姿态，严重形式上包含着条理与整齐，不以小巧见长，同时也不很平板。

由于近代以来屡战屡败的现实，面对着紧随着枪炮而来的西风和西潮，人们还来不及认真审视和仔细消化，很容易从过去的盲目自尊变成盲目的自卑，得出“凡是西方的都是好的”的结论，在对中西建筑的比较认识上更明显地暴露出了这一点。清末民初，在“大江南北，莫不以洋为尚”（陈作霖《炳烛里谈·洋字先兆》）风气的驱动下，许多城市出现了盲目仿效西式建筑的高潮。正如梁思成所说的，“十九世纪末叶及二十世纪初年，中国文化屡次屈辱于西方坚船利剑之下以后，中国却忽然找到了‘凡是西方的都是好的’的段落，……于是‘洋式楼房’‘洋式门面’如雨后春笋，酝酿出光宣以来建筑界的大混乱”[①]。（这种“大混乱”状态在有的地区延续到二十世纪三十年代。）

邓子琴《中国风俗史》也载：“晚清园亭，亦参以西式建筑，而通都大邑，几于触目皆是。”[②]

由于中国设计者和工匠的水平有限，他们虽然有热情、善变通，但毕竟对西式建筑的特点理解有限，造出来的房子要么“西式其表，中式其中”，要么在采用西式建筑立面构图的同时渗入中国传统的吉祥、富贵、多子多孙等内容的图案，显得不中不西。如雕饰着繁复的雕龙图案的北京农事试验场（今

① 梁思成《建筑设计参考图集序》，《梁思成文集》第2册，第221页。
② 邓子琴《中国风俗史》，巴蜀书社1988年版，第333页。

北京动物园）大门；被温州人戏称为“外面洋房式，里面看不得”（外表像西式，而里面却是传统形式的木构架，骨子里还是觉得西式的好，只不过由于技术或财力达不到而不能完全“西化”，留下了遗憾）的洋面建筑；[①]建筑整体设计风格采用典型的巴洛克风格，而平面形式仍为传统的三堂四横屋的粤北客家新型土围子；[②]哈尔滨等东北城市“过分装饰”的“中华巴洛克”建筑。[③]

有人形容这一类房子“不中不西，非驴非马，殊属贻笑大方”[④]！梁思成也认为它们是“将洋式的短处来替代中国式的长处，成了兼二者之短的‘低能儿’”[⑤]。（当然，这一类建筑代表了一个过渡阶段、一种建筑类型，不乏历史价值和工艺价值，该保护的还是要保护，那是另一码事。）

外国建筑师则正好相反，他们想模仿中国建筑，“却不知精粹所在，只认定其最显著的部分——屋顶为建筑美的代表，然后再把这屋顶移置西式堆栈之上”[⑥]。从而建成了许多不伦不类的建筑，就像“苏格拉底戴上中国瓜皮帽或孔夫子穿上西式晚礼服”[⑦]。

---

① 参赵国权《西方文化对温州近代建筑形态的影响》，张复合主编《中国近代建筑研究与保护》第5部，清华大学出版社2006年版，第206页。

② 参姜省《岭南乡土建筑近代化特征概论》，《中国近代建筑研究与保护》第5部，第160页。

③ 参侯幼彬等主编《中国近代建筑总览·哈尔滨篇》，中国建筑工业出版社1992年版，第15页。

④ 杜彦耿《营造学》，《中国营造学社汇刊》第3卷第2期（1935年），第38页。

⑤ 梁思成《建筑设计参考图集序》，《梁思成文集》第2册，第221页。

⑥ 陈纲伦《从“殖民输入”到“古典复兴”》，《第三次中国近代建筑史研究讨论会论文集》，第169页。

⑦ 范文照《中国建筑之魅力》，《建筑百家杂识录》，第6页。

三、“在那树木蓊郁之中，露出红楼一角，这种环境是何等幽雅而有诗意！”
——对中国固有建筑形式的重新认识

经过了“光宣以来建筑界的大混乱”，民国以后，特别是二十世纪二十年代以后，中国的知识分子在一浪高过一浪的新民族主义运动（“五卅运动”、国民革命）的感召下，开始对中西建筑文化重新进行了反思。其中以在欧美接受过现代建筑学正规教育、被业内人士誉为“得中国建筑之真谛”[①]的梁思成、林徽因夫妇出力最勤。

三十年代初，梁、林二人在对中国古代遗存下来的建筑物进行了实地考察、认真研究之后，对中国传统建筑的特点有了比较清晰的认识。林徽因在《论中国建筑之几个特征》（发表时署名林徽音，实际上应是梁、林两人共同的研究成果）中说：“后代的中国建筑即达到结构和艺术上极复杂精美的程度，外表上却仍呈现一种单纯简朴的气象，一般人常误会中国建筑根本简陋无甚发展，较诸别系建筑低劣幼稚。这种错误观念最初自然是起于西人对东方文化的粗忽观察，常作浮躁轻率的结论，以致影响到中国人自己对本国艺术发生极过当的怀疑乃至于鄙薄”，中国建筑的优点“绝不是在那浅显的色彩和雕饰，或特殊之式样上面，却是深藏在那基本的，产生这美观的结构原理里，及中国人的绝对了解控制雕饰的原理上”。[②]中国的传统民

① 见《中国建筑》第 2 卷第 1 期（1934 年），“卷首弁语”。
②《中国营造学社汇刊》第 3 卷第 1 期，第 164、166 页。

居结构符合中国“传统习惯与趣味：家庭生活，生活程度，工作，游息，以及烹饪，缝纫，室内的书画陈设，室外的庭院花木，都不与西人相同”，不必“削足就履”。[①]

对于中国建筑使用木材而不求久远，梁思成的解释是，中国自古就没有像埃及人那样去刻意追求永久不灭的工程的传统，而是“安于新陈代谢之理，以自然生灭为定律；视建筑且如被服舆马，时得而更换之”。一旦失慎被焚，则“视为灵异天谴，非材料工程之过”。[②]

对于中国建筑千篇一律的问题，梁思成的解释也很有意思。他说，中国的佛寺和住宅建筑形制之所以相同，是因为中国的佛寺不像西方的教堂那样是预备很多人听讲用的，“而是给佛住的，所以佛殿是佛的住宅，与我们凡人的住宅功用相同，差别不多”[③]。

至于中国建筑几千年来“仍然保存着它固有的结构方法及布置规模，始终没有失掉它原始面目”的问题，他们认为这种现象正好说明中国传统建筑是“极特殊、极长寿、极体面的”。[④]

与梁、林看法相似的人士还有很多。朱启钤在营造学社的一次座谈会上说，“在那树木蓊郁之中，露出红楼一角，这种环境是何等幽雅而有诗意！但只有中国式的建筑方克臻此。若以新式的立体建筑物代之，非但无何美感，更觉如公墓中竖立着

① 见梁思成《为什么研究中国建筑》，《凝动的音乐》，百花文艺出版社 1998 年版，第 212 页。

② 见梁思成《中国建筑史》，第 12 页。

③ 梁思成《我们所知道的唐代佛寺与宫殿》，《中国营造学社汇刊》第 3 卷第 1 册（1932 年），第 80 页。

④ 见林徽因《中国古代建筑的特征》，《建筑百家杂识录》，第 9 页。

一块方正的墓碑，全失去自然的风姿”[①]。范文照也认为中国宫殿是“在自然环境中出现的优美屋顶曲线及表面给人带来了安宁的舒适及和谐”。如果将这些“大屋顶”拿走，则这种情感（安宁的舒适及和谐）也就烟消云散。而支托屋顶的“有节奏的柱列”以及“令人注目的安宁的白色台阶”，也是“安和感的完美的源泉”。[②]对中西方文化都有透彻了解的林语堂，则用诗化的语言来比较中西建筑文化的差异，颇能代表那一代部分知识分子的思想，摘录如下，与读者共欣赏：

> 大自然永远是美的，但人类的建筑（从下文看，这里专指现代西洋建筑——引者注）通常却并不美。原因是建筑与绘画不同，它通常并不试图去模仿自然，建筑原本是将石头、砖块和灰浆组合起来，给人以躲避风雨的场所。它的首要原则是实用，时至今日仍然基本如此。所以最好的、最现代化的厂房、校舍、剧院、邮局、火车站和笔直的街道，其十足的丑陋使我们时时感到有必要逃避到乡村里去。……工业时代使这个情形更趋恶化，尤其是加固混凝土建筑产生之后。
>
> 中国建筑看来是沿着一条与西方不同的道路在发展。它的主要倾向是寻求与自然的和谐。……最佳的建筑总与周围融成一体，成为其组成部分之一。这条原则被用来指导中国建筑的一切造型，从驼峰状拱起的小桥到宝塔、庙宇和池塘边的小亭子，无一例外。

① 杜彦耿《座谈追述》，《中国营造学社汇刊》第4卷第3期（1936年），第3页。
② 见范文照《中国建筑之魅力》，《建筑百家杂识录》，第6页。

> 建筑物的线条应该是平滑而又不突兀的。其屋顶应该静静地半掩半现在树荫之下，柔软的枝条仿佛还在轻轻地抚摸着它的眉梢。中国的屋顶并不大张声势，也不用自己的手指指向苍天。它只是面对着苍天，无声地表白着自己平和的心迹，谦逊地鞠着躬。它是我们人类居住处所的标志。它保护着我们的居住地，从而暗示着自己是多么的庄重有礼。所以我们总是记着，在一切房屋之上安装屋顶，不允许它们像现代混凝土房顶那样不知羞耻地裸露着自身，并且一刻不停地瞅着天空。（《中国人》）

诚然，中国传统建筑不仅“设计幽默、结构谨严、气度雄浑，外观崇朴”（《上海市建筑协会成立大会宣言》），而且它的精华之所在在于它的群体优势——单体建筑与院落、围墙、园林相互搭配，向四面铺开，组成一个完美的组合。除了佛塔外，一般很少向上发展，与追求个性张扬、结构复杂、向上发展的西方建筑有着根本的区别。除了技术的原因外，与民族性格、价值观念、群体心态、道德标准、宗教情感、审美趣味有关。

盛世时代的统治者出于稳定的需要，都提倡几代同居。如乾隆三十年，陕西人张璘七世同居，赐御制诗章、缎匹；乾隆四十九年，河南人任天笃九世同居，赐御制诗、御书匾额。（《清史稿·高宗本纪》）为了容纳这么多代人的同居，可以通过反复地拷贝现有建筑单元来解决，以致有“阿房宫，三百里，住不下金陵一个史”（《红楼梦》第四回）之说。

优秀的建筑组合，轴线分明、配合协调，同时又虚实相间、错落有致，并不会给人以呆板的感觉。正如著名的科学史学者李约瑟所总结的："我们发现一系列的划分空间，各各开放于次一空间，但又互相以墙垣、门户、头上的房屋等屏障和截断，而在选定的地点达到最高峰……在组成的各部分间有显著的匀称和互相依附。与文艺复兴时代的宫殿相较，有显著的不同，因为如凡尔赛宫之开旷景色乃系集中于一所单独的中心建筑物，而宫殿本身则离开城市而孤立。中国的观念远较宏大而复杂，因为在一个组合体中有上百栋的房屋，而宫殿本身不过是备有城墙和通衢大道的整个城市的大组织体的一部分而已。虽然采取强烈的轴心对称形式，但并没有单独的凌驾一切的中心或高潮，却像是一系列的建筑体系，因此，在这样的设计中并没有由庄严变为平凡的反高潮作风。中国的观念显出更多的玄妙神秘，变化不测，引人入胜，目不暇给。一个轴心的整个长度并不立刻显露出来，而是表现于一系列的景色，其中没有一处压倒性的规模。……这样看来，中国伟大建筑整体之形式是联合一种与大自然调和之谦德和一种诗意的幽情而成有组织的式样，为任何其他文化所不及。"①

更何况建筑物只是总体的一部分，如果与周边的只有"天才、鉴赏力和经验"以及"很强的想象力和对人类心灵的全面知识"②才能布置出来的园林组合成一个更庞大的整体，其美妙程度更是人类所能企及的一个高峰。

①〔英〕李约瑟《中国之科学和文明·土木及水利工程》，台湾商务印书馆1990年版，第24页。

② 见刘天华《凝固的旋律——中西建筑艺术比较》，上海古籍出版社2005年版，第255页。

比上述的反思略早，二十世纪一二十年代，为了调和与中国文化的冲突，一些希冀在中国立住脚跟的外国建筑师和他们的业主，经过对“东方文化慎重研究、细心体会之后”，也对他们前辈盲目非议中国传统建筑的行为进行了认真的反思，并努力“在他们的使命与中国建筑之间找到某种可能的契合点”，摸索出一种中西合璧的新的建筑形式。[①] 其中，涌现出了几位成功者，如规划和设计了“世界上最美丽的校园”[②] 燕京大学校舍的美国建筑师墨菲；设计了被徐世昌誉为“有尊严和美丽”[③] 的北京协和医学院的加拿大建筑师何士等。其中以墨菲的影响最大。

墨菲在多年的实践中，摸索出一套比较成熟的模式，较好地将中国古典建筑“飞扬的曲面屋顶，配置的秩序，诚实的结构，华丽的色彩以及完美的比例”[④] 这五大元素应用到他的设计中，并“恰到好处地把握单体与群体之间的构图关系，……不再单纯追求建筑体量的组合，而将建筑整体融入环境中，群体构图关系大于单体建筑审美”[⑤]。墨菲后来作为《首都计划》的顾问，协助南京国民政府制订了一项拟在全国推广的、确定“中国固有之形式”为官定建筑形式的庞大计划，对中国近代建筑史产生了深远而广泛的影响。

---

① 见〔美〕彼得·罗、关晟《承传与交融——探讨中国近现代建筑的本质与形式》，中国建筑工业出版社 2004 年版，第 53 页。

②〔美〕司徒雷登《在华五十年》，北京出版社 1982 年版，第 51 页。

③ 冯晋《北京协和医学院的设计与建造历史拾遗》，《近代建筑的研究和保护》第 5 部，第 763 页。

④ 屈德印《试析墨菲在中国的典型高校建筑》，张复合主编《近代建筑的研究和保护》第 1 部，清华大学出版社 1999 年版，第 236 页。

⑤ 刘先觉、楚超超《南京近代大学校园建筑评析》，《近代建筑的研究和保护》第 5 部，第 411 页。

余论

坚守中国传统建筑形式，具有审美上的价值，也是民族性的重要标志之一。当人们厌倦了高楼大厦的丛林，寻求回归自然途径的时候，很容易在民族建筑中找到归宿。不过，我们也不能忘记，中国传统的“大屋顶”建筑是农业社会的产物。过去中国是纯粹的农业社会，许多民居建筑散落在人口相对稀少的农村或小城镇里（如皖南、丽江、平遥等），即使是大城市，人口也不是很多，有足够的空间营造出占地面积大、单层或低层的民居建筑，可以容纳下所有的城市居民而还绰绰有余。

我们都知道，在三四十年代的北京，一户普通人家住一整个四合院还是很普通的事。而在今天，如果仍然按照林语堂的说法，所有的建筑都建成“其屋顶应该静静地半掩半现在树荫之下，柔软的枝条仿佛还在轻轻地抚摸着它的眉梢”的话，也就是全部建成传统的四合院或其他形式的单层或低层的建筑，并遵守传统，使用天然木材而不是“石头、砖块和灰浆组合起来”的建筑材料，简直是不可想象的。整个城市不得不像摊大饼一样向外扩张数倍、数十倍，大片大片的耕地被占用，所有的林木被砍光而后继不及，并且带来交通、生活等诸多不便的问题（实际上，即使是在高楼林立、人们重叠地住在一起的今天，这个问题也已经是很严重的了）。

也许有人会说，为了避免上述问题，我们可以采取两全其美的办法，既使用钢筋混凝土材料、盖高楼大厦，又保持民族特点，在钢筋混凝土大厦的头上加盖一个大屋顶或小亭子。但实践证明，这样不伦不类的建筑物（被行内人士戏称为“夺”字形建筑），要比“不知羞耻地裸露着自身”的“现代混凝土建筑”还要难看和不堪忍受得多。建筑形式虽分成不同的流派，但不管什么样的建筑，总要保持整体的协调，“大屋顶”与低层建筑是协调的，如果把它安在高楼大厦上，无论如何总是别扭的。

现代高层建筑也是非常讲究形式、讲究唯美的，这一点与传统建筑是相通的。进入工业社会以后，的确出现了一些只讲究实用而不注重形式的难看的建筑物（如某些工业厂房等），但并不等于说所有工业社会的建筑物都是丑陋的，随着时代的发展和设计的进步，那些“一刻不停地瞅着天空”的摩天大楼也可以造得很美。至于建筑材料，西洋建筑多采用砖石、钢筋混凝土等无生命材料，取之不尽、用之不竭，对于保护自然资源可谓功莫大焉。

西力冲击下的社会变迁

西方物质文明与晚清民初的中国社会

鸦片战争之前，西方的“精奇器物”（如钟表、洋琴、三棱镜、日晷、玻璃瓶等）和建筑形式就已经输入中国，但一般只是作为皇家和富贵家庭的摆设（如圆明园的西洋楼，实际上并不怎么发挥居住功能，而只是提供给皇帝享乐的“巨大的玩具”），对中国社会的影响很小。

鸦片战争之后，随着中国的被迫开放以及远洋航运的发达，从遥远的欧洲舶来的体现西方物质文明的声光化电、饮服日用、交通通讯、市政建设、文化娱乐、居住方式乃至生活方式都不同程度地传入中国，对中国社会特别是开放的通商口岸以及附近地区产生了极大的影响。一方面，它打破了传统中国社会单调、封闭、等级森严的局面，丰富和改变了中国人的生活；另一方面，打乱了中国社会发展的固有周期，如错剪到中国历史拷贝上的“蒙太奇”，强行将西方已经先行一步的“现代文明”引入中国社会，从而对中国传统的社会生活造成巨大冲击，引发城乡冲突、公私冲突、新旧冲突、强弱冲突和华洋冲突。这几类冲突又往往交织在一起，呈现出错综复杂的局面，构成了近代中国复杂的社会景象。

一、从视洋物为“奇技淫巧”到“仿洋改制”

在中国被强行开放的初期，人们对西方物质文明基本上采取鄙视的态度，视洋货为“奇技淫巧”，视洋人为“夷人”，或者在译名前面加上“口”字旁，以示“犬羊之性”。那些思想比较开通的人，则被讥为“鬼子”（如恭亲王奕䜣被称为“鬼子六”）。科甲出身的人如果参与“夷务”，马上“为同乡、同列之所不齿”。[①] 向西方学习则是“拜异类为师”，一般有地位的中国人都不愿意把子女送到教会学校去读书。看到火车，则“诧所未闻，骇为妖物，举国若狂，几致大变”[②]，认为修铁路是“以万万借贷盘剥膏脂为此嬉戏无用之举”[③]，开山凿石“恐惊耳骇目，群视为不祥，山川之神不安，即旱潦之灾易召”[④]，“行之外夷则可，行之中国则不可”[⑤]。见到轮船，也害怕得要命，据说“一个显要官员携家带口离开南方（广州），乘了一艘包租的外国轮船。可是船还未开出虎门，他就已经吓得半死了，恳求船长让他在香港上岸。船长当然没有同意。后来，这位官员在上海上了岸，说死说活也不再乘海船北上了”[⑥]。

---

① 参中国史学会《洋务运动》第2册，上海人民、上海书店出版社2000年版，第39页。

② 辜鸿铭、孟森《清代野史》，巴蜀书社1998年版，第1264页。

③ 中国史学会《洋务运动》第6册，上海人民、上海书店出版社2000年版，第150页。

④ 同上书，第156页。

⑤ 同上书，第152页。

⑥ 聂宝璋《中国近代航运史资料》第1辑，上海人民出版社1983年版，第463页。

而来华外国人则以“海外天子”自居，不屑与华人为伍。他们有相对独立的社交圈，甚至连平常吃的食品也都是从外国直接运来的，过着和中国人完全不一样的生活。在租界的洋人社会里甚至形成了这样的“风气”：只有讲英语，读《泰晤士报》，打网球，戴英国式的软木遮阳帽，穿白鞋黑袜，每天饮威士忌，同时要“蔑视中国人”，“才算是真正的绅士派头，才是文明人在东方的天职”，体现了浓重的殖民文化色彩。①

图四：外国人镜头下的中国乞丐

西方人用歧视性的语言描绘中国的艺术，说中国音乐“实在不能算作音乐，也不能当作娱乐”，“仍然保留在未开化的阶段”，甚至用“地狱之乐”“驴子的尖叫”“汽船的锅炉”“敲破钟”“可以比之于一只狗睡了一觉后，刚刚醒来时伸肢张爪时所

① 参尚克强、刘海岩《天津租界社会研究》，天津人民出版社1996年版，第193页。

发出来的声音”等侮辱性的词汇形容中国的音乐。[①] 似乎除了“在吃的方面，我们（西方人）都会毫不犹豫地承认，中国文明远远超过我们西方文明”[②] 外，在其他方面都与“西方文明”相去甚远。我们可以从流传至今的由西方人恶意“捕捉”的图片资料（从这些图片资料上看，中国社会似乎充满着乞丐、裹脚、鸦片、酷刑等丑陋的现象）体会到这一点。

十九世纪七八十年代以后，随着洋务运动的开展、国人走向世界的机会的增多、大众传媒工具的推介以及租界文明的示范，这种情况开始发生了变化。

洋务派所经营的枪炮、轮船、铁路、电报、机器织布机等，是西方物质文明中最核心、最能体现工业革命成果的部分。有人把火车和轮船的发明与《独立宣言》《人权宣言》和《共产党宣言》相提并论，说“正如整个世界感受到斯蒂芬森的机车、富尔顿的汽船和加特林的机枪的影响一样，它也感受到《独立宣言》《人权宣言》和《共产党宣言》的影响”[③]。洋务派引进这些先进的生产工具，是为了达到“富国强兵”的目的。由于上有奕䜣等人的支持，下有李鸿章、左宗棠等“中兴之臣”的努力，十九世纪七八十年代以后，洋务运动逐渐走向深入，取得了一定的成效，“洋务”渐渐从为士人所不齿的事情变成一个时髦的事情，通晓洋务的人受到重用，一般不懂洋务的人也“钻

① 参韩国镄《西方人的中国音乐观》，引自陶亚兵《明清间的中西音乐交流》，东方出版社 2001 年版，第 79—82 页。

②〔美〕明恩溥《中国人的特性》，光明日报出版社 1998 年版，第 316 页。

③〔美〕斯塔夫里阿诺斯《全球通史》（1500 年以后的世界），上海社会科学院出版社 1999 年版，第 325 页。

营奔竞，几以洋务为终南捷径”[①]，“洋泾浜”英语大行其道，与“洋”有关的人和物在社会上得到越来越广泛的认同。

洋务运动的另一大成果是让更多的国人走出国门，直接接触到西方文明（或者从日本那里间接地接触西方文明——因为日本自明治维新之后以“脱亚入欧”为自己的既定目标，在很多方面引进或模仿西方的文明模式）。

从十九世纪七十年代开始，清政府陆续派遣驻外使节、技术专家和留学生出洋。这些出洋的使节（和他们的随员）、技术专家和留学生的领队（或监督），除少数人如刘锡鸿、吴嘉善外，大部分人本来思想就比较开通，如郭嵩焘、曾纪泽、薛福成、徐建寅、黄遵宪等（容闳就更不用说了），而那些留学的学生又都聪颖年少极具可塑性，此时又亲历了欧风美雨，他们在赞赏西方的政治文明之余，也对西方的物质文明羡慕不已，在日常生活中或多或少地“沾染”上一些“洋派”的生活习惯。如郭嵩焘在任英国公使期间用西方的方式举办招待茶会，[②]曾纪泽在出使期间频频参加舞会，[③]黄遵宪回国后还保持着用西餐请客的习惯，[④]等等。长期担任翻译的陈季同更是经常出入巴黎的沙龙、舞会，生活方式相当欧化，为此还欠下了许多私债。[⑤]大家所熟知的留美幼童和留欧的海军人材，他们生活中的“西化”

① 王韬《韬园文录外编》，中州古籍出版社1998年版，第80页。

② 参刘志琴主编《近代中国社会文化变迁录》第1册，浙江人民出版社1998年版，第483—485页。

③ 见曾纪泽《出使英法俄国日记》，岳麓书社1985年版。

④ 皮锡瑞《师伏堂日记》，引自刘泱泱《近代湖南社会变迁》，湖南人民出版社1998年版，第331页。

⑤ 参见李华川《晚清一个外交家的文化历程》，北京大学出版社2004年版，第37页。

成分就更多一些。特别是留美幼童，因在美国期间分散到美国人的家庭中，与美国人同吃同住，在学校里更是与美国人同学习同娱乐，西化（美国化）的生活成分还要浓些，他们与在国内的同龄人完全不一样，性格活泼大方，热爱体育活动，而且改穿了西服，有的甚至剪掉了辫子。

上述这批走出国门、直接接触到西方物质文明的中国人多是有身份的人（或者即将变成有身份的人），交游比较广泛，社会关系比较复杂。如郭嵩焘和李鸿章私交极深，李鸿章在作出许多重大决策之前，多要征求郭嵩焘的意见；湖南维新的主持者巡抚陈宝箴早年与郭嵩焘过从密切，他的维新思想显然受到郭氏的影响；[①] 郭和曾国藩家族、左宗棠是儿女亲家，和家乡湖南的其他各界名流都有交往，虽然回国之初多遭冷遇，群起攻击者有之，避之唯恐不及的更不在少数。但随着时间的推移，他们对西方文明（包括物质文明）的推介却对中国社会产生了着着实实的影响。湖南虽然地处内地，却在随后的“戊戌变法”中能够处在“开风气之先”的位置上，这无疑与郭嵩焘、曾纪泽等几位见过世面、有头脑的湘籍外交家的影响有关。诚如梁启超所说的，“湖南以守旧闻于天下，然中国首讲西学者，为魏源氏、郭嵩焘氏、曾纪泽氏，皆湖南人。故湖南实维新之区也”（《戊戌政变记》）。

大众传媒工具也是中国人了解西方物质文明的一个窗口。创办于1872年的第一份通俗性大报《申报》在介绍西方物质文明方面可以说是不遗余力。如果我们翻阅一下旧《申报》，可以看到整版整版的广告，其中的内容多半是推销或介绍稀罕的舶来

① 汪荣祖《走向世界的挫折》，岳麓书社2000年版，第311—312页。

品，火车轮船、相机唱机、电报电话、洋布洋装、洋铁洋油……可以说无所不包。在《申报》的影响下，其他近代报刊也纷纷出笼，并且逐渐形成了一个信息传播网络，由大城市向周边地区辐射，这对于人们开阔眼界、认识西方物质文明无疑起到了巨大的作用。包天笑在回忆《点石斋画报》（随《申报》附送）对他少儿时期的影响时写道："我在十二三岁的时候，上海出有一种石印的《点石斋画报》，我最喜欢看了。本来儿童最喜欢看画，而这个画报，即是成人也喜欢看的。……虽然那些画师也没有什么博识，可是在画上可以得着一点常识。因为上海那个地方是开风气之先的，外国的什么新发明，新事物，都是先传到上海。譬如像轮船、火车，内地人当时都没有见过的，有它一编在手，可以领略了。"（《钏影楼回忆录》）由此可见，人们对西方物质文明的认识在很大程度上是靠报刊来实现的。

中国人走向世界，世界也走进中国。租界是世界走进中国的产物，是展示西方物质文明的一个窗口。由于列强在中国设立租界或租借地的时候，都已经是比较发达的资本主义国家，因此在租界或租借地的开发和发展过程中，可以直接引进外国先进的市政技术和模式，进行城市规划、开辟西式马路、铺设自来水管道、安装煤气照明系统、开通电话电报线路、设立消防卫生组织，等等。租界城市先进的管理方式，为中国人了解西方文明提供了一个窗口，刺激着仁人志士走向寻求救国富民真理的道路。康有为早年游历上海以后，见"上海之繁盛，益知西人治术之有本，舟车行路，大购西书以归讲求焉"[①]，从此走

① 中国史学会《戊戌变法》第4册，神州国光社1953年版，第116页。

上了维新之路。一般民众也为租界直接、简单、表面化的“文明”所折服，“莫不啧啧称颂”（“论道路工程宜固”，《申报》1880年4月25日）。当时流行沪上的竹枝词中多有为租界的“物质文明”大唱赞歌的，如：

洋楼更比蜃楼好，谁读坡仙海市诗。（咏洋楼）
火轮船走快如风，声响似雷逆浪中。（咏轮船）
无数关山一线通，人工巧制夺天工。（咏电报）
两地情怀一线通，有声无影妙邮筒。（咏电话）
火树千株照水明，终宵如在月中行。（咏街灯）[①]

由于租界是“五方杂处”的社会，外国人和中国人在这里共同生活，西方的某些生活方式很自然对华人社会产生影响。如洋装的剪裁风格对当时时装（特别是女装）的影响；中西合璧的里弄式住宅开始在上海出现，西式的建筑材料（如玻璃等）在中式建筑中得到普遍的运用；赛马、马戏、幻灯等西式的娱乐方式也吸引了众多的华人前去观看。

饮食可能是所有物质生活中最不容易改变的，但十九世纪七八十年代以后，还是有一部分中国人接受了糖果、点心、汽水、啤酒等西式食品。1883年，上海还出现了第一家由中国人开办的“番菜馆”——“一品香”，食客主要都是中国人。随后又出现了“四海吉祥春两处，万长春与一家春”等十数家。[②]

---

① 顾炳权编《上海洋场竹枝词》，上海书店出版社1996年版。

② 参陈无我《老上海三十年见闻录》，上海书店出版社1997年版，第367页。

中国人开始初步地接受了西方的某些生活方式。人们不再视“洋货”为“奇技淫巧”，而是部分地接受，正如外商在一份报告中所称的那样，“几乎没有一个中国人的家庭不用一些进口洋货，——假若不用棉织品，至少要用煤油作室内照明之用，或者欧洲制造的，迎合中国人嗜好的不胜枚举的某些小东西”[①]。

大约也是这个时候，国人对外国人的称谓也发生了变化，“夷人”不再叫“夷人”，改叫“洋人”；“西番”也不叫“西番”了，改称“西洋”；从事涉外事务也不称“夷务”，改称“洋务”了。人们对西方物质文明的认识逐渐从“鄙视”转向“逐步认可”。当然，这种“认可”还主要局限在中国东南沿海、长江中下游等开放较早、与西方物质文明接触比较密切的区域。这些区域，也就成了十九世纪九十年代末期发生的以“仿洋改制”为特征的“戊戌变法”的区域基础。

发生在十九世纪末的戊戌变法虽然打着“托古改制”的旗号，但实际上是一个向西方学习（或通过日本间接向西方学习）的改革，这从康有为变法奏议中可以看出。在变法期间，康有为向光绪皇帝进呈的《日本明治变政考》和《俄罗斯大彼得变政考》，是希望光绪皇帝仿效明治皇帝或彼得大帝，“以俄国大彼得之心为心法，以日本明治之政为政法”（《上清帝第五书》），实行变法；进呈的《列国政要比较表》则通过比较各国的经济状况，希望光绪了解世界大局，认清差距，迎头赶上；在进呈的《日本书目志》的按语中也明确表达了对西方民主政治的羡慕向往之情。戊戌变法的中心内容之一是政体改革，拟

① 姚贤镐《中国近代对外贸易史资料》第2册，中华书局1962年版，第1093页。

在中央设立制度局以“总其纲”，下设十二局以“分其事”。设制度局是受西方的君主立宪和“三权分立”政体的启发；设法律局，则“采用罗马及英、美、德、法、日本之律”；设度支局，是为了学习西方的“理财之政”（《上清帝第六书》）；设学校局，是受欧美日普遍实行的学校制度的启示（《请开学校折》）；设海军陆军局，是仿效德日改革兵制；设农、工、商、铁路、邮政、矿务诸局，改变“民穷商匮”的局面，这主要是受西方特别是美国富国政策的启发，甚至提出要通过容闳的关系邀请美国人来办铁路矿务（《请统筹全局折》）。

“制度层面”的改革如此，“器物层面”的改革也一样。在《请禁妇女裹足折》中，康有为认为欧美之人身强体壮，是因为母亲不裹足，“传种易强”，而国人体质纤弱，是因为母亲裹足，不但自己体弱，而且“传种易弱”，祸及子孙，所以要禁裹足，强体质，“与万国竞”。在《请断发易服改元折》中，康有为认为国人“辫发长垂，行动摇舞”，容易误缠机器，而“今为机器之世，多机器则强，少机器则弱，辫发与机器，不相容也”。西服“衣制严肃，领袖白洁”，有尚武之风，而国人“裒衣博带，长裾雅步”，“犹佩玉鸣琚，以走趋救火”，不利于与万国竞争。所以要断发易服，以“一国民之趋向，振国民之精神”。

总之，不论是“政治文明”还是“物质文明”，康有为都认为应该向西方学习。从某种意义上说，康有为着手进行的变法，实际上是一场“仿洋”的改革。

从康有为提出的改革方案来看，他对西方的政治文明和物质文明都有较多的了解，也有独到的见解。其实他当时也并没有去过西方，他的学识也都是此前的二三十年随着社会的逐步开放、西学的逐渐传播而获得的。如果没有二三十年对西方文明了解的知识基础和对西方文明“逐渐认可”的社会基础，康有为提出如此系统的改革方案是不可想象的。如果把鸦片战争至戊戌变法这数十年中国社会对西方文明“认可”的程度制成一个曲线表的话，戊戌变法是这条曲线的最高点。

二、从“最恶洋货”到“以洋为尚”

“戊戌变法”本来可以使“西风东渐”的步伐大大加快，因为它“终止了对外国人的传统恨恶与闭关自守的政策，鼓吹与列强友善和联盟的政策，而且倡导开放全国”[①]。可是由于当时中国传统社会的基础还非常牢固，顽固势力还十分的强大，所以很快就失败了，没有发挥应有的作用。

昙花一现的“戊戌变法”失败后，维新派被杀或逃亡、同情维新派的实权人物或被罢黜或被调离北方政治中心，中央和北方的实权完全被慈禧、刚毅、载漪、毓贤等一批最保守的顽固势力所控制，在他们的别有用心的煽动和纵容下，积聚在北方百姓心中的对洋人洋物的怨恨被诱发了出来。这些百姓中确实有一部分是因“洋货”的冲击而破产的农民和手工业者，也有一部分平常受传教士或“二毛子”欺负的老实人，他们出来“灭洋”是长期矛盾激化的结果。但也有很多百姓平常并没有接触什么洋人洋物，只是轻信对洋人洋物的谣言，诸如洋人“剜

① 中国史学会《戊戌变法》第3册，神州国光社1953年版，第516页。

目剐心、采生折割”“童子割肾，妇女切乳，剜眼取胎，婴孩同煮”[①]、铁路破坏风水、照相机摄人魂魄之类（义和团运动之所以发生在风气相对比较闭塞的北方地区而不是开放比较早的东南沿海地区，原因也就在这里），于是一呼百应，原来零零星星的反洋教、破坏洋物的行为发展到大规模的、有组织的“灭洋”运动。义和团除了杀“洋鬼子”“二毛子”外，还“最恶洋货”，不仅“挑铁道，把线砍，旋再毁坏大轮船”[②]，甚至“洋灯、洋磁杯，见即怒不可遏，必毁而后快。于是闲游市中，见有售洋货者，或紧衣窄袖者，或物仿洋式，或上有洋字，皆毁物杀人”[③]。北京前门大栅栏是个繁华的商业区，因该区内有一个卖西药的店铺，义和团决定把它烧毁。他们说只要施“法术”就不会殃及周围的店铺，结果“法术”无效，一场大火使大栅栏变成一片灰烬，千余户受害。

义和团运动的发生有其深刻的社会生活的背景，除了有些传教士、“二毛子”的为非作歹引起公愤外，西方物质文明的传入带来的种种社会问题也是不可忽视的原因之一，如舶来品的大量输入、近代交通工具的使用造成一部分农民和手工业者的破产等。但平心而论，制造罪恶的是鸦片、强权和不平等条约，而不是普通的衣食住行用等从西方传入的新鲜事物。不问青红皂白地与“洋”字为仇显然是错误的，至少也是偏激的。义和团“挑铁道，把线砍，旋再毁坏大轮船”的行为虽然为饱受欺凌的中国人出了一口恶气，但是其结果不但无助于问题的解决，

① 王明伦选编《反洋教书文揭帖选》，齐鲁书社 1984 年版，第 21 页。

②《义和团史料》上册，中国社会科学出版社 1982 年版，第 4 页。

③ 中国史学会编《义和团》第 2 册，上海人民出版社 1957 年版，第 146 页。

反而使中国人民堕入了更加苦难的深渊。

义和团运动失败后，八国联军入侵北京，慈禧太后逃出京城，在路途中吃够了苦头。惊魂初定之时，她的心态发生了微妙的转变：对外国的人和物，由鄙夷而生恐惧，由恐惧而生艳羡，不仅认可并颁布了一系列仿效西方（或者日本）的新政措施，如练新军、废科举、建学堂、派游学、改刑律、奖励工商、筹备立宪等，而且似乎在一夜之间对原来颇为厌恶的西洋玩意儿也发生了浓厚的兴趣，“只要是新鲜的我都愿意试试”[①]，比如照相、看电影、试洋服、用洋器、安装电灯、试乘火车汽车等。慈禧太后的这种心理变化其实也折射出当时一般中国民众的心理变化，正如孙中山所指出的，“经过义和团之后，中国人的自信力便完全失去，崇拜外国的心理便一天高过一天”（《民权主义》）。

“西风东渐”的历程，经过世纪之交的短暂倒退后，戏剧性地来了一百八十度的大转弯，继续向前，而且步伐大大加快，一度出现了“大江南北，莫不以洋为尚”（陈作霖《炳烛里谈·洋字先兆》）的“盲目崇洋”的风气。“开风气之先”的南方自不必论，在接受和仿效西方物质文明方面已经走得更远了。处于北方的天津、北京等大城市此后也风气大变。天津（华界）在袁世凯的主持下，在仿效租界进行市政建设和发展与民生有关的实业方面都取得了显著的成绩。以保守著称的京城的新鲜事物也层出不穷：西餐馆从外城开到了内城，吸引着“红花翎顶日日来”；沉迷于京剧的北京人还拍摄了中国第一部电影——《定军山》，一些茶馆改称“文明茶园”，放映幻灯和电影；一些

① 德龄《清宫二年记》，王树卿、徐彻主编《慈禧与我》，辽沈书社1994年版，第294页。

家庭用上了自来水，安上了电灯和电话；公共阅报栏和“京师万牲园”等文化娱乐场所面向大众开放；铁路穿透了厚厚的外城墙直达前门的两侧；汽车也开始出现在街头，甚至还举办了一次国际性的汽车拉力赛。“东渐”的“西风”使天子脚下的京城平添了一丝新鲜的气息。

辛亥革命继清末“新政”之后使“西风东渐”进程进一步加快。

辛亥革命推翻了封建制度，根据西方的政治模式建立起了民主共和国，孙中山等民国临时政府的领导人都有长期在西方生活的经历，他们“西化”的民主意识和生活方式对社会必然产生影响。因此，民国初年，中国社会生活中的西化成分也骤然加大。所谓“共和政体成，专制政体灭；中华民国成，清朝灭；总统成，皇帝灭；新内阁成，旧内阁灭；新官制成，旧官制灭；新教育兴，旧教育灭；枪炮兴，弓矢灭；新礼服兴，翎顶补服灭；剪发兴，辫子灭；盘云髻兴，堕马髻灭；爱国帽兴，瓜皮帽灭；爱华兜兴，女兜灭；天足兴，纤足灭；放足鞋兴，菱鞋灭；阳历兴，阴历灭；鞠躬礼兴，拜跪礼灭；片卡兴，大名刺灭；马路兴，城垣巷栅灭；律师兴，讼师灭；枪毙兴，斩绞灭；舞台名词兴，茶园名词灭；旅馆名词兴，客栈名词灭”（“新陈代谢”，《时报》1912 年 3 月 5 日）。这些“兴”的东西也多是从西方传来的。

在服饰上，“民国开幕以来，外货之势力愈涨，国货之行销愈滞。……革命巨子，多由海外归来，草（西）冠革履，呢服羽衣，已成惯常，亦无足异，无如政界中人，互相效法，以为非此不能厕身新人物之列”，“官绅宦室，器必洋式食必西餐无论矣，少（稍）有优裕者亦必备洋服数袭，以示维新。下此衣食维艰之辈，亦多舍自制之草帽，而购外来之草帽。”（“论维持国货”，《大公报》1912年6月1日）“更有西装新少年，短衣窄袖娇自怜。足踏黄革履，鼻架金丝边，自诩开通世莫敌，爱皮西地口头禅，醉心争购舶来品，金钱浪掷轻利权。”（“西装叹”，《申报》1912年4月22日）

在饮食上，吃西餐成为赶时髦、充门面、夸耀财富、显示品位的手段，“遇有佳客，尤非大菜花酒，不足以示诚敬”（虎痴“做上海人安得不穷”，《申报》1912年8月9日）。政要人物如袁世凯、徐世昌、段祺瑞等也经常邀请中外名流举行西餐宴会，以表明自己的“开通”和“文明”。

在建筑上，国人似乎“忽然找到了‘凡是西方的都是好的’的段落，……于是‘洋式楼房’‘洋式门面’如雨后春笋，酝酿出光宣以来建筑界的大混乱”（梁思成《建筑设计参考图集序》）。

在“西化”的表象下面，是一种不断加深的“崇洋”心态，这种心态到二十世纪二三十年代达到了高峰。过去为士人所不齿的教会学校这时候早已成为穷人们“望洋兴叹”的“富人的学校”了，那些留学的“海归”就更加吃香，同样的学历，留学归来者很容易就可以谋得高薪的大学教授职位，而在国内高校毕业的只能当一名讲师（许多学者的回忆文章和口碑资料都可以证明这一点）。钱锺书小说《围城》里的主人公方鸿渐在欧洲“游学”了几年，不学无术，但因弄到了美国“克莱登大学”的假博士文凭，被“三间大学”聘为副教授，算是屈就了，但在副教授中又是等级最高的。钱锺书是过来人，对那一段历史非常清楚。《围城》虽是小说，但里面的人也多有“原型”（某个人或某类人），可作为当时中国社会“崇洋”程度之旁证。

《美术生活》杂志有一段弹词颇为传神，摘录如下：

> 她被那，摩登二字心迷醉。式式趋时恐未遑。庙宇无缘僧道拒，不信神佛不烧香。只知道，画眉入时口红擦，再加旁氏白玉霜，淡黄胭脂抹二颊，香粉涂来同鸡蛋光，法国香水周身洒，洒得身躯阵阵香。头发烫成波浪式，革履咕咕响非常，花绒旗袍长且小，短大衣衩把铜钮来镶。男女朋友同出外，福特汽车极堂皇。百乐门里舞来跳，大上海影戏看第三场。影戏看完西餐吃。回到家中天要亮，腰又痛来背又酸。二目昏花不能张，浑身疲倦难支持，立刻更衣卧牙床。宿粉褪去胭脂淡，本来面目乃得彰。看他是，鸡皮鹤发令人呕，嫫母无盐丑难藏。可笑那，如此老太如此样。(《新闻夜报播音园地汇编·摩登老太太》)

虽然极尽讽刺之能事，不免有点夸张，但的确反映了当时社会的一些现象。

三、"文明排外"与"逆流而上"

西方学者芮玛丽认为，"历史上没有哪一年能像1900年对于中国那样具有分水岭般的决定意义"[①]。笔者认为是很有道理

①〔美〕芮玛丽《导言》，见柯文《历史三调·序言》，江苏人民出版社2000年版，第2页。

的。1900年义和团运动的失败，一方面，固然使中国人丧失了自信心，“崇拜外国的心理便一天高过一天”。但另一方面，也引发了国人对这些行为的反思，促进了新民族主义的形成——这种“新民族主义”与“义和团式”的旧民族主义有着很大的不同，不再是盲目地、简单地排斥西方物质文明，而是在承认西方物质文明优越的前提下，试图将利权从洋人手中夺回：不是破坏铁路而是自己修铁路（尽管火车、铁轨是进口的）；不是毁坏轮船而是自己经营轮运（尽管轮船也是从外国买来的）；不是捣毁机器而是购买外国的机器为我所用；不是简单地排斥“洋货”而是自己学会生产这些“洋货”——也就是采用外来的工艺和技术、用外国发明的机器生产出拥有自己民族品牌的商品，如荣氏的机制面粉、张謇大生纱厂的机制棉纱、张裕葡萄酒、南洋兄弟烟草公司的香烟、“五洲”肥皂、鸿生火柴、“佛手”味精、华生电扇等等，将“洋货”国产化（注意“国货”不等于“土货”），套用当时中国知识阶层常用的话说，就是“文明排外”（以别于“盲目排外”）。

“文明排外”运动始于二十世纪初期兴起的“收回利权运动”和辛亥革命后兴起的“国货运动”。

1903年9月，清政府为了“寓商于农、寓商于工、寓商于路、寓商于矿”[1]，设立了一个新的衙门——商部，允许民间创立公司。接着，清政府撤销原来主管铁路的具有国家垄断性质的矿务铁路总局，把铁路事宜并归商部管理，并于1903年12月颁布了《铁路简明章程》，开放铁路修筑权，规定无论是官（地方官）、华商、洋商均可申请集股兴办铁路，经商部批准后，按

① 宓汝成《中国近代铁路史资料》第3册，中华书局1963年版，第923页。

商部制定的有关公司章程办理，并鼓励华股、限制洋股。在这个大环境下，全国各地掀起了铁路商办的高潮：广东、湖南和湖北三省将原定由美国合兴公司承办的粤汉（广州—武昌）铁路收回自办；江苏、浙江人民则从中英银公司手中收回了苏杭甬铁路的开办权。其他各省也相继成立了铁路公司，在清末数年出现了“无省不有商办筑路计划，无省不有商办铁路公司”[①]的盛况。

继铁路商办高潮兴起后，1905年上海等地发生了为反对美国虐待华工而开展的抵制美货的斗争，1907年发生了江浙两省抵制英货的斗争，1908年发生了山东抵制德货、两广抵制日货的斗争。这些斗争与铁路商办交相辉映，在清末形成了一个“收回利权运动”的高潮，并最终间接地导致了清政府的下台（导火线是清政府宣布铁路“干路国有”政策），改变了中国近代史的进程。

辛亥革命后，在改易服式浪潮的冲击下，“中华国货维持会”以及一批以提倡国货为宗旨的社会实业团体诞生，标志着中国近代国货运动的开端。[②]在“中华国货维持会”的努力下，1912年10月，参议院正式通过了《服制法》，规定礼服礼帽“料用本国纺织品”。在之后的几年时间里，各国货团体积极开展各种倡导国货的活动，并由上海推向全国。1919年的“五四运动”以及1925年的“五卅运动”发生后，民族意识空前高涨，“国货运动”进入了蓬勃发展的阶段。民族工商业者创国货品

① 张家璈《中国铁道建设》，商务印书馆1946年版，第10页。
② 参潘君祥《近代国货运动研究》，上海社会科学院出版社1998年版，第8页。

牌，消费者抵制“洋货”、争相购买“国货”，构成中国近代反帝斗争的一项重要内容。

当时的许多国货商品利用民众的爱国热情，在广告上推销自己的商品，如“不吸香烟，果然最好，要吸香烟，请吸国货‘长城牌’”，“美人可爱，香烟亦可爱。香烟而为国，货则犹可爱”，“大国耻，用人民的血来洗；小国耻，用五洲固本皂来洗。若用外国皂洗衣，便是增加小国耻”等，取得了良好的广告效应。部分国货产品之所以能在与外资的较量中取胜或占有自己的一席之地，除了这些企业自身的努力（如采用先进的大机器生产、聘请专业技术人才、经营得法）之外，一个很重要的原因就是得益于时不时掀起的反帝爱国运动。正如“鸿生”火柴的创办者刘鸿生所说的，“真正使我第一个企业成功的主要原因，是那时的爱国运动推动了这个企业的发展，因为当时每个人都愿意购买国货”[①]。

在新民族主义运动中，提倡“文明排外”的领导者或积极参与者有不少是有中学根底、又接受西方教育的知识分子。他们有着强烈的民族感情，但又亲身感受过西方物质文明的优越与舒适，因此，对西方物质文明的认识充满着矛盾交织的过程，内心也要比一般有爱国心的普通民众痛苦得多。

梁思成就是一个典型的例子。梁出身书香名门，有一定的国学功底，又接受过正规的西方建筑学专业训练，在如何评价中国传统建筑文化这个问题上，同他的父亲梁启超一样，也是“善变”的，“笔端”（设计）也难免常带“感情”：在赞美中国

---

①《刘鸿生企业史料》下册，上海人民出版社1981年版，第462页。

建筑的同时，也不讳言中国传统建筑在材料、功能方面的不尽如人意，说“如果故意的避免机械和新科学材料的应用，便是作伪，不真实，失却反映时代的艺术的真正价值”（《建筑设计参考图集序》）。他一边批评把中国“大屋顶”盖在西式建筑之上不伦不类，一边又设计了不少类似的建筑（可能比别人结合得好一点）；既批评那种“光秃秃的玻璃方盒子式建筑”[①]，又自己设计了类似的“方盒子式建筑”（如三十年代设计的北大地质馆——真难以想象这类建筑是出于梁思成之手）；既盛赞中国建筑“三千年维持一贯系统”，又批评“保守有余，创造不足”。如果再加上一些政治的因素，则又更加复杂了。二三十年代那一批活跃在中国建筑舞台上的留学归来的建筑师或多或少都带有类似的困惑和矛盾。

图五：梁思成设计的北大地质馆

① 梁思成《中国建筑发展的历史阶段》，引自张复合主编《近代建筑的研究和保护》第5部，清华大学出版社2006年版，第672页。

更有甚者，有的华侨“由于在海外遭受帝国主义或洋人的欺凌，因此在建筑房屋时产生了一种极为奇怪的念头，他们干预设计，将中国式屋顶压在西洋式建筑上进行厌压，以此来舒畅他们保守压抑的心情”[①]。

另外，在“文明排外”的过程中，故意与西洋物质文明唱反调、不分青红皂白地肯定中国传统的东西（包括糟粕）的知识分子也大有人在。鲁迅有一段绝妙的话，很能代表这类人的感情：

> 因为多年受着侵略，就和“洋气”为仇，更进一步，则故意和这“洋气”反一调：他们活动，我偏静坐；他们讲科学，我偏扶乩；他们穿短衣，我偏着长衫；他们重卫生，我偏吃苍蝇；他们壮健，我偏生病……这才是保存中国固有文化，这才是爱国，这才不是奴隶性。（《从孩子的照相说起》）

“西风东渐”是晚清以来、特别是二十世纪以来中西文化交流的主题，但值得注意的是，“逆流而上”否定西方文明、赞赏中国传统文明的西方人也不在少数，如当过溥仪老师的英国人庄士敦，就对中国文化和中国人的生活方式非常痴迷，在他的眼里，“不仅在中国的文化及宗教中，而且在中国的社会结构中竟然存在着如此众多的真正值得钦慕和保存的东西”，因此激烈

① 余阳、许焯权《厦门近代建筑之“嘉庚风格”研究》，张复合主编《近代建筑的研究和保护》第4部，清华大学出版社2004年版，第270页。

反对那种把西方的“文明”强加给中国的做法。[①]

二十世纪一二十年代，当中国人追风建造大量的不伦不类的“洋式门面”建筑的时候，西方的建筑师墨菲却将中国传统建筑“飞扬的曲面屋顶，配置的秩序，诚实的结构，华丽的色彩以及完美的比例”[②]这五大元素运用到自己的设计中。著名的科学史学者李约瑟在对中国传统建筑进行“深刻”的观察后也认为：“中国伟大建筑整体之形式是联合一种与大自然调和之谦德和一种诗意的幽情而成有组织的式样，为任何其他文化所不及。”[③]

二十世纪二十年代来华的英国哲学家罗素的想法就更有意思，他在比较了租界与中国老城区后发表议论道：

> 租界的街道平坦，灯光明亮，房屋都是西式建筑，店铺里陈列着欧美的商品。而在租界旁边往往就是中国人住的地方，那里街道狭窄，店铺布置得喜气洋洋，空气中弥漫着中国特有的气味。穿过一道大门，眼前又冒出一道；在兴致勃勃地领略了老镇的凌乱美之后，欧洲的清洁和赴宴般的端庄毫无美感，给人一种奇怪而又爱恨交加的复杂感受。在租界里感觉安全、宽敞、卫生；而中国人居住的地方别有风情，拥挤不堪，疾

① 参邓向阳《米字旗下的威海卫》，山东画报出版社2003年版，第36页。

② 屈德印《试析墨菲在中国的典型高校建筑》，张复合主编《近代建筑的研究和保护》第1部，清华大学出版社1999年版，第236页。

③〔英〕李约瑟《中国之科学和文明·土木及水利工程》，台湾商务印书馆1990年版，第24页。

> 病丛生。我虽然爱中国，但这些在同一城市中的景物过渡常常让我意识到自己是欧洲人。对我来说，中国的方式并不意味着幸福。但在对贫困和疾病的原因作了必要的推断之后，我倾向于认为：中国人的生活给中国人的幸福要比英国人的生活带给英国人的幸福多得多。[①]

罗素是位思想奇特复杂的哲学家，他在简单地描述西方人治下的租界安全、宽敞和卫生以及华界拥挤不堪、疾病丛生后，笔锋一转，反而认为“欧洲的清洁和赴宴般的端庄”毫无美感，而华界的狭窄凌乱却有一种“凌乱美”，最后得出中国人的生活还要比英国人的生活幸福得多的结论，与当时一般人的想法大异其趣，反映了他对现代文明的一种深刻的思考。

余论

西方物质文明的引进虽然只不过是中国近代化进程中的一些枝节或侧面，远不比维新、革命、运动那样有深度，但其对社会造成的影响，是绝对不可小视的，“它没有大炮那么可怕，但比大炮更有力量；它不像思想那么感染人心，却比思想更广泛地走到每一个人的生活里去”[②]。

①〔英〕罗素《中国问题》，学林出版社 1996 年版，第 57 页。

② 陈旭麓《近代中国社会的新陈代谢》，《陈旭麓文集》第 1 册，华东师范大学出版社 1996 年版，第 371 页。

对一般老百姓来说，维新、革命乃至改朝换代，也许都不会对自己的生活有所影响，但如果在饮食、服饰或者风俗习惯方面稍微有点变化，可能就是惊世骇俗的，动辄就会引起轩然大波。鲁迅小说《阿Q正传》里的“假洋鬼子”从东洋回到未庄，因为穿上了洋装，剪去了辫子，结果“他的母亲大哭了十几场，他的老婆跳了三回井”，形象地说明了这一点。

在那些占据统治地位的官僚士大夫眼里，西方政治上的那一套民主制度，中国早在远古时期的尧舜、周公时代就“古已有之”，未必不可接受。但如果在饮食、服饰或者风俗习惯等方面学习西方，则是关系到“用夷变夏”还是“用夏变夷”的大是大非问题，是万万不能做的。刘锡鸿加在郭嵩焘头上的十大罪状里，就有遮洋伞、披洋服、自学洋文、跟地位低的人握手、与外国人接触时左右错位或站立姿势不对、用西式餐具西式茶点招待客人等鸡毛蒜皮的小事。[①] 不久后，郭嵩焘果然因此而被撤去驻英公使一职，黯然回到国内。留美学童也是因为类似的罪状（“适异忘本”“沾其恶习”）而被召回的。

可见小节不小，在封建社会的背景下，“服食器用”这些日常生活的东西不仅仅是用来满足生存的需要的，而且还具有辨夷夏、等贵贱、别尊卑的伦理道德功能。“季路结缨于垂死”（许名奎、吴亮《忍经·劝忍百箴》）、苏武在匈奴十九年不改汉家衣冠、清初江南志士“宁可留发不留头、不可留头不留发”等等我们耳熟能详的事迹也都印证了这一点。据说在戊戌变法的时候，“光绪意欲改变中国辫子风俗的诏令一传出（据康说：

① 参见曾永玲《郭嵩焘大传》，辽宁人民出版社1989年版，第265—267页。

这是真的），旗人的不满竟达到顶点。对满人说来，割掉象征旗人征服汉人的辫子，即等于否认旗人在中国的统治”[①]。看来，“辫子问题”与戊戌变法的失败大有关系，康有为后来就对自己提出剪辫建议颇为后悔。[②]

人们经常拿中国的近代化进程与日本的明治维新作比较。我们发现，日本明治维新提出的“殖产兴业”“富国强兵”和“文明开化”三大口号，前两者与中国近代化的内容几乎完全一样，所不同的是在“文明开化”这一点上。日本“文明开化”的主要内容之一就是鼓励本国国民全方位地学习西方，包括在日常生活中穿西装、吃牛肉、喝牛奶、吃西餐、住洋房、学习西方的娱乐方式和模仿西式的礼仪等，明治天皇和政府要员甚至还带头做示范。[③]而中国虽然随着时间的推移，在社会生活中采用西方的生活方式的情况也不鲜见，但来自政府的提倡则始终没有过——中国的近代化过程始终没有跳出“中学为体，西学为用”的框子，实际上，即使是在“用”上，吸收也是很有限的——虽然我们不会由此得出日本近代化之所以成功而中国的近代化之所以不成功是因为前者实行了“文明开化”而后者没有的结论，但其间微妙的因果关系很耐人寻味。

尽管这样，西方物质文明的传入，对推动中国的近代化进程还是起了重要作用。正如曾经当过北京大学校长的蒋梦麟先生所说的，“很少人能够在整体上发现细微末节的重要性。当我

① 中国史学会《戊戌变法》第 3 册，第 537 页。
② 参见黄彰健《戊戌变法史研究》下册，上海书店出版社 2007 年版，第 700 页。
③ 参见汪淼《明治政府的文明开化政策》，《史学集刊》1987 年第 1 期。

们毫不在意地玩着火柴或者享受煤油灯的时候，谁也想不到是在玩火。这点星星之火终于使全国烈焰烛天。火柴和煤油是火山爆发前的迹象，这个‘火山’爆发以后，先是破坏了蒋村以及其他村庄的和平和安宁，最后终于震撼了全中国”[①]。

① 蒋梦麟《西潮·新潮》，岳麓书社 2000 年版，第 42 页。

1877年的火车

1878年底，正在英国留学的严复从《代模斯》(《泰晤士报》）译出一段文章给当时的驻英公使郭嵩焘：

> 其处置吴淞铁路一事，人皆知之。中国阻止进益之党不作他事，止以禁止改变为务。毁弃铁路主议何人，不可得知。闻共有七人。史册内载历来开创有七个圣人，似此可编列“七愚”姓名，传之后世。年来论及吴淞铁路，嬉笑怒骂兼而有之。想此必伤郭之心，一则为其国人之愚，一则为国之使而视其国之为人笑骂也。……从前中国有个皇帝，恐民智之日滋，因而焚书坑儒，至今传以为笑。阻止铁路之人，亦必贻笑后代无疑也。①

这里说的“吴淞铁路一事”，指的是上一年（1877）发生在上海的一桩拆毁中国第一条正式运营的铁路的事件。

自从十九世纪二十年代火车发明并投入商业运营以后，英国等西方国家掀起了第一轮铁路建设的高潮，并在火车这一近

① 郭嵩焘《伦敦与巴黎日记》，岳麓书社1984年版，第819页。

代化交通工具的牵引下，在工业革命的道路上隆隆前进。鸦片战争爆发，英国借助于坚船利炮打开了中国大门，开始向中国倾销工业品，觊觎中国的铁路修筑权。最早见诸文献的修路计划是1847年英国海军军官戈登提出在台湾基隆港与基隆煤矿之间敷设一条运煤铁路。1849年，有人在广州的外文报纸《中国丛报》鼓吹修筑从上海到杭州和苏州的铁路，并允许外国人到那两个城市去贸易。1858年，英国外交大臣马尔斯伯里把在华建造铁路作为英国的一项国策。1860年，英国全权代表额尔金更向上海英商指明修筑铁路应成为今后的一项方针。①1862年，英国驻华使馆译员梅辉立亲自从广州到粤赣交界的大庾岭踏勘，倡议修建粤赣铁路。也是这一年，英国公使布鲁斯私自派人勘察北京门头沟附近的斋堂，私自查勘煤矿，企图修建铁路。②

但在当时，风气未开，虽有个别有识之士介绍过铁路，如林则徐的《四洲志》、魏源的《海国图志》和徐继畬的《瀛寰志略》等书籍对铁路也都有所记载，但这些作（编）者对铁路的认识是模糊的，《四洲志》里提到美国“其不通河道者，即用火烟车陆运货物，一点钟可行二三十里，其车路皆穿凿山岭，砌成坦途，……如值天寒河冻，亦用火烟车驶行冰面，虽不及舟楫，而究省人力”，把火车与能在冰面上滑行的雪橇等同起来。

最早走出世界的那一批中国人，如容闳、王韬、张德彝等，是亲眼见到过铁路和火车的，在他们的传世著作中，才对铁路和火车有准确的记载。太平天国干王洪仁玕在其著名的《资政

① 参严中平《中国近代经济史》下册，人民出版社1989年版，第1309—1311页。
② 参马里千等《中国铁路建筑编年简史》，中国铁道出版社1983年版，第2页。

新编》里还提出“兴车马之利，以利便轻捷为妙”，“倘能造如外邦火轮车，一日夜能行七八千里者，准自专其利，限满准他人仿做……先于二十一省通贰十一条大路，以为全国之脉络”。[①]不仅提出了制造火车的主张，甚至试图把西方的专利制度也引进中国，在当时可谓前卫。只是这一主张同天国的其他美好理想一样，没有付诸实践。

1863 年，太平天国起义还在进行当中，上海的怡和等二十七家洋商联名向江苏巡抚李鸿章具禀，要求购买地基、豁免钱粮，给予兴筑上海至苏州间铁路的特权，但被李鸿章拒绝了。[②]1865 年，英国人杜兰德为了说服清廷修筑铁路，在北京宣武门外修造了一条小铁道，试行小火车。结果中国官民“诧所未闻，骇为妖物，举国若狂，几致大变”，被步军统领饬令拆毁。[③]随后，英国人、总税务司赫德和英使馆参赞威妥玛向总理衙门提出了在中国修筑铁路的建议。

但在当时的中国重臣中，即使是那些被认为思想比较开通的人也都是反对修铁路的，如三口通商大臣崇厚认为“轮车电机等事，……中外地势不同，断非急切可办之事。且兴作铁路，必致扰民，有识者皆以为不可”。江西巡抚刘坤一也说：“轮车电机，益令彼之声息易通，我之隘阻尽失。以中国之贸迁驿传，固无须此；而地势物力，均所不能，断不可从其请。”[④]

① 中国史学会《太平天国》第 2 册，上海人民、上海书店出版社 2000 年版，第 532 页。

② 宓汝成《中国近代铁路史资料》第 1 册，中华书局 1963 年版，第 4 页。

③ 参辜鸿铭、孟森《清代野史》，巴蜀书社 1998 年版，第 1264 页。

④ 宓汝成《中国近代铁路史资料》第 1 册，第 16 页。

也就是杜兰德在北京试行小火车的那一年，上海的怡和洋行组织了一个名为“吴淞道路公司”的股份公司，拟在上海与吴淞之间修筑一条铁路，旋因成本远远超过原来的估计，两年后暂时放弃了该计划。[①]

1872 年，日本聘请英国工程师成功地建成了横滨—东京铁路，重新刺激了英商在中国修铁路的欲望。他们重提吴淞道路计划，但又深知中国政府不会允许，于是想出了一个偷梁换柱的办法：通过英国驻上海总领事麦华佗，以修筑一条“寻常马路”为名，向上海道沈秉成提出了购买上海与吴淞间长约 16 公里、宽约 14 米的地皮的要求，企图偷偷地修筑铁路，然后“生米做成熟饭”，强迫中国政府承认“既成事实”——这种伎俩，在当时的外国人圈子里，可以说是路人皆知的。上海《北华捷报》公开披露：“先正式买地，然后突然把铁路建造起来，也许能受到（中国当局的）容忍。”[②] 而上海道沈秉成却稀里糊涂地答应了这一要求（也有说沈秉成其实私下里是知道这个计划的，但他却睁一只眼闭一只眼，认为只要在他的任期内不出事，一切都与他无干）。

1874 年 7 月，英商突然将“吴淞道路公司”改组为“吴淞铁路有限公司”（在伦敦注册），并委托怡和洋行为中国代理，聘请铁路工程师毛礼逊来华主持工程。

1876 年 1 月 20 日，“道路”开始铺轨，毛礼逊夫人主持铺轨典礼，打下了第一颗道钉。2 月 14 日，轨道铺至离上海老城

---

① 参〔英〕勒费窝《怡和洋行》，上海社会科学院出版社 1986 年版，第 101 页。
② 宓汝成《中国近代铁路史资料》第 1 册，第 36 页。

厢不远的天通庵，并有“先锋”号小机车在轨道上运输木、石。至此，公司所建不是公路而是铁路这一真相，已无可隐瞒。新任上海道冯焌光发现了这个问题，立即向麦华陀提出抗议，要求工程暂停，等他向两江总督沈葆桢汇报后再决定行止。麦华陀仅同意在得到英国驻华公使的明确指令前，小机车停行一个月，但工程不停。

沈葆桢得到冯焌光的汇报后，一面责备他“禀报迟缓”，要他继续同英方交涉，一面转请总理衙门通过外交手段同英国驻华公使交涉。总理衙门随即发出照会，要求已经升任驻华公使的威妥玛通知上海英商停办铁路，但威妥玛以“洋商自行租路造作，与中国无涉”为由拒绝通知。不久，铁路工地上暂停行驶还不满一个月的小机车也违反协议，再次轰鸣了起来。尽管冯焌光多次交涉，但大约是他人微言轻的缘故，麦华陀均不理不睬，态度十分轻蔑。冯焌光不能忍受羞辱，情急之下，甚至“将卧铁辙中听其轧死”[①]。沈葆桢知道后，劝他大可不必如此，只要“三数日必照会一次，勿动气，勿灰心，人忙我闲，以谈笑出之，必有就我范围之一日”[②]。与此同时，铁路沿线民众和铁路公司之间的冲突时有发生。威妥玛怀疑是冯焌光煽动他们干的，便一面以保护路工为名，请英国舰队司令赖德驻上海应变，一面派梅辉立到上海同冯焌光交涉。

梅辉立在赴上海的途中，途经天津，拜会了直隶总督李鸿章，想请他帮忙劝说冯焌光（冯曾是李的幕僚，担任过江南制造局的总办，是李举办洋务事业的主要助手之一，被视作是

①《李鸿章全集》第 31 册，安徽教育出版社 2008 年版，第 374 页。
②《沈文肃公牍》，福建人民出版社 2008 年版，第 305 页。

“李鸿章的人”）。但李鸿章明确表示：英商采取偷梁换柱的办法擅筑铁路，“实是有心欺藐，无怪关道（指冯焌光——引者注）出头阻止”，最好的解决“善法”是由中国照价买回铁路，“另招华商股份承办”。[①] 梅辉立表示这个办法可以商量。

梅辉立走后，李鸿章分别给冯焌光、沈葆桢和总理衙门写信，把谈话内容告知他们，希望他们接受自己的“善法”。总理衙门基本上接受了李鸿章的建议，于4月13日上奏朝廷，定下了解决吴淞铁路问题的基调：“能即禁止固妙，设或不能就范，亦必设法归到中国自主一层。”[②]

此后，冯焌光与梅辉立就有偿收回铁路问题进行具体谈判。但在谈判的过程中，梅辉立又生出枝节，突然提出中国买回后仍委托外商承办的要求，被冯焌光断然拒绝。沈葆桢也支持冯焌光，指示他：“我既任其经营，复授权于人，于自主二字已背”，中国将来愿意怎么处理就怎么处理，“均听从吾便，彼不得过问”。[③] 谈判陷入僵局。

在此期间，铁路公司加快了筑路进程。6月30日，吴淞铁路南段上海—江湾先行建成通车，7月3日正式营业。铁路通车后，虽然吸引了沿途的不少乡民“游铁路”、看热闹，但实际上并未给他们带来多少生活上的便利，反而带来了诸多不便，反对铁路者有增无减，多次发生冲突。[④]8月3日，火车意外地轧死了一名中国人，事情变得更加复杂。按照那时中国人的理解，

① 宓汝成《中国近代铁路史资料》第1册，第47页。

② 同上书，第51页。

③《沈文肃公牍》，第310页。

④ 参见孙昌富、陈蕴茜《从民众态度看吴淞铁路的兴废》，《开放时代》2005年第1期。

火车轧死了人，火车司机（是位洋司机）理所当然是要偿命的。冯焌光也正式向英方提出了“以命抵命”的要求。根据不平等条约中的领事裁判权，英国副领事审讯了这位洋司机，随即宣布无罪释放。这个判决让中国官民难以接受，更大的冲突正在酝酿之中。

当时的上海，风传四起。在外国人圈子里流行着各种传说，有怀疑中国官员蓄意收买乞丐送死的，有传言冯焌光正调兵准备强行阻止火车通行的。为了避免更大的冲突，在威妥玛的劝告下，火车于 8 月 24 日暂停运行。

也就是这个期间（6 月—9 月间），另一件看似与铁路事件无关的中英交涉正处在一个微妙的阶段，那就是“滇案”——英国驻华使馆翻译官马嘉里在云南被杀案的谈判。6 月 15 日，威妥玛因自己的无理要求得不到满足，竟突然降下驻华使馆的英国国旗，带领使馆工作人员和眷属离京赴沪，以断交动武相威胁。威妥玛的这一行动使清政府非常恐慌，连忙请求海关总税务司赫德调停。在赫德的调停下，威妥玛好歹同意恢复谈判，谈判地点约在烟台。正在这个节骨眼上，突然插入本来并不相干的铁路交涉，让李鸿章非常紧张，他担心好不容易让威妥玛回到了谈判桌上，一旦铁路的事情闹大，“滇案”谈判有再次破裂的可能。因此，他一面嘱咐冯焌光“切勿唆怂军民，造谣惑众”，“勿执成见，早图归宿为要”，[①] 一面劝威妥玛不要相信谣言。李鸿章“委曲求全”，在基本满足威妥玛提出的要求后，于 9 月 13 日签订了《烟台条约》，匆匆了结了“滇案”。签约后的

① 宓汝成《中国近代铁路史资料》第 1 册，第 53 页。

第二天，李鸿章便以“未便过分畛域”[①]为由，奏派随同他一起参加“滇案”谈判的朱其诏、盛宣怀到上海（后又移到南京），会同冯焌光，恢复铁路问题的谈判。

也许是因为英方在《烟台条约》中已经满载而归，修不修吴淞铁路已经显得不那么重要了；也许是火车轧死人事件被中方“大大地利用了”[②]，谈判向着有利于中方的方向发展。10月24日，梅辉立放弃了中国买回后仍委托外商承办的要求，同中方签订了《收买吴淞铁路条款》。条款规定：“所有地段、铁路、火轮车辆、机器等项，由中国买断之后，即与从前洋商承办之公司无涉”，中方在此后的一年内分三期付款，款付清前暂由铁路公司继续经营，“但准其搭客往来，不得违碍关章，并不得添购地段，推广铁路”。火车轧死人命一案，也“应妥议抚恤银两转给”[③]。经过测算，买断银为28.5万两规平银。

中方买回外商擅筑的吴淞铁路，大体上说是维护主权之举。在这一点上说，清廷也好，李鸿章也好，沈葆桢也好，冯焌光也好，意见是一致的，结果也基本上是圆满的。但问题是，中方在付清所有的赎路款项后，将如何处理铁路？是自己经营还是一拆了之？（注意：“收回”和“拆毁”是两个完全不同的概念）这在李鸿章和沈葆桢这两位私交甚笃的同年之间发生了分歧：李鸿章坚持“另招华商股份承办”；而当上海、江湾、吴淞三处145名商民联名向沈葆桢呈请承办吴淞铁路时，却被沈葆

① 中国史学会《洋务运动》第6册，上海人民、上海书店出版社2000年版，第135页。

② 宓汝成《中国近代铁路史资料》第1册，第41页。

③ 王铁崖《中外旧约章汇编》，三联书店1957年版，第351页。

桢断然拒绝了。[①] 沈的意见很明确，买断银一旦付清，立即拆除铁路。

应该说，在对待买回的吴淞铁路的问题上，李鸿章“另招华商股份承办”的主张是比较合理的，而沈葆桢非拆不可的做法，很难让人理解。按照李鸿章的说法，沈葆桢之所以拆除铁路，是因为“识见不广，又甚偏愎。吴淞铁路拆送台湾，已成废物，不受谏阻，徒邀取时俗称誉”[②]。

李鸿章的话可能说对了一半。

说沈葆桢拆毁铁路是“邀取时俗称誉”，可能确实存在这个心理因素。因为在那个年代，风气未开，除了李鸿章、郭嵩焘等极少数人外，上自朝廷，下至一般的官民，还是视铁路为“奇技淫巧”，一听要修铁路，“闻此议者，鲜不咋舌”[③]。推而广之，当时几乎所有与洋人打交道的人都或多或少地背负着骂名，沈葆桢的三位老同年（道光二十七年进士）李鸿章、郭嵩焘、马新贻（前两江总督）均无例外。李鸿章被骂作“李二先生是汉奸”。郭嵩焘出使英国，有人写对联嘲笑他“出乎其类，拔乎其萃，不见容尧舜之世；未能事人，焉能事鬼，何必去父母之邦”[④]。马新贻不明不白地被刺客刺死，据传也与他崇洋媚外有关。[⑤] 前车之鉴不远，一向特别珍惜自己“名节”的沈葆桢，为了避免重蹈老同年的覆辙，在办洋务的过程中，总是尽可能地恪守着“中体西用”这一“底线”，严格遵守着传统的儒家道

① 参曾鲲化《中国铁路史》，燕京印书局1923年版，第31页。

②《李鸿章全集》第32册，第233页。

③《李鸿章全集》第30册，第474页。

④ 郭嵩焘《伦敦与巴黎日记》，第23页。

⑤ 参见马昌华《张文祥刺马案辨析》，《安徽史学》1989年第4期。

德。也许他正想利用拆毁铁路这件事来迎合那些“舆情”的赞誉，为自己博得好名声。无奈，铁路拆除后，“官场亦置之不论不议之列，时誉并未邀到也”。

然而，从沈葆桢的经历来说，他绝不是一个“识见不广”、顽固不化的人。沈葆桢，这位被“开眼看世界第一人”林则徐看好并招为乘龙快婿的名臣，多年以来，他主持的马尾船政局一直办得有声有色，雇洋匠、造轮船、固海防、设学堂、倡留学，思想是相当开放的，成果是有目共睹的。郭嵩焘曾经这样评价当时的洋务派干将：“中堂（李鸿章）能见其大，丁禹生（丁日昌）能致其精，沈幼丹（沈葆祯）能尽其实，其余诸公在位竟无知者。”[①]

从本意上来说，沈葆桢是愿意办铁路的，只是认为吴淞不是办铁路的地方。这在他写给郭嵩焘的信里表露得清清楚楚：“电线、铁路皆中国数年后不能自已之事，而吴淞则非其地。洋人所以不患亏本者，冀中国许其起卸进出口货物耳，不告而擅为之，于国体有损，既买归中国，断无自乱关章，以开漏税之端。”（《沈文肃公牍》）主要从维护关税收入上考虑，担心吴淞铁路的运行将开漏税之端。而更让沈葆桢担心的是，吴淞铁路只要保留一天（不论是自办还是他办），就存在被利用的可能：“购回之款，出于何地？岁修之款，出于何地？亏垫之款，出于何地？到久不支时，必曰‘中国泥关章之为害也，能于吴淞卸货，必不赔矣’。于长江两岸购地试造，阻之则曰‘有上海成案可循’，不南至川滇，北至关陇不止。中国何从费此巨款向其购

①〔美〕庞百腾《沈葆祯评传》，上海古籍出版社2000年版，第5页。

回，将来亦终于听其自造，此买而续之之害也。”（《沈文肃公牍》）何况，1877 年的时候，中国的第一代铁路工程师詹天佑还只是 16 岁的“幼童”，正在美国新海汶“山房高级中学”上学，中国连最起码的驾驶、维修人才都没有，更不用说铁路工程师了。因此，铁路即使归中国自办，（火车司机、维修工程师等）仍然不得不委托于洋人，“费钱买之，又必费钱续之，且必仍用其人”，“保我自主之权”（同上）也就成了一句空话。

正因为如此，沈葆桢经过“反复玩索”，认定“任彼自造害也，我买而续之亦害也”，两害相权，“并无轻者”，只有一拆了之，隐患才能杜绝。

铁路不能不拆，但拆后总不能白白扔掉。如何处理拆掉后的铁路材料呢？被郭嵩焘称为“能致其精”、正在筹备台湾防务而苦于资金不足的另一位洋务派官员——福建巡抚丁日昌（时台湾尚未建省，归福建管辖）提出了一个方案：将拆除的铁路材料运到台湾，作为铺设旗后—凤山运煤铁路之用（这段铁路正好长约 30 里，与吴淞铁路长度相当）。丁日昌将自己的方案写成奏折递到朝廷，获得了批准。不久，丁日昌筹集到了第一笔筑路经费 50 万两。照吴淞铁路成本（含地皮、铁轨、车辆、工费等）28.5 万两计算，即便考虑到旗后—凤山的地形比较复杂，这 50 万两加上吴淞铁路材料，应该足以修成这条铁路。

然而，1877 年（农历丁丑年），被称为有清“二百三十余年来未见之惨凄、未闻之悲痛”的特大灾难——“丁（丑）戊（寅）奇荒”正处于高潮，帮办河南赈务的刑部左侍郎袁保恒疏请借用台湾捐修铁路洋银赈济豫晋两省，得到朝廷的批准。丁日昌只好把好不容易筹集到的这一点现成的款项交了上去。

筑路计划落空，丁日昌只好改变主意，于7月3日（时吴淞铁路尚未拆除）奏请改铁路为“马车路”（公路）。清廷立即同意了这一改变，明言“台湾铁路，俟矿务大兴，再行举办”（《清实录》）。

10月20日，离《收买吴淞铁路条款》所规定的最后一批赎路款付款期限还差几天，署上海道刘瑞芬（冯焌光因父亲在新疆戍所去世，请假料理后事）派人将最后一批价款如数付清。当天，最后两班火车“胜利”号、“天国”号先后鱼贯而行，“华人聚观，视为寄（奇）景”[①]。之后，火车就不再行驶了。意味深长的是，铁路公司本来准备了一辆专列请中国官员巡视铁路，但这些官员却宁肯乘坐轿子，花了三个小时才到达吴淞。几天后，刘瑞芬派铁匠开始拆卸铁轨，12月中旬全部拆卸完毕。沈葆桢专门派轮船“登瀛洲”号将拆卸下来的材料运至台湾。此时，丁日昌已因病离职，这些铁路材料长时间堆积在海滩上无人过问，任凭风吹雨淋，到1881年的时候，有人看到这些材料“几乎成为废料。枕木已逐渐被白蚁蛀空，机件和路轨很快地盖上一层铁锈，车厢正在朽烂”（*Commercial Reports*，台湾，1881）。1883年，这批材料又运回上海，再从上海运到开平矿区，作为开平铁路之用。总算物尽其用，但代价实在是太大了。

1898年，在吴淞铁路原路基的基础上重新筑成了铁路（一般称淞沪铁路），此时离吴淞铁路被拆除，已经过去了整整二十一年。考虑到清政府也正是在这个时候（清末的最后十几年）才开始大规模地修筑铁路的，吴淞（淞沪）铁路的拆和建，

① 岑德彰《上海租界略史》，文海出版社1971年版，第141页。

可以看作是中国近代化迟误的一个缩影。1877 年的拆，愚昧的因素是有的，但沈葆桢等人力主拆除铁路，从出发点上说，是为了维护国家主权，我们也不能脱离当时的历史背景，简单地嘲笑这一行为。让国人痛心的是，1898 年铁路重建的时候，国家主权的丧失，不仅没有比1877年减少，反而是大大地增加了。由此我们不难体味在半殖民地状态下的中国，国家主权和近代化二律背反的苦涩。

唐胥铁路："马拉火车"的奇观

吴淞铁路拆毁后，李鸿章等人继续寻求修筑铁路的突破口。

1880年，因俄事吃紧，清廷催促前直隶提督刘铭传进京商量对策。刘铭传乘机上了一道奏折——《筹造铁路以图自强折》，从国防和自强的需要出发，力言"自强之道，练兵造器固宜次第举行，然其机括则在于急造铁路。铁路之利于漕务、赈务、商务、矿务、厘捐、行旅者不可殚述，而于用兵一道尤为急不可缓之图"[①]。据说刘铭传的这道奏折是李鸿章的幕僚吴汝纶所拟，也有说是与李鸿章关系密切的陈宝琛代拟的。但不管怎么说，刘折说出了李鸿章"意所欲言而久未敢言"[②]的话，着实让李鸿章兴奋了一番。当朝廷命令李鸿章就刘折"妥议具奏"时，早就憋着一肚子气的李鸿章趁机呈递了长达四千言的奏折，力主修筑铁路。其中心内容是概括了铁路的"九大利"：

江淮以北，陆路为多，非若南方诸省，河渠贯注而百货流通，故每岁所征洋税、厘金二三千万两，在

---

① 中国史学会编《洋务运动》第6册，上海人民、上海书店出版社2000年版，第138页。

②《李鸿章全集》第32册，安徽教育出版社2008年版，第637页。

南省约十之九，在北方仅十之一。倘铁路渐兴，使之经纬相错，有无得以懋迁，则北民必化惰为勤，可致地无遗利，人无遗力，渐臻殷阜之象。其铁路扼要之处，征收厘税，必渐与南方相埒。此便于国计者利一也。

从来兵合则强，分则弱。中国边防、海防各万余里，若处处设备，非特无此饷力，亦且无此办法。苟有铁路以利师行，则虽滇、黔、甘、陇之远，不过十日可达。十八省防守之旅，皆可为游击之师。将来裁兵节饷，并成劲旅，一呼可集，声势联络，一兵能抵十兵之用。此便于军政者利二也。

京师为天下根本，独居中国之北，与腹地相隔辽远，控制綦难，缓急莫助。咸丰庚申之变，议者多请迁都，卒以事体重大，未便遽行。而外人一有要挟，即欲撼我都城。若铁路既开，万里之遥如在户庭，百万之众克期征调，四方得拱卫之势，国家有磐石之安，则有警时易于救援也。各省仕商络绎奔赴，远方粮货转输迅速，皆愿出于其途，藏于其市，则无事时易于富庶矣。不必再议迁都，而外人觊觎永绝，自有万年不拔之基。此便于京师者利三也。

曩岁晋、豫荐饥，山西米价腾贵，每石需银至四十余两。设有铁路可运，核以天津米价与火车运价，每石不过七两左右。以此例之，各省遇有水旱偏灾，移粟輂金，捷于影响，可以多保民命。且货物流转，自免昂价居奇之弊。此便于民生者利四也。

> 自江浙漕粮改行海运，议者者常欲规复河运以防海运之不测。铁路若成，譬如人之一身，血脉贯通，即一旦海疆有事，百万漕粮，无虞梗阻。其余如军米、军火、京饷、协饷，莫不应手立至。此便于转运者利五也。
>
> 轮车之行，较驿马十倍之速，从此文书加捷，而颁发条教，查察事件，疾于置邮。他如侦敌信，捕盗贼，皆朝发夕至。并可稍裁正路驿站，以其费扩充铁路。此便于邮政者利六也。
>
> 煤铁诸矿，去水远者以火车运送，斯成本轻而销路畅，销路畅而矿务益。从此煤铁大开，修造铁路之费可省，而军需利源更取之不尽而用不竭。此便于矿务者利七也。
>
> 凡远水之区，洋货不易入而土货不易出。今轮船所不达之处，可以火车达之，出入之货愈多，则轮船运货亦与火车相为表里。此便于招商轮船者利八也。
>
> 无论官民兵商，往来行役，千里而瞬息可到，兼程而途费转轻，无寇盗之虞，无风浪之险。此便于行旅者利九也。[①]

然而，刘铭传和李鸿章奏设铁路的消息传出后，却遭到了顽固派的猛烈攻击。顺天府丞王家璧攻击李鸿章和刘铭传："似为外国谋非为我朝廷谋也……人臣从政，一旦欲变历代帝王暨

① 中国史学会编《洋务运动》第6册，第142—143页。

本朝列圣体国经野之法制，岂可轻易纵诞若此？"[①]另一位翰林院侍读周德润则干脆称"（铁路）行之外夷则可，行之中国则不可"[②]。通政使司参议刘锡鸿是出过洋的，亲眼看见过外国的火车，但他竟然也认为铁路不合中国国情。他说："西洋专奉天主、耶稣，不知山川之神，每造铁路而阻于山，则以火药焚石而裂之，洞穿山腹如城阙，或数里或数十里，不以陵阜变迁、鬼神呵责为虞。……亦不信有龙王之宫、河伯之宅者。我中国名山大川，历古沿为祀典，明禋既久，神斯凭焉。倘骤加焚凿，恐惊耳骇目，群视为不祥，山川之神不安，即旱潦之灾易召。"[③]诸如此类的攻击，比比皆是，时人不以为荒唐。民间也多有"如果一朝变更，尽用轮车，将见亿万舟人，流为游手，而旷日无聊，渐至谋为不法"的担忧；或者认为"地之有风水，犹身之有脉理也，脉理截则姓名难延，风水伤则国运莫保，他事尚可缓图，而地理之害，万不可以轻忽也"。[④]

与同样是西洋利器的轮船枪炮相比，铁路火车在中国的传播阻力似乎要大得多。1880年的时候，马尾船政局、江南制造局等早已造出了大批的轮船枪炮，轮船招商局的轮船也在江海航线上驰骋了很多年，但铁路却还没有一寸（时吴淞铁路已被拆除，台湾基隆煤矿虽铺有运煤铁轨，但还不能算是铁路），不能不说是匪夷所思。

---

① 中国史学会编《洋务运动》第6册，第150页。

② 同上书，第152页。

③ 同上书，第156页。

④《益闻录》第6册，第260页。

在顽固派的合力攻击下，修路之议只好作罢。所幸的是，修路派虽然没能说服清廷修筑铁路，但却意外地引起一位大人物的注意——这位大人物就是光绪皇帝的生父，醇亲王奕譞。

李鸿章奏陈修筑铁路“九大利”后不久，收到奕譞的一封信函，大意谓：铁路一事，目下经费难筹，必借洋债，于时势有所窒碍，应当谨慎从事；铁路如果开通，虽然运输煤铁可得厚利，但其他百货，不能保证其销路增加；修路难免要穿越民田庐墓，民间田庐虽然可以迁徙，但坟墓万不可徙。在列出上述种种困难后，奕譞笔锋一转，又表示铁路未必不能办，只是应“试行于煤铁之矿、开垦之地，以及屯军设防之一二口岸，俾见闻习熟，渐推渐广”①。奕譞这一表态，实际上是给试办铁路开了一个口子。他的意思很明显，修铁路可以，但在试办期间不要选择人多地狭的繁盛之区，而应选择对民生无甚妨碍的“煤铁之矿”“开垦之地”和“屯军设防之一二口岸”，等人们“见闻习熟”后再“渐推渐广”。

奕譞之所以支持李鸿章，或许有一些政治交易在里面。因为此时的中国政坛，正暗潮涌动，东西两宫、叔（奕䜣）嫂（慈禧）两家、恭醇两邸、湘淮两系、清“浊”两流、海（防）塞（防）两派之间正酝酿着权力的大洗牌。奕譞有意拉拢李鸿章，李鸿章也有意巴结奕譞，两人需要互相支持。这不是本文所要讨论的问题。但奕譞的这封信，在中国铁路发展史上，十分关键。有了奕譞的支持，李鸿章就可以较少顾忌地凭借“煤

① 信函内容散见于《复醇亲王论铁路》，《李鸿章全集》第33册，第4—5页。

铁之矿"，实现他的铁路梦想。

作为直隶总督，李鸿章可以直接掌控的"煤铁之矿"有开平矿务局。该局是他的亲信唐廷枢所办，因设于直隶滦州开平镇而得名。

开平镇西南有一座山，名叫唐山。该地煤矿储藏丰富，遍布着许多小煤窑。早在1876年，李鸿章就委派上海轮船招商局总办唐廷枢，偕英国矿师马立师到这里实地勘察。勘察的结果发现，这里煤藏丰富，冶炼性能良好，具有很大的开采价值。随后，唐廷枢便在这里设立了官督商办性质的"直隶开平矿务局"，用西法开采煤矿。

开平矿务局开采的煤除自用及就地销售外，主要销往天津。从唐山至天津，有130公里之遥，在没有铁路之前，得先用骡马大车运至芦台，然后改水运沿蓟运河南行至北塘，再从北塘海运至大沽口，最后入海河到达天津。这样运煤，成本实在太高。唐廷枢曾经考虑过在开平南至涧河口（涧河入渤海口）之间修筑一条铁路，再在涧河口修建一座码头，用铁路将煤运至涧河口码头后装船出海，节省运输成本。但考虑到"铁路必经之地大半系旗地，如躲避此等旗地，另筑曲折的路线则将所费不赀"，便改变初衷，放弃了这个计划。但为了改变唐山与芦台间畜力运煤成本过高的状况，决定在地势较低的芦台与胥各庄之间开辟一条运河——"煤河"；而在地势较高的唐山与胥各庄之间修筑一条铁路——"快车路"。①

"快车路"于1881年6月9日开始动工兴建，7月1日开始

① 宓汝成《中国近代铁路史资料》第1册，中华书局1963年版，第124页。

铺轨，11 月 8 日举行通车典礼。全路长约 10 公里，轨距 1.435 米（英制轨距，在 1886 年国际铁路会议上被定为国际铁路标准轨距，也是中国现在铁路的标准轨距），取名唐胥铁路。最初不用机车牵引，而用骡马拖载车厢前进，被视为中国铁路史上的一大奇观。

据说李鸿章曾就修筑唐胥铁路问题专折具奏，获得批准，并派英籍工程师金达督修，但不久后因受守旧派的阻挠，奉旨收回成命。后来在声明不用机车牵引、只用骡马拖载后，才获得朝廷的批准。[①] 但有学者表示怀疑，因迄今未见李鸿章的奏折、朝廷的谕旨和守旧派阻挠的证据。唐胥铁路可能是在朝廷并不知情的情况下修建的，用骡马拖载车厢，也不是因为受到顽固派阻挠才这样做的，而是另有原因。在十九世纪的时候，马车铁路是世界铁路史上的正常现象。[②]

诚然，"马拉火车"并不是唐胥铁路的独有奇观。在世界铁路发展史上，先有铁轨，后有火车。早在十七世纪的时候，在欧洲的一些煤矿和河流之间就已经铺设了木轨道，用马拉煤。后来，木轨换成了铁轨，但在蒸汽机车尚未发明的相当长时间内，都是用马等牲畜顺铁轨拉货的。如 1801 年在英国彭林铁路上，用两匹马可牵引 24 吨货物，每月运行六趟；在九英里长的基尔马诺—特隆铁路上，用一匹马可牵引 13 节各装一吨货物的火车，时速达 2.5 英里。这些马拉铁路肩负着沟通矿产地、冶炼厂、水路装运点相互间的联系。[③] 蒸汽机车发明后，机器动力和

① 参曾鲲化《中国铁路史》，燕京印书局 1923 年版，第 32 页。

② 参潘向明《唐胥铁路史实考辨》，《江海学刊》2009 年第 4 期。

③ 参黄家城、陈雄章《交通与历史横向发展变迁》，人民交通出版社 2000 年版，第 192 页。

牲畜动力依然并行了很长时间，最后牲畜动力才被机器动力完全取代。唐胥铁路开通的时候，其他国家也仍有采用“马拉火车”之法的，并没有什么可笑的。

尽管“马拉火车”的效率要比骡马大车高了许多，但金达不满足于用这种方式拉煤，便擅自作主，利用矿山的旧锅炉和竖井架的槽铁等旧材料，试制成功了一辆小机车投入运行。开平矿务局总工程师薄内的夫人给它取名为“中国火箭号”。因机车两侧各刻有一条龙，所以也称“龙号”机车。据说这台机车曾存放于北京府右街交通陈列馆前的一条环形轨道上，并可以生火行驶，供人观览。1937 年日本占领北京后将陈列馆迁移至和平门内的一条胡同里，从此这台机车就失踪了。后经多方查询，杳无音信。①

“中国火箭号”运行后不久，祁世长奏称:“迁安等处开采煤铁，陵寝重地，相距匪遥，恐非所宜。”(《清实录》)清廷令李鸿章详查具奏，慎重办理。

迁安距唐山 90 公里，似与唐胥铁路无关。但考虑到迁安也属李鸿章的管辖范围，朝廷让他调查的也不限迁安一处。为慎重起见，李鸿章令“中国火箭号”暂停行驶了一段时间。也许过了一段时间李鸿章见朝廷并未追究，又允许它恢复运行。不久，矿务局从苏格兰北英机车厂购进了两辆“0—2—0”型机车(“0”号机车)，代替了临时拼凑的“中国火箭号”。那两辆“0”号机车中的一辆，至今仍陈列于中国铁道博物馆。

1885 年，清政府成立了兼管铁路事宜的总理海军事务衙

① 参金士宣、徐文述《中国铁路发展史》，中国铁道出版社 1986 年版，第 17 页。

门，支持修路的醇亲王奕谖当上了总理大臣。在奕谖的支持下，1887 年，唐胥铁路展修至芦台附近的阎庄。1888 年再延伸至天津，称唐津铁路，全程 130 公里。10 月 9 日这一天，李鸿章亲自带领官员沿唐津铁路验车，并摄影留念。

"铁轨纵横于西苑"

从十九世纪七十年代起，中国铁路的开创者李鸿章就一直在努力争取最高决策者慈禧太后的支持。1874 年，日本侵略台湾，海防议起。这年冬天，李鸿章进京谒见恭亲王奕䜣，"极陈铁路利益"，并请他"乘间"向慈禧太后提出修路要求，但"两宫亦不能定此大计"，只好绝口不谈此事。[①]1876 年，《收买吴淞铁路条款》签订后，李鸿章拟"另招华商股份承办"，开中国修筑铁路之先河，但次年该路被沈葆桢下令拆除，希望也随之落空。1881 年，中国自主修建的第一条铁路唐胥铁路开通，但一度只能采取"马拉火车"的办法，离李鸿章的理想实在相差太远了。

1884 年，中法战争爆发，中国军队水战大败，陆战虽有所得，但因军粮运输缓慢等原因，也吃了不少亏。这场战争使清政府深刻地认识到水师和铁路的重要性。中法战后，清政府成立了兼管铁路事宜的总理海军事务衙门（以下简称海军衙门），光绪皇帝的生父醇亲王奕譞亲任总理大臣，北洋大臣李鸿章任会办。尽管当时中国的铁路总里程仅有区区约十公里（唐胥铁路），但毕竟有了第一个正式的铁路管理（兼

①《李鸿章全集》第 32 册，安徽教育出版社 2008 年版，第 75 页。

管）机构。

在海军衙门中，第一把手奕譞是支持李鸿章办铁路的，但依奕譞的性格和尴尬的身份，在没有得到慈禧太后的明确指示前，是不敢放手大干的。如何获得慈禧太后的支持？李鸿章向奕譞献了一条“妙计”：利用大修西苑的机会，顺便修筑一条轻便铁路，让太后亲眼见到并亲自体验火车这一现代交通工具所带来的舒适和便利，让她明白传说中的“怪物”其实并没有什么可怕，这样也许可以换取慈禧太后对修筑铁路的支持。

原来，早在1874年，同治皇帝为了满足生母慈禧太后归政后的逸乐需要，曾发布上谕，重修被英法联军焚毁、已经荒芜多年的圆明园。但在当时的财力状况下，这个如同儿戏的计划既不现实，也无可能，遭到了内外臣工的一致反对。同治皇帝只好收回成命，改修“近在宫掖，殿宇完固，量加修理，工作不致过繁”的西苑。不久，“可怜天子出天花”，年纪轻轻的同治皇帝谜一样地死了，光绪皇帝继位，慈禧太后再次垂帘听政，西苑工程也失去了实际意义，暂时搁置了下来。

时光飞逝，眼看着光绪皇帝就要长大亲政。归政在即，慈禧太后为了自己“退居二线”后能够维持奢侈舒适的生活，一直在琢磨着如何设计一个自己的乐园。她十分清楚，若要重修圆明园，非但国家财力不允许，而且必然遭到再次谏阻。而重修西苑，已有同治朝的先议，应该不易引起反对。更重要的是，西苑离内廷只有咫尺之遥，将来幕后操控起来也比较方便。于是，慈禧太后首先选定西苑作为“颐养天年”之地，并于1885年6月21日正式下达懿旨，大修西苑。

海军衙门正是在西苑工程开工后不久成立的。新衙门成立，自然是要有办公的地方。应该选在哪里呢？奕譞选择了西苑。因为西苑内设有神机营，而神机营正是奕譞自己管辖的机构。虽然此时神机营的房子已经荒废多时了，但只要略加修缮就可使用，既可以省去征地盖房的麻烦，又可以用修衙门“省”下来的钱“顺便”修一修西苑的其他地方，孝敬一下“皇嫂”慈禧太后，岂不是一举两得？于是，奕譞利用海军衙门的筹备经费将破旧的神机营旧房整修一新，迁入办公。

相对于其他衙门来说，新成立的海军衙门经费比较充足。整修神机营所用无几，奕譞便把“省”下来的钱慷慨地“借”给了承办西苑工程的奉宸苑使用（后来又利用在颐和园设水操学堂的机会，挪用海军经费“顺便”修缮了一下颐和园），修缮除神机营外西苑内所有的殿宇、房屋、道路、河池、假山堤泊、点景花园和冰床朱车等，其中一小部分用于修建园内铁路。据统计，海军衙门借给西苑工程的总款多达 436.5 万两。①

1888 年冬，西苑铁路南段竣工。这一段铁路南起中南海紫光阁，一路北进，穿越中海北门（福华门），入北海西南门（阳泽门），是一条长约 1.5 华里的窄轨、轻便、“活按”（铁轨可以视需要组装或拆卸）铁路。由于“通风鉴之术”的奏事官英年认为北段铁路本年不宜动土，便选择来年立春后动工。北段铁路由阳泽门沿北海西岸北行，至极乐世界向东，又从龙泽亭以北经阐福寺、浴兰轩、大西天，至镜清斋（静心斋）前码头而达终点，长度也约为 1.5 华里。

西苑铁路南段修成后，李鸿章呈上了火车头和车厢。翁同

① 参叶志如、唐益年《光绪朝三海工程与北洋海军》，《历史档案》1986 年第 1 期。

龢日记载："合肥（即李鸿章——引者注）以六火轮车进呈，五进上，一送邸。今日呈皇太后御览。今紫光阁铁路已成，未知可试否也，是为权舆，记之。"又过了几天，翁亲自参观了"新进之火轮车（车厢），约长三四丈，狭长，对面两列，可容廿八人，凡三辆。又观机器车（车头），不过丈余，此天津所进，三辆留西苑，三辆交火器营收，昨日甫到也"。

据野史记载，慈禧太后没敢乘坐用火车头拉的火车，而是让太监人工牵拉着车厢顺铁路游玩，有《清宫词》为证："宫奴左右引黄幡，轨道平铺瀛秀园，日午御餐传北海，飚轮直过福华门。"[①] 我们尚不清楚慈禧太后"乘"过火车之后有何感想，但从实际效果上看，李鸿章的"妙计"可能已经奏效。因为，西苑铁路建成之日，正是（天）津通（州）铁路论争之时，而亲自体验过"乘"火车乐趣的慈禧太后，开始表露出支持"修路派"的倾向。

津通铁路论争起于1888年唐津铁路建成后李鸿章请修津通铁路的一道奏折。这道奏折再次引起了激烈的反对。修路最大的阻力来自于京城的显贵和言官。一方面，修路很可能与一些显贵有直接的利害关系——铁路可能从他们祖墓中穿过（或从附近通过引起震动），这对于中国传统伦理道德来说实在是一件"罪莫大焉"的事情；另一方面，一些言官担心津通铁路一旦修通，很可能便利洋人沿铁路长驱直入北京城。反对派此次还把重点放在民生问题上，如屠仁守认为铁路"所夺者负贩之微资，而小民之生计将愈蹙"，恩承、徐桐则认为"铁路乃公司之利，

① 刘北汜《实说慈禧》，紫禁城出版社2004年版，第184页。

非民人之利”。[1]余联沅总结出了修铁路的“五大害”：害舟车、害田野、害根本、害风俗、害财用，认为其利不在国不在民，仅在洋人。[2]翁同龢私下里也对李鸿章的主张颇有微词，在日记中发牢骚道：“火轮驰骛于昆湖，铁轨纵横于西苑，电灯照耀于禁林（李鸿章献铁路火车前后，还在西苑安装了电灯，在颐和园昆明湖安置了小汽船——引者注），而津通开路之议廷论哗然，朱邸之意渐回，北洋之议未改。历观时局，忧心忡忡，忝为大臣，能无愧恨。”

反对派的意见慈禧太后听得多了，到底有没有道理呢？在没有见过、更没有乘过火车以前，慈禧太后心里没有底，也不随便发表意见。但自从亲自体验了火车的舒适和便利之后（尽管不用机车牵引），她似乎明白了铁路并不像反对派所说的那么可怕，心里有点倾向于修路了。为了壮大“修路派”的声势，她特意将反对派的意见发给海军衙门“妥议具奏”，然后又将海军衙门的意见发给各省将军督抚讨论。海军衙门的意见（似出自李鸿章手笔）是：

> 夫津通之路，非为富国，亦非利商。外助海路之需，内备征兵入卫之用，一举两益，所关非浅。乃议者不察底蕴，不相匡助；或信道听途说，或竟凭空结撰，连章论列，上渎天听……一曰资敌。窃维敌乘我路，必须用车运载。将夺我车欤？分布既齐，车已收

① 宓汝成《中国近代铁路史资料》第1册，中华书局1963年版，第148页。
② 引自宓汝成《帝国主义与中国铁路》，经济管理出版社2007年版，第45页。

回，无可夺也。将用彼车欤？少则无济于用，多则船不胜装；且海口既塞，拦沙水浅，万余斤之车，不能登岸。即使听其所为，亦须安设起重木架，始能挽运，岂有如此从容搬挡，我军尚作壁上观乎？议者又虑及炮车，是于轮车之轨若何窄，炮车之制若何宽，全不知悉，以意揣测耳！无论彼时铁轨已撤，地雷已伏，万无假人之虑；即彼果肆长驱，自有素无险要之通衢可循，何必定由此路？咸丰庚申之变，亦岂铁路被乘？兵力苟强，自能御敌。议者徒诵设险守国之陈言，亦思地利人和之圣经乎！

一曰扰民。臣奕（譞）始议建设铁路，即与臣李鸿章反复讨论，以避民间庐舍邱墓为最要之端，不独津通铁路为然，即唐山之至大沽，大沽之至天津，亦莫不然。偶有一屋一坟，关碍大势，万不能避，则给以重价，谕令迁徙，务恤民隐而顺舆情，以仰体朝廷子惠黎元之至意……

一曰失业。天下万国，地形不同，风俗殊异，而趋利避害，人情之常。西洋之人趋避尤工，使铁路而利少害多，则断无各国相率兴建之理。诸臣折中所论铁路利害，犹是悬揣之臆说耳！不惟所举之害，并非实在情形，即其所指之利，亦未必恰当事理。西洋各国初造铁路之时，亦有异议蜂起，……而铁路兴焉，始则试造，继则推广，而国计民生遂已交受其益。向之御车、驾船、舁挑、负载之徒，鳃鳃然以失业为虑者，或仍操其旧业，或投效于铁路公司而改习职业矣。

> 修路、扫轨，升旗、听电、收票、验坐、查轨、敲轮、运煤、添水、搬货、运行李、卖新闻、贩茶果、伺应店客、巡察栈货，事务繁多，种种需人，何曾有失业之民？非徒不失业而已，民之生计，且因之而益广，乃更裕于为兴铁路之时。[①]

在各省将军督抚中，对于是否修路问题，有的表示“何敢妄议……仰恳圣明裁夺”，“实不敢凭空揣摩，附会其词”；有的虽然反对修路，但能说出的反对理由实在是平庸无力、模棱两可，无非是“资敌”“病民”之类。[②]而赞成修路的台湾巡抚刘铭传、两广总督张之洞等人则紧紧抓住这一难得的有利机会，不失时机地表达了自己的意见，驳斥了反对派的愚昧无知。

刘铭传在奏折中指出，当今世界，“火器之制日精，舍海口炮台，险无可扼。奥、法、俄、德诸国，牙错唇依，铁路纵横，并通都会；城垣故迹，毁弃无存。如谓藉端寻衅，兵车即到都门，则列邦相忌，屡起衅端，固已吞并殆尽，何仅于海上兴问罪之师，不闻都下有要盟之举。其不足虑固已皎然。”他认为，铁路建至京师，不仅没有什么危险，反而更有利于保卫京师：“有事则津沽之劲旅，即为宿卫之禁军；无事则遣神机营与海口各营之兵合队并操，联为一气。临变策应，进退绰如，是遏敌者莫如铁路，而顾以为资敌，岂不慎哉！”[③]

① 宓汝成《中国近代铁路史资料》第1册，第157—159页。
② 同上书，第171—172页。
③ 同上书，第161页。

张之洞似乎更为圆通一些，他在奏折中先说了一通“利非显而不兴，害虽隐而必慎”的话，赞成缓修津通铁路，但认为若改为卢（沟桥）汉（口）铁路，反对派所说的种种弊端都可避免，有百利而无一害：

（卢汉铁路）内处腹地，不近海口，无引敌之虑，利一。南北二千余里，原野广漠，编户散处，不如近郊之稠密，一屋一坟，易于勘避，利二。干路袤远，厂盛站多，经路生理既繁，纬路枝流必旺，执鞭之徒，列肆之贾，生计甚宽，舍旧谋新，决无失所，利三。以一路控八九省之冲，人货辐辏，贸易必旺，将来汴、洛、荆、襄、济东、淮泗，经纬纵横，各省旁通，四达不悖，岂惟有养路之资费，实可裕无穷之饷源，利四。近畿有事，三楚旧部，两淮精兵，电檄一传，不崇朝而云集都下；或内地偶有土寇窃发，发兵征讨，旬日立可荡平；征兵之道，莫此为便，利五。中国矿利惟煤铁最有把握，太行以北煤铁最旺而最精，然质最重，路最艰，既有铁路，则挚机器以开采，用西法以煎熔，矿产日多，大开三晋之利源，永塞中华之厄漏，利六。海上用兵，首虑梗漕。东南漕米百余万石，由镇江轮船溯江而上，三日而抵汉口，又二日而达京城。由卢沟桥运赴京仓，道里与通州相等，足以备河海之不虞，辟飞完挽之坦途道，而又省挑河剥运之浮糜，较之东道王家营一路，碍于黄河下流者，办理最有把握，利七。[1]

张之洞的意见说理透辟，集国防、工商、便民于一身，终于说服了慈禧太后，消除了她对修筑铁路尚存的一点疑虑。1889年5月7日，光绪皇帝奉慈禧太后懿旨，宣布“毅然兴办”铁路，[2]标志着中国铁路事业的正式起步。应该说，慈禧太后之所以决定“毅然兴办”铁路，刘铭传、张之洞的作用固然不可低估，但李鸿章的“妙计”无疑也起着重要作用。

据说，西苑铁路的大部分路段在1900年八国联军侵占北京时被拆毁。[3]1911年，隆裕太后曾命令奉宸苑将“铁路、轮车迅速一律修齐”，但因无款可筹，复修铁路之事一拖再拖，终至清亡没有实现。1925年北海公园正式开园之前，残余的西苑铁路全部拆除。[4]如今已难觅当年的痕迹。

---

① 中国史学会编《洋务运动》第6册，上海人民、上海书店出版社2000年版，第254页。

② 同上书，第257页。

③ 参金灿《园中之园——静心斋》，《紫禁城》1981年第2期。

④ 参刘源《李鸿章献计：紫光阁旁修铁路》，《中国档案报》2006年3月17日。

晚清福建的轮船业和轮船商

众所周知，由于独特的地理条件，福建航运自古以来就很发达。近人研究表明，郑和船队中的大多数船舶，特别是大型宝船，应该就是尖底、吃水深、抗风浪性能良好的福船船型。它们乘风破浪，跨洋过海，最远航行到非洲东海岸，诚为世界航海史上的一大壮举。入清以后，清廷为了对付东南沿海及台湾的抗清势力，实行严厉的海禁，使福建的航运业遭到了毁灭性的打击。清统一台湾后虽然开放了海禁，但又对海船的桅杆数、梁头尺寸、水手数进行了种种限制，使福建的航运业再也未能恢复到宋、元、明时期的水平，与日新月异的世界航运业渐行渐远，在不知不觉中拉开了差距。而十九世纪初轮船的发明，使这个差距进一步拉大。

一、轮船的初现及福建船政局的造船活动

以机器作动力的轮船代替了以人力和风力为动力的木帆船，是世界航海史上具有划时代意义的事件。有人说，“正如整个世界感受到斯蒂芬森的机车、富尔顿的汽船和加特林的机枪的影响一样，它也感受到《独立宣言》《人权宣言》和《共产党宣

言》的影响”[①]。

一般认为，1807年美国人富尔顿设计制造的轮船“克莱蒙脱”号在哈得逊河试航成功，是轮船诞生的标志。轮船诞生后第十五年（1822），第一次出现在中国。[②]第一次鸦片战争期间，轮船被英国军队作为传讯工具编入舰队，并于1841年侵犯厦门时首次出现在福建海域。[③]

轮船快速灵便的特点，对祖祖辈辈靠船谋生的福建沿海人民来说，是个强烈的刺激。被称为“开眼看世界第一人”的福州人林则徐，敏锐地注意到了这种“以火焰激动机轴，驾驶较捷……专为巡风报信”的“车轮船”，并奏报给了朝廷。[④]在广州经商的晋江人丁拱辰也注意到了这种“西洋火轮船”，并根据自己在西洋经商时获得的有关知识，写成《西洋火轮车、火轮船图说》，以绘图的形式对轮船的基本原理进行了介绍：“将火轮车之机械安于船中，换拨水大轮，伸出舷外，爬水而行。初制甚小，每船仅载数千斛至数万斛，惟专门飞递信息而已，今则愈变愈巧，渐增广大，至可容一万二千坦（担），亦系烧煤炭火，水沸烟冲，其行甚疾，顺风与逆风相等，……现外国甚盛，以此为渡船，行旅之往来，藉通紧急。近时更以此为战舰，冲锋破阵，越浅侵入重地，作为前导，远望帆影，转瞬在目前。”

①〔美〕斯塔夫里阿诺斯《全球通史》（1500年以后的世界），上海社会科学院出版社1999年版，第325页。

② 参聂宝璋《轮船的引进与中国近代化》，《近代史研究》1988年第2期。

③ 参林开明《福建航运史》（古、近代部分），人民交通出版社1994年版，第248页。

④ 中国史学会编《鸦片战争》第2册，上海人民、上海书店出版社2000年版，第215页。

他还亲自制造了一艘小轮船，“放入内河驶之，其行颇疾”（《演炮图说辑要》），开了中国人自制轮船的先河。

第二次鸦片战争期间，轮船已不仅仅是作为外国侵略军传递信息的工具，而是武装成炮舰直接投入作战，显示出了可怕的威力：“（清军）河面水师及备赴山东、江南各红单船，与之交仗，曾不转瞬，即被轮船焚毁殆尽。”[①] 因此，当时主持政务的奕䜣以及两江总督曾国藩、闽浙总督左宗棠和江苏巡抚李鸿章等人都主张自制轮船，发展以轮船为主体的海防。

在此背景下，左宗棠于1866年在马尾设立了中国最早的轮船造船机构——福建船政局。该局聘请法国人日意格、德克碑为顾问，议定由他们监造轮船，中国派能工巧匠为之助手，“使国人就而学焉，师其所长，即以立海军之基础”[②]。后来该局又附设学堂，“延致熟习中外语言、文字洋师，教习英、法两国语言文字、算法、书法，名曰求是堂艺局，挑选本地资性聪颖、粗通文字子弟入局肄习”[③]。

福建船政局之所以设在福建，除了它的创办人左宗棠当时是闽浙总督这一原因外（左后来动员丁忧在家的沈葆桢主持船政），显然与福建得天独厚的航运条件和造船技术条件有关。拥有精湛的帆船造船技艺的“福匠”们在学习轮船造船技术的过程中，与其他省份的工匠一道，充分发挥了自己的聪明才智，

① 台北“中研院”近代史研究所编《海防档》甲，购买船炮（一），“中研院”近代史研究所1957年影印本，第134页。

②《中国舰艇工业历史资料丛书》编辑部编《中国近代舰艇工业史料集》，上海人民出版社1994年版，第423页。

③ 中国史学会编《洋务运动》第5册，上海人民、上海书店出版社2000年版，第24页。

借用和吸收了传统造船的经验和方法，迅速地掌握了轮船制造这一新技术。从开办到1907年的四十余年间，船政局共建造了大小兵商轮船40余艘。[①] 并涌现出了一大批在中国近代史上具有影响力的闽籍人物，如因翻译《天演论》而震动思想界的严复，在海军史上叱咤风云的刘步蟾、林泰曾、萨镇冰和刘冠雄等，在近代造船史上享有盛名的造船专家陈兆翱、魏瀚、吴德章和杨廉臣等。

二、航行于福建两大通商口岸的外国轮船

1842年清政府被迫与英国签订《南京条约》，开放福州和厦门等五个通商口岸。八年之后（1850），大英轮船公司的商轮“玛丽伍德”号首次出现在这两个口岸。太平天国时期，海盗趁乱袭击过往福建的商船。为了自卫，闽商们开始雇用外国轮船为自己的船只“护航”，而请人“护航”要缴纳数额不菲的“保护费”。据说，来往福州—宁波一趟，每船的“保护费”为300元。[②] 太平天国起义失败、沿海航线恢复正常后，更多的外国轮船航行于福州、厦门和其他通商口岸间，福、厦两地的轮船修造厂也应运而生。[③]

十九世纪五十到七十年代初，派轮船进出福州和厦门的洋行或外籍轮船公司有：惇裕洋行（上海—福州）、惇华洋行（上

① 林庆元《福建船政局史稿》（增订本），福建人民出版社1999年版，第486页。
② 贾桢等编《筹办夷务始末》（咸丰朝），第1册，中华书局1979年版，第94页。
③ 参辛元欧《中国近代船舶工业史》，上海古籍出版社1999年版，第40页。

海—福州）、怡和洋行（上海—福州）、德忌利士轮船公司（上海—福州—厦门—汕头—香港，厦门—台湾）、禅臣洋行（香港—福州）、约翰勃得洋行（香港—福州）和太古轮船公司（上海—福州—厦门—汕头）等。还有一些外国远洋轮船加入到福建—南洋航线的竞争，它们一般在厦门卸下从上海运来的货物，然后又“乘风破浪，满载从中国前往暹罗、马来和东印度的移民”①。辉煌多时的福建帆船航运业，难以抵挡轮船的竞争，逐渐被挤出了这些航线。正如1866年厦门海关报告所说的，“每年乘坐帆船往来于马尼拉和厦门之间的中国人，现在有很大一部分逐渐偏爱于乘坐定期航行于两个口岸间的（外国）轮船”。外国轮船“几乎完全”承担了厦门与海峡殖民地之间的“大规模的客运业”，并且承揽了运自海峡殖民地的货物。②

1873年初，中国“官督商办”的轮运企业——轮船招商局在上海成立，随后在福州和厦门分别设立了办事处（1881年改为分局），同此前在这两个口岸航行的外国轮船展开竞争，得以“稍分洋商之利”。经过激烈的竞争，两个口岸的轮运格局发生了变化并逐渐地明晰了起来：在最具商业价值的上海—福州航线，招商局同英商怡和洋行和太古轮船公司订立了“齐价合同”，规定该航线的利润由招商局和怡和“按次数水脚各沾一半。其水脚多收之家，准其将多收之数先扣去二成，再行均分”。太古则退出这条航线（怡和以退出沪甬航线、招商局以退出粤港航线作为补偿）。③而福州—香港航线和海峡两岸航线的

① 聂宝璋《中国近代航运史资料》第1辑，上海人民出版社1983年版，第1412页。

② 参徐晓望主编《福建通史》（近代），福建人民出版社2006年版，第158页。

③ 胡政《招商局珍档》，中国社会科学出版社2009年版，第329页。

轮运利益，则长期由英商德忌利士轮船公司独享。

十九世纪九十年代后，日本的轮运势力也开始侵入福建。1890年，日本邮船会社开辟了神户—马尼拉航线，中途在福州、厦门停泊。1895年日本割占台湾后，当年即有一艘295吨的日本轮船出入福州口岸。[①]1897年，又有一艘邮船会社的轮船航行于福州—香港间。[②]1900年，日本大阪商船会社正式开设了福州—香港航线，中途在厦门和汕头停泊，与在这条航线上垄断多年的德忌利士轮船公司展开争夺，最终于1911年与德忌利士建立起了“联合航行”的关系。[③]

三、闽商经营的轮运业

轮运的快捷与厚利很早就引起了闽商的注意。早在十九世纪六十年代，就“间有（福建）商人向外国人雇买洋船，仍须与外国人合伙。是不仅资其管驾之力，实须购其修葺之料也。此等商船，闽省系用外国牌照旗号，并不报明地方官立案，亦不由地方官另给船照，并仍归各国领事管辖，其船只入港牌照，亦送领事官存查，迨出港再向领取”[④]。这就是所谓的“诡寄经

① 上海通商海关造册处编《通商各关华洋贸易全年清册》（1895年），中卷，上海通商海关造册处，第319页。

② 上海通商海关造册处编《通商各关华洋贸易全年清册》（1897年），中卷，上海通商海关造册处，第381—372页。

③ 参樊百川《中国轮船航运业的兴起》，中国社会科学出版社2007年版，第273页。

④ 台北“中研院”近代史研究所编《海防档》甲，购买船炮（三），“中研院”近代史研究所1957年影印本，第812页。

营”——为了避免官府的苛索，购买轮船的中国船主往往要找一位洋商出面注册（当然要付给一定的报酬），买一面外国国旗挂上，以示该船属于某国所有。这样，船主除缴纳数额有限的海关关税外，就不需要交纳其他杂税，成本即可降低。在中国自己的领水上，外国轮船可以横行无阻，而自己公民的轮船却要悬挂外国旗“偷偷摸摸”地行驶，这实在是近代中国的一个畸形现象。当然，中国船主在“诡寄经营”的过程中，也积累了一定数量的资本，增长了轮运管理的才干。

由于资料所限，早期有多少闽商投资轮运难以稽考。但最晚至 1875 年，明确可知已有一位名叫林长松的连江人开始经营起了轮运业务。林长松购买的轮船取名“宝远”号，在福州和琯头之间航行了六十余年，历经祖孙三代。[①]1881 年，又有闽人辜某购置小轮一艘，经营福州省河两岸的客渡，“人称便捷”。大约与此同时，有马尾人因羡慕其利，也购买了轮机装配在旧式木船内，“驶行如飞”。[②]1884 年，又有一艘民营轮船“福星泰”号，往来于福州和浙江温州之间，中途在闽东沙埕港停靠。1892 年，厦门商人也在当地创办了一家小火轮公司，行轮于厦门至广东潮安、东安等地。[③]另有海澄华侨邱忠波，据说在光绪初年时就拥轮船十四艘，航行于新加坡、槟榔屿、满剌加、香港、汕头、厦门、宁波和上海等地，“海外商务之大，以忠波为最”。从汕头移民到新加坡和曼谷的华人，有半数都是乘坐邱忠波公司的轮船。[④]但总的来说，在甲午战争前，福建的民营轮运

① 参林开明《福建航运史》（古、近代部分），第 284 页。

② “火船争渡”，《益闻录》1881 年 4 月 23 日（第 97 号）。

③ 参林开明《福建航运史》（古、近代部分），第 286 页。

④ 参蒋祖缘《广东航运史》（近代部分），人民交通出版社 1989 年版，第 88 页。

业不甚发达，处于萌芽状态。这一方面与轮船招商局不愿意看到其他华商“独树一帜”[①]与招商局“抢生意”有关，也与清政府明令轮船“不得私赴沿海别口（指非通商口岸——引者注），亦不得任意进泊内地湖河各口”[②]有关。

甲午战争后，清政府被迫与日本签订《马关条约》。该条约规定增开沙市、重庆、苏州、杭州为通商口岸，日本轮船可“从湖北省宜昌溯长江以至四川重庆府”，“从上海驶进吴淞口及运河行驶以至苏州府、杭州府”。[③]其他的列强依据“利益均沾”的特权也可得到同样的利益。因苏州、杭州都不在沿海或长江沿岸，这就意味着外国轮船可以“合法”地进入苏州和杭州这样的“内港”。在这种情况下，清政府不得不逐渐解除内港内河不得行轮的禁令，民营轮运业开始进入一个新的历史阶段。

从1895年到1900年，全国各地大约开办了近百家民营小轮公司。[④]其中福建境内的小轮公司有：1895年厦门绅商陈某、吴某创办的小轮公司，购置10吨左右小轮三只，航行于泉州、安海、同安、漳州四地，并获得这些航线的专利权。1898年专利权取消后，这些航线更是“小轮大兴，有十余艘之多，几于无处不行”[⑤]。福州绅商陈某也于1895年创办了一家小轮公司，航行于福州—水口间，只搭客不载货。[⑥]1896年，在福州与长乐

① 交通、铁道部交通史编纂委员会编《交通史航政篇》第1册，交通、铁道部交通史编纂委员会1931年版，第222页。

② 席裕福、沈师徐编《皇朝政典类纂》（征榷），文海出版社1982年影印本，第579页。

③ 王铁崖《中外旧约章程》第1册，三联书店1957年版，第616页。

④ 参樊百川《中国轮船航运业的兴起》，第247页。

⑤ “小轮载货”，《中外日报》光绪二十四年九月初三日（1898年10月17日）。

⑥ 参樊百川《中国轮船航运业的兴起》，第241页。

之间航行的轮船有“台龙”“万安”“江甲”“万茂”和“台南”等五艘。同年，永泰也有一艘民营小轮航行于塘前至福州南台之间。1898 年，泉州商人张某从台湾购回一艘轮船“台南”号，航行于泉州与福州之间。[①]1900 年，厦门海关道员延少山请准创办海外招商轮船局，议定仿照轮船招商局章程，向华侨招募商股，购置轮船航行南洋各埠。曾由福建船政局拨出“飞捷”“福安”两船先行开办，并航行至马尼拉等处招股，后因延少山离任而未能实现预期目标。[②]

1901 年，清政府开始实施“新政”，民营轮运业得到政府的鼓励，并伴随着二十世纪初收回利权运动高潮的到来，“渐推渐广，闽粤滨海之区，轮樯如织，随处可通”[③]。据樊百川统计，至 1911 年，全国各地共有近 600 家民营小轮企业，拥有轮船 1,100艘。[④]其中，以厦门为中心的民营小轮企业到 1902年已“添至三四十号之多，凡通内港者，无处不行小轮矣”[⑤]。据 1907 年邮传部第一次统计，厦门有济安、庄文泽、天成、叶清池、陈锡周、福建铁路、郭子清、黄世铭、王辉堂、合成、薛堂谷、付阿六、陈西垣、飞凤、林本源、和安等十六家轮运企业登记在案。[⑥]此外，仍有不少悬挂外国国旗寻求洋人庇护的轮船，实际上都是厦门本地商人出资经营的。[⑦]

---

① 参林开明《福建航运史》（古、近代部分），第 285、287 页。

② 参樊百川《中国轮船航运业的兴起》，第 249 页。

③ 赵尔巽等撰《清史稿》第 16 册，中华书局 1976 年版，第 4460 页。

④ 参樊百川《中国轮船航运业的兴起》，第 337 页。

⑤ “推广商务”，《中外日报》光绪二十八年五月初五日（1902 年 6 月 10 日）。

⑥ 聂宝璋、朱荫贵编《中国近代航运史资料》第 2 辑，中国社会科学出版社 2002 年版，第 1021 页。

⑦ 参林开明《福建航运史》（古、近代部分），第 286 页。

“新政”时期，以福州为中心的民营小轮业也有所发展。其中，1903年闽侯人刘鸿寿创设的小轮公司，是这个期间涌现出来的规模较大的民营轮运企业。该公司先以“江甲”号轮船航行于福州与水口间。不久，日、英轮船也“踵其后而与之争行，自南台江至水口者，每人船价初两角，次一角，近且免价而治一餐以供搭客矣”。几个月后，刘鸿寿因“资力不继”而将轮船交给族弟刘某和亲戚陈某接办。[①]该公司后又添购“江乙”“江丙”“江丁”和“江己”四轮，航行于福州（台江）至马尾、营前、长乐、潭头、闽安、琯头、塘前等地。1907年又添购“江庚”“江申”，航行于洪山至水口间。[②]1904年，福安商人王太和等人在福州创办了太安轮船公司，购置轮船“江门”号和“利济”号，代替此前航行的日商轮船，行驶于福州—三都澳、福州—兴化间。[③]接着，又有泉安轮船公司的两艘轮船，北航三都澳、沙埕，南行兴化、泉州；济美公司的一艘轮船，北走宁波，联络闽浙内港航运。[④]

此外，涵江、泉州、漳州也分别出现了一家民营小轮公司。涵江的小轮公司创办于1906年，以“涵江”号小轮航行于涵江—福州—宁波间。同年，漳州绅商王某在香港定制了一艘浅水小轮，“专为通航漳（州）（石）码之用”[⑤]。泉州的小轮公司是

① “重整内河航路”，《中外日报》光绪二十九年十月二十六日（1903年12月14日）。

② 参林开明《福建航运史》（古、近代部分），第285页。

③ 上海通商海关造册处编《通商各关华洋贸易全年清册》（1905年），中卷，上海通商海关造册处，第357页。

④ 交通、铁道部交通史编纂委员会编《交通史航政篇》第2册，交通、铁道部交通史编纂委员会1931年版，第547—548页。

⑤ 聂宝璋、朱荫贵编《中国近代航运史资料》第2辑，第1020页。

1908年在宁波经商的泉、厦商人集资创办的，取名为“八闽公司”，以吨位较大（700余吨）的轮船“建昌”号，运载南北土货，穿走泉州至温州、宁波、上海等地。[①]

上述民营小轮公司大都规模很小，一个公司一般只有一两艘轮船，轮船的吨位也不大。在轮船招商局和外国轮运势力的压迫下，这些民营小轮公司大多惨淡经营，倏兴倏灭。有的则长期依附洋商“诡寄经营”。而与轮运业的惨淡经营相比，福建的木帆船航运业却仍然保持着旺盛的生命力。到清末时，闽江还有木帆船11,000多艘、九龙江2,000多艘、晋江700多艘、汀江1,000多艘，除了古代的各种船型外，还新出了许多新的船型。[②]在世界航运早已进入了轮船时代的清末，木帆船竟然还占这么大的比重，其近代化水平的低下可见一斑。何况，这些只能退缩在内河内港中航行的小木帆船，与过去那种能够跨洋渡海的大型福船相比，已经不可同日而语。

① 参林开明《福建航运史》（古、近代部分），第287页。

② 同上书，第270页。

文学视野中的现代文明

“自由大可结婚姻”

——晚清婚姻自主的言论和实践

中国传统的婚姻习俗多通过“父母之命，媒妁之言”定终身，并常有“指腹为婚”、童婚、冥婚等陋俗存在，婚姻当事人鲜有自主选择婚配的权利。虽然在一些特定的年代和特定的场合，偶尔也有男女由自由交往而发展成自由恋爱，进而发展到自由婚配的，譬如司马相如和卓文君的故事。晚清以降，特别是清末的最后十年，受欧风美雨和变革思潮的影响，在一些开放的通商口岸城市，出现了“自由大可结婚姻”（顾炳权编《上海洋场竹枝词》）的现象，虽然并不是社会的主流，但与同时期出现的女子放足、女子学校教育、女子经济独立等现象一样，同样是对传统封建女教的反动，值得人们关注。

早在太平天国时期，受基督教的影响，“天国”内部就有些许新式婚姻的存在。一位自称亲历过太平天国的英国人呤唎说：“我可以说，除了不用指环以外，其他仪式都跟英国礼拜堂中的婚礼无异。新人同赴礼拜堂（即‘天厅’……），教士为之祈祷，并严格审查新娘新郎的教理，再联合新人的右手，双方彼此接受了之后，教士以圣父圣子圣灵的名义为之祝福，宣告婚礼结束。……各种异教俗礼全被废弃。男女从未谋面即行结婚的旧俗，选择吉日的迷信，以及致送聘金等等全被革除净尽。唯有新娘将下垂的头发挽起成髻，以及新郎于夜间率乐队、灯笼、轿子和骑着马的友人（首领结婚则尚有旗帜、仪仗等）至女家迎娶这两件事仍旧保持着昔日的风俗。”[①] 同太平天国的其他制度和行动一样，这可以说是对中国传统的彻底颠覆。不过，呤唎描述的真实性似可怀疑。近人研究表明，“就婚姻而论，女性在太平天国始终处于被动的状态，从来没有主动择偶的权力或自由”，“太平天国曾经就妇女地位问题提出过一些进步的思想，采取过个别值得赞许的举措，并在一定时期和一定程度上改善了部分妇女的处境，但男尊女卑、男主外女主内的传统格局并没有发生任何实质性的变化。……事实证明，洪秀全等人根本就没有也不可能萌发近代意义上的男女平等、妇女解放意识”。[②] 诚然，太平天国存在的十几年一直处于动荡之中，即使颁布过一些提高女子地位的措施，但能在多大程度上得到贯彻实行也是个问题。何况，随着太平天国的失败，这一切很快也就烟消云散。倒是来华传教士对中国婚姻陋俗（如指腹为婚、早婚、童养媳、包办婚姻、一夫多妻、寡妇不能再嫁等）进行持续不断的批判取得了一些成效，使婚姻自主的观念至少在教徒的家庭之中得到部分的实现。[③]

十九世纪六七十年代以后，最早走向世界的那一批中国人开始注意到了西方男女“婚嫁皆自择配”的现象。如张德彝

---

①〔英〕呤唎《太平天国亲历记》，上海人民出版社 1997 年版，第 253 页。

② 见夏春涛《太平军中的婚姻状况与两性关系探析》，《近代史研究》2003 年第 1 期；《太平天国妇女地位问题再研究》，《清史研究》2004 年第 2 期。

③ 参见王海鹏《近代来华传教士与中国婚姻风俗的嬗变》，《天府新论》2006 年第 4 期。

《随使英俄记》载：“西人性好奢华，凡富贵喜交结者皆乐之。一人子女待其长成，虽无力亦必勉强支应，设法结交，以便子女得友，相与来往，则男可访女，女可觅男，嫁娶咸赖于此。因男女细心访察，各得所愿，则意洽情投，鲜有作秋扇之歌者。”王韬《漫游随录》载：“每游，必遇一男一女，晨去暮返，亦必先后同车。彼此相捻，疑其必系夫妇，询之，则曰：非也，乃相悦而未成婚者，约同游一月后，使告诸亲而合卺焉。”黎庶昌在《西洋杂志》里也详细介绍了女子及笄后，官绅殷富之家多要举办舞会，邀请亲友宾客光临，或携女儿参加他人举办的舞会，给女儿接触男子的机会，从而达到自由婚嫁的目的。见识差一点的人，则对西人“歌舞场开男女混”（《中华竹枝词》）的男女自由交往习俗极尽讥讽之能事，对“自家原有终身计，何必高堂作主张”（同上）的婚俗不以为然。

十九世纪末，随着维新思潮的涌动，一批具有前瞻意识的精英人物从救亡图存的需要出发，除提倡女学和反对缠足外，对旧式婚姻制度也有所抨击。康有为在《大同书》上指出世上对待妇女不公之事有八，其中之一就是女子“不得自由”，而“不得自由之事，莫过于强行牉合，夫夫妇为终身之好，其道至难，少有不合，即为终身之憾，无可改悔。父母虽极爱子女，然形质既殊，则爱恶亦异，故往往有父母所好而为子女所恶者，父母所恶而为子女所好者”，揭示了“父母之命”的弊端。《大同书》在戊戌变法前虽没有发表，但一些观点已通过其弟子传布开去。梁启超也主张恢复男女平等施教的“圣人之教”，并采用男女平权这一“泰西之美制”（《倡设女学堂启》）。谭嗣同更是对“本非两相情愿，而强合漠不相关之人，挚之终身，以为夫妇”的做法大加挞伐，对西人“夫妇择偶判妻，皆由两情自愿”、视夫妇如朋友的做法表示赞许，认为如果不打破三纲五伦，变法则“无从起点”。[①]由梁启超夫人李惠仙和康有为女儿康同微等主笔的中国历史上的第一份女报——《女学报》中也刊载有宣扬婚姻自主的文章，认为以“父母之命，媒妁之言”而撮合起来的婚姻贻害无穷，极易造成“凤鸦错配，抱恨终身，伉俪情乖，动多反目”的严重恶果。对比之下，西方各国“男女年至二十一岁，凡事皆可自主。父母之权，即不能抑制。是以男女择偶，无烦月老，如或两情契合，遂尔永结同心”[②]。

维新变法时期的婚姻自主之议，如同这场运动一样，不过是昙花一现，对中国社会（即便是上海这样开风气之先的大城市）的影响极微。然而，没过几年，由于“庚子事变”后西方对中国的影响加大、清政府施行“新政”放松对社会控制、女学的兴起使更多的女子得到受教育的机会以及具有自由平等思想的革命党人的推动等原因，要求婚姻自主的言论颇为激烈。在此期间创刊的《女子世界》《中国女报》《神州女报》等可视为当时主张婚姻自主者的喉舌。《女子世界》的一篇文章指出：

> 我们中国的小女儿，是向来不能参预婚姻的权柄的。殊不晓得婚姻为儿女第一切肤事情，与父母无干，

① 蔡尚思、方行《谭嗣同全集》（增订本），中华书局 1981 年版，第 351 页。

②《贵族联姻·按语》，引自刘巨才《中国历史上第一份女报》，《新闻研究资料》1983 年第 1 期。

更与媒妁无涉。所以西洋各国子女结婚，必定是平日至亲极密的良友，或在学校同学，或在公园同游，或在茶会同舞，还要常常高谈密语，那学问的深浅，志趣的高卑，彼此考密得澈底瞭然，这才自思其可以永远和好的，就告明情节，订立配偶。这不是中国人所未尝梦见的么？咳，西洋儿女是人，中国儿女也是人，何尝天生注定是任人摆布的。不过自古至今，陋俗习惯了，男女婚嫁，只要父母之命，媒妁之言，便无论什么未尝见面不知性情的蓦生人，忽然撮合了，便叫夫妇，便要他们长久厮守，你道奇不奇？既然强叫两个蓦生人就可以谋终身的大计，那就家庭之间，苦趣百出，因为配非其偶，整日里木头对了石头，渐渐厌恶起来，勃谿起来，毫无生趣。咳，毒罗网，惨地狱，坑陷了千千万万的同胞，非但家族不良，国势民力也就不振。到了今日地步，咳，真正没法可想。只有求热心的诸大君子倡婚姻自由，破数千年幽嗟怨郁的戾气，开四万万人文明强武的机关，一面改装饰（缠足穿耳等），崇实业（手工经济等），而且要晓得婚姻自由，是与女子关系最密切的。女子本来是社会的主动力，再济以学问，还他自由，家庭自然整饬了，国本也就强固了。国本一固，那有外力不膨胀的道理呢？（汪毓真《论婚姻自由的关系》）

婚姻是否自主本是关系男女之间是否幸福的私事，但在这里几乎无一例外地被纳入救亡图存、强国强种的轨道。

在这期间，有关婚姻自主的实践也陡然增多："光、宣之交，盛行文明结婚，倡于都会商埠，内地亦渐行之。"其特点是："一，以父母之命，媒妁之言，而取男女之同意，以监督自由。其办理次序，先由男子陈志愿于父母，得父母允准，即延介绍人请愿于女子之父母，得其父母允准，再由介绍人约期订邀男女会晤。男女同意，婚约始定。二，定婚后，男女立约，先以求学自立为誓言。三，婚礼务求节俭，以挽回奢侈习俗，而免经济生活之障碍。"（徐珂《清稗类钞》）

与"文明结婚"相配套的，无疑是"文明婚礼"了。婚礼的程序大为简化，不再遵循讨八字、下喜帖、送聘礼等固有程序，而是代以互赠戒指、拍照留念和登报启事等新内容。男女商定结婚日子以后，或以宅第客厅，或借公所旅馆为礼堂，备有证书，上写新郎、新娘、证婚人、主婚人的名字，由证婚人宣读证书毕，证书列名者依次盖章，并为新郎新娘互换戒指或其他饰物。新郎、新娘行礼，先相对双鞠躬，继谢证婚人、介绍人各三鞠躬；主婚人致训辞；男女宾客代表祝词；最后参加婚礼者齐声合唱文明结婚歌，甚至以登台演说代替闹洞房。旧式拜堂、坐帐、喝交杯酒、吃子孙扁食之礼，一概免除。当时有一个"参用东西各国文明规则"而制订的"标准"的"文明结婚礼式单"，其程序如下：

一、行结婚礼：新郎由诸男客伴送，新娘由诸女客伴送，届时至礼堂北面立定，主婚者西南面立，展读证书，新郎新娘主婚人绍介人各用印毕，主婚者为为新郎新娘对换一饰品，如戒指时针之类，即对立行

> 鞠躬礼。主婚人读颂词，新郎新娘谢主婚人，次谢绍介人，均鞠躬退。此时，贺客拍手欢呼。
>
> 二、行见家族礼：先谒尊长叩头，次平辈次下辈，彼此鞠躬。尊长以次行礼毕时，均授新郎新娘以金银牌或他饰物，下辈则各献花为贺，先安瓶于礼堂，备插所献之花，新郎新娘亦有所献报，于成婚礼次日行之。
>
> 三、行受贺礼：男女客各依新郎新娘以次排列，行一鞠躬礼，男女客代表人出读颂词，读毕各执花插于新郎新娘襟上，复位又一鞠躬。新郎新娘以位礼答词谢，众客行一鞠躬礼，客又皆拍手欢呼。礼毕乃宴饮，饮时可举酒起立，随意祝颂，或歌舞，各竭其欢而散。①

从“礼式单”上看，夫妻对拜改成对换饰品和互行鞠躬礼，读颂词、拍手欢呼、献花、歌舞、登报启事等也是新式的，但仍保存着“择吉”“谒尊长叩头”这两项旧俗。虽不用媒妁之言，但类似于媒妁的“绍介人”却是必不可少的。而且也看不出新郎新娘是否经自由恋爱而结合在一起。而真正意义上的结婚自由，是必须以自由恋爱、自主择偶为前提的。在清末之际，由自由恋爱而发展成自由结婚的例子不是没有，但绝对是凤毛麟角。

而一种全新的择偶方式——征婚广告，开始悄然出现在各大报纸上。1902 年 6 月 26 日天津《大公报》刊载了一则可能是

①《文明结婚礼式单》,《清末时事采新汇选》，北京图书馆出版社 2003 年影印本，第 7128 页。

中国有史以来的第一个征婚广告："今有南清志士某君北来游学，此君尚未娶妇，意欲访求天下有志女子聘定为室，其主义如下：一要大足；二要通晓中西学术门径；三，聘娶仪节悉照文明通例，尽除中国旧有之陋俗。如有能合以上诸格及自愿出嫁，又有完全自主者，毋论满汉新旧贫富贵贱长幼妍媸均可。请即邮寄亲笔覆函。若在外埠能寄大著或玉照更妙。"（"求偶"）这样的择偶条件（女子须通晓中西学术门径、最好有专著！）即便以当下的标准衡量，也是很高的，何况是绝大多数妇女都还是文盲、女学才刚刚起步的清末！这则征婚广告是否有人应征，我们不得而知。倒是此前蔡元培先生提出的择偶标准，既顺应时代潮流，又比较符合实际。

1900 年，蔡元培的原配夫人王昭病逝，媒人们闻讯纷纷上门游说，蔡元培却在书室的墙壁上贴了这样一张征婚启示：（一）女子须不缠足者。（二）须识字者。（三）男子不娶妾。（四）男死后，女可再嫁。（五）夫妇如不相合，可离婚。今天看来，蔡先生的择偶条件并不苛刻，尤其是在给女方提出要求的同时也规定男方在婚姻中的义务——男子不得娶妾，男方如果早死，女方可以再嫁，充分体现了男女平等的原则。不过，这样一些条件，在二十世纪初的中国也算是惊世骇俗了，当时一位专讲理学的老先生甚至骂他"简直是淆乱纲常"，一再劝蔡元培改变征婚条件，却遭到拒绝。经过一年的选择，蔡元培终于访到了符合自己征婚条件的黄仲玉女士。1902 年元旦，二人在杭州举行婚礼。①

传统的婚姻关系，男女双方是极度不平等的，"（丈夫）一

① 见经盛鸿《史海闲话》，上海人民出版社 1999 年版，第 365 页。

不如意，可再娶；再不如意，可三娶；又不如意者乃至四娶五娶以至于十百娶、千万娶，均无人干涉。若女子，乃采一夫制，设妇人再醮，则亲友耻之，乡党轻之”（赵媛《家庭教育论》）。男子可以找出种种理由（所谓“七出”）“休妻”，而女子即使是“夫丧改嫁”也是件困难的事。这引起了一些有识之士的不满，如王韬就明确提出“欲齐家治国平天下，则先自一夫一妇始”（《韬园文录外编》）的口号。金天翮则认为一夫一妻制乃是与自由、平权一样，同样是神圣不可侵犯的：“自由与平权为孪生之儿，自由特早一时而生者也。是故自由起而后平权立，平权立而后一夫一妻之制行，则君子之道，造端乎夫妇也。……夫婚姻交合既由两人之契约而成，则契约之中决不容第三位者（这里指的是妾——引者注）插足之地，犹之两国密约，不能受他国之离间也。”（《女界钟》）鉴湖女侠秋瑾甚至还做出破天荒的“休夫”的壮举（未成）。这虽然仅是个例，但清末确实出现了男女双方自愿“协议”离婚的事例，比单方面的“休妻”要文明得多。著名外交家、后以拒签“巴黎和约”而著称的顾维钧，他的第一次婚姻就是以“协议”离婚的形式结束的。

1908 年，顾维钧遵照父命第一次结婚，虽然履行了仪式，但是实质上“没有发生任何事情”。婚礼结束后他把新婚妻子带到美国，为她找到了费城的一所学校以及住宿的地方，自己返回纽约读书。“我把她当作我的姐妹”，“只要有可能，我就去看她。我们像朋友那样见面，……常在一起进行娱乐和消遣……”。后来，顾维钧“提出不再保持这种人为的关系。我们必须作出安排，使双方都能自由地按照自己的意志办事。……我回纽约写出协议草稿，把草稿带给了她，要她研究一下，看看是否对一切明白了，还要不要修改”。妻子经过一段时间的思考，也表示同意，于是他们在1911年签了离婚协议，“以一种友好的方式脱离了关系”。[①]虽然这只是顾维钧的一面之词，妻子是否真的“自愿”，我们不得而知。但这种协议离婚的形式，尊重了双方的人格，也算是当时的离婚事件中处理得比较好的一件。

一般来说，社会风俗由于其约定俗成的特性，是社会生活中最难改变的一个方面，婚俗也不例外。晚清中国的婚俗在西潮的冲击下虽然发生了若干变化，但和社会生活的其他方面相比，这种变化是非常缓慢的和有限的。由精英人物倡行的“自由结婚”，对整个社会影响甚微，而且本身并不彻底，不过是部分实现了从父母专婚到父母主婚的过渡，[②]大约还处于“结婚雅尚半文明”（《中华竹枝词》）的状态。即使是思想很前卫的《女子世界》，也有人在上面发表文章担忧：“我国男子学问，纯美者鲜、奸猾邪恶者多，一闻维新学说有所谓自由结婚者，于是谬托志士结交女学生，颇有高尚纯洁之女士而几陷于骗贼之手者。……况以少年女子既无学识，又无阅历，贸然曰自由结婚，以启奸猾者之觊觎，安有不受愚者乎？”“若妄谈女权而不先养成女子学识之道德，徒以结婚自由之说便肆意妄行者，灌输之其流弊之所至，吾甚惧焉。”（竹庄《女权说》）这与中国当时的整体社会状况有关，更是千百年积淀下来不易改变的传统观念在起作用。“婚姻自由”取得真正突破则要到“五四”之后。

①《顾维钧回忆录》第1卷，中华书局1997年版，第8、9页。

② 参见夏晓虹《从父母专婚到父母主婚——晚清的婚姻自由》，《读书》1999年第1期。

《新石头记》里的“现代文明”

《新石头记》是晚清著名小说家吴趼人创作的一部小说，1905年开始在《南方报》上连载（仅连载十一回），1908年出单行本，共四十回。名为《红楼梦》续书，实与《红楼梦》基本没什么关系，只是借用《红楼梦》里的几个人物贾宝玉、薛蟠和焙茗来写现时的世界和未来的世界。阿英认为，《新石头记》以“庚子的北京一段最有意义，湖北的暴政描写也不差”[①]，显然是基于“政治叙事”或“谴责叙事”的角度考虑。笔者倒觉得，吴趼人的着力点并不在此，而是将矛头对准伴随着列强的坚船利炮而来的“西方文明”，以及列强在推行“西方文明”的过程中与东方文明的冲突，并寄托着作者的社会理想：未来的中国不仅在科技文明方面要远胜于西方，而且以儒家传统道德为核心的东方文明也将执人类文明的牛耳。

由于晚清小说多具有“借用主人公做全书的线索，尽量容纳近（三十）年来的历史，避去正面，专把些有趣的琐闻逸事，来烘托大事的背景”[②]的特点，一般被认为可以作为“社会史料”来读，《新石头记》也不例外。因此，除文学研究者之外，历史

① 阿英《吴趼人》，《吴趼人全集》第10卷，北方文艺出版社1998年版，第140页。
② 阿英《晚清小说史》，东方出版社1996年版，第24页。

研究者也颇重视其史料价值。

小说由“现在的文明”和“未来的文明”两大部分构成，大约二十二回以前是“现在的文明”，二十二回开始进入“未来的文明”。

一、“现在的文明”

小说描写遁入空门的贾宝玉突然心血来潮，于“大清光绪二十六年□月□日，即西历一千九百零一年□月□日”重入尘寰，来到了已经进入现代文明的现实世界。现实世界的种种新奇事物使他大开眼界：有“比火镰包儿灵便多”的火柴（第二回），速度极快、可以坐好几百人、不用撑篙打桨的轮船（第三回），“把曲子唱一回到里头，就可以一回一回的放出来”的留声机器（第五回），“照得同白昼一般的”电灯和煤气灯，“像筒儿似的，用手一扳，就放出白豆大的一点光来的”手电（第九回），以及流行于世的时事报刊、英文书籍、制造局译书……

其中，小说所描述的“燮昌”火柴，轮船招商局的“江宽”“新裕”“泰顺”和“安平”号轮船，中国海军的“海容”和“海筹”号军舰，时事报刊《时务报》《知新报》和《清议报》，英文书籍《士啤令卜》《无师自通英语录》《英字入门》和《华英字典》等，都是历史上真实存在的。“燮昌”是清末最著名的民族品牌的火柴，火柴公司的股东全部为中国人，吴趼人写《新石头记》的时候，“燮昌”火柴正在与日本输入的“猴牌”火柴展开激烈的市场竞争；[①] 轮船招商局是晚清中国最大的“官督商办”的轮运企业，也正在中国江海航线上与实力雄厚的英商“怡和”轮船公司和“太古”轮船公司一争高下；[②]“海容”和“海筹”号是甲午战败后清政府向外国订造的大型巡洋舰中的两艘，正寄托着中国“复兴海军”的希望；[③]《时务报》《知新报》和《清议报》是清末著名的宣传维新变法的刊物，对包括吴趼人在内的中国知识分子正产生着深刻的影响；《士啤令卜》（可能是英文 Spare Lever 的粤式译法，即“备用工具”）、《无师自通英语录》（绿竹山房编）、《英字入门》（曹骧编译）和《华英字典》（商务印书馆编译所编）都是当时比较流行的英语入门书或工具书。

由于作者吴趼人有在江南制造局工作十几年的经历，他最熟悉、着墨最多的自然也就是江南制造局。在《新石头记》里，他让宝玉参观了炮弹厂、锅炉房、水雷厂、机器厂、熟铁厂、洋枪厂、铸铁厂、木工厂、大炮厂、炮弹厂、炼钢厂、工程处和轮船厂，见到了汽甑、冷汽管、热汽管、气锤、康邦汽炉以及钻眼的、刨光的、切铁的机器。小说中提到的“林明敦”枪（Remington）、十三响毛瑟（Mauser）、五响毛瑟枪、“哈吃开士”（Winchester Hotchkiss）、“马蹄”（Lee-Metford，一译黎意）等武器也是写实的。小说着重描写的刘总办造三十五响毛瑟枪（李鸿章命名为“连珠快利枪”）也基本上是真实的。刘总办指江南制造局的总办刘麒祥，“连珠快利枪”是刘麒祥组织制造局

① 参见王培《晚清企业纪事》，中国文史出版社 1997 年版，第 156 页。

② 参见张后铨主编《招商局史》，人民交通出版社 1988 年版。

③ 张侠等编《清末海军史料》，海洋出版社 1982 年版，第 134 页。

的科技人员根据当时世界上流行的毛瑟枪改进的，与湖北枪炮厂制造的“汉阳造”，并列为清末国产武器的两大主流。只是1905年吴趼人开始写《新石头记》的时候，制造局已经停造这种武器（主持“汉阳造”的张之洞和李鸿章有矛盾，1901年李鸿章去世后，张之洞于次年奏请停造“连珠快利枪”）。此时吴趼人早已离开了制造局，可能尚不知此事。

江南制造局翻译馆是吴趼人曾经供职的地方，对此，《新石头记》进行了详细的描写：

> 宝玉跟着进了一个棚子。只见迎面高处装着一个黑面大钟，正是八点一刻。转了个弯，在一座飞楼下走过，薛蟠道：“这是公务厅总办办事的地方。”又走了几步，路旁又是一排绿棚子，薛蟠道：“这是文案房，卖书的就在这里。”他嘴里说着，却不走文案房，另到右首一所房子里去，那房子是两扇绿色大门关着，在大门上又开了一个小门，大门外挂着“画图房”三个字的牌子……那长桌子靠里面一头，放着一个玻璃匣子，里面摆着一个小轮船的样子。宝玉见了，想起怡红院的西洋自行船，与这个大同小异，不觉出神。回过脸来，又见里间摆着几张白板桌子，靠边上坐着一个人，似是教书先生模样，旁边围了七长八短的几个孩子，在那里念书，却是叽里咕噜的一个字也听不出来。（第十回）

这里描写的文案房、画图房以及“围了七长八短的几个孩子，在那里念书”的地方就是江南制造局的翻译馆以及1869年并入的广方言馆。史载：“（广方言馆）与翻译馆同处于制造局西北隅，计楼房、平房共八座74间，楼上24间为翻译馆，其余为广方言馆。据说此处风景相当不错，整个建筑，重楼杰阁，门外修竹万竿，浓荫夹道，幽雅宜人。翻译馆内，人各一室，资料室、刻书处一应俱全。”① 吴趼人曾经工作过的地方可能就是楼上的刻书处。鉴于他对此地非常熟悉，他对翻译馆和广方言馆的描写，应该要比任何“史料”都更接近于真实。小说还透露出一些不为人所注意的细节：制造局的译书往往是成套卖的，“配全了不过五六百吊钱”（第九回）。制造局不仅出版译书，还出版少量的《四书》《易经》之类，也是实情。②

令宝玉不解的是，现实世界有一个奇怪的现象：街上卖货的十家铺子中，倒有九家是卖洋货的（第五回），又总有像柏耀廉（不要脸）那样的中国人，一味地迷信凡是外国的都是好的，还说“中国的人，先没一个靠得住的”。从古代走来、性格有些痴顽的宝玉却偏不服气，先是冷笑，进而大怒道：“外国人的屎也是香的？只可惜我们没福气，不曾做外国狗，吃他不着。”（第七回）在选择轮船出行的时候，宝玉宁肯多等一些时日，也不乘外国公司的轮船，而乘招商局的轮船。当他知道驾驶招商局轮船的船员是外国人而驾驶军舰的都是中国人时，质疑道：“你昨天说中国人心眼不及外国人，学不了这个。怎么兵船又是中国人驶的呢？但是这个船怎么要用外国人驶，我可不懂了。”

① 熊月之《西学东渐与晚清社会》，上海人民出版社1994年版，第496页。
② 参见张增一《江南制造局的译书活动》，《近代史研究》1996年第3期。

的确，晚清时招商局聘任的高级船员几乎都是清一色的外国人，这是历史事实。以 1908 年为例，招商局旗下共有 31 艘轮船（包括趸船），31 名船长全部是外国人，大副、二副、三副、大车也都是外国人，只有位置不甚重要的二车和三车各有两名中国人。[①] 而中国海军军舰的管带则全部由中国人自己担任，如小说中提到的“海容”和“海筹”号军舰的官带分别是喜昌和黄钟瑛，[②] 后者还是中华民国临时政府成立后的第一任海军总长兼海军总司令。可见，中国并非没有这方面的人才。宝玉的这一质疑，颇有深度，难怪包妥当连连说：“是，是，你老人家明见。”（第四回）

与《二十年目睹之怪现状》相比，《新石头记》中“谴责”的成分显然要少得多，但对柏耀廉这样的妄自菲薄的洋奴，则恨之入骨，借宝玉之口，表示“这种混账东西，我要是有了杀人的权，我就先杀了他”（第七回）。与当时正在全国范围内兴起的收回利权运动的大背景相呼应。但作者又插入了几回关于义和团的描写，对义和团的行为采取完全否定的态度，表明他并不赞成义和团式的盲目排外。通过宝玉学英语、买译书、看新报、参观工厂、乘坐现代交通工具等行为，清楚地表明他还是乐于接受现代文明的，并从第二十二回开始，以科幻的形式预言在未来的中国，东方文明将超越西方文明，成为人类文明的主导。

---

① 参朱荫贵《中国近代轮船航运业研究》，中国社会科学出版社 2008 年版，第 220 页。

② 参见姜鸣《龙旗飘扬的舰队——中国近代海军兴衰史》，三联书店 2002 年版，第 494 页。

二、“未来的文明”

从第二十二回开始，贾宝玉进入了“文明境界”（作者理想中的未来中国）。

这是一个由仁君实行“文明专制”的国度，当政的是一位融东方文明的一切优点于一体的理想化人物——东方文明，他的三子（东方英、德、法）一女（东方美）一婿（华自立）以及孙子东方文、武、韬、钤，外孙华务本，曾孙东方新、振、兴、锐、勇、猛、威，外曾孙华日进、华日新，元孙东方大同、大治，外元孙华抚夷等，也都是道德高尚、志向远大、智慧超群、前程似锦的人。

该境由五大部、二百万区组成，每区用代表儒家伦理道德的某一个字作为该区的“符识”，从一到十万编成号数，“中央是‘礼、乐、文、章’四个字，东方是‘仁、义、礼、智’四个字，南方是‘友、慈、恭、信’四个字，西方是‘刚、强、勇、毅’四个字，北方是‘忠、孝、廉、节’四个字”。全民都受良好教育，无党派、无宗教、无乞丐、无优伶、无妓女，无奸盗、无刑政官、无警察，人人文明礼让、富足健康。

该境的科技非常发达，有一昼夜可以绕地球一周的飞车、可以在地下通行的隧车（地铁）、可以在水下行驶的猎艇（潜艇）、可以穿着在水面行走的“水靴”、采取流水线作业的制衣机器，还有制冰机、造纸机、制枪厂、验性质镜、助聪筒、助听筒、验骨镜、验血镜、验筋镜、脏腑镜、验气镜、助明镜、透水镜、无线电话等等。

总之，未来的文明世界是一个遵循儒家传统道德和具有高度发达的科学技术（这些科技是中国人自己发明的，远比当时能看到的西方科技发达）的理想王国。

作者强调，在未来的文明世界里，除了东方的科技优于西方外，在以下几个方面也是优于西方的：

1. 中医优于西医

作者借用精通中国医学的东方德之口说“能治病的不算是医生，只能算是病人的仆役。是真医生，务要医得通国人都没有病，才算是医国好手”（第二十三回），而要实现这一目标，则应从改良食品入手。暗示着中国传统的医食同源、药食同源、寓医于食、寓药于食（通过调配食物而达到治病的目的）这一中医基本观念将在未来的医界发挥重要的作用。又通过宝玉之口讽刺西医：“看见人家断了一手或一脚，他没有本事治得好，便索性把那手脚锯截下来。人家已经受了一番苦，他还要叫人家受第二番，却依然不得好，反成了个残废之人。”在“文明境界”里，医院偏不悬挂西方通用的红十字旗，而是本境独创的“白底子镶一个大医字”的医院旗帜，因国手（中医）医术高明，“人民都知道卫生”，以致“纵横一百里之内，一年只有三十个病人”（第二十四回）。

2. 中式建筑优于西式建筑

小说通过老少年之口讽刺西洋建筑“动辄有十多层”是因为：“那是他们岛国，地小人多，才有这个高楼，可笑一斑鼠目寸光之辈，或是眼见的，或是耳闻的，不问来由，只说他是文明的建筑，真是令人作呕。其实我们地大足以容人，何必要楼房呢？”（第二十三回）

的确，鸦片战争后，随着列强在中国建立租界，西洋风格的建筑开始大量地输入中国。面对着高大张扬的西洋建筑，起初国人来不及认真审视和仔细消化，产生了莫名的自卑感，并在许多地方掀起了盲目模仿西洋建筑的风潮，“将洋式的短处来替代中国式的长处，成了兼二者之短的‘低能儿’”，“酝酿出光宣以来建筑界的大混乱”。（梁思成《建筑设计参考图集序》）对于这一类西式建筑，作者是蔑视的，认为中式建筑要远远优于西式建筑。

3. 土货优于洋货

在“文明境界”，宝玉“见那土造的东西，没有一件不是清净雅洁的。看了那光怪陆离的洋货，倒觉得俗不可耐了”（第三十八回）。

4. 东方的道德优于西方的道德

在小说中，作者借用老少年之口评价道：“中国开化得极早，从三皇五帝时已经开了文化，到了文、武时，礼乐已经大备，独可惜他守成不化，所以进化极迟。近今自称文明国的，却是开化的极迟，而又进化的极快。中国开化早，所以中国人从未曾出胎的先天时，先就有了知规矩、守礼法的神经。进化虽迟，他本来自有的性质是不消灭的，所以醉后不乱。内中或者有一两个乱的，然而同醉的人，总有不乱的去扶持他，所以不至于乱了。那开化迟的人，他满身的性质还是野蛮底子，虽然进化的快，不过是硬把‘道德’二字范围着他，他勉强服从了这个范围，已是通身不得舒服，一旦吃醉了，焉有不露出本来性质之理呢？所以他们是一人醉一人乱，百人醉百人乱，有一天他们全国都醉了，还要全国乱呢。”（第三十二回）以酒德为喻，证明东方道德优于西方道德。

5. 以中华传统道德为核心的东方文明才是真文明，而西方的文明是假文明

作者强调，“文明境界”中的人，“从小时家庭教育，做娘的就教他伦常日用的道理，入了学堂，第一课先课的是修身。所以无论贵贱老少，没有一个不是循理的人，那孝悌忠信、礼义廉耻，人人都烂熟于胸中，所以才敢把‘文明’两个字做了地名。”而西方所谓的“文明国”，却“看着人家的国度弱点，便任意欺凌，甚至割人土地，侵人政权，还说是保护他呢。……照这样说起来，强盗是人类中最文明的了”（第二十八回），直指西方文明的弊端。

“文明境界”里虽有发达的科技和用发达的科技武装起来的军队，“我们政府要发下个号令来吞并各国，不是我说句大话，不消几时，都可以平定了”。但东方文明老先生却不肯这样干，“他生平的大愿，是组织一个真文明国，专和那假文明国反对，等他们看了自愧，跟着我们学那真文明，那就可以不动刀兵，教成一个文明世界了”（第三十八回）。而对于那些未开化的民族，也不是恃强凌弱地去欺负它们，而是千方百计地“出之于水火，登之于衽席……同他脱了羁绊之后，还要设法教育他，开他的智识，教得他具了自立的资格，才算大功告成呢”（第三十九回）。

最后，作者通过宝玉的梦境，把“文明境界”移到了未来的中国：“此刻的上海，你道还是从前的上海么？大不相同了。治外法权也收回来了，上海城也拆了，城里及南市都开了商场，一直通到制造局旁边。吴淞的商场也热闹起来了，浦东开了会

场，此刻正在那里开万国博览大会”，会场上“各国分了地址，盖了房屋，陈列各种货物。中国自己各省也分别盖了会场，十分热闹，稀奇古怪的制造品，也说不尽多少”。从吴淞起，一直到汉口，两岸全是中国厂家，接连不断。转眼间宝玉又经汉口乘火车到了一个挂了黄龙旗的所在（暗指北京），那里正在举办“万国和平会”，各国或皇帝亲临，或派大员参加，盛况空前。会议公举东方文明（不知道什么时候变成了皇帝）为会长。东方文明发表了以各国和平共处、各民族平等相待为主旨的演说（第四十回）。预言未来的中国将是世界最文明的国度，是未来文明世界的领袖，而这个领袖将平等地对待各民族。

作为一个有维新思想的小说家，吴趼人在《新石头记》里混合了康有为的“大同”说、“物质救国论”和梁启超的“开明专制论”于一体。我们尚不能确定作者是否受到康梁的直接影响，但至少说明了他与康梁有许多“所见略同”的地方，折射出清末部分知识分子的一种思想倾向。在中国文学史上，人们对晚清文学的评价普遍偏低。而在晚清文学中，吴趼人的《新石头记》也很少为人所特别关注。但当我们今天走到世界各个角落都能见到“中国制造”、见到各种国际会议经常在北京召开、欣赏完在上海浦东举办的世界博览会的时候，再来重读这部小说，不禁会心一笑，感受它历久弥新的魅力。正如时人评论的那样，吴趼人著《新石头记》，“其目的之正大，文笔之离奇，眼光之深宏，理想之高尚，殆绝无而仅有”[①]。

① 魏绍昌编《吴趼人研究资料》，上海古籍出版社1980年版，第118页。

从竹枝词看西方物质文明在中国的传播

——以上海为中心的考察

由巴渝民歌演化而来的文人竹枝词，发展到清代，新增了少量以西洋事物为歌咏对象的内容。如广州竹枝词里的“洋船争出是官商，十字门开向二洋。五丝八丝广缎好，银钱堆满十三行”（屈大均《广州竹枝词》），北京竹枝词里的“天主堂前任往回，风琴夜不响高台。但听无数秧歌鼓，打入人家屋里来”（刘廷玑《帝京踏灯词》），上海竹枝词里的“西学东来三百年，问谁风气独开先，术精火器兼天算，有用书推农政全”（秦荣光《上海县竹枝词》），甚至有人根据传闻创作出了海外竹枝词“吟到中华以外天”。但总的来说，在开放五口通商以前，主要仍以传统事物为歌咏对象。

“和议初成五口通，吴淞从自进艨艟。而今三十余年后，风景繁华互不同。”（云间逸士《洋场竹枝词》）五口通商后，从遥远的欧洲舶来的体现西方物质文明的声光化电、饮服日用、交通通讯、市政模式、文化娱乐、居住方式乃至生活方式等都不同程度地传入这些口岸，并影响到其他地区。这些“舶来品”的传入，促进了中国的乡村城市化、城市近代化的进程，出现了“蜃市幻楼台”（李默庵《申江杂咏》）式的“畸形繁荣”，强烈地冲击着竹枝词作者的耳目，为其创作提供了源源不断的新素材。

这一时期，在上海这样“开风气之先”的通商口岸城市，以歌咏西洋事物为题材的竹枝词陡然增加，涉及衣食住行、日用百货、文化娱乐、邮政通讯、市政管理等多个方面。正如王韬所说：“洋泾浜为西人通商总集，其间巨桥峻关，华楼彩辂，天魔睹艳，海马扬尘，琪花弄妍，翠鸟啼暮，以及假手制造之具，悦耳靡曼之音，淫思巧构，靡物不奇。虽穷极奢欲，暴殄已甚，而文人雅士来作勾留者，正可以之佐谈屑、拾诗料。迩来《竹枝》《柳枝》之词，述者甚多。”（《瀛壖杂志》）作者对西洋事物的心态比较复杂，大体上分成两类：一是“于嬉笑之语，隐寓箴规，游戏之谈，默存讽谏”（杨静亭《都门杂咏序》）；二是无条件地赞美，与洋场流行的“以洋为尚”的风气若合符节。

一、竹枝词里描述的衣食住行用

在服饰方面，当竹枝词作者见到丰胸细腰、轻纱障面、裙幅曳地的西洋女子时，作词讽刺者有之：“泰西妇女不知娇，双乳高堆细束腰”（辰桥《申江百咏》），“素练重裙著地飘，轻纱障面避尘嚣。尽多玉立长身态，都为灵王爱细腰”（李默庵《申江杂咏》）；赞美者有之：“马路谁人策马来，欧西女子俊风裁。雕案侧坐明驮速，十幅湘裙洒不开”（朱文炳《海上竹枝词》），“雪色倭雏艳绝群，青纱笼面却尘氛。仙裾乞得天孙锦，贴地都成五彩云”（黄燮青《洋泾竹枝词》）。

受西式女装的影响，上海中式女装也吸收西式女装的某些特点，在做工上趋向于量体裁衣、暴露曲线，看起来“腰肢紧束，飘然曳地，长身玉立者，行动嬝娜，颇类西女”（徐珂《清稗类钞》）。对此，有竹枝词作者指责“新式衣裳孰剪裁，这般窄小不应该”（朱文炳《海上竹枝词》）。不过，西式女装花色素雅、和谐脱俗的特点，却被有的竹枝词作者所津津乐道，用“家家姊妹费商量，不斗浓妆斗淡妆。想是名花宜素艳，一齐浅色着衣裳”（袁祖志《海上竹枝词》）、“杏燕花新锦地纹，红灰衫子白灰裙”（袁祖志《申江竹枝词》）、“缟素衣裳偏称体，淡妆不着石榴裙”（招隐山人《申江记游》）等词句赞之，当时称这一类时装为“文明新装”。

在饮食方面，当西式食品刚传入中国的时候，华人往往用中国固有的食物名称来称呼这些洋食品。例如，1858年英国人亨利·埃凡在上海创立了埃凡面包店，华人在很长时间内却习惯于称之为埃凡馒头店。[①]有竹枝词作者讽刺这种外国“馒头”：“匀调麦粉做馒头，气味多膻杂奶油。外实中松如枕大，装车分送各行收。”（颐安主人《沪江商业市景词》）西式食品的译名也有个逐步规范和统一的过程。如汽水初译为“荷兰水”，竹枝词里有“荷兰冰水最清凉，夏日炎炎竞爱尝。中有柠檬收敛物，涤烦祛秽代琼浆”（同上）之句；咖啡初有译成“考非”的：“考非何物共呼名，市上相传豆制成。色类沙糖甜带苦，西人每食代茶烹”（同上）；香槟初译“香饼”或“香冰”，有“客至恒供

① 参刘善龄《西洋风》，上海古籍出版社1999年版，第152页。

香饼酒，风琴咿哑手亲调”（辰桥《申江百咏》）、“纵饮休云力不胜，劝君且慢点香冰”（海昌太憨生《淞滨竹枝词》）等。后来，“考非”改成“咖啡”，有“短窄衣衫呼崽子，咖啡一盏进新茶”（汪述祖《北京杂咏》）句；“香饼”“香冰”统一为香槟，“刀叉耀眼杯盘洁，我爱香槟酒一觞”（海昌太憨生《淞滨竹枝词》）；而“荷兰水”这一名称却沿用了很长时间。

西式菜肴的类型、制作技法和食用方式也传到中国。其中，最被国人排斥的是半生不熟的牛排、带着腥膻味的牛奶乳酪、冰冷还要加冰的饮料和杀气腾腾的刀叉。另外，“只有西餐无尔我，各人自食不偏枯”（朱文炳《海上竹枝词》）的分餐制也与中国传统的全家人围坐在一起同吃一盘菜的合餐制（表示亲情）格格不入。

在建筑方面。开埠以来，西方各个不同历史时期、不同建筑风格的建筑纷纷引进中国。西式建筑不仅代表着一种建筑风格，更象征着一种文化强势，给竹枝词作者以前所未有的刺激和震撼。他们对这些看起来高大、雄伟和强势的西式建筑多抱着赞赏的态度，如“洋楼更比蜃楼好，谁读坡仙海市诗”（佚名《春申浦竹枝词》）、“峨峨公廨压江滩，绝少威仪似汉官”（李默庵《申江杂咏》）、“教堂高立笔尖峰，屋宇红墙砌万重”（颐安主人《沪江商业市景词》）等。对西式建筑所使用的建筑材料也作正面的描述，如“洋楼金碧耀生光，铁作栏干石作墙”（佚名《春申浦竹枝词》）、“外洋灰土水门汀，性质坚凝色带青。融结如砖平且固，更宜印造各花形”（颐安主人《沪江商业市景词》）等。

在交通方面。五口通商后，上海逐渐取代广州成为外国船舶进入中国的第一站，“一切外国轮船，不论其最后的目的地是哪儿，它都要先开到上海”[①]。许多大型的外国轮船公司开辟了从欧美口岸到上海的航线，中国轮船招商局的总部也设在上海。轮船的巨大与快速给竹枝词作者留下了深刻的印象，赞之道：“番舶云屯黄浦前，帆樯分别号旗悬。望台忽报轮船到，遥见青天十里烟”（袁祖志《沪上游女竹枝词》），“火轮船走快如风，声响似雷逆浪中。一日能行千百里，大洋西到大洋东”（佚名《春申浦竹枝词》），“浦滩高耸尽洋房，各口轮船下货忙”（颐安主人《沪江商业市景词》）。各轮船公司经过激烈的竞争，逐渐形成了“三公司”（按：指招商局、怡和、太古——笔者注）三足鼎立的局面，所谓“三家各备大轮船，客货纷纷路万千”（同上）。甲午战争后，日本在中国的航运势力日益膨胀，成为“三公司”的强大对手，于是又有咏日本轮船的竹枝词问世，如“公司船只去来忙，或驶长江或外洋。大阪三菱名卓著，广行揽载各工商”（同上）、“东洋巨舰尽名丸，来往邮船货百般。立社分司商务盛，创兴航业却非难”（同上）等。

火车的引进却不如轮船那么顺利。1876年，英商采取偷梁换柱的办法修成了吴淞铁路，“来往吴淞有火车，客多争坐语声哗”（同上），给当地人民的出行带来了不少方便。但不久后该路就被中国官府买回拆毁。二十多年后（1898），上海才又重修了这条线路。此时，人们已经接受了火车这种现代化的交通工具：“今日司空都见惯，沪宁来去也从容。”（朱文炳《海上竹枝词》）

如果说轮船、火车等交通工具的引进使人们的出行速度成倍

① 聂宝璋编《中国近代航运史资料》第1辑，上海人民出版社1983年版，第141页。

地增长，那么电报、电话等电讯工具的使用，则“瞬息万里”，使信息的传播速度成千上万倍地增长，拉近了人与人之间的距离，使地球大大缩小，其意义虽然不能与当今的信息时代相提并论，但在工业时代，却有着革命性的意义。对此，竹枝词作者更是不惜笔墨地加以夸赞，如“消息通遍异等闲，巧凭电线露机关。不须山海嫌修阻，千里音书一瞬还”（招隐山人《申江记游》）、“不须鲤寄与鸿传，电线音驰万里天。两地语言传顷刻，胜于羽箭疾离弦”（李默庵《申江杂咏》）、“无数关山一线通，人工巧制夺天工。从从黄浦滩头聚，顷刻能知万里风”（辰桥《申江百咏》）、“自开电报地球通，千里遥传一刻中。更可暗排机密码，人工直欲夺天工”（颐安主人《沪江商业市景词》）、“东西遥隔语言通，此器名称德律风。沪上巨商装设广，几如面话一堂中”（同上）、“两地情怀一线通，有声无影妙邮筒。高呼狂笑呈憨态，独立倾听得律风”（余槐青《上海竹枝辞》）等。

在日用百货方面。开埠以来，随着远洋航运的发达，从外国舶来的日常用品极大地丰富了上海市民的生活，许多带有“洋”字的日用品充斥着消费市场，如洋布、洋油、洋火、洋铁、洋钉、洋灰、洋皂、洋表、洋烟、洋酒等等。以颐安主人的《沪江商业市景词》为例，略举如下：

西洋花布色纷纭，各有专牌仔细分。如欲新翻何式样，绘图定办独超群。（洋布）

荷兰名袜制牌悬，针线双钩细又坚。无奈网成西式出，紧宽适体客争穿。（洋袜）

寸长圆木瘦中腰，束上棉纱细密条。五色分明装

匣卖，名呼洋线各方销。（洋线）

铁枝木柄伞高撑，如布如绸各式绷。咸爱轻灵多仿制，不论晴雨手中擎。（洋伞）

外洋名厂造香胰，精制标牌别出奇。包饰光华装匣美，芬芳气味合时宜。（洋皂）

连年洋碱广消场，价为参差又立章。岂独浣衣争买众，各般配料用偏忙。（洋碱）

西来洋铁薄于皮，洁白光明各用宜。剪制罐头灯镜具，面加花漆益矜奇。（洋铁）

一针分作数人为，打眼磨尖各有司。独力何如群力速，愈多愈快价相宜。（洋针）

煤油市价忽低昂，囤塌人多进去忙。此物消场今最广，一天需用数千箱。（洋油）

纸卷香烟广及时，年轻争买口含之。沪商多学洋人款，知己相逢赠一枝。（洋烟）

外洋名酒到春申，酿自蒲萄各种陈。大小瓶装无限数，价昂多售与西人。（洋酒）

外洋糖果到春申，五色玲珑异样存。映得玻璃并艳丽，争先纷买喜尝新。（洋糖果）

“外洋各物胜中华，制造精良蔑以加”（颐安主人《沪江商业市景词》），由于历史、实力、技术、人才、管理等诸多方面的原因，在近代中国，大多数国货产品不管在质量上还是在价格上同洋货相比，都缺乏竞争性，所谓“百货珍奇出外洋，华商终不敌西商”（同上）。在短暂的排斥之后，人们逐渐被洋货的物美价廉所倾倒，出现了“以洋为尚”的社会风气，“凡物之极贵重者，皆谓之洋，重楼曰洋楼，彩轿曰洋轿，衣有洋绉，貌有洋甬，挂灯有洋灯，火锅有洋锅，细而至于酱油之佳者亦名洋秋油，颜料之鲜明者亦呼洋红洋绿。大江南北，莫不以洋为尚”（陈作霖《炳烛里谈·洋字先兆》）。

洋货的涌入，极大地冲击着中国传统的手工业市场。只有少量的民族企业或是由于引进了先进的工艺和技术，或是聘请了专业技术人才，或是抓住了商机经营得法，或是生逢其时得到了爱国群众的支持，在与外资企业的较量中求得了生存，使自己生产出来的国货产品占据消费市场的一席之地。

二、竹枝词里描述的文化娱乐

在文化娱乐方面，上海开埠以来，受西方影响的新闻、出版等文化传播媒介异常活跃。上海是中国近代无可争议的新闻出版中心。由于这些新式媒介机构采用石印、凸版铅印等先进的印刷技术，逐渐取代费时、费力、单调的雕版印刷技术，使“万卷图书立印成”（辰桥《申江百咏》），“一年三百六旬日，日日千言录报章”（同上），文化的传播速度大大加快。

随着西学的传播和科举制度的废除，各种“书备中西须并习”（颐安主人《沪江商业市景词》）的新式学堂纷纷设立，如女子学堂、师范学堂、商业学堂、工艺学堂、农业学堂、武备学堂等。与过去“学而优则仕”的价值取向不同，这些学堂多具有职业教育性质，学生入学的目的多半是为了将来的谋生立业，隐示着中国社会正处在一个前所未有的大变局当中。由于懂西文的人谋事最易、挣钱最多、前程最好，外语类学校成为人们趋之若骛的热门学校。竹枝词里有“学堂约翰最驰名，多出成材毕业生。咸慕西师精教育，领凭赴职可知程”（颐安主人《沪江商业市景词》），这里的“约翰”指的是外国人开办、采用全英文教学的圣约翰大学。当然，这样的“贵族学校”是一般市民所不敢问津的，他们只能到“略知一二便为师”（同上）的英文夜馆速成一点洋泾浜英语，现学现用。

“文化机关次第开”（余槐青《上海竹枝辞》），近代以来，开放私家（包括皇家）文化设施于民众的开放意识也传入中国。私家园林、藏书楼和金石收藏室等文化设施逐渐从私人的手中解放出来，变成“公”字头的、广大民众均能共享的公园、公共图书馆和公共博物馆等公众文化设施。但在这些公共文化设施建立之初，往往带有强烈的殖民主义色彩。最突出的例子是上海公共租界工部局在外滩建立的所谓的“公家花园”，起初却不准华人入内，所谓“英商游憩有家园，不许华人闯入门”（颐安主人《沪江商业市景词》），成为中国人民耻辱的象征。后来工部局为了平息华人的不满情绪，另辟了供华人休息的“华人公园”，但后者的档次远不如前者，不过是“三五茅亭聊备坐，碧梧蔽日任风翻”（颐安主人《沪江商业市景词》）而已。

面对这样的屈辱，一些爱国士绅主动开放（或半开放）了自己的私家园林，如上海的张园、愚园、申园、西园等。这些开放（或半开放）的私家园林一般不收门票，但在园内设置一些餐饮、游乐设施，从中获取利益，以园养园，多少具有近代公园的特征。竹枝词里有“海天胜景让张园，宝马香车日集门”（颐安主人《沪江商业市景词》）、“张园西去到愚园，游客曾经载酒樽”（同上）、“愚园游罢又张园，裙屐追随尽少年”（李宝淦《海上竹枝词》）、“有约申园公品茶，匆匆登座弄琵琶”（王韬《沪上词场竹枝词》）、“申园游罢又西园，两地风光总绝伦”（黄大华《申江竹枝词》）等，描述的就是这种私家园林的开放现象。

将自己的金石收藏向大众开放的理念也是从西方传入的。上海最早建立并向公众开放的博物馆可能是1874年西方人在上海圆明园路建立的亚洲文会博物院，主要陈列稀有的生物标本和矿石，也有少量的历史文物。竹枝词里有“鳞介昆虫形栩栩，还多矿石辨尤难”（朱文炳《海上竹枝词》），“珍奇罗致百千般，一任华人纵目观”（颐安主人《沪江商业市景词》），说的应该就是这个博物馆。

中国古代公私藏书都比较发达，为后世保存了大量的珍贵典籍，中华文化得以绵延不绝，其功不可没。但真正有机会使用这些藏书的人极为有限。明清之际，曾有开通人士主张集社会之力，购买图书，遍设公共藏书楼（室）以供人阅读。这里蕴含着近代公共图书馆的萌芽，但实践者很少，没有起到应有的普及作用。当时，一些来华的欧洲传教士在教堂内设置了供入教之人借阅的图书室。晚清开放教禁后，这些设在教堂里的图书室，成为近代图书馆的嚆矢，其中最著名的就是创建于1847年的上海徐家汇教堂藏书楼。由于该藏书楼主要是供传教士及与教会有关的人士使用，并不为一般的读书人所知，自然也没能留诸竹枝词作者的笔端。

在图书馆开放意识的影响下，中国的读书人也逐渐从私人藏书的狭隘意识里走出来，以“聚天下之图书器物，集天下之心思耳目”[①]为目的，开始筹设对公众开放的藏书楼，其中以“广开新学译书刊”（颐安主人《沪江商业市景词》）的格致书院创设的专供中国人阅览的阅览室（后扩充为藏书楼）为最早。里面不仅收藏国人熟知的经史子集，还收藏介绍声光化电的新书籍，已经比较接近于近代意义的图书馆了。

开埠以后，赛马、跳舞、马戏、魔术、西洋镜、幻灯、影戏等西式娱乐文化也逐渐传入上海。但有些娱乐项目最初仅局限在洋人的圈子里，完全把华人排除在外，如赛船、赛马、狩猎、西乐演奏、交谊舞会、俱乐部活动等。殖民者甚至将参加这些娱乐与“蔑视中国人”并列在一起，作为显示自己“绅士风度”的必修课，体现了浓重的殖民文化色彩。

竹枝词里有“飘来异乐音嘹亮，尽是胡笳塞外传”（西乐演奏，洛如花馆主人《春申浦竹枝词》）、“年年赛马在春秋，绿耳华骝迥不侔。一霎如飞几十里，争看骏骨占鳌头”（赛马，同上）、“缓带轻裘猎骑骄，氐羌漫拟霍嫖姚。相啸劲犬狰狞甚，日暮归来兴尚饶”（狩猎，同上）、“抛球才罢又跑船，舟样如梭水面穿”（赛船，佚名《春申浦竹枝词》）、“四足连环跳不休，红男绿女互相搂”（交谊舞，叶仲钧《上海鳞爪竹枝词》）等，道出了竹枝词作者“远观”西式娱乐后的感受。后来洋人看到赌马有利可图，便将赛马场向华人开放，将赛马变成引诱华人

① 李希泌、张椒华《中国古代藏书与近代图书馆史料》，中华书局1982年版，第101页。

堕落、骗取华人钱财的工具。在海市蜃楼似的高额奖金的诱惑下，“每逢赛马各西商，半住街房聚赌忙。引得华人如蚁附，兴高采烈大开场”（颐安主人《沪江商业市景词》），极大地败坏了社会风气。

西乐演奏、交谊舞会、俱乐部活动等娱乐项目后来虽也吸引华人加入，但多局限在买办、政界人物和其他所谓的“高等华人”的圈子，基本上与普通市民无缘。倒是一些比较“粗俗”的西式娱乐，由于它们通俗易懂，又不存在中西文化的隔阂，很快就为华人大众所接受。如马戏、西洋镜、魔术、影戏等。竹枝词里有“外国曾来马戏班，风驰电掣驾云鬟”（马戏，洛如花馆主人《春申浦竹枝词》）、“西洋镜片古来稀，洞里乾坤藉显微”（西洋镜，同上）、“外国戏法最惊人，碎帕还原宛似真。更斩人头能复旧，离奇幻变妙神通”（魔术，颐安主人《沪江商业市景词》）、“东西影戏到春申，活动非常宛似真。各式传奇堪扮演，一经入目尽称神”（影戏，同上）等，可能是竹枝词作者“近观”后的写真。

三、竹枝词里描述的市政

在市政建设和市政管理方面，开埠之初上海开辟了英、法、美三国租界，形成“美界独居河以北，法前英后处中央”（颐安主人《沪江商业市景词》）的格局。1862 年，英、美租界合并成公共租界，三个租界变成了以洋泾浜为界的两大租界：“洋泾浜订旧章程，两国分疆一水横。”（余槐青《上海竹枝辞》）后来，两大租界屡次扩充，到 1899 年的时候，公共租界东西最长已经达到了7.5英里（约合12公里多一点），[①]竹枝词里说“租界延袤卅里长”（詹鸿章《上海竹枝词》），虽不十分精确，但也相距不远。两大租界各设一个市政机构（公共租界工部局和法租界公董局），其主要的职责是引进西方已经先行一步的近代化的市政建设和管理。

道路是城市的骨骼，是市政建设的基础。英租界设立之初，殖民者甚至还来不及建领事馆，就首先组织了一个“道路（码头）委员会”（工部局的前身），把修筑码头和道路放在了一切工作的首位，将较为先进的西方筑路技术传到中国。这种技术是以砾石和碎石为路基，用打碎的碎石子铺就后、用重物压平夯实，然后再用沙土铺设路面。有条件的地方，路面还要加铺柏油或混凝土，并在路旁配备排水设备，避免因下雨而造成的“泥淖之患”。这就是竹枝词所描述的“补天炼石岂寻常，碎石修途计亦良”（李默庵《申江杂咏》）。

到1865年时，公共租界内已经修筑了十几条大马路，构成了近代上海基本的“棋盘式”格局：“纵横界划似棋盘，世路纷纭一例看。”（同上）太平军进攻上海期间，租界当局还越界修筑了静安寺路。因有此路的方便，每到春天，吸引着众多的游人到静安寺一带游玩，有竹枝词为证：“静安寺外好春光，缆辔争驰走马场。一路轮蹄声不断，暖风吹送万花香。”（招隐山人《申江记游》）

由于租界是建立在上海旧城之外的乡村地带，所谓“沪上风光尽足夸，开门新北更繁华；出城便判华夷界，一抹平沙大

① 参蒯世勋编著《上海公共租界史稿》，上海人民出版社1980年版，第478页。

道斜”（袁祖志《海上竹枝词》）、“北邙一片辟蒿莱，百万金钱海漾来，尽把山丘作华屋，明明蜃市幻楼台”（李默庵《申江杂咏》），描述的正是新街区在上海旧城以北的乡野之地拔地而起的情景。

新街区初具规模后，租界当局下一步要做的事就是将西方已经先行一步的那一套比较先进的市政管理模式搬到这里，对“南门柴担西门粪，犹胜闲云东北行”（袁祖志《海上竹枝词》）这样源自乡村自然习惯的行为进行约束和规范。竹枝词有“局名工部创西人，告示频张劝我民”（颐安主人《沪江商业市景词》），反映的正是工部局经常以布告的形式对违反新规章、新秩序的行为进行劝阻的史实。保存下来的工部局董事会的《会议录》里记载了大量的这方面的内容。不仅如此，工部局还设立了巡捕房，以拘押、罚款等形式将新规章、新秩序强行推行下去。这在竹枝词里也有所反映，如“捕头权大过华官，偶一违章百不安。押入班房多判罚，若无银饼保人难”“街头巡捕立西东，弹压行人莫乱冲。车马纷驰如肇祸，立时捉押入牢中”（同上）等。

消防、卫生、水电煤气等公共事业是市政管理的重要组成部分。当竹枝词的作者看到租界内秩序井然、整洁干净，并设立了比较配套的水电煤气系统、消防系统和卫生系统后，对西人的“治术有本”（康有为语）颇为好感，不惜笔墨地加以描述：

> 半车瓦砾半车灰，装罢南头又北来。此例最佳诚可法，平平王道净尘埃。（垃圾车）[1]

① 李默庵《申江杂咏》，顾炳权《上海洋场竹枝词》，第75页。

火树千株照水明，终宵如在月中行。地理铁管通街市，真个销魂不夜城。（煤气灯）[①]

洋场高建火钟台，何处成灾报警来。听出两三知界限，无须探望把窗开。（火钟台）[②]

地藏铁管达江中，曲折回环室内通。更置龙头司启闭，一经开放水无穷。（自来水）[③]

满街尘土屡飞扬，驾马拖车洒水忙。铁柜旁穿无数眼，开机如雨涤沙场。（洒水车）[④]

如飞救火马车来，一路摇铃尽让开。撞到行人皆不管，稽迟烈焰怕多灾。（救火车）[⑤]

红黄蓝白耀双睛，海上宏开不夜城。世界年来成黑暗，凭他一线放光明。（电灯）[⑥]

租界先进的市政管理，对华界起了示范的作用。1895年，华界仿效租界成立了南市马路工程局（1905年改组为城厢内外总工程局）。这是一个具有自治性质的新型的市政管理机构，设有议事会和董事会，负责拓建道路、修建桥梁、疏浚河浜、添修路灯，管理户籍、编订门牌、登记地产、收支捐税、平抑米价、查禁鸦片、维护治安等诸多工作。这就是竹枝词里所描述的“春申县署事纷烦，幸有各司各局存。商办工程兼警察，犹

① 辰桥《申江百咏》，顾炳权《上海洋场竹枝词》，第79页。
② 颐安主人《沪江商业市景词》，顾炳权《上海洋场竹枝词》，第102页。
③ 同上书，第115页。
④ 同上书，第156页。
⑤ 同上书，第157页。
⑥ 余槐青《上海竹枝辞》，顾炳权《上海洋场竹枝词》，第264页。

多要务到衙门”（颐安主人《沪江商业市景词》）、“地方利弊贵专司，局设工程藉主持。选举绅商勤办事，欲谋公益集公赀”（同上）。华界的工程局、公共租界的工部局和法租界的公董局各自为政，互不统属，形成了近代上海“一市三治”的局面，所谓“南北分开两市忙，南为华界北洋场”（同上）即指此而言。

余论

竹枝词发展到后代，已从一种写景、抒情的绝句体诗歌发展成写史、纪实、叙事的类似于实用性文体的诗歌，其语言平铺直叙，意浅语显，可能文学水平并不算很高，但恰恰离历史研究者所渴望得到的“真实”相去不远，可以起到以诗证史、以诗补史的作用。洋场竹枝词也不例外，它揭示了开埠以来上海等通商口岸城市在“西化”的过程中为人所不了解的许多历史细节，是研究中国近代史不可多得的珍贵史料。

大变动时代的历史人物

咸丰帝“避战求和”质疑

传统的中国近代史著作在提到第二次鸦片战争期间咸丰皇帝对英法侵略者的和战态度时，常见的说法是：咸丰八年《天津条约》签订前，咸丰帝“丝毫没有诉诸武力的打算”，“表示不出任何抵抗外敌的决心”，“一心一意只想求和”；在《天津条约》签订至咸丰十年《北京条约》签订期间，咸丰帝“发号施令是如此地缺乏一贯性，摇摆不定，常常自相抵牾，终至只能听任侵略者摆布”。[①] 咸丰的态度果然是这样的吗？笔者查对那个时期的有关史料，发现了若干疑点，以为上面的结论是值得商榷的。

一、咸丰八年的应对

咸丰六年（1856），英国借口“亚罗”号“辱旗”事件，派兵进攻广州。法国也借口法籍天主教神甫马赖在广西西林被杀，于次年派兵到达香港，与英军组成英法联军，准备侵略中国。

咸丰七年（1857）十月二十七日，英国全权专使额尔金和

---

① 胡绳《从鸦片战争到五四运动》，人民出版社 1981 年版，第 155、156 页。

法国特命全权专使葛罗向两广总督叶名琛发出照会，要求入广州城“修约”，限十四日答复。十一月十一日，又展限二十四个时辰，否则就要攻城。“好为大言”的叶名琛错误地估计了双方的实力对比，向咸丰表示要与英法联军决一死战，“斩断葛藤，以为一劳永逸之举”，“以期早慰圣廑”。[①] 咸丰竟信以为真，指示叶名琛进一步交涉，“务将进城赔货及更换条约各节，斩断葛藤，以为一劳永逸之举”[②]。在当时的通讯条件下，咸丰的旨意还没有到，英法联军给出的时限已到。十一月十三日，英法联军炮击广州，并登陆攻城。都统来存、千总邓安邦等率兵顽强抵御，次日失守。广东巡抚柏贵、广州将军穆克德讷投降，叶名琛在两广总督府的后花园被俘。

英法联军侵占广州后，继续策划北上天津，迫使咸丰屈服。咸丰一边命令两江总督何桂清“详加开导”，将他们“劝”回广东；一面“着庆祺、希拉布督饬沿海各员弁，于海口各要隘，不动声色，密加防范”，“若夷船到后，自当多发兵勇，张大声势。使该夷不敢轻视”。[③] 当英法舰队接近天津海口时，咸丰帝又令直隶总督谭廷襄准备谈判，以为缓兵之计，并借以试探英法联军的意图：如果中国方面允以减税就能退敌最好；“必不得已，于闽粤省附近通商海口之地，酌加小口各一处”[④]，是为最后界限，否则就准备决一死战。

咸丰八年（1858）四月初八日，英法联军炮轰大沽炮台，

① 咸丰朝《筹办夷务始末》，中华书局1979年版，第619页。

② 同上书，第620页。

③ 同上书，第686页。

④ 同上书，第763页。

驻守各炮台的清军奋起还击，与敌鏖战。但谭廷襄等毫无斗志，弃守逃亡，加以炮台设施陈陋，孤立无援，大沽失陷。

英法联军占领大沽炮台后，溯白河而上，侵入天津城郊，并扬言要进攻北京。天津已为不设防城市，京师震动。咸丰一面派桂良、花沙纳去天津谈判，一面连连下诏调兵遣将严防进京的必经之地通州，期以军事为后盾，使我方在谈判中处于有利的地位。若谈判破裂，则准备应战：“若必须用武，天津兵勇尚多，民团亦甚可用，着谭廷襄饬令带兵将并严密布置。”“天津迤北，毋令该夷窜入，一面激励绅民，急筹攻城之策。”“岂能听其藐视中华，要求无厌？”当得知英法在谈判中提出派公使驻京这一条时，咸丰龙颜大怒：“动受挟制，战抚两难，贻患无穷，不如战。”[①] 并不是像一些近代史著作中所说的“一心一意只想求和”。

在英法联军的武力逼迫下，被派到天津谈判的桂良、花沙纳在没得到咸丰批准的情况下签订了中英中法《天津条约》。签约后桂良上奏云：“情甘认罪而忍为此者，盖时势当危急之秋……此时英法两国和约，万不可为真凭实据，不过假此数纸，暂时退却海上兵船，将来倘欲背盟弃好，只须将奴才等治以办理不善之罪，即可作为废纸。”[②] 把签订条约这样一件严肃的外交大事视作一场“苦肉计”。这点连英法侵略者也看出来了：“由于手枪正对准咽喉，所以钦差大臣们也只得接受英国的全部要求。”“只要稍有远见就能看到，英国人所签订的条约内含有新

① 咸丰朝《筹办夷务始末》，中华书局 1979 年版，第 962、965 页。
② 同上书，第 966 页。

的和严重困难的萌芽。”[①]

《天津条约》签订后，双方约定赴上海商订税则，英法舰只退至上海。

面对《天津条约》，最让咸丰感到恐慌的是条约中的“派员驻京、内江通商、内地游行、赔缴兵费”四项。他令桂良等人在与英法代表谈判时，要求取消上述敏感条款，并设法避免英、法到北京换约，保证“设或事至决裂，必须用兵，断不能归罪于议事之人”[②]。但经过半年的努力，英法方面还是寸步不让。咸丰帝只好采取退一步的办法，“驻京一节，为患最巨，断难允行。至进京换约，如能尽力阻止，更属妥善，其余之事，即可乘势开导，倘能消弭一事，即日后少受一事之累，如不能全行挽回，亦当于三事之中争以限制，以杜该夷无厌之求”[③]。

上海谈判为咸丰帝重新调兵遣将争取了时间，他连续下令加强天津至北京的防卫，做好决战准备。

二、咸丰九年的抵抗

咸丰九年（1859）五月，预定的换约时间到。在拒绝桂良提出的在沪换约的建议后，英国公使普鲁斯、法国公使布尔布隆和美国公使华若翰各率一支舰队到达大沽口外，企图以武力威慑清廷交换《天津条约》批准书。

① 中国史学会编《第二次鸦片战争》第6册，上海人民出版社1978年版，第172页。
② 咸丰朝《筹办夷务始末》，第1224页。
③ 同上书，第1333页。

鉴于大沽的设防已很严密，咸丰令新任直隶总督恒福照会英、法公使，通知他们由大沽口稍北的北塘口登陆进津，随员不得超过二十人，不准携带武器，并预先警告说：“现在大沽海口，已节节设备，如轻易入口，恐至误伤。”[①]

但是英法侵略者蓄意寻衅，蛮横闯入大沽口，开炮轰击我炮台，强行登陆。这时大沽一带的防务，已交由科尔沁亲王僧格林沁负责。在僧格林沁的指挥下，有所准备的清军英勇抵抗，发炮反击，战斗异常激烈。直隶提督史荣椿、大沽协副将龙汝元身先士卒，先后阵亡。由于清军火力充分，战术得当，在这场战斗中，取得了击沉击伤敌舰 10 艘、毙伤敌军近 500 人的胜利。遭到重创的英法舰队在美舰的帮助下狼狈退出大沽口。

第二次大沽口之战以清军的胜利而告终，这在中国近代史上是少有的。这次战斗的胜利与咸丰在军事上的调动得度、布置有方有关，并非如一些近代史著作中所说只是“意外的事件”。

三、咸丰十年的溃败

第二次大沽口之战惨败的消息传到英国，伦敦报刊扬言要对中国“实行大规模的报复”，“占领京城”。英国政府召开紧急会议，决定再次发动对华战争。咸丰十年（1860）初，英、法分别再度任命额尔金和葛罗为全权代表，以陆军中将格兰特、孟斗班为远征军总司令，组成新的联军（其中英军 12,000 余人，

---

① 咸丰朝《筹办夷务始末》，第 1422 页。

法军约 8,000 人），扩大侵华战争。

第二次大沽口之战后，咸丰料到敌人会来报复，在防务上不敢有所怠懈。同时，为了“趁此获胜之后，设法抚驭，仍令就我范围”，改派何桂清到上海与英法和谈，以求趁胜修改前一年《天津条约》中的主要条款。全庆、廉兆伦上奏云：“该夷蓦越重洋，势必不能持久，待其穷蹙，取前议而更张之，以绝其觊觎之心。”咸丰帝在此折旁批道：“此言最为切要。”[①]

以军事力量为后盾取得外交上的胜利是一种行之有效的外交策略。咸丰一面加强防务，一面派人和谈，似乎是在“战”与“和”之间摇摆不定。实际上“战”“和”并不是互相矛盾的：“战”是为了“和”时对自己有利；“和”不成则应战。“战”不是最后结局，最终还是要走到“和”。从史料上看，咸丰帝为“战”与“和”之间划定了一条界限：“用兵之道，不宜稍涉游移，……夷情愿和则应在沪，欲战则必来津，大沽海口，仍以鸡心滩为界，倘夷船驶入，毁我防具，自应开炮轰击，使官兵有所适从，不敢懈怠。”[②]大沽口鸡心滩就成了“战”“和”的分界线。

当然，英法侵略者存心北上报复，决不肯和。即使和，也是漫天要价，提出的条件中国方面根本不可能接受。咸丰对英法贪得无厌的要求大为恼怒：“该夷不自引咎，不遵开导，仍以必不可行之事，志在必行，在中国岂能俯首受其挟持。现天津等处设防严密，如果该夷带兵前来，惟有与之决战。但此次用兵之后，该夷断非有心和好，所有前议条约，概作罢论。”尽管

① 咸丰朝《筹办夷务始末》，第 1459、1474 页。
② 同上书，第 1731 页。

咸丰帝下了战的决心，但在侵略者尚未北上之前，还是抱着一丝希望，令何桂清"仍在上海反复开导，毋令决意北来，庶可消患于未形"[①]。

但何桂清不但主张接受侵略者的过分要求，甚至还提出"借夷助剿"（当时太平天国势力还很强大）。咸丰坚决反对这样做，"若藉资夷力，后患无穷"。结果他黜免了何桂清，任用薛焕。薛焕主张"兹值我国家多事之秋，人人皆知以和为贵。……若不量为变通，恐益滋决裂，惟有姑顺其性，以期抚议有成。如议论不协，再行接仗可也"[②]。这正合咸丰的旨意。咸丰一面继续布置防务，一面派人探听英法的意图。

侵略者的意图很明显——报复大沽口之败。摆在清政府面前的只有决一雌雄一条路了。

咸丰十年六月底，英法联军舰队来到天津海口。

前敌统帅僧格林沁自满于上一年大沽口之战的胜利，以为敌军不善陆战，因而专守大沽，尽弃北塘防务，给敌人以可乘之机。而这次英法联军不再轻敌，他们避开防守严密的大沽炮台，而从设防较弱的北塘登陆。经过新河、塘沽之战，清守军抵挡不住，英法军队得以抄袭大沽炮台的背后。很快，大沽炮台落入敌手，僧格林沁的部队退防通州。天津失陷。

此后，咸丰一面派桂良到天津"暂时羁縻"敌人，一面从各地调集大军到通州勤王。这时英法军已兵临城下，提出的和谈条件又提高了很多，除了在《天津条约》的基础上增加赔款数额（并付现银）外，还要求增开天津为通商口岸，撤

① 咸丰朝《筹办夷务始末》，第 1863、1893 页。

② 同上书，第 1932、2014 页。

除通州防务等等。桂良竟然“违旨畏夷”，同意接受对方的要求。传统的说法认为桂良之所以敢这样做，是“根据咸丰帝的避战求和的方针”[①]，这是没有根据的。事实上，咸丰帝一直在调兵遣将严防通州，从这阶段的有关史料上看不出他有“避战”的倾向。他也决不愿接受英法新提出的无理要求，“通商及占据海口，断不可允许”，“岂复有余款先付现银之理，即使有款可付，奚异于开门揖盗”，“（桂良）自当义正词严，与之理论，以杜该夷无厌之求”。[②]桂良擅自接受英法的要求显然是他个人的责任，与咸丰无关。咸丰后来严厉地斥责了桂良的行为，改派怡亲王载垣和兵部尚书穆荫赴通州谈判。

七月二十九日，联军派额尔金的中文秘书巴夏礼和江海关税务司威妥玛等二十九人到通州。这位巴夏礼就是咸丰六年发生“亚罗”号事件时的英国驻广州领事，在当时的许多中国人眼里，他是这次侵华战争的主谋。载垣错误地认为，只要将巴夏礼羁押，敌人的军心必乱，乘机出兵一定可一鼓而定。八月初四日，载垣通知僧格林沁将巴夏礼一行拘禁（侮辱并杀死了其中的十几人），并以此向咸丰邀功。咸丰竟信以为真。当天，他传谕内阁，决心与英法联军决战，声言：“朕若再事含容，其何以对天下？现严饬统兵大臣带领各路马步诸军与之决战。近畿各州县地方士民或率领乡兵齐心助战，或整饬团练，阻截路途……务各敌忾同仇，明攻暗袭，以靖逆氛。”[③]

事后证明，这是一个非常草率且不计后果的决定。清廷的

---

① 胡绳《从鸦片战争到五四运动》，第 169 页。

② 咸丰朝《筹办夷务始末》，第 2209 页。

③ 同上书，第 2320 页。

行为彻底地激怒了英法联军:“中国人的不守信义使我们摆脱了限制我们前进的任何义务，而巴夏礼和其他被俘人员的安全问题，最好是由一种前进行动来求之。”这是额尔金给英军司令格兰特的建议，这个建议很快就得到了落实，英法联军迅速向通州方向推进，当天就攻陷了通州。清军退守通州与北京之间的战略要地八里桥。

八月初七日，清军与英法联军在八里桥展开了激战。这场决战打得异常酷烈，“中国军队以少有的勇敢迎头痛击联军”。然而，“由两万五千名鞑靼骑兵和为数众多的民团所组成的中国军队还打不过一小群欧洲人，法国和英国的炮兵压倒了他们的箭、矛、迟钝的刀和不象样的炮”①。由僧格林沁指挥的这支清军精锐几乎在八里桥全军覆没。咸丰赖以依靠的最后实力消耗殆尽，北京门户洞开。第二天，咸丰以北狩为名，携皇后、懿贵妃等人出圆明园后门，逃往避暑山庄。

余论

从上述的分析可以看出，第二次鸦片战争失败的原因，并非由咸丰“丝毫没有诉诸武力的打算”，“表示不出任何抵抗外敌的决心”，“一心一意只想求和”所能解释，而是多年来积弱积贫、中外力量对比过分悬殊的结果。当然，也与咸丰本人的刚愎自用、经常作出一些相互抵牾的决策有关。

---

① 中国史学会编《第二次鸦片战争》第 6 册，第 293 页。

在清朝历史上，咸丰是个运气极差、生不逢时的“苦命天子”。他当上皇帝后不久，就发生了“史无前例”的太平天国大起义。数年之间，富庶的半壁江山已非己有，本来就左支右绌，异常困难。祸不单行，咸丰六年后，内忧（太平天国）未除，外患（英法联军）又起，作为背负着二百多年历史积淀的大清帝国的当家人，他更是疲于奔命、穷于应付。在他亲近的人中，除了个别人如僧格林沁、奕䜣还能用于一时外，举目望去，竟没有几个可用之人、可造之材。更兼世界形势浩浩荡荡，在地球的那一头，工业革命正如火如荼地开展起来，新武器、新战船等已经日新月异，早非落后的弓箭鸟枪所能抵挡。对于一些新兴的“国际准则”，也是一无所知。旧式的武器、落后的战术、无知的头脑，终归抵挡不住船坚炮利、以“文明人”自诩的英法联军的进攻。中国只有“师夷长技”，励精图治，富国强兵，才能摆脱挨打失败的命运。这一切，就要交给他的弟弟奕䜣、儿子同治乃至曾国藩、李鸿章、左宗棠等“中兴名臣”去解决了。

慈禧太后的“本能”

在历史上，统治者的身世、性格、心理、婚姻乃至身体状况，都不可避免地对历史进程产生重大的影响，对于女性统治者来说，尤其如此。从生理特点上说，女性要比男性更情绪化、非理性化，更容易做出一些超过常理常情的事情。如果是普通女性也就罢了，但对于统治数千万乃至数亿苍生的女性统治者来说，则关系匪浅。武则天如此，统治晚清四十八年的慈禧太后当然也不例外。因此，研究这些女性统治者，结合她们的身世，“揣度”她们的心理、分析她们的性格，就显得尤其必要。然而，“正宗”的史料是不大会有这方面的内容的，倒是一些“野史”更注重对这方面的描述，更多地道出隐藏在这些历史人物背后的人情世故，正好可以弥补“正史”的不足。虽然这些“野史”的记载不排除传统文人“牝鸡无晨”（《尚书·牧誓》）、“女人是祸水”之类的偏见和附会，但证之于正史，也不都是空穴来风，可以有甄别地加以利用。

一、慈禧的心狠手辣

就慈禧而言，“野史”小说中有许多对她心狠手辣、喜怒无常、骄侈淫泆、心理变态等等的描写，如对光绪常常“疾声厉色”，“每日呵斥之声不绝，稍不如意，常加鞭挞，或罚令长跪”，“积威既久，皇上见西后如对狮虎，战战兢兢，因此胆为之破。至今每闻锣鼓之声，或闻吆喝之声，或闻雷辄变色云”。[①]笔者过去对此类描述只是将信将疑，近读茅海建《戊戌变法史事考》一书中摘自清宫档案的第一手资料，发觉“野史”所言不虚。请看下面两段资料：

> 八月二十日，敬事房口传，奉懿旨：昨日交出板责处死太监四名，不必买棺盛殓，即著抛入万人坑。钦此。[②]
>
> 春字第九十六号。帖子一件，为传兴隆厂。奉立大人谕：面奉懿旨，瀛台两旁楼梯及门座全行堵砌，多加人夫事。春字第一百号。为传兴隆厂，淑清院北门堵砌，瀛台前两楼梯满砌；北海蚕坛后进水闸清挖积土，闸板糟朽，赶紧安换。日知阁外织女桥清挖淤泥，半截河闸棱包铁，添安铁壁（箅）子事。[③]

前一段是针对光绪和珍妃身边的太监的，后一段是针对光绪和珍妃本人的。戊戌政变后不久，慈禧开始进行一系列的报复行动，至少有四位太监被活活打死，另外还有一些被重责一百板

① 梁启超援引太监寇连材笔记，见中国史学会《戊戌变法》第1册，神州国光社1953年版，第256页。

② 内务府《杂录档》，引自茅海建《戊戌变法史事考》，三联书店2005年版，第144页。

③ 内务府奉宸苑《传贴簿》，引自茅海建《戊戌变法史事考》，第151、152页。

至二百板不等，枷号两年乃至“永远”（生不如死！）。令人毛骨悚然的是，那四位太监被打死之后，慈禧还不解气，特意传令不许买棺盛殓，将他们的尸体抛进万人坑。小小的太监能有多大错，让慈禧动如此大的肝火，我们不得而知，但此举明显是做给主子光绪和珍妃看的。对光绪和珍妃，也毫不客气，分开软禁之后，慈禧还不嫌麻烦，连堵砌通道、上闩封锁、清挖淤泥、添设铁箅之类的细节都要亲自过问，防范之严，实际上已经大大超出了软禁的范围，与对待囚犯无异。野史小说中所谓的“瀛台泣血”“珍妃泪”之类的渲染，看来也不为无因。

上述两段资料仅是慈禧一系列报复行动的两个片段，足以让人感到触目惊心，震撼力一点都不比野史差。慈禧心狠手辣的本性在此显露无遗。这些资料都是在清宫档案里明确记载的，其史料价值绝非一般“野史”可比，应该说是“铁证如山”。纵观慈禧掌权的四十八年，不论是政治盟友（前如奕䜣，后如载漪）也好、同甘共苦的“姐妹”（东太后）也好、自己的“娘家人”（如侄儿光绪）也好，都成了她玩弄权柄、任意拿捏的泥人，需要的时候就加以利用，不需要的时候就一脚踢开，更不用说一般的汉臣和天下苍生了，大有“宁教我负天下人，休教天下人负我”的架势（对于这一点，曾国藩最为清醒，功成之后，赶紧自削兵权，以保全末路）。据说，光绪生父醇亲王得知自己的儿子被立为皇帝后，当廷“碰头痛哭，昏迷伏地，掖之不能起”（《翁同龢日记》）。对此现象有两种不同的解释：一种认为醇亲王是高兴得昏厥，一种认为是痛苦得昏厥，想到爱子从此操纵在狠毒的慈禧手中，暗无天日矣——对于慈禧太后的“积威”，醇亲王亲闻亲历不知凡几，早已领教过的——不仅爱子的日子不好过，他自己作为“太上皇”，日子也同样不好过，极容易招忌，弄不好有身家性命之忧。醇亲王的爱好同乃兄恭亲王不一样，本来对权力并不热心，如今想做个太平王爷都不可能了。事态的发展让更多的人相信后一种解释，因为本来健康可爱的载湉自从当上皇帝后，的的确确被慈禧活生生地吓出了一身毛病，虽为帝王之尊却悲惨地终其一生。醇亲王自己也不得不处处小心谨慎，诚惶诚恐，不敢越雷池一步，才好歹保住了身家性命。

这里，笔者无意“彻底否定”慈禧。实际上，慈禧掌权期间，也有不少可圈可点的地方。她虽然读书不多，见识有限，但精明过人，通晓权术和人情世故。成为实际上的最高统治者后，很聪明地发挥女性的本能特长，以王熙凤式的治家手法来治理国家，遇有用人行政诸大端，往往于“拉家常”式的闲聊当中予以决断，每每让臣下信服（如果有不当甚至荒唐的话，多半也都是她的私心在作祟，而非昏头）。古人有云“家齐而后国治”（《大学》），有时也能收到奇效（清初孝庄太后是个榜样），如庚申之后与奕䜣及汉臣携手渡过难关并创造出“同治中兴”的局面；清末在她的支持下“新政”开展得有声有色（仅废止科举一项，要得罪多少人？若没有慈禧强有力的权威以及不怕挨骂的勇气的支撑，简直不可想象），就是其中的荦荦大者。

二、慈禧的权力欲

慈禧的“本能”，有时也给国家民族造成无可挽回的灾难。

中法战争的“不败而败”、甲午战争的失败，都和她脱不了干系。而戊戌变法的失败和庚子国难，更是她一手造成的。这个“本能”，就是她对权力的极度的占有欲。

权力有如毒品，最容易使人上瘾。没有权力的时候，千方百计地攫取权力；得到权力后，则要千方百计地独占权力，不许别人分润，更要提防别人夺他的权。为此可以不择手段，往往丧失理智而不自知。秦始皇做了皇帝还嫌不够，幻想着长生不老，永永远远做皇帝；袁世凯当了终身总统还不够，还要做皇帝，自己做了皇帝还不够，还要子子孙孙做皇帝，都属此类（当然，人与人不一样，历史上“不爱江山”的例子也是有的）。

慈禧年青时以贵人的身份博得咸丰的宠幸并生下了唯一的皇位继承人后，向最高权力迈出了关键的第一步。在美女如云的后宫要做到这一步绝不是一件容易的事，为此，她一定花费了不少心计，当然也有运气的成分。庚申“北狩”，咸丰不久后在避暑山庄病重，为她提供了千载难逢的机会，也对她提出了前所未有的考验。咸丰在病逝前，对自己的身后事做了自以为稳妥的安排：拟定了“垂帘辅政，益兼有之”的体制，使两宫皇太后与顾命“八大臣”相互牵制，避免专权；为了制衡两宫，又特为赋予两宫以同样的权力，各赐“御赏”和“同道堂”一印，两印齐全，政令才能生效（前些年，笔者在筹办《承德避暑山庄三百年特展》的时候，亲眼见到了这两枚印玺，同皇宫所用的其他印玺相比，是如此的简单和粗糙，可以想见当时刻印的仓促）。但正是这样看起来平衡的安排，却埋下了权力争夺的地雷。一山不容二虎，要么，西太后除掉“八大臣”；要么“八大臣”除掉西太后（东太后对权力并不感兴趣，“两宫”实际上由西太后做主）。为了避免成为第二个“钩弋夫人”，西太后必须绞尽脑汁，不择手段地除掉对手以自全。在这场政争中，年仅27岁的她显示出了超人的胆略和政治手腕，借助奕䜣的力量，成功地铲除了“八大臣”，登上了权力的顶端。

从辛酉政变初掌权柄到同治亲政这十几年，在慈禧的政治生涯中，可能是最困难的一段时间。太平军占据着长江下游，捻军纵横黄淮流域，天地会遍扰两粤闽台，苗回起事于西南西北，更有英、俄、日等国觊觎着边疆。为了处理连续不断的内忧外患，慈禧确实是“朝乾夕惕，倍极勤劳”[①]。残酷的政治环境，使慈禧政治手腕日臻老辣，也锤炼了她刚强、冷酷的“本能”。

同治亲政后，少不更事，常常做出一些荒唐不经的事，使得慈禧“不得已”继续“过问”政事。不久，同治意外地早逝，又使慈禧找到了重新垂帘听政的借口。本来，按照“家法”，同治的继承人应该在他的下一辈“溥”字辈中挑选，但如果这样慈禧就变成了“虽尊而疏”的太皇太后，失去了垂帘听政的资格了，这是她无论如何不能容忍的，于是，“一语即定”（《翁同龢日记》），选中了与同治同辈的年仅4岁的载湉做皇帝。这样就可以一箭双雕，既可以继续当她的太后，又有十几年的时间可以亲自“调教”，把载湉变成自己的傀儡（后来并未如她所愿，这是后话），过足权力瘾。为了慈禧的这一份权力瘾，把同治皇后阿鲁特氏弄得“皇后不像皇后，皇太后不像皇太后”，逼上了死路。还有一位“不识好歹”的吴可读，也白白送掉了自

① 见吴相湘《晚清宫廷实纪》，正中书局1982年版，第206页。

己的性命。

从同治亲政到光绪初年这一段时间，天下相对来说比较太平，慈禧的地位也越来越稳固。此时，有两位在她最困难的时候曾经甘苦与共的人变得“没用”和“多余”了。一位是慈安太后，另一位是奕䜣。

慈安虽然对权力并不感兴趣，但“名分”所关，对慈禧来说，永远是个挥之不去的心头之痛。好在慈安不失时机地“暴崩”了（慈安之死，是清宫的一桩谜案，野史里说是被慈禧毒死的，虽查无实据，但考虑到慈禧一生的所作所为，不排除这种可能），剩下的唯一对她的权力构成威胁的、也是慈禧满足极权“本能”的最大障碍的是昔日的政治盟友奕䜣。早在同治初年，局势稍定之后，慈禧就已经给奕䜣以下马威，削去了其议政王的头衔，对他发出了警告，但奕䜣的权力依然很大。慈禧欲去之而后快，只是苦于没有适当的借口。中法战争给了慈禧一个最好的机会，她利用山西、北宁战事失利的机会，以“委蛇保荣”“谬执成见”等罪名，“开去一切差使”，[①] 将奕䜣以及他的班底彻底排除出权力中心。

奕䜣的出局，对慈禧来说，是个莫大的“解放”，从此，她可以益发肆无忌惮、一手遮天了（最直接的后果就是挪用海军军费修建颐和园）。但“好景”不长，眼看着自己一手培养起来的光绪一天天长大了，到年头就要亲政。慈禧培养光绪，本意是要造就一个可以由自己任意玩弄的傀儡，没想到光绪偏偏是个天纵聪明的人，亲政以后，变得越来越“有主意”和“不听

① 朱寿朋《光绪朝东华录》，中华书局 1958 年版，第 1675 页。

话”了，以至在甲午战争前后竟然形成了“帝党”与她分庭抗礼，使她异常恼火。但甲午战败，作为“后党”核心成员的李鸿章负有直接责任，“后党”的气势也因此受到抑制，慈禧对光绪的控制不得不有所放松。

此后，全国上下痛定思痛，要求变法图强的呼声一浪高过一浪。光绪受此触动，也颇思有所作为，企图学习明治天皇和彼得大帝，施行一系列的变法改良。近年的研究表明，对于维新变法，慈禧也并非一开始就反对。但又是“本能”，让她改变了初衷，断送了这场改革。因为到了维新的后期，光绪实际上已经对她的权威构成了严重的威胁，甚至有传闻光绪竟然要与“康党”图谋“围园劫后”，直接威胁到了她的人身安全。

其实，所谓“围园劫后”之说并不一定真有其事，光绪亲自参与的可能性更小。但对于靠宫廷政变而取得极位的慈禧来说，宁可信其有，不可信其无。三十七年前的那一场政变她一定记忆犹新——难道那时候要等拿到肃顺准备把她变成“钩弋夫人”第二的确切证据才动手吗？如果那样，死于非命的不是肃顺而是慈禧自己了。

敏感的慈禧一定凭本能“嗅”出了火药味，决定先下手为强。几乎与此同时，光绪和维新党人也感到了事态的严重。光绪在情急之下以明谕的方式催促康有为赶紧出京——应该是出于对康有为的保护；谭嗣同也冒着极大的风险企图策动手握兵权的袁世凯加盟。但其时袁世凯只身在京，部队远在数百里之外，远水救不了近渴，即使袁世凯有意投向“帝党”这一边恐怕也来不及了。在这种情况下，袁世凯顺水推舟，向“后党”卖个人情，也是势使然也。袁世凯告密前，政变实际上已经发生，他的迟到的告密不过使慈禧暗中庆幸自己的决断不错而已。

三、慈禧的私心

戊戌政变后，慈禧的“本能”对于中国历史的影响更是明显。慈禧想彻底废黜光绪已经是路人皆知的事了，只是碍于“母子”名分，也苦于找不到合适的借口，最重要的是，得不到列强的支持，只好耐住性子，想出了“曲线废帝”的法子，抬出一个大阿哥，寻求机会。

机会说来就来。正好这时，义和团运动兴起，以灭洋人为己志，正好合了慈禧的心意。慈禧试图借用义和团的力量来向洋人泄私愤，急着要做太上皇的大阿哥的生父载漪以及其他一些别有用心的王大臣也在下面极力鼓噪，于是一拍即合，终使事情闹得越来越大，几至不可收拾。

当然，尽管慈禧对洋人怀恨在心，但毕竟她是位很有经验的统治者，对于向列强宣战这样的大事还是很慎重的。召开御前会议正是这种慎重的体现。开始时慈禧也下不了决心与列强彻底决裂，但先后有两件事最终促成了她下定决心：一件事是她收到列强要她归政的“假照会”（有学者认为“假照会”一事子虚乌有，但似乎缺乏有说服力的证据推翻亲自参加御前会议的当事人恽毓鼎的记载）；第二件事是得知洋兵进攻大沽炮台。不论是“假照会”也好，进攻大沽炮台也好，都同样极大地触动了慈禧害怕失去权力的本能的紧张神经（她担心洋兵攻下大沽炮台后必然进京，进京必然要她下台），于是孤注一掷，以一弱国之力贸然跟世界上最强大的多个国家同时开战，置四万万生灵于不顾，实际上也是置自己祖宗留传下来的“江山社稷”于不顾，造成了深重的灾难。

庚子战败，慈禧“徒步涕泣而出，发不及簪”[①]逃出京城，在路途中吃够了苦头，“命太监取水，有井矣而无汲器，或井内浮有人头，不得已，采秫秸秆与皇帝共嚼，略得浆汁，即以解渴。昨夜我与皇帝仅得一板凳，相与贴背共坐，仰望达旦”（吴永《庚子西狩丛谈》）。心理上的恐慌更不待言，在很长的时间里感到自己处于被“追杀”的境地，“往往无端惊惶”[②]。

但事情的发展，却出乎她的意料，作为实际上的头号“祸首”，洋人不仅没准备伤害她的一根头发，连载漪这样的人也因为懿亲的关系而得以保全性命（殊不知，为了保全她一人，中国却要付出四亿五千万两白银的代价。对她个人来说确实是够宽厚的，四亿五千万两的赔款反正不用从她的私房钱里出），这使她喜出望外。慈禧太后曾对光绪说，“洋人欲索此祸难之惟一为首者，意盖指我，今幸未提出，不能不感祖宗之默佑也”[③]。可见对自己的处境、对洋人的“手下留情”是心知肚明的，只是绝非“祖宗默佑”，而是列强为自己的利益考虑，留她有用才这样做的：“如果把皇太后牵入这件事以内，人们将冒着废弃中国整个国家组织的危险，这也是对于欧洲不利。”[④]

① 中国史学会编《义和团》第1册，上海人民出版社1957年版，第23页。

② 同上书，第328页。

③ 同上书，第324页。

④《德国外交文件有关中国交涉史料选译》第2册，商务印书馆1960年版，第130页。

实际上，通过这场巨变，慈禧的地位在自己“惹祸”之后，非但没有受到动摇，反而比庚子前更加稳固了，这不能不引起她对洋人的感激和对自己过去的所作所为的忏悔。慈禧的“本能”告诉她，洋人并非有意跟她过不去，过去之所以支持光绪而不是她，是因为年轻的光绪更愿意接受“西方文明”。只要她也能接受“西方文明”，也是能得到洋人的谅解和支持的。从此，慈禧对洋人的心理产生了微妙的变化：由恨转畏、由畏转敬，对洋人开始变得有好感，变得特别愿意听洋人的话，连原来口口声声声称的“祖宗之法不能变”，现在也都能变了：“世有万古不易之常经，无一成不变之法治。”不仅主动学习西方，而且要学的还不是“西艺之皮毛”，而是“西政之本源”①，甚至不惜“量中国之物力，结与国之欢心”②。据说回銮后慈禧接见各国公使及其家属，“进屋一把抓住康格夫人的手，好几分钟没有放开。她浑身颤抖，抽泣哽咽地说进攻使馆区是极大的错误，她后悔莫及”③。对庚子前后的历史有所了解的人，应该不会怀疑她的这番行为并不是在演戏，当是真心的流露。

庚辛之后，慈禧继续行使她的最高权力，直到临死之前，也丝毫不放松。光绪病危之际，本来有比较合适的人选，如载沣、溥伟可以继位，但他们都是成年人，已经病入膏肓的慈禧依然不干，而是抬出了年仅三岁的溥仪，特别声明“所有军国政事，悉秉承予之训示，裁度施行”（《清实录》）。连从前在听

①《义和团档案史料》，中华书局1959年版，第915页。

②同上书，第945页。

③〔澳〕乔·厄·莫里循《清末民初政情内幕》上册，知识出版社，第218页。

政、训政前装模作样的“不得已之苦衷”的“解释”都省去了。对权力眷念到如此的地步，恐怕在历史上也是罕见的。没想到光绪去世后的第二天，慈禧也不得不扔下须臾不肯放弃的权力撒手归西了。

“春帆楼下晚涛急”

——甲午前后李鸿章和伊藤博文外交策略之比较

李鸿章和伊藤博文是近代中日两位非常重要的政治家、外交家。他们的活动直接影响着中日两国近代化的进程。而外交活动又是其至关重要的方面。李鸿章和伊藤博文之间曾经有过多次交锋，其中以甲午战争前后的交锋最为激烈，影响也最大。这次外交斗争以李鸿章的失败和伊藤博文的成功而告终。以此为转折点，李鸿章声誉扫地，其政治生命由盛转衰。中国也因战败签约，元气大伤，进一步陷入半殖民地化的深渊。而伊藤博文则扶摇直上，成为左右日本政局的当朝权贵。日本也因尝到了战争胜利的甜头，从而更加刺激了其对外侵略扩张的野心，走上军国主义道路。所以说甲午战争的结果不论是对李鸿章和伊藤博文个人，还是对中日两国近代化进程来说，都是具有历史转折意义的。本文不揣浅陋，拟就甲午战争前后李鸿章和伊藤博文的外交策略试作一点剖析和比较，以期从一个侧面探讨近代中日两国外交的经验教训。

一、甲午战争前夕李鸿章和伊藤博文外交策略之比较

1. 甲午战争前李鸿章和伊藤博文的基本外交策略

外交策略的其中一个重要内容是一国与第三国结盟对付敌对国。中国传统的外交智术如“以夷制夷”“远交近攻”“合纵连横”等就是这种外交策略的体现。李鸿章和伊藤博文根据甲午战争前中日两国实力对比以及列强在东亚角逐的形势，分别制定了不同的结盟外交对策：李鸿章以“联俄拒日”为自己外交策略的基本点；伊藤博文以“联英拒俄”，进而侵略朝鲜与中国为自己的出发点。

中国自古以来就盛行“以夷制夷”“合纵连横”的外交术。到了近代，随着西方列强势力的渗透，人们逐渐意识到要想抵御船坚炮利的新型“蛮夷”，仅仅靠自己的力量是无法与他们相抗衡的，只有利用“蛮夷”之间的矛盾，使之互为对抗互相牵制，才能保住“天朝帝国”地位。近代比较早开眼看世界的魏源就提出过在陆上与俄国结盟，以威胁英属印度，甚至越南、缅甸和尼泊尔；在海上与法国和美国结盟，从而构成对英国的联合攻势的主张。(《海国图志》)

李鸿章在如何运用“以夷制夷”的外交策略上也有个变化过程。1874 年日本侵台之前，李鸿章曾主张“联日”以对付西方殖民者。1870 年李鸿章在接见日本使臣柳原前光后，致函译署，认为“日本距苏浙仅三日程，精通中华文字，其兵甲较与岛各国差强，正可联为外援，勿使西人倚为外府”[①]。

①《李文忠公全集》，译署函稿，卷一。

日本侵台事件发生后，李鸿章才认识到日本"伺我虚实，诚为中国永远大患"[①]。昔日"以东制西"的幻想破灭了。十九世纪七十年代末，中俄关系恶化，日本又趁机吞并琉球，清政府感到腹背受敌。海防、塞防之争由此而起。

李鸿章认为海防、塞防二者不可得兼："俄与日南北交讧，益难处置。"与其用有限的国力四面出击还不如放弃"肌肤之患"的西北边塞，腾出手来全力对付"心腹之患"的日本，"姑让于俄，以取偿于日本"[②]。"联俄拒日"的策略逐渐地在李鸿章心中形成。

朝鲜事变后，中日之间矛盾日益激化，李鸿章更是一心一意寻求与俄国合作的途径。当时俄国驻华公使喀西尼也对中俄合作表现出极大的热情。1894 年 6 月 25 日喀西尼让人告诉李鸿章："俄里已电谕驻日俄使转致日廷勒令与中国商同撤兵，俟撤兵后再会议善后办法。如日不遵办，电报俄廷，恐用压服之法。"[③]李鸿章信以为真，以为"俄以亚局于彼关系甚重，现幸平安，若任日人干扰，华俄未便坐视"[④]。因此放弃了积极备战，电令前线消极待命："我不先开仗，彼必不动手，此万国之公例，谁先开战，即谁理拙，切记勿忘，汝勿性急。"[⑤]"日虽添军，谣言四起，并未与我开衅，何必请战？"[⑥]

①《李文忠公全集》，奏稿，卷二十四。

② 苑书义《李鸿章传》，人民出版社 1991 年版，第 244 页。

③ 顾廷龙、叶亚廉主编《李鸿章全集》第 2 册，上海人民出版社 1987 年版，第 725 页。

④ 同上书，第 726 页。

⑤ 马建忠等《东行三录》，上海书店 1982 年版，第 139 页。

⑥ 顾廷龙、叶亚廉主编《李鸿章全集》第 2 册，第 727 页。

可是李鸿章忽视了重要的一点：喀西尼尽管热心，但他并不是俄国外交政策的决策者，他必然要服从于俄国外交的全局。由于本文后面将要提到的种种原因，俄国中途放弃了调停。7月9日，喀西尼派人明白告诉李鸿章俄国不管此事了："日韩事明系日无理，俄只能以友谊力劝撤兵，再与华会商善后，但未便强勒日人。至朝鲜内政应改革否；俄亦不愿预闻。"[1]到了这时，李鸿章才如梦初醒，但悔之晚矣。在他周旋于各国公使（特别是俄国公使）之间的时候，日军的军事部署已经大大领先了。不久以后，甲午战争爆发，中国军队步步被动，最后导致彻底失败。

伊藤博文的"联英制俄"策略则是在下述背景下形成的：

日本政府自明治维新以后，一直寻求与列强（主要是英国）展开修约谈判，以求废除不平等条约。但几次的修约谈判日本都没能取得任何的进展，直到1892年才出现转机。

当年，俄国宣布修建一条贯通亚洲大陆的西伯利亚大铁路。一旦这条铁路开通，俄国的势力就可以长驱直入渗透到远东，打破英国在海上的封锁线，严重地威胁到英国在远东的经济利益。为了防患于未然，英国政府有意拉拢日本充当"打手"，借以扼制俄国南下。英日两国勾结起来，于1894年7月14日，也是丰岛海战爆发的前一周，签订了《英日通商航海条约》。通过这个条约，双方相互作了些让步：英国以放弃"治外法内"收买日本对抗俄国；日本以全境开放、自由通商取得英国的支持。

① 顾廷龙、叶亚廉主编《李鸿章全集》第2册，第740页。

有了英国作靠山，日本就可以有恃无恐地进攻朝鲜和中国了。关于这一点，从日本驻英公使青木周藏在签约后致陆奥宗光的私函中就可窥视一些情况：“总之，英人的意思，请日清两国把力量置于朝鲜北端或全部，而自己不费劳力，以防止俄国南侵。”“金伯理勋爵（英方签约代表）恳切地对我说：‘这个条约性质，对日本来说，比打败清国的大军还远为有利。’”①《英日通商航海条约》的签订，标志着伊藤博文“联英拒俄”外交策略取得了成功。

2. 李鸿章和伊藤博文外交策略制定的客观因素

在甲午战争前夕，李鸿章之所以制定“联俄拒日”，伊藤博文之所以制定“联英制俄”、进而进攻中国的外交策略，有其深刻的国内背景：

其一，清政府采用过时的、权宜性的“以夷制夷”策略，对近代国际形势、国际关系缺乏了解，造成外交上失误，即使是清廷内比较有眼光的李鸿章也采用这种策略。而日本自明治维新以来实行“脱亚入欧”的政策，对欧美国家妥协退让，以换取他们的支持，对亚洲邻国却兵威相加。伊藤博文及其内阁正是日本“脱亚入欧”政策的忠实运用者。

自鸦片战争以来，清政府在外交上一向处于被动应付的地位，再加上官场敷衍塞责的作风，以致形成在相当时期内没有稳定性、连续性的外交方针。他们对国际形势的变化利用古代传统观念来加以分析认识，最典型的解释是把列强当作战国诸

①〔日〕日本外务省《日本外交文书》，日本外交文书颁布会，第27卷第1册（1954年），第113—114页。

雄形成连横之势："故就天下之大势而论，为春秋时一大战国。德比之于燕，奥比之于楚，义比之于晋，法比之于齐，俄比之于秦，五方并峙，约纵连横。"（项藻馨《格致书院课艺》）在这样一种观念指导下，当中国与某一国发生冲突时，自然而然就借战国故事，采取"合纵连横"的外交。体面一点地说，就是"以夷制夷"。

但这个策略一经运用，则不免玩忽取巧，因为这种外交的基点不是建立在增强自己实力和透彻分析国际形势的基础上，既无实力为后盾，又无周密的调查分析。"以夷制夷"结果往往反被夷制，以致丧失国家权益。关于这点，当时主持日本外交、颇有外交经验的日本外务大臣陆奥宗光倒是旁观者清："当后来俄英调停失败，发生海陆战时，他们（指中国）的计划陷于困境，以致在外交上和军事上均遭到空前的失败，无非由于他们自始即未立定脚根，单恃外力援助以图一时侥幸的缘故。"（《蹇蹇录》）

日本明治政府则实行"脱亚入欧"政策，以求在新的国际环境下跟上形势的要求，投靠欧洲列强，然后仿效西方列强的殖民手法，把不平等的条约套在亚洲邻国的头上。为了挤进帝国主义俱乐部，日本政府做了二十五年努力，与列强展开修改不平等条约（指幕府统治时签订的不平等条约）的谈判。

1871 年由岩仓具视率领的，包括伊藤博文、井上馨在内的使节团赴欧美进行了为期两年的修约谈判。欧美各国以日本制度"不完备"，是一个"未开化的国家"为借口，拒绝进行实质性的谈判，结果使节团几乎空手而归。

这件事对日本政府震动很大。为了让日本"开化""脱亚入欧”，明治政府大搞“欧化”政策，提倡人们在衣食住行、语言文化、宗教信仰乃至人种等统统“欧化”，开创了一个“欧化时代”。因为日本政府为迎合外国使臣的口味，专门耗巨资建立了一个欧式风格的“鹿鸣馆”，所以“欧化时代”也称“鹿鸣馆时代”，与之相对应的这时期的媚外外交也称“鹿鸣馆外交”。

在对欧美的历次谈判中，日本政府都对西方列强作出种种让步。1887年外务卿井上馨提出以开放日本本土为条件、十年后废除“治外法权”的条约草案，并规定在日本各级法院任用外国法官、推事；审判外国人时外国法官要占多数。这个草案只是名义上废除“治外法权”，而实质上不仅司法、甚至连立法也要受外国支配。

井上馨的草案因受日本在野党的反对而搁浅。1888年大隈重信又一次与各国谈判，在废除“治外法权”的问题上，与井上的提案大同小异，也因遭到舆论的反对而失败。

从1893年起，陆奥宗光外相在伊藤博文的授意下与英国重开谈判。此时，伊藤内阁和军部已经跃跃欲试，谋划对华侵略战争。英国也有意拉拢日本当作抵制俄国南下的“看门犬”。于是日英勾结，次年签订了前面提到的那个所谓“比打败清国还有利”的《英日通商航海条约》。在此之后，英、德、奥等国也都仿照日英新约同日本重新订约。

有了这么多欧洲国家（其中主要是作为俄国对手的英国）在背后牵制俄国，日本就可无后顾之忧地放手进攻中国了。这在后来丰岛海战爆发时，日本击沉挂英国国旗的中国运兵船竟得到英国的谅解这一点上表现了出来。

其二，中日两国的政治局势以及和战气氛分别影响着李鸿章和伊藤博文制定不同的外交策略。

在中国，中日战争迫近时，清廷内部正忙于内部权力之争。以慈禧太后为首的“后党”和以光绪皇帝为首的“帝党”为争夺清廷的实际最高统治权正进行激烈的明争暗斗。矛盾焦点聚集在国内，限制着清廷对朝鲜事变的关注。

在和战问题上，“帝党”主战，但泛于清谈，没有实力；“后党”主和，为加强自己的力量极力拉拢有实力的李鸿章。李鸿章本人也主和，加上有意投靠掌握实权的“后党”以巩固自己的地位，因此极力主张息事宁人以避免战争，并把避战求和的希望寄托在俄国身上。

1894 年正是慈禧太后六十寿辰。她是个私欲极强的人，为了准备这个盛典，好几年前就挪用了大笔海军军费去修建西苑和颐和园。此际更是准备大张旗鼓地铺张、挥霍。朝鲜事发，眼看就要打搅她的雅兴。她不愿意打仗，在当时已是公开的秘密。李鸿章历经宦海沉浮，深体慈禧太后的内心深意。为了迎合她的心理，李鸿章竭力避免同日本开战。为了达到避免同日本开战的目的，他一方面尽力拉拢俄国压制日本，“联俄拒日”；另一方面消极避战，屡屡电令前线“切勿自我先挑衅”。

而在日本，甲午战争前夕已大体上确立了以军事工业为主体的经济基础，并完成了针对中国的扩军备战计划。加上国内矛盾尖锐、政潮迭起、局势不稳，为了转移国内视线，满足军国主义者对外扩张的需要，伊藤博文内阁走上了发动侵朝侵华战争的道路，并为此做出了周密的外交准备。

甲午战争前后，日本朝野上下掀起了一片战争狂嚣。早在 1892 年 7 月 20 日，福泽谕吉主编的《时事新报》写道：“我国当前之政略，应使人心转向国外，其方向则在朝鲜。"《自由新报》也以"对韩之决心"为标题，煽动道："国民养兵干什么的？难道铸炮、炼剑和建造兵舰是当作国家的装饰品吗？"[①]1894年7月，伊藤内阁已经很露骨地表示出侵略意向了，但民间还不满足，"发出一片膺惩清国的狂叫，频频攻击政府的软弱，甚至有的血气方刚的壮士企图渡海至朝鲜、清国暗杀要人，以引起战端"[②]。

正是在日本朝野的战争叫嚣下，伊藤博文加快了与英国的妥协和联合，借以牵制俄国，为进攻中国解除后顾之忧。

其三，甲午战争前夕中日两国国力对比的反差，也影响到李鸿章和伊藤博文外交策略的制定。

中国自从鸦片战争后，由于清政府的腐败无能，加上内忧外患，总体国力日渐衰落。洋务运动虽然在"富国强兵"方面取得了一些成就，但还不能从根本上挽救危机。政治经济的虚弱，又直接影响到军事力量的加强。特别是李鸿章苦心经营的、堪称清朝防卫力量象征的北洋海军，在1888年以后基本上停止了发展，造成的消极影响更为严重。

而日本自明治维新以后，殖产兴业、励精图治，逐渐走上了资本主义道路，总体国力增强，军事实力更是飞速发展。特别是甲午战争前的十年时间里，日本更是进行大规模的扩军备战。

1890年，山县有朋被推为内阁首相。他在施政演说中公然宣扬，为了"国家的独立和自卫"，"仅只防守主权线决不可谓

① "对韩之决心"，《自由新闻》1894年5月2日，转引自汪淼《明治初期的日本外交政策》，《史学集刊》1985年第3期。

②〔日〕春亩公追颂会《伊藤博文传》上册，昭和十五年（1940）版，第68页。

完备，必须保护利益线”。[①] 所谓“主权线”，即指日本本土；所谓“利益线”，即指周边的台湾、朝鲜、中国东北等地。从那以后，日本以国家财政收入的60%来建立和发展近代化的海陆军。到1892年，日本提前完成了自1885年起的十年扩军计划。从1893年起，日本天皇又决定以六年为期，每年从宫廷经费中拨出30万元，再从文武百官的薪金中抽出十分之一作为造船费用。

到甲午战争前夕，日本已建立了一支由6.3万人组成的常备军和23万人组成的预备军（陆军），并拥有排水量7.2万余吨的海军舰只。从陆军来说，日军的数量虽然不是很大，但一旦战争爆发，日本可倾全国兵力孤注一掷。

而清军人数虽多，却分散各地，指挥不一，调动困难。而且除李鸿章的淮军外，多半战斗力很弱。至于李鸿章引以为豪的北洋海军，不但其拥有的军舰总吨位落后于日本海军（北洋海军总吨位约4.1万余吨），且舰龄老化、行动迟缓、火力较差。李鸿章深知自己的实力外强中干，感到与日本开仗实在心里没底，也不愿意把自己苦心经营的海军轻于一试。

正是在这种心虚的情况下，李鸿章才不得不千方百计地寻求和局，把赌注押在了俄国身上。正如李鸿章在陈奏军情时抱怨的那样：“倭人于近十年来，一意治兵，专师西法，倾其国帑，购置船械，愈出愈精。中国限于财力，拘于部议，未能撒手举办，遂觉稍形见绌。”[②]

而伊藤博文等人正是凭借着其强大的军事实力作后盾，经过蓄谋已久的策划，最终悍然发动了对中国的进攻。当然，他们也

①〔日〕信夫清三郎《日本外交史》，商务印书馆1980年版，第239页。
② 王芸生《六十年来中国与日本》第2卷，三联书店1980年版，第121页。

知道光靠英国从后面牵制俄国并非长久之计，因此力求凭着强大的军事实力“速战速胜”。在取得战胜的既成事实后，就可游刃有余地向中国敲诈一笔：“在取得一大胜利后，再无论于何时何地向清国提出何种地步的要求，都可有一个恰当的布置。”①

综上所述，李鸿章甲午战争前夕制定“联俄拒日”的外交策略是清政府“以夷制夷”权宜性外交策略的必然产物；是迎合慈禧太后不愿打仗的心理的消极应付；是中国整体国力（特别是军事实力）衰落的心虚反应。

李鸿章把“保和局”的筹码盲目地押在并不可靠的俄国身上，以图侥幸，既不做认真的备战，更不愿意“先发制人”。结果战争开始后仓促应战，首战失利，再战失手，三战而败，正好让日军速战速决的阴谋得逞，一发不可收拾。

伊藤博文“联英拒俄”的外交策略则是日本明治政府“脱亚入欧”政策的必然产物；是甲午战前在日本朝野的一片战争叫嚣声中促成的；是日本国力（特别是军事实力）雄厚的肆无忌惮的反应。日本把解除出兵中国后顾之忧的筹码有限地押在英国身上，果然奏效。英国不但宽容了日本击沉挂英国旗的“高升号”的野蛮行径，而且牵制了俄国干涉中日战争的行动。正如俄国外交大臣罗拔诺夫所承认的：“俄国在未明了他国态度以前，实无单独行动之意。对于同盟之法国，虽可信赖，然英国之态度实难预料，俄国果与日本开战，英不乘机收渔人之利乎？”②

---

①〔日〕春亩公追颂会《伊藤博文传》下册，昭和十五年（1940）版，第82页。

② 王芸生《六十年来中国与日本》第3卷，三联书店1980年版，第5页。

3. 李鸿章和伊藤博文制定外交策略的主观因素

李鸿章和伊藤博文本人的出身经历、对国际关系的认识水平以及性格心理等主观因素也影响到他们外交策略的制定。

李鸿章出身于封建官僚家庭，从小深受儒家文化的熏陶，以后又通过科举考试进入仕途，继而以“靖内”之功从入幕到开府，并在“借法自强”的活动中进一步展现了“经世之才”，一步一步地上升为赏爵封疆、位列阁首的清廷大员。在清朝统治阶层中，李鸿章作为一位汉族官僚，既要小心谨慎地讨好满清最高统治者，又要仔细地周旋于地方官僚之间。在数十年的官场生涯中，他一路青云直上，积累了丰富的人情世故，练熟了明哲保身、阿谀献媚的本领。梁启超形容李鸿章“纯然如凉血动物”，“硬脑硬面皮”，“词令巧妙”，“狡狯有城府”，“自性自大”[①]，正是这种官场养成的官僚习气的生动写照。也正是由于这种官僚习气，决定了他在对外交涉中委曲求全、妥协退让、瞻前顾后、前怕狼后怕虎的特点，容易丧失最起码的国家利益至上的原则。

李鸿章身上背负着极为沉重的传统思想的包袱，加上他在甲午战争前足不出户（国门），对国际关系没有直接的、深入的认识，造成了他对国际关系的认识不够深刻、全面。尽管他从来华洋人和书本上了解到了有关列强钩心斗角的情况，也知道了不少西学知识（包括外交知识），但更相信传统的儒家学说是“放之四海而皆准”的，认为：“夫交邻所重者，信耳。”[②]“能力持定见，于其可许者，许之；其不可许者，拒之，则必不致于

① 梁启超《李鸿章》，上海书店 1989 年影印本，第 178 页。
②《李文忠公全集》，奏稿，卷十九。

决裂。”[①] 他的这种外交原则，对于中国实行循理外交，接受国际原理和国际准则，按条约办事，维持中外相安的局面起过一定的积极作用。但他又过分相信国际条约的约束，对十九世纪中后期兴起的以实力做后盾的“强权外交”缺乏了解，过分轻信中国一旦同列强某国发生矛盾，在中国有利害关系的其他国家能够出来主持“公道”、出面调停。

而更为可悲的是，他还过分地相信外使的“友谊”或“诚意”，坚信“公使乃至各国大臣岂无一二明理之人”[②]，因而希冀通过联络与外使的私人情谊来影响该国的对华政策。甲午战争前夕他对俄驻华公使喀西尼抱有幻想正是其典型的一例。

伊藤博文出生在长川藩一个破落武士家庭，从小贫困，随其母为人仆役，虽然也受过一点儒家文化的教育，但对他并没有决定性的影响，而幕末流行于长萨一带的西学却对他影响甚大。他一度投在著名的倒幕维新思想家吉田松阴的门下，在“尊王攘夷”运动中，组织参加过敢死队，写过遗书，冒着生命危险谋刺过外国公使，火烧过公使馆，几度死里逃生。后来，他又远渡重洋留学英国，直接接触到西方的政治制度和科学技术。

短暂的留学经历，使伊藤博文的思想发生了急剧的变化。他逐渐从原先的“尊王攘夷”派，变成了主张对列强妥协的“开国派”。

回国后，伊藤博文积极参加武装倒幕，为推翻幕府统治立下了赫赫战功。在明治新政府内，他很快从一个下层官吏上升为高级官员，历任大藏、民部、工部和内务等省长官，并数次

①《筹办夷务始末》，同治朝，卷五十五。

② 吴永口述《庚子西狩丛谈》，岳麓书社 1985 年版，第 107 页。

出任内阁总理大臣。

伊藤博文出身武士，而这个武士阶层在明治初期是一个朝气蓬勃、正在向资本主义化转化、处于上升状态的阶层。由于武士本身的特点，又经历了倒幕维新的锻炼，决定了伊藤博文在对外交涉中的强硬态度。他崇拜武力，敢于先发制人，敢于四面出击，既侵略朝鲜、中国，又敢于置俄国的警告于不顾。

伊藤博文多次亲赴欧美，处理过许多棘手的外交，对世界大势有较明确、直观、深入的了解，对国际法的运用较为自如。

到甲午战争前夕，伊藤博文四次出国：第一次是 1863 年留学英国；第二次是 1870 年 12 月随岩仓具视使节团赴美国考察；第三次是 1871 年—1873 年 9 月随岩仓具视使节团赴欧美进行修改条约的谈判；第四次是 1881 年 2 月—1883 年 5 月赴欧洲考察宪政。

每次考察都对他产生很大的影响。如他回忆留学英国对他影响时说："开始时我也主张攘夷论，考察欧洲形势后，见其之文化，方察不可攘夷。"[①] 这次留学使他认识到欧洲的强大，主张"开国"，与列强交好。

第三次近两年的欧美巡游对伊藤博文的刺激更大。那次谈判西方各国以日本"不开化"，"没有资格修改条约"为理由拒绝与日本谈判修约。受此刺激，伊藤博文等人回国后立即"改变形象"，以"矫枉过正"的极端形式来表示自己的"开化"：他们耗资 18 万日元，费时三年，在东京修起了一座豪华的洋楼"鹿鸣馆"，作为接待外国客人的迎宾馆。在这里，伊藤博文身

①〔日〕平家笃等编《伊藤博文秘录》，东京春秋书社 1929 年版，第 44 页。

体力行，亲自参加大型化妆舞会，与朝野的达官显贵及其夫人子女聚集一堂，寻欢作乐，闹得“羡杀、笑杀、惊杀、恼杀了整个首都”①，以此来显示“开化”，博取西方列强的好感（这在李鸿章，打死他也做不出来）。不仅如此，伊藤内阁还不惜放弃日本的部分主权来换取列强（主要是英国）的支持。

在甲午战争前夕，面对纷杂的中日两国形势，面对着英俄干涉的迫在眉睫，伊藤博文凭着自己对国际形势的了解，娴熟地应用外交策略，作出了准确的判断。首先，对俄国的劝告，他很坚定地加以拒绝，并把这个意向通过驻英公使青木子爵暗暗透露给了英国，以期“在俄国尚未向英国散播先入为主的言论前”，引诱英国牵制俄国。（〔日〕陆奥宗光《蹇蹇录》）其次，他抓住英国调停的目的仅仅是害怕“破坏其在东亚的商业利益”这一弱点，向英国允诺不到英国在中国的利益中心上海及其附近作战的保证。（同上）此举果然奏效，战争爆发后，英、俄均保持中立。

伊藤博文在甲午战争前曾两次到过中国。一次是1863年去英国留学时途经上海，另一次是1885年到天津与李鸿章签订《中日天津条约》。他对中国有比较直观的了解，亲眼见到老大中华帝国在列强的淫威下痛苦呻吟的情景，油然产生蔑视的心理。特别中日《天津条约》签订后，他对日本一些人认为中国在中法战争后将因整顿而强盛的议论不以为然，预言“中国以时文取文，以弓矢取武，所取非所用；稍为变更，则言官肆口参之。虽此时外面于水陆军俱以整顿，以我看来，皆是空言。

①〔日〕信夫清三郎《日本外交史》，第218页。

缘现当法事甫定之后，似乎发奋有为，殊不知一二年后，则又因循苟安，诚如西洋人所说又‘睡觉’矣”[①]。正是因为伊藤博文看到了中国的虚弱本质，才胆敢肆无忌惮地侵略中国。而且，伊藤博文对中国的军事布置也很了解，他得知中国把兵力过分地集中在奉天—山海关—天津三点一线上，因此战争开始后制定了有效的进攻策略：一路进攻威海卫以消灭北洋海军；一路进攻台湾以作为日后索款割地的抵押。[②]果然达到了预期目的。

李鸿章是清廷官员中最了解日本的“知日派”。作为一位传统的中国士大夫，其思想深处的大国思想和虚骄观念根深蒂固，起初多少有点瞧不起“蕞尔小国”日本，认为日本“所以矫强之由，不过该国近来拾人牙慧，能用后门枪炮，能开铁路煤矿，能写洋语洋书，能借国债，能制洋银数事耳”，能有多大能耐！又说“日本在唐宋以前贡献不绝，至元世祖往征大败后乃夜郎自大，今彼虽与西洋和好，尚无如朝鲜何，岂能强压我国耶”？[③]过于轻敌。

但在与日人多次打交道后，李鸿章逐渐认识到“日本近在肘腋，永为中土患”[④]，主张全力加强海防、大力发展海军以防范日本这一中国最危险的敌人：“今所以谋划水师不遗余力者，大半为制驭日本起见。”[⑤]但李鸿章的“防日论”始终停留在“羁縻为上”的水准上，认为“日前固须力保和局，即将来器精防固，

① 中国史学会编《中日战争》第1册，上海人民出版社1957年版，第600页。

② 参〔日〕大本营陆军部摘译《日本帝国主义侵华资料长编》上册，四川人民出版社1987年版，第38页。

③《李文忠公全集》，朋僚函稿，卷十三。

④《李文忠公全集》，奏稿，卷十七。

⑤《李文忠公全集》，奏稿，卷三十九。

亦不宜自我开衅”[①]。以致在甲午战争前夕，李鸿章疏于备战，贻误战机。

4. 甲午战争前夕李鸿章和伊藤博文外交策略实施的结果及其成败原因

甲午战争前夕李鸿章“联俄拒日”的外交策略以失败而告终，而伊藤博文的“联英拒俄”策略取得了成功。究其原因有如下几点：

其一，国际形势使然。俄国在远东是有其利益的。它不愿看到日本占领朝鲜，打败中国，影响到它南下的进程。但是，在当时情况下俄国鞭长莫及。因为，当时西伯利亚大铁路还未开通，俄国在短时间内派兵越过西伯利亚是很困难的，而海上制海权又控制在英国手里，也无法从海上运兵。更何况，当时俄国沙皇亚历山大三世和外交大臣吉尔斯正把精力放在欧洲方面，对远东事务并不是很热心。尽管俄国驻华公使喀西尼三番五次地请求俄国政府出来干涉，还是未能说服他们。吉尔斯告诉喀西尼：“我们完全珍视李鸿章对我们的信任，然而我们认为不便直接干涉朝鲜的改革，因为在这建议的背后显然隐藏着一个愿望，即把我们卷入朝鲜纠纷，从而取得我们的帮助。”[②]喀西尼的热心是真，但他对俄国外交的影响有限。李鸿章竟然未能认识到这一点，真是极大的错误。

英国的态度正如前面所说的，是有意拉拢日本抑制俄国南下，所以虽然口头上也提出过调停，但暗中却支持日本。

---

①《李文忠公全集》，奏稿，卷三十四。

② 张蓉初译《红档杂志有关中国交涉料选译》，三联书店 1957 年版，第 30 页。

其二，李鸿章一味依靠俄国，未做认真的备战准备。伊藤博文虽然依靠英国，但并未因此而高枕无忧，在军事上和外交上还是做了周密的准备。他很早就预见到俄国等列强虽然暂时保持沉默，但难保今后不会出来干涉，所以制定了速战速胜的战略。[①]可见，伊藤博文实施"联英拒俄"的外交策略是以实力作后盾的，而李鸿章则偏于投机取巧。

二、马关议和期间李鸿章和伊藤博文的外交对策

1. 马关议和前的形势及双方谈判准备

甲午海陆战爆发后，英、德、美、意等国正式宣布中立，俄、法保持事实上的中立。从战争开始到威海卫陷落的这段时间里，虽然偶尔也有列强调停，中日两国也一度有过谈判接触，但却因为日本无止境的侵略野心而流产。直到威海卫陷落、北洋舰队全军覆没后，战争胜负的天平已经完全向日本方向倾斜。这时俄、法、德等国为了自身的利益才表现出比较积极的干涉迹象。日本政府也感到自己速战速胜的目的已经达到，才同意由中方派出有资望的全权大臣来日本和谈。李鸿章作为甲午战争中方主要的决策者，难逃干系，被清政府指派为全权大臣，与狡诈的伊藤博文展开这场极不平等的谈判。

在马关议和前，李鸿章处于极为狼狈的境地。他失去了自己赖以自重的资本——北洋海军，而且已经受过清政府的严厉

①〔日〕春亩公追颂会《伊藤博文传》下册，第 82 页。

处分，东渡谈判又是在日本大兵压境的情况下，割地赔款在所难免。而一旦签约，不但要受国人辱骂，甚至当替罪羊丢掉性命也未可知。所以，李鸿章在谈判过程中，小心翼翼、步步请旨，决不敢越雷池一步。然而，清廷在该做决策的时候，又总是含糊其辞，把责任都推给了李鸿章：“斟酌重轻，与倭磋磨定义。”[①]“南北两地（指台湾和辽东）朝廷视为并重，非到万不得已，极尽驳论而不能得，忍轻言割弃？纵敌意大奢，不能尽拒，该大臣但须将何处必不能允，何处万难不允，直抒己见，详切敷陈，不得退避不言。”[②]李鸿章和清廷之间互相推诿，未能制定出行之有效或可供选择的和谈方案，从而在和谈的过程中始终处于消极被动的地位。

李鸿章在选择中方谈判代表时费了不少周折。他深知此时谈判形势险峻，感到自己“独行无助，徒与外人商办，恐为所卖”[③]，因此电致张荫桓，请他代为物色“熟悉条约，讲求西律，谙习洋情，精通翻译之员”[④]。结果，李鸿章选定了以下随员：“熟悉情形、通晓东西语言文字”[⑤]，又能照顾自己起居的儿子李经方；精通英文，追随自己多年的罗丰禄；对公法条约略有研究的马建忠、伍廷芳；精通日文的翻译罗庚龄和卢永铭等。这些随员在当时已经算比较优秀的了。但相对来说他们年轻资浅，对外交涉经验缺乏。所以李鸿章又聘用了“人极公正，熟清各

①《李文忠公全集》，奏稿，卷七十九。

②《李文忠公全集》，电稿，卷二十。

③ 顾廷龙、叶亚廉主编《李鸿章全集》第3册，上海人民出版社1987年版，第445页。

④ 中国史学会编《中日战争》第3册，上海人民出版社1957年版，第496页。

⑤ 同上书，第497页。

国条约”的前美国国务卿科士达，“有素养而智慧”的前美国领事毕德格。他们在谈判过程中帮助李鸿章解决了不少难题。

伊藤博文和陆奥宗光在马关谈判前做了大量的外交准备。他们是在屡战屡胜、不可一世的情况下，以强大的军事实力做后盾，准备大敲中国一笔的。当时日本政府的主要内政外交都由伊藤博文等人主持，他基本上可以敲定外交方针，请示天皇只不过是一个形式问题，他完全可以根据形势变化灵活地运用外交。

在旅顺口陷落、威海卫未失期间，列强颇想探知日本将对中国提出何种程度的要求。当时伊藤博文私下里拟定了“割旅顺口、大连湾，赔款和订约”（〔日〕陆奥宗光《蹇蹇录》）的方案。因伊藤博文强调暂时不要把自己的意向向列强公布，以免产生“诱发他们事先干涉的机会”，“最好能在毫不顾虑其他国家的情况下提出，换句话说，我国应该取得对中国的全部战果，如果事后其他列国异议时，再经内阁会议采取适当的对策较为妥当”。（同上）

威海卫陷落、北洋海军覆没后，日本重新调整战略，制定了第二期作战计划，增派了几乎所有的日本军队，一部分准备进攻北京，一部分侵犯台湾澎湖，并很快地占领了澎湖。在这种强大的军事力量作后盾的情况下，伊藤博文的胃口就更大了。“媾和条约因战局的发展，内容轻重宽严的程度自然也随之有所不同”（同上），准备提出的条件除扩大割占辽东半岛的范围外，还要割占台湾澎湖。

当时日本朝野上下一片狂妄，有主张割占奉天及吉林大部的，有主张割台的，有要求索赔 10 亿两白银的，甚至有主张割占东三省全境及台湾的，进而有主张“必须有瓜分四百余州的决心，届时应将山东、江苏、福建、广东四省划入我国版图”（〔日〕陆奥宗光《蹇蹇录》）的，不一而足，连伊藤博文都觉得过于狂妄。他知道，若无止境地刺激中国，必将引起列强的直接干涉。而若与中国持久作战，也不是没有转胜为败的可能。所以主张速战速决，然后取得巨大的、然而是适可而止的利益。为了达到这一点，其中很重要的是“将问题严格地限制在两国之间，使第三国在事前绝无插足的余地”（同上）。总之，在谈判前夕，伊藤博文已经做了充分的外交准备。

在选择日方谈判代表的问题上，伊藤博文选择了很有外交经验的、被誉为“剃头刀”的老资格强硬派外交家陆奥宗光为自己的左右手。在以后的谈判中，伊藤、陆奥配合默契，“技高一筹”地迫使李鸿章就范，最后签订了《马关条约》。在马关谈判的外交人才方面，日方是占有优势的。而谈判地点选在马关，对日方来说又占着“地利”。

2. 马关谈判中几个回合的交锋

从 1895 年 3 月 20 日至 4 月 17 日近一个月的时间里，李鸿章与伊藤博文进行了一场激烈的外交谈判，谈判分成下列六个回合：

第一个回合：3 月 20 日，春帆楼。

双方互换文凭后，李鸿章提出先停战后议和的条件。伊藤博文答应第二天予以答复。例行公事到此为止，然后双方闲谈。

在这段很平常的谈话里，蕴藏着双方有目的的外交策略。李鸿章极力掩饰心里的悲哀，谈笑风生地与伊藤博文叙旧闲谈达数小时之久，试图以套近乎、拉关系、送人情的手法感化伊藤博文。

他说："我与贵大臣交好已久，二位有话，尽可彼此实告，不必客气。"（马建忠等《东行三录》）然后吹捧一下对方："贵大臣办事有效；整理一切，足证才大心细。"此外，他还用"中日同文同种"这一老生常谈的话题来联络伊藤博文的感情，试图使他念及中日两国在历史上和文化上的特殊关系："亚细亚洲，我中东两国最为邻近，且系同文，源可寻仇？……应力维亚洲大局，永结和好，庶我亚洲黄种之民，不为欧洲白种之民所侵蚀也。"（同上）又说："此次战争，实获两个良好结果，第一，日本利用欧洲式之陆军组织，取得显著成功，足以证明黄色人种亦决不逊于白色人种；第二，由于此次战争，中国侥幸得以从长夜之迷梦中觉醒，此实为日本促成中国发奋图强，帮助其将来之进步，可谓得益非常巨大。……且如前所谈，中日两国为东亚两大帝国，日本有不弱于欧洲各国之学术知识，中国有天然不竭之富源，如两国将来能相互合作，则对抗欧洲亦非至难之事。"（〔日〕陆奥宗光《蹇蹇录》）

李鸿章以上的"高论"固然表现了他的恢宏气度和捍卫国权的一番苦心，但同时也说明他对日本军国主义认识不足。日本自明治维新以来，长期实行"脱亚入欧"政策，一面与列强妥协，以便挤进帝国主义俱乐部，一面"迫使容易攻取的朝鲜、满洲、中国服从我国，即由朝鲜、满洲夺取土地，来补偿从俄美所受到的损失"①。日本早已把中国当作了侵略目标。在这样的侵略者面前大谈什么"中日提携"，无疑是与虎谋皮。

①〔日〕井上清《日本现代史》，三联书店 1956 年版，第 146 页。

果然，李鸿章的这一番话，使伊藤博文感到“诧异”：“十年以前我与中堂谈及，何至今一无变更？”（马建忠等《东行三录》）陆奥宗光则讽刺地写道：“只是今日东方政界的老生常谈……其目的是想借此引起我国的同情，间用冷嘲热骂以掩盖战败者的屈辱地位，尽管他是狡猾，却也令人可爱。”（《蹇蹇录》）

第二个回合：3月21日，春帆楼。

伊藤博文出示一个停战备忘录，以日本军队占领大沽、天津、山海关为质，实行停战。如果按照这个停战条件，无异于让北京完全失去屏障、中国首都随时都有失陷的可能。正如陆奥宗光自己所承认的一样：“此时他提出休战要求，实亦无可奈何，如加拒绝，又恐违反各国普通之惯例，因而提出严厉的条件，使其无法接受，自动撤回作战要求。”

这是个阴谋，李鸿章听完这个备忘录，“似甚惊惧，面为改色，口中连呼‘过苛过苛’”。此时李鸿章一改上次谈判时的谈笑风生，转而哀求道：“中日系兄弟之邦，所开停战条款，未免陵逼太甚……三处皆系直隶所辖，如此于我脸面有关，试问伊藤大人，设身处地，将何以为情？”

伊藤博文当然不会被李鸿章的哀求所感动，而是冷冷地回答：“两国相争，各为其主。国事与交情两不相涉，停战系在用兵之时，应照停战公例。”

李鸿章受传统外交术的影响，迷信“循理外交”，认为“势不足以绌之，理尚可折之，理不足以折之，情尚可以喻之”。面对伊藤博文提出的如此无理的停战条件，李鸿章知道用“绌之以势”“晓之以理”两策是徒劳的，所以也就不顾自己的“体面”，改用哀求的下策以图“动之以情”。伊藤博文则狡猾地以

“两国相争，各为其主”的“原则”把他的话顶了回去，可谓技高一筹。李鸿章无可奈何。

李鸿章眼看一招不成，就试着换另一招，即“避实就虚”的外交术：“以此之处为质，日兵不必实据，但立作名目之条款何如？”伊藤博文当然不会上他的当，回答说：“如此办法，与交战无异，和局未定，彼此相攻，终当相拒。”（马建忠等《东行三录》）

第二回合的谈判双方就停战问题各不相让，李鸿章用“动之以情”“避实就虚”两种外交术都未能奏效。最后只好用“拖宕战术”，答应过几天再答复。第二回合的谈判不欢而散。

李鸿章采取拖宕战术是为了争取时间请示清廷。光绪得此消息后，命总理衙门到各国公使处探听口风。各国公使“均以先索和议条款为要”[①]。总理衙门根据这个意思向李鸿章复电：“若彼仍坚前说，则以难允各条暂置勿论，而向索和议中之条款。”[②]有清廷的指示，李鸿章就放弃了休战要求，承认在不停战的情况下进行和谈。这是一种妥协退让的外交，是清政府一大失策。就在这时，日军占领了澎湖，为以后索要台湾埋下了祸根。

第三个回合：3 月 24 日，春帆楼。

此时李鸿章得知列强各国对谈判颇为关注，所以口气也硬了起来，再次用“以夷制夷”的对策来威吓伊藤博文：“所示和款，若与他国有关涉者，请贵大臣慎酌”，“闻英国有不愿他人盘踞台湾之意。”并故卖人情，说“我两国相交有素，故预

---

① 顾廷龙、叶亚廉主编《李鸿章全集》第 3 册，第 467 页。

②《李文忠公全集》，电稿，卷二十。

为提及”。

对此，伊藤博文已有心理准备，揶揄道：“贵国如将台湾送与别国，别国必将笑纳也。”（马建忠等《东行三录》）伊藤博文对英国的意图是很了解的，知道英国只不过是从维护本国的利益出发，决不会为了什么“道义”的缘故去支持中国的。占领台湾，对英国并无直接的利害冲突。李鸿章的“以夷制夷”还是未能奏效。

就在这次谈判结束回住所的途中，李鸿章遭到了日本浪人小山丰太郎的袭击，伤及颊骨。这个意外的事件改变了马关谈判的进程。

一个外国使臣在异国谈判时遭到袭击，这在国际外交史上是极端恶劣的事件，何况这种事在日本已经是第二次发生了（前一次是1891年俄国皇太子在日本遇刺）。一时世界舆论哗然。日本政府狼狈不堪。伊藤博文也深感事态严重：“若李鸿章以受伤作借口，中途归国，对日本国民的行为痛加非难，巧诱欧美各国，要求他们居中周旋，至少不难博得欧洲二、三强国的同情，而在此时，如一度引出欧洲列强的干涉，我国对中国的要求亦将陷于不得不大为让步的地步”，“如不乘此时机采取善后措施即有发生不测之危机，亦难预料。内外形势，已至不许继续交战的时机。”（〔日〕陆奥宗光《蹇蹇录》）他毕竟富有经验，为了“亡羊补牢”保住战胜成果，决定先停战后谈判。

但被胜利冲昏头脑的日本军部却几乎一致反对停战。伊藤博文只好连夜亲赴广岛大本营，费了不少口舌，说服大本营的文武重臣：“今日欧美社会对我国一反往常的赞赏之声，同情支那的声音此起彼伏。对我国国风的诽谤之声有之，还容易把此事与先年俄皇太子遇到的事件联系起来，这事已昭若明镜。此际除采取非常之英断外别无良策，希望无论如何助我一臂之力。”[①] 他还把最新军事情报透露给大本营：俄军三万已经集结于中俄边境地区，随时可以出兵干涉。[②] 大本营最后还是同意了伊藤博文的意见。在征得天皇同意后，大本营决定停战三周，但停战地点排除台湾、澎湖两地。伊藤博文的“亡羊补牢”之策取得了成功，预防了可能发生的变故。

然而，在遇刺事件发生后，李鸿章却没能抓住这个有利的机会大造声势。从遇刺到停战条约签订的这一段时间，他与清廷的往来电报竟只字未提如何利用这次机会来争取外援、压制日本。[③] 以前惯用的“以夷制夷”的手段到该用的时候却不用，可见李鸿章外交应变能力的缺乏。

尽管这样，李鸿章所追求的先停战后谈判的目的却因遇刺事件而意外地达到了。“口舌所不能争者，藉一枪子之伤而得之。”（梁启超《李鸿章》）停战对中国是有利的，因为当时日本已重新集结兵力、准备分两路从山东半岛和辽东半岛出发，直捣奉天和北京。他们的胃口很大，是不肯轻易罢休的。所以当李鸿章从陆奥宗光口中得知停战消息后，“半面包有绷带，绷带外面仅露一眼，流露出十分高兴的神情”（〔日〕陆奥宗光《蹇蹇录》）。李鸿章之所以容易满足，而没有乘此大好时机，提出除局部停战之外更多的要求，是与他一向追求“委曲求全”的错误外交分不开的，这在以前处理琉球事件、马嘉理事件特别

①〔日〕春亩公追颂会《伊藤博文传》下册，第 187 页。

② 同上书，第 170 页。

③ 顾廷龙、叶亚廉主编《李鸿章全集》第 3 册，第 468—474 页。

是中法战争等外交中都时常表现出来，带有一贯性。

第四回合：4 月 1 日—4 月 10 日，双方照会往来。

日方将议和条约案送交李鸿章，其主要内容是：①朝鲜独立；②中国割让辽东半岛、台湾、澎湖及其附近岛屿；③赔偿军费三万万两；④最惠国待遇，开放口岸和通商建厂便利；⑤日军占领奉天府及威海卫为质，中国担负驻军费用。

李鸿章万没想到日方会提出如此苛酷的条款，“甚觉委顿沮丧，似乎对于协议感到绝望”。这时富于外交经验的科士达为他出了一个主意，将日本索兵费过奢和索取台湾、辽东二节“密告英、俄、法三国公使。至日本所拟通商新约详细节目，一时乞勿庸知各国；恐见其利可治，彼将协而谋我”。他劝慰李鸿章说：“情形决非绝望，某些要求可作合宜的答复”，“相信能够强制日人依据自己的正义感并顾及各国的良好意见而作重要的修正。”[①]

在科士达的鼓励和帮助下，李鸿章一面电请总理衙门向各国公使透露情况，一面拟出数千言的说帖：“以赔费太多，让地太广，通商新章与西国订约不符，委婉开导驳斥。”[②]

李鸿章以上的策略显然是正确的。但在技术上却犯了一个重大的错误：他致总理衙门的电文被日方破译！

伊藤博文和陆奥宗光立即采取对策，密电日本驻俄、美、英、法等各国公使，指令他们赶在中国前面将议和条约的全部内容密告各国政府。因为某些条款中有许多通商便利，各国将可根据最惠国待遇共享这些权利，因此容易得到各国的默许。

① 顾廷龙、叶亚廉主编《李鸿章全集》第 3 册，第 480 页。

② 同上书，第 487 页。

李鸿章试图引诱列强干涉的计划落空。

在马关谈判的过程中，由于中方通讯手段的落后，李鸿章与总理衙门的电报往来是通过英国驻日公使谭恩和驻华公使田贝之间代转的，而且往来电报未能用高技术的保密手段，当时来往的所有电文都被日方的情报机关截译，中方的一举一动都暴露在日方的眼皮底下。日方则可以根据情报随时调整对策。这是中国外交的又一大失误。

4月5日，李鸿章向伊藤博文出示了精心准备的长篇备忘录。该备忘录分成四个大纲，分别对朝鲜之独立、割地、赔款、通商权利四个方面——“开导驳斥”。他重弹“中日两国为比邻之邦，历史、文学、工艺、商业，无一不同”这样的老调，并警告:“若计不出此，徒恃一时兵力，任意谋求，则中国臣民势必卧薪尝胆，力图复仇，从此东方两国同室操戈，永成怨仇，互不相援，适应外人之攘夺耳。”

关于赔费问题，李鸿章指出:“这次战争，衅非我开，且中国并未侵略日本之土地，由理论上言之，中国似不应赔偿军费。然上年十月间，中国因英国公使出面调停，曾承诺赔偿军费，实为息事宁人之故，若其数目并非过当，当可接受”，“且据日本宣称此次战争目的完全在使朝鲜成为独立国家；故纵强欲中国赔偿军费，亦只应算至中国声明承认朝鲜独立自主之日为止。无要求以后军费之理。”他还引用日本报纸所载，日本政府今日之战争用费，似不超过一亿五千万元，而且日军从中国所得之战利品，如军舰、军需品等应折价、从赔费中扣除。至于通商细则，指出要求关率降至2%“实非理之当者”，等等。

在备忘录的最后，李鸿章忠告说:“两国人民今后数世之幸福命运，皆在两国全权大臣之掌中，故宜遵循天理，以近世各国政治家深谋远虑之心意为师法，保障两国人民之利益福泽，方可谓各尽其职也。"[①]

李鸿章在战败屈辱的情况下，时而有失体面地乞求，时而根据国际惯例而辩解，时而从道义上忠告，时而根据实际精细地计算，时而抬出列强来威吓，时而以中国的卧薪尝胆来警告对方，可谓是他常用的"绌之以势，折之以理，动之以情""避实就虚"和"以夷制夷"等外交术的集大成，连陆奥宗光也不得不承认其"笔意精到，仔细周详，将其所欲言者都尽情地说了出来，不失为一篇好文章"。

可是伊藤博文并不上李鸿章的圈套，而针锋相对地"切入正题"："如果不先加以彻底的反驳，使其迷梦觉醒，恍然悔悟，则对方终不能了解现在彼我之地位，将续作痴言哀诉，徒使谈判延长"，"苟我不指出其论点的谬误，可能使局外第三者发生日本虽胜于力而屈于理的怀疑。"伊藤博文和陆奥宗光经研究认为，"与其在空洞的理论上和他们哓哓不休，还不如在事实面前使他们就范"。第二天，日方向李鸿章送交了照会，让他"明确答复对全部或每条允诺与否，若条款中有要修改者，亦希逐一开明条项的约文之体裁提出"（〔日〕陆奥宗光《蹇蹇录》）。

在伊藤博文步步进逼下，李鸿章知道空谈理论、"避实就虚"终不能糊弄过去，加上停战期限日近，不得不考虑如何在具体条款上与对方讨价还价。根据自己的推测，李鸿章电告总署："赔费恐须一万万，让地恐不止台澎。"总署得电后，颇为

① 中国史学会编《中日战争》第7册，上海人民出版社1957年版，第476页。

争议了一番。翁同龢力陈“台湾不可弃”，奕䜣、孙毓汶力争须和，声称“战字不能再提”。[①]枢臣不能取得一致的意见，结果上奏光绪，请旨定夺。光绪下了一个语意模糊的旨意：“南北两地，朝廷视为并重，非至万不得已，极尽驳论而不能得，何忍轻言割弃。纵敌愿太奢，不能尽拒，该大臣但须将何处必能允，何处万难不允，直陈己见，详切敷陈，不得逃避不言……先将让地应以一处为断，赔费应以万万为断，与之竭力申说。”[②]这个旨意尽管模糊，但也包含着李鸿章有“让地以一处为断，赔费以万万为断”的定约权力。

李鸿章得到以上的旨意，从而改变以往的“避实就虚”的手法，开始在具体问题上与日方“磋磨”。他为自己制定了一个谈判原则：“敌所已据处，争回一分是一分；其所未据处，丝毫断不放松。”[③]以此为原则，李鸿章草拟了一个说帖，让李经方带给伊藤博文。该帖大意是：“按欧洲让地向例，只有将兵力所已到者酌量仍还本国，并无将兵力未到者让与敌国之理，查日本约稿所拟请让奉天南部地方，内有辽阳州等处与台湾全岛（此时澎湖已失，不算在内），皆日兵所未到者，未便请让。又欧洲向例，险要之地虽为敌国兵力所据，仍应让还，旅顺口、大连湾乃北京渤海最要门户，应照法国俾路佛之例，让还中国……赔费，亦只应算至光绪二十年十月二十五日，中国认明朝鲜自主之日止。”并精确地统计出日军费用不超过一万万两，指出：“从前中国赔给英法兵费均未算息……日本现拟出第一次赔款交

① 王芸生《六十年来中国与日本》第3卷，第165页。

② 顾廷龙、叶亚廉主编《李鸿章全集》第2册，第485页。

③ 同上。

清后余款即行起息，实欠公允。"[1] 总之，以让澎湖列岛和辽南四厅州县（安东、宽甸、凤凰、岫岩）为限，赔款为一万万两。

当李经方揣着这个说帖前往伊藤博文住处时，伊藤博文已经估计出说帖的内容与其野心相距甚远，于是采取"旁敲侧击"的手法把经验不足的李经方吓回去，再通过李经方去影响乃父。他威吓说："为免他日之误解，于此特别言明，赔款数额虽可略减，但决不能作大量削减，割地则奉天、台湾皆须割让。同时尚希中国使臣能深切考虑现在两国之间的形势，即日本为战胜者，中国为战败者之事实。……若不幸此次谈判破裂，则我一声令下，将有六七十艘运输船只搭载增派之大军，舳舻相接，陆续开往战地，如此，北京的安危亦有不忍言者"，"如再进一步言之，谈判一旦破裂，中国全权大臣离开此地，能否再安然出入北京城门，恐亦不能保证。"这是典型的外交讹诈。李经方经不住威吓，果然不敢出示说帖，表示回去请示父亲后再定。临走时，李经方惶惶不安地哀求道："答案万一不能使日本全权大臣满意时，希望不因此招致日本全权大臣之激怒，以致谈判破裂，使九仞之功，亏于一篑，是以诸事皆请海函。"（〔日〕陆奥宗光《蹇蹇录》）

李经方在李鸿章受伤后被任命为代理中方的全权大臣。他虽然长期追随乃父学到不少对外交涉术，但毕竟年轻资浅，与他的父亲相比尚欠老练，更不是老奸巨猾的伊藤博文的对手。伊藤博文正是抓住了中方代表团中的薄弱环节，由此下手，"旁敲侧击"地达到其外交目的。

① 王芸生《六十年来中国与日本》第 3 卷，第 267—269 页。

李鸿章听了李经方的汇报后，感到事情严重，连忙发电报请示清廷："倘彼犹不足意，始终坚执，届时能否允添？"[①]

第五个回合：4月10日，春帆楼。

这一次李鸿章伤口初愈，亲自参加谈判。伊藤博文在原来的条款基础上后退了一步，提出一个"折衷"案：①缩小割让辽东半岛的范围；②割让台澎；③赔款二万万两。这当然并不意味着伊藤博文大发慈悲，而是他们采取"进两步，退一步"的外交策略，正如陆奥宗光所透露的："我方最初的提案，本来是作为会谈的基础而提出的，并不是毫无修改的余地；并且纵使我方具有战胜者的势力，如根本不准改变我方原案，不仅以之过苛，已在这种会谈上也是不常见的。"（《蹇蹇录》）伊藤博文声称，此案已经"力为减少"，"但有允与不允两句话而已"。（马建忠等《东行三录》）可以说日方已经下了最后通牒。

李鸿章抱着"争回一分是一分之利"的原则，继续不惜口舌地辩解：赔款太巨，中国担当不起，只得借洋债，而中国此次战败，外国未必肯借，我国实在勉为其难。伊藤博文竟讽刺道："中国之地十倍于日本，中国之民四百兆，财源甚广，开源尚易，国有急难，人才易出，即可用以开源。"这哪里像是谈判所说的话？简直是欲括尽中国的民脂民膏、置之死地而后快，赤裸裸地暴露了伊藤博文贪婪无耻的本色！更有甚者，当李鸿章讥笑说，既然你说得那么容易，"中国请尔为首相何如"？伊藤博文竟厚颜无耻地满口应承："当奏皇上，甚愿前往。"（马建

① 顾廷龙、叶亚廉主编《李鸿章全集》第3册，第488页。

忠等《东行三录》）在如此无赖的伊藤博文面前，李鸿章也无可奈何。

这一回合谈判之后，眼看停战期限临近，日方步步进逼，毫不松口。从根本上害怕谈判破裂、重新开仗的李鸿章此时已经完全失却了谈判的韧性。他不但不再继续抗争，反而回过头来向清政府施加压力，于4月11、12、13、14日四天内连发六电，极力强调谈判破裂后果的严重性，说："若照允，则京师可保，否则不堪设想。"①

清廷接到李鸿章这些电报后，惊慌失措。奕䜣、奕劻、王世铎、孙毓汶等纷纷要求主和，他们以"宗庙为重，边徼为轻"为理由，为了保住满清统治苟延残喘，不惜出卖国家民族利益。而主战派翁同龢等虽然精神可嘉，但也提不出什么救急之策，不过流于清议。光绪虽然主张"迁都再战"，但慈禧太后决不同意。当光绪面陈"西迁之议"时，慈禧"微笑摇首"，断然拒绝道："可不必！""和战之局汝主之，此则我主之。"② 光绪万般无奈，最后痛下旨意："原冀争得一分有一分之益，如毫无可商改，即遵前旨与之定约。"③ 至此，大局甫定。

第六回合：4月15日，春帆楼。

这轮谈判李鸿章已经没有什么思想包袱了，大局已定，他所能做到的只是在"细节问题"上与日方进行最后一次讨价还价。关于赔款，李鸿章请求伊藤博文再让五千万，伊藤不肯；李鸿章又退一步哀求减少两千万，"以此少许之减额，赠作归国

① 顾廷龙、叶亚廉主编《李鸿章全集》第3册，第497页。
② 中国史学会编《中日战争》第4册，上海人民出版社1957年版，第126—127页。
③ 顾廷龙、叶亚廉主编《李鸿章全集》第3册，第498页。

旅费”（〔日〕陆奥宗光《蹇蹇录》），作为一个全权大臣，竟落到如此低声下气的地步，可谓自尊心扫地无余，其愿望无非是“争回一分是一分之利”。但蛮横绝情的伊藤博文连这一点面子也不给，反而冷语相加：“盖议和非市井买卖，彼此争价，不成事体。”李鸿章气愤已极，连责伊藤博文“尔办事太狠”，“一毛不拔”，“如此口紧手辣，将来必当记及”（马建忠等《东行三录》）。最后不欢而散。

4 月 17 日，李鸿章和伊藤博文在春帆楼举行了《马关条约》签字仪式。至此，马关谈判以李鸿章的彻底失败而告终。

3. 马关谈判中李鸿章与伊藤博文外交成败的原因

李鸿章在马关谈判中，运用各种外交术：用列强来威吓对方，是为“以夷制夷”术；义正词严地警告，是为“绌之以势”术；用道义来忠告，利用国际惯例进行辩解，是为“循理外交”术；殚思极虑地智辩，精确无误地计算，是为“折之以理”术；拉关系，套人情，乃至低声下气地哀求则为“动之以情”术；避开具体问题大谈理论是为“避实就虚”术……可谓极尽委曲，想尽主意，“鞠躬尽瘁”了。李鸿章的外交才能在当时可谓出类拔萃，但终究难以力挽狂澜。原因是：

从客观上来说，“弱国无外交”。马关谈判是甲午战争的直接延续，而甲午战争中国大败的客观事实注定马关谈判中方必败无疑的命运。马关之耻，李鸿章作为主要的当事者当然难辞其咎，但作为谈判决策后台的清政府和慈禧太后应负主要责任。因为李鸿章在整个修约谈判过程中步步请旨，“条约已不是李鸿章的条约，而是皇帝的条约了，因为在签字前每一个字都电达北京，皇帝根据军机处的意见，才授权签字的”①。

马关之耻，也暴露出了晚清中国外交人才缺乏和情报技术落后的弊病。在中国代表团的成员中，多数是年轻资浅、缺乏外交经验的人员。在外交活动中，保密是必不可少的一个环节，而当时中方代表与政府之间的通讯联系却无密可保！

从主观上来说，李鸿章也犯了一系列的错误：

首先，他的所有外交术都是建立在“委曲求全”总方针的基础上的。尽管他绞尽脑汁，千方百计地避免损失，“争回一分有一分之益”。但他从根本上害怕谈判破裂、重新开仗，以致当伊藤博文步步紧逼、发出最后通牒时，他立即失却继续抗争的韧性、妥协了事。

其次，他缺乏外交谈判的灵活性。当他意外地遇刺受伤后，本来形势对中方很有利，他完全可以乘此机会大造舆论，引诱个别列强国家出来干涉，迫使日本立即实行无条件的停战，并放弃过苛的领土和赔款等要求。但令人遗憾的是，李鸿章轻易放弃了这个机会。

伊藤博文的外交手腕显然比李鸿章技高一筹。他凭借多年与列强交涉练就的外交技巧和虚张声势的刁滑手段，一一地化解了李鸿章“外交术”：李鸿章“以夷制夷”，他则抓住列强贪求通商等利益的心理，“诱之以利”，换取列强的默许；李鸿章“绌之以势”，他则“以势对势”，凭借其强大的军事实力威吓要挟；李鸿章“折之以理”，他则“强词夺理”，说什么中国财源甚广、开源甚易，国有急难，人才易出，即可用以开源，不

① 复旦大学历史系中国近代史教研组编《中国近代对外关系史资料选辑》，上卷第2分册，上海人民出版社1977年版，第60页。

愁付不起赔款！李鸿章“动之以情”，他则以“两国相争各为其主”避开；李鸿章“避实就虚”，他则“切入正题”，逼迫李鸿章面对具体问题……总之，伊藤博文在谈判中充分施展了各种有效的外交手腕。当然，光靠伊藤博文娴熟的外交手腕是不够的，还取决于当时日方极为有利的客观条件：

首先，日方是处在战胜的情况下，伊藤博文可以以强大的军事实力为依恃，有恃无恐地压制中方，迫其就范。

其次，伊藤博文得到天皇的支持，不但在外交上可以自由作主，根据实际情况制定相应的外交策略，而且他还能亲自参与大本营的军事谋划，有权力根据外交需要决定军事的进止。李鸿章遇刺后，伊藤博文觉得有停战的必要，于是就努力说服军部休战，挽救了一场危机（后来的日本首相很难做到这一点）。

第三，伊藤博文还选择了陆奥宗光为其助手。陆奥宗光也是位外交经验颇为丰富的外交家，在谈判过程中与伊藤博文配合默契，为迫使中方签订《马关条约》立下了大功。

第四，伊藤博文占有“地利”，可充分利用情报机关搜集的情报（包括破译中方电文）制定各种应变措施。

余论

李鸿章作为日益没落的清政府的代表，在整体国力式微的情况下，面对纷杂的国际外交关系，面对弱肉强食的残酷现实，感到迷茫和无力。他把希望寄托在传统的“以夷制夷”策略上，以图投机取巧，侥幸于一时，避免战端。事实上，消极应付是没有出路的，而清政府自从国门被打开后，却一直在消极应付。李鸿章在清政府中还算比较开明的，一度大搞洋务，办起了力量可观的海陆军。但在清廷上下左右牵肘下，他的“富国强兵”事业中途流产，海陆军严重营养不足。对于这种情况，李鸿章心里是有数的。他不敢把海陆军轻于一试，因此正好迎合慈禧太后耽于个人享受不愿打仗的心理，想当然地把避免战争的赌注押在甜言蜜语的俄国公使身上。结果在战争爆发后仓促应战，首战失利，再战失手，三战而败。从外交的角度来看，李鸿章误就误在不知变通地借用了传统的“以夷制夷”的“非实力”外交，忽视了在强权外交时代的新型外交准则：以实力为后盾。

在痛失赖以生存的军事实力后的马关谈判中，李鸿章企图用“循理外交”“晓之以理，动之以情”“避实就虚”等“非实力”的外交策略来打动对方，使之做出让步。尽管他唇干舌燥、不辞辛劳、绞尽脑汁，但“非实力”外交的虚弱性注定谈判必然失败的命运。仔细寻找在谈判过程中的细节可以看出，他既没有以自己残存的军事实力（哪怕是虚张声势）来吓唬对方，也没有督促清廷调兵遣将，以决一死战的决心来威慑对方。在突发事件发生后也没有抓住机会利用列强向对方施加压力。李鸿章和清廷一心求和，没有撤使再战的决心，所以即使日方提出更为苛刻的条件，最后也会签约的。

与李鸿章相反，伊藤博文这位号称很有世界眼光的日本首相，由于他自身的经历和特点，也由于他背靠的正是“脱亚入欧”、走向军国主义道路的日本政府。他深知“实力”是新的世界争夺战的决定因素。

日本海陆军实力在甲午战前已超过了中国，而且对俄国也是威慑力量，因而被英国看作在远东扼制俄国南下的“看门犬”。伊藤内阁正是利用这一点与英国结盟。这个联盟是以利益为基础的，事实证明也是可靠的。所以说伊藤内阁的“联英拒俄”外交是一种“实力外交”。

甲午战争爆发后，连日本人自己都不敢相信的巨大胜利，使整个日本野心膨胀，日本政府的“实力”感更强。在马关谈判中，伊藤博文先是拒绝在休战的条件下进行谈判，后因意外事件而不得不暂时休战，继而有恃无恐地提出极为苛刻的和约条款，无非是凭借强大的军事“实力”作后盾。

在具体的谈判技巧上，伊藤博文一一排除李鸿章的“以夷制夷”“绌之以势、折之以理、喻之以情”和“避实就虚”等外交术，以“诱之以利”“借势压人”“强词夺理”“讲原则”和“切入正题”等外交术，逼迫李鸿章最后签订了《马关条约》。

总之，李鸿章在甲午战争前后施行的外交是一种“非实力”外交，伊藤博文施行的是一种“实力”外交。以“非实力”对抗“实力”，再加上具体外交术上的拙劣，注定了李鸿章在谈判桌上彻底失败的命运。

甲午战争前后李鸿章和伊藤博文的外交斗争为我们留下了许多值得深思的经验教训：

首先，不立足于自己的力量和对国际形势的深刻分析，迷信并不可靠的同盟，把外交赌注押在第三国的身上是极其危险的。在甲午战争前夕，由于清政府和李鸿章迷信“以夷制夷”，把避战的希望以图侥幸地寄托在俄国身上，不作认真的备战准备，以至于在战争爆发后被动挨打，一败不可收拾。俄国声称准备用武力压服日本，只不过是口头承诺，既没有与中国订立过攻守同盟，也没有大规模地调兵遣将，造成武装干涉的态势，显然是极不可靠的。纵观中外历史，即使是两国或多国订立了同盟条约，最后因形势的变化而分崩离析甚至毁约相向的事例也是俯拾皆是的。在外交史上，是很少有绝对的、永久的同盟的。

其次，“弱国无外交”。一个国家在缺乏实力的情况下进行外交难免大吃其亏，在战败之后求和更是难以逃脱任人宰割的命运。马关议和时，中国正是在战败屈辱的背景下向日本求和的，所以尽管李鸿章在谈判桌上作了很大的努力，结局还是很悲惨的。马关之耻，为中国外交留下了一个深刻的教训：只有我们自己在政治、军事、经济等方面保持强大的实力，才能在对外交涉中处于有利的地位，才能在纷杂的国际事务中拥有较多的发言权。

第三，作为一个出色的外交家必须具备以下几个基本素质：对自己国家的忠诚，坚忍不拔的耐性，对国际关系的透彻了解，对外交手段的灵活运用，对自身实力的正确认识。除此之外，对在谈判中一些必要的技术（情报通讯等）也要善于利用。

在甲午战争前后的外交斗争中，除了客观因素造成伊藤博文和李鸿章的外交成败外，伊藤博文技高一筹的外交素质也起了重要作用。在当时，中国外交才能如李鸿章者已是凤毛麟角，而日本的外交才能如伊藤博文者却是大有人在，如井上馨、陆奥宗光、大隈重信等等。人才缺乏正是近代中国的可悲之处。正如梁启超说的：“日本之学如伊藤者其同辈中不下百数，中国之才如鸿章者其同辈中不得一人，则又不能专为李咎者也。”（《李鸿章》）

第四，凭借自己战胜国的地位，贪得无厌地敲诈对方，欲置之死地而后快的野蛮行为必然极大地伤害对方的民族感情，最后将遭到应有的惩罚。伊藤博文不但欺凌中国，也对朝鲜人民犯下滔天罪行，最后终于被朝鲜人安重根刺杀于哈尔滨。日本军国主义者在甲午战争后继续变本加厉地侵略中国和其他国家，最后在第二次世界大战中遭到了毁灭性的打击。

甲午战争已经过去一百多年了，但甲午战争的经验教训将永远牢记在中国人民的心中。“毋忘国耻”，在新的历史时期，我们更应该注重于壮大国力，培养人才，熟悉国际法则，使中国在世界外交事务中立于不败之地。同时，我们要坚持以外交的五项原则同世界各国建立友好的外交关系。

“老来失计亲豺虎”

——李鸿章、《中俄密约》与中东铁路

1896年10月，前往俄国参加沙皇加冕典礼的李鸿章尚未回国（典礼结束后顺便访问了欧美诸国），上海的英文报纸《字林西报》突然披露了一条重要的消息，说某督办王大臣同俄国驻华公使喀西尼签订了一个秘密条约——《喀西尼条约》，并全文公布了条约的内容，共十二条：

> 第一条　近因俄国之西伯里亚火车道竣工在即。中国允准俄国将该火车道一由俄国海参崴埠续造至中国吉林晖春城，又向西北续至吉林省城止。一由俄国境某城之火车站续造至中国黑龙江之爱珲城，又向西北续至齐齐哈尔省城，又至吉林伯都讷地方，又向东南续造至吉林省城止。
>
> 第二条　凡续造进中国境内黑龙江及吉林各火车道，均由俄国自行筹备资本，其车道一切章程，亦均依俄国火车条程，中国不得与闻。至其管理之权，亦暂行均归俄国，以三十年为期。过期后，准由中国筹备资本估价将该火车道并一切火车机器厂房屋等赎回。

惟如何赎法，容后再行妥酌。

第三条　中国现有火车路拟自山海关续造至奉天盛京城，由盛京接续至吉林。倘中国日后不便即时造此铁路者，准由俄国备资由吉林城代造，以十年为期赎回。至铁路应由何路起造，均照中国已勘定之道接续至盛京并牛庄等处地方为止。

第四条　中国所拟续造之火车道，自奉天至山海关至牛庄至盖平至金州至旅顺口以及大连湾等处地方，均应仿照俄国火车道，以期中俄彼此来往通商之便。

第五条　以上俄国自造之火车道所经各地方，应得中国文武官员照常保护，并应优待火车道各站之俄国文武各官，以及一切工匠人等。惟由该火车道所经之地，大半荒僻，犹恐中国官员不能随时保护周详，应准俄国专派马步各兵数队驻扎各要站，以期妥护商务。

第六条　自造成各火车道后，两国彼此运进之货，其纳税章程。均准同治元年二月初四日中俄陆路通商条约完纳。

第七条　黑龙江及吉林长白山等处地方所产五金之矿，向有禁例，不准开挖。自此约定后，准俄国以及本国商民随时开采，惟须应先行禀报中国地方官具领护照，并按中国内地矿务条程，方准开挖。

第八条　东三省虽有练军，惟大半军营仍系照古制办理。倘日后中国欲将各省全行改仿西法，准向俄国借请熟悉营务之武员来中国整理一切，其章程则与两江所请德国武员条程办理无异。

第九条　俄国向来在亚细亚洲无周年不冻之海口，

一时该洲若有军务，俄国东海以及太平洋水师，诸多不便，不得随时驶行。今中国因鉴于此，是以情愿将山东省之胶州地方暂行租与俄国，以十五年为限。其俄国所造之营房栈房机器厂船坞等类，准中国于期满后估价备资买入。但如无军务之危，俄国不得即时屯兵据要，以免他国嫌疑。其租赁之款，应得如何办理，日后另有附条酌议。

第十条　辽东之旅顺口以及大连湾等处地方，原系险要之处，中国极应速为整顿各事，以及修理各炮台等诸要务，以备不虞。既立此约，则俄国允准将此二处相为保护，不准他国侵犯。中国之允准，将来永不能让与他国占据。惟日后如俄国忽有军务，中国准将旅顺口及大连湾等处地方，暂行让与俄国水陆军营泊屯于此，以期俄军攻守之便。

第十一条　旅顺口大连湾等处地方，若俄国无军务之危，则中国自行管理，与俄国无涉。惟东三省火车道，以及开挖五金矿诸务，准于换约后即时便宜施行。俄国文武官员以及商民人等所到之处，中国官员理应格外优待保护，不得阻滞其游历各处地方。

第十二条　此约奉两国御笔批准后，各将条约照行。除旅顺口大连湾及胶州诸款外，全行晓谕各地方官遵照。将来换约，应在何处，再行酌议。自画押之日起，以六个月为期。[①]

① 收入扪虱谈虎客《近世中国秘史》，参见江苏广陵古籍刻印社 1994 年影印本，第 227—232 页。

该约的核心内容是中国允准俄国修建一条穿过东北直达俄国港口海参崴的铁路，并“情愿将山东省之胶州地方暂行租与俄国”，一旦发生战事，“中国准将旅顺口及大连湾等处地方，暂行让与俄国水陆军营泊屯”。

从“十二条”文本上看，这是个不折不扣的丧权辱国条约，比此前签订的任何条约都要糟糕得多。消息一经披露，舆论大哗。山东巡抚李秉衡上奏朝廷，以“十二条皆要挟过甚，许之则无以立国”①，请求改议。

实际上，中俄签订密约确有其事，签约时间是1896年6月3日，地点是俄国莫斯科，中方签约代表是李鸿章，俄方是财政大臣维特和外交大臣罗拔罗夫。换约时间是9月28日，地点在北京。《字林西报》所说的“某督办王大臣”指的是参加换约的庆亲王奕劻。参与其事的还有军机大臣翁同龢和总署大臣张荫桓二人。这一天翁同龢日记载：“樵野（张荫桓）来，未正二刻同诣俄馆，以酒果款我，庆邸奕劻（奕劻）于申初到，始就坐，谈数刻，始以要件互看，以一本交之，留一本画押者。为据，以汉文凭单，二件。三人衔名下各画押，各用名印讫，因不用总署印也。法文二件照样画押，用名印，遂各留一件，递时各言两邦交日密，永敦和好，又就坐举酒互祝而罢，约一时许也。”翁同龢日记里所记的“要件”，就是《喀西尼条约》，一般通称《中俄密约》（以下简称《密约》）。

但是，《字林西报》披露的“十二条”其实并不是《密约》

①《鲁抚李秉衡奏中俄密约中国受制太甚请改议折》，王彦威、王亮编《清季外交史料》，台北文海出版社1985年影印本，第2155页。

的原文，而是根据中俄谈判过程中传出来的小道消息而编造出来的假条文。在当时，《密约》的签订是高度保密的，在中方只有慈禧太后、光绪皇帝、恭亲王奕䜣、庆亲王奕劻、军机大臣李鸿藻、翁同龢和总署大臣张荫桓等少数几位高层知道；在俄方也只有当事人沙皇、外交大臣罗拔罗夫、财政大臣维特等少数几个人知道。李鸿章与清廷之间的电报往来使用一种特殊的密码，由军机大臣李鸿藻亲自翻译（通常都是军机章京干这件事），而且在进呈御览以后不收入军机处档案。《密约》签订后，原文文本“保存在她（慈禧太后）的卧室内的一个特制的保险箱里”[①]。英、法、日等国的间谍对此约也是高度关注的，千方百计地刺探有关情报，但均一无所得。《字林西报》何许报也？竟然知道这么详细的条文？有一种说法，说《密约》原文是《字林西报》花重金从内监那里获得的，[②]但恐怕也是没有根据的猜测。

一、《中俄密约》真实面目

《密约》的真实面目到底是什么？当事人都讳莫如深。直到李鸿章和慈禧太后等人都已经去世后的1910年，时任驻英公使的李经方才在当年2月15日出版的《每日电讯报》上第一次非正式地披露了《密约》的内容，目的是为父亲辩护。[③]

①〔俄〕维特《维特伯爵回忆录》，商务印书馆1976年版，第84页。

② 参梁启超《李鸿章传》，海南出版社1993年版，第66页。

③〔英〕菲利浦·约瑟夫《列强对华外交》，商务印书馆1959年版，第149页。原文将驻英公使误作李鸿章的另一个儿子李经迈。

民国建立后，中国政府代表团在1922年1月24日召开的华盛顿限制军备会议远东事务委员会第二十五次会议上正式公布了《密约》的摘要。1927年，民国外交部条约司编纂《中国约章汇编》时，将《密约》全文（中、法两种文本）收入其中。

早些时候（1924年），苏联政府也在《阶级斗争》杂志上发表了《密约》全文。[①]《密约》的真实面目虽然大白于天下，但其时早已事过境迁，签订《密约》所要达到的目的早已达到并经历了种种变化（且过了有效期），没有什么实际意义了。

二十世纪五十年代，王铁崖在编录《中外旧约章程汇编》时，依据1927年《中国约章汇编》本，将《密约》的中文文本编入其中，使今人得以便捷地了解该约的真实内容：

> 第一款　日本国如侵占俄国亚洲东方土地，或中国土地，或朝鲜土地，即牵碍此约，应立即照约办理。
>
> 如有此事，两国约明，应将所有水、陆各军，届时所能调遣者，尽行派出，互相援助，至军火、粮食，亦尽力互相接济。
>
> 第二款　中、俄两国既经协力御敌，非由两国公商，一国不能独自与敌议立和约。
>
> 第三款　当开战时，如遇紧要之事，中国所有口岸，均准俄国兵船驶入，如有所需，地方官应尽力帮助。

① 参黄纪莲《关于“中俄密约”的公布与版本问题》，《史学月刊》1984年第6期。

第四款　今俄国为将来转运俄兵御敌并接济军火、粮食，以期妥速起见，中国国家允于中国黑龙江、吉林地方接造铁路，以达海参崴。惟此项接造铁路之事，不得借端侵占中国土地，亦不得有碍大清国大皇帝应有权利，其事可由中国国家交华俄银行承办经理。至合同条款，由中国驻俄使臣与银行就近商订。

第五款　俄国于第一款御敌时，可用第四款所开之铁路运兵、运粮、运军械。平常无事，俄国亦可在此铁路运过境之兵、粮，除因转运暂停外，不得借他故停留。

第六款　此约由第四款合同批准举行之日算起照办，以十五年为限，届期六个月以前，由两国再行商办展限。①

比较起来，这“六条”要比“十二条”“温和”一些。从总体上看，它是中俄两国的军事互助协定，实际名字叫《御敌互相援助条约》(《中俄密约》是它的俗称)。而“六条”的核心内容——中国允许俄国修筑一条穿过中国国土直达海参崴的铁路——与“十二条”中的相关内容基本一致，说明当时《字林西报》所列的“十二条”也不是空穴来风。

问题是,《密约》是不平等条约吗?或者说，在当时的历史背景下,《密约》是不平等条约吗?要回答这个问题，我们首先须要了解一下李鸿章赴俄签订《密约》的背景。

① 王铁崖《中外旧约章程汇编》第1册，三联书店1957年版，第650、651页。

二、《中俄密约》签订的背景

早在第二次鸦片战争期间，俄国就通过不平等条约割走了中国黑龙江以北、乌苏里江以东及库页岛约 100 万平方公里的土地，并且建立了海参崴军港作为通向远东的出海口，打通了通向远东太平洋地区的通道。作为战略大计，从十九世纪八十年代起，俄国不惜重金开始修筑一条从欧洲通往远东海参崴的西伯利亚大铁路，以便更好地将自己的势力插入太平洋，造成“欧亚交通方向之转变”，使俄国“控制太平洋上一切国际商业运动”。[①] 到甲午战争前夕，西伯利亚铁路已修到了贝加尔湖一带，离中国边界已经不远了。

如何延伸西伯利亚铁路，是俄国政府考虑的重要问题。方案无非只有两种：一种是绕过中国国境到达海参崴；另一种是穿过中国国境抄近路到达海参崴。对俄国来说，前一个方案虽然可以免于外交上的交涉，但路程偏长，地形复杂，取材不易，必然造成修路成本的增加；而后一方案虽然需要与中国发生外交上的关系，但通过中国东北线路可以大大缩短，而且地形有利，取材和劳动力都很便利，修路成本将大大减少。更重要的是，让西伯利亚铁路通过中国，可以更有力地对中国施加影响，排斥自己的宿敌日本在中国东北的势力。因此，当时的俄国财政大臣维特等人极力主张采用后一个方案。维特认为，铁路通过中国，可以“使俄国能在任何时间内在最短的路上把自己的军事力量运到海参崴

①〔俄〕罗曼诺夫《帝俄侵略满洲史》，商务印书馆 1937 年版，第 2 页。

及集中与满洲、黄海海岸及离中国首都的近距离处”，从而“大大增加俄国不仅在中国并且在远东的威信和影响”。[①]

正当西伯利亚铁路继续向东方延伸的时候，中日交恶，战争随时可能爆发。李鸿章不积极备战，却一味相信俄国的所谓调解，以为可以通过俄国的周旋和威慑使日本放弃对中国动武。俄国驻华公使喀西尼在表面上装出非常同情中国的样子，但实际上并没有做什么实事，这样反而迷惑了李鸿章，使中国疏于战备。结果，甲午战争以中国的失败而告终，中国被迫与日本签订《马关条约》，将日本垂涎已久的辽东半岛割让给日本。辽东半岛的割让，大大损害了俄国在中国东北的利益（含潜在利益），从而联合法、德等国演出了“三国干涉还辽”的一幕，迫使日本吐出了已经到嘴的肥肉。当然，俄国是不会白做“好事”的，它借助着“三国干涉还辽”所形成的中俄友好关系的热度，开始了一系列具有针对性的诱惑活动，其中之一就是诱使清政府与之签订共同对付日本的秘密协议。而协议的核心内容就是允许俄国的西伯利亚铁路从中国领土上穿过，以便一旦战争爆发，俄国可以“妥速”地“援助”中国。

正是在这一背景下，1896年，74岁高龄的李鸿章以参加俄皇尼古拉二世加冕典礼的名义，前往俄国进行秘密谈判，并签订了《密约》。

有研究者认为，从签订《密约》的背景上看，该约其实并不算是一个不平等的条约。理由是：所谓不平等条约，是处于不平等地位的缔约者之间的协约，从缔约程序上，缔约一方

①〔俄〕罗曼诺夫《帝俄侵略满洲史》，第44页。

以武力相威胁，迫使另一方签约，而被迫的一方并非出于自愿（如《南京条约》《马关条约》《辛丑条约》等）。但《密约》签订时俄国既没有对中国发动战争、也没有以武力相威胁，而是清政府根据甲午战争后面临的国际局势，主动自愿与俄国签订的，这与不平等条约签订的背景是完全不同的。因此，《密约》是中俄双方针对日本所签订的军事同盟互助条约，其性质是平等的。[①]何况，李鸿章签约完全是奉旨行事，是甲午战争结束后清中央推行“联俄制日”外交政策的必然产物。李鸿章仅是这一政策的执行者，签约系奉旨所为，不是主谋。在谈判中，中国方面应抱的态度、原则和条件，对俄方要求让步的程度，均经总署大臣议论在先，请旨同意后，李鸿章才在《密约》上签字。作为谈判代表的李鸿章毫无越权之举，把所有的责任都推到李一人身上是不公正的。[②]

诚然，从李鸿章的个人感情来说，其内心里是强烈地希望借助于俄国的力量一雪此前日本人加在他头上的耻辱。因为正是甲午一败，使他苦心经营多年的北洋海军和淮系陆军毁于一旦，也使他的地位一落千丈，并且在马关谈判中还挨了日本刺客一枪，差点送命。他对日本的仇恨可想而知。从外交大计上说，当时中国朝野上下也多主张“联俄制日”“以夷制夷”，李鸿章的认识也不出此。因此，《密约》的签订，对李鸿章来说，于己可以报一箭之仇，于国他自认为可保“二十年无事”[③]。

① 参罗珍《〈中俄密约〉是不平等条约吗》，《北方论丛》1997 年第 6 期。

② 参谭文凤《李鸿章签订《中俄密约》中的两个问题》，《历史档案》1999 年第 4 期。

③ 李鸿章对黄遵宪语，见黄遵宪《人境庐诗草》，中国青年出版社 2000 年版，第 806 页。

既然《密约》并非不平等条约，而且当时朝廷上下也多认为李鸿章此举是为国家立了大功，中国是得了便宜的，李鸿章自己也是这么认为的。那么，世传李鸿章收受了俄方300万卢布贿赂的说法也就值得怀疑。因为，按常理来说，既然俄方已经觉得自己的外交手段使李鸿章深信中国赚了便宜，那还用得着花那么多钱（300万卢布在当时即使对于一个国家来说也是一大笔钱）去贿赂人家吗？

三、“李鸿章收受300万卢布贿赂”一说的由来及疑问

李鸿章收受300万卢布贿赂的说法流传甚广。溯其根源，有两个人证：

一是俄国外交部的一个副司长沃尔夫男爵，他在未发表的回忆录里说：“李鸿章带着这个签了字的条约和袋子里的两百万卢布返回北京。在东方，良心是有它的价钱的。”[①] 在这里，沃尔夫说李鸿章在签订《密约》时收受的贿赂是200万卢布，而且李鸿章是带着200万卢布返回北京的。

二是俄国财政大臣维特的机要文书、财政部办公厅主任罗曼诺夫。1928年他出版了一本名为《俄国在满洲》（1937年翻译成中文时取名《帝俄侵略满洲史》）的书。据该书记载，维特在谈判前夕呈送给沙皇尼古拉二世铁路租让方案时，提出允许他拨出一大笔款项给驻华公使使用，以便“对清帝亲信近臣贿

①〔英〕菲利浦·约瑟夫《列强对华外交》，第148页。

赂”。李鸿章从上海出发时，华俄银行的代表已具体谈到对使团人员进行“帮助”的问题。李鸿章到达彼得堡时，华俄银行的总办罗启泰又“用百万法郎来诱惑”李鸿章的俄籍随员柯乐德。但尚没有提到贿赂李鸿章的问题。

谈判开始后，当维特第一次向李鸿章提出“借地修路”的问题时，李鸿章提出了“种种异议”。但沙皇第二次破例地、秘密地接见了李鸿章后（第一次是礼节性的公开接见，这次俄方特意嘱咐李鸿章只带儿子李经方一人前往），李鸿章的态度却发生了重大变化。这次接见，沙皇对李鸿章说了什么？外人并不知道。事后，维特与其他一些人向沙皇祝寿，只见沙皇“满面发光，用很低的声音”向维特说道：“我见李鸿章，而且向他说过了。”至于沙皇到底对李鸿章说了些什么，罗曼诺夫推测可能是贿赂李鸿章这件事。[①]

然而，上述两人的说法值得怀疑。

首先，沃尔夫“李鸿章带着这个签了字的条约和袋子里的200万卢布返回北京”的说法是有疑问的。签订《密约》是极秘密的事，行贿应该更不例外。沃尔夫只不过是个副司长，并没有直接参加由极少数核心人物举行的秘密谈判，更不可能与闻内幕交易。他的话颇有些文学修辞意味，很难据为信史。何况签约后李鸿章还访问了欧美各大国，四个月后才回到中国。难道李鸿章揣着200万卢布的巨款周游世界吗？实在是不合情理。

其次，罗曼诺夫虽然是机要文书，知道一些内幕，但他毕竟也不是当事人。他看到沙皇“满面发光，用很低的声音”向维特说道，“我见李鸿章，而且向他说过了”，至于沙皇到底对

①〔俄〕罗曼诺夫《帝俄侵略满洲史》，第39页。

李鸿章说了些什么，罗曼诺夫自己并没有听见，只是推测是贿赂李鸿章这件事。而真正的当事人维特则矢口否认行贿这件事，他在回忆录里写道：“我还记得当时欧洲谣传，说李鸿章受了俄国政府的贿赂，我必须说明这个谣言是毫无根据的。”（《维特伯爵回忆录》）

退一步说，即使罗曼诺夫的推测是成立的，李鸿章受贿也是《密约》签订之后的事了，而不是因为受了贿赂才同俄国签约的。因为《密约》签订后的第二天，承办铁路的华俄银行董事会才匆匆拟就了一份“议定书”，内容如下：

> 为便于东清（中东）铁路交涉之进行，华俄银行董事会决定下列诸事：
>
> （一）拨出三百万卢布为事业进行之方便而耗用。
>
> （二）该款不得移作别用，其用途之分配如下：(1)在清帝业已降旨允将铁路租借权交由华俄银行承办而李鸿章又以书面文件证明其同意于租借合同之主要条件时拨付一百万卢布；(2)在租借合同业已最后签字，而铁路路线又经中国官方正式确定时再拨付一百万卢布；(3)铁路完全筑成时再拨付一百万卢布。
>
> （三）该款交由乌赫唐斯基公爵与罗特施坦先生根据第二款所开条件而分配之，并对之负责。
>
> （四）该款由新成立之东清铁路公司支出，作为筑路费用之一部分。[①]

①〔俄〕罗曼诺夫《帝俄侵略满洲史》，第103—104页。

“议定书”的原本在档案里还能找到，真实性并不成问题（李鸿章受贿 300 万的说法可能也是据此而来）。但仔细分析“议定书”，上面清清楚楚地写着，华俄银行董事会将要拨出的 300 万卢布是保证《密约》的落实，即保证获得东清铁路（也称东省铁路、中东铁路）的承办权、确定铁路线路和完成筑路的专项活动经费，而不是用这些钱贿赂李鸿章、使之签订《密约》的。换一句话说，李鸿章并不是因为收受了 300 万卢布的贿赂才同俄方签订《密约》的。

再退一步说，就算李鸿章是在签订《密约》后收受贿赂的，也不可能是 300 万卢布——结合罗曼诺夫《帝俄侵略满洲史》的其他章节，300 万卢布是在《密约》签订后的第二年（1897）开始“支款给中国人”的，从 1897 年至 1902 年，共支付过五次，“中国人”共得到 1,700,947 卢布又 91 戈贝。到 1908 年 3 月 7 日，300 万卢布还余下 1,264,539 卢布。[①] 这里所说的“中国人”并没有明确说是李鸿章一个人。按照俄国支出这笔经费的真实意图，有研究者认为，有受贿之嫌者并非仅李鸿章一人，凡能为俄国修筑中东铁路扫清障碍者都在怀疑之列，如与华俄银行签订《合办东省铁路公司合同》的许景澄（驻俄公使）以及与喀西尼交换条约文本的奕劻、翁同龢、张荫桓三人。[②] 何况，1908 年 3 月 7 日（300 万卢布专款还余下 1,264,539 卢布未支出）的时候，李鸿章已经去世了六年多（李于 1901 年 11 月 7 日去世）。

①〔俄〕罗曼诺夫《帝俄侵略满洲史》，第 39 页。

② 参谭文凤《李鸿章签订〈中俄密约〉中的两个问题》，《历史档案》1999 年第 4 期。

四、后果及其他

尽管《密约》从当时的背景下看并非是一个不平等条约，李鸿章也未必真的收受过贿赂，但密约的签订却在客观上给中国造成了严重的后果。

《密约》的核心条款是关于接造铁路的第四款。该约签订后，双方就具体问题继续进行谈判。1896 年 9 月 8 日，中俄双方签署了《合办东省铁路公司合同》——也就是《密约》第四款的具体化。该合同使俄国获得了修建一条穿越中国领土、抵达远东港口海参崴的铁路的权利。但是，俄国并不以此为满足，在后来签订的《续订合同》中，肆意僭越《密约》及《合办东省铁路公司合同》所规定的权利。

众所周知，俄国是一个纬度很高的庞大帝国，最缺乏的就是一个永久不冻的良港，争霸世界的目标因此受到了极大的限制。为了实现孜孜以求的“热的海水”[①] 的梦想，俄国在近东、中东都已经做了巨大的努力，通过战争都未能如愿以偿。而清政府的软弱和易受诱惑，给了俄国一个极好的机会。于是，俄国把得到“热的海水”的希望“寄托”在清政府的身上，把眼睛瞄向了中国辽东半岛的天然不冻港——旅顺港（海参崴是个季节性港口，冬天冻结后不能使用，远不能满足俄国的需要）。也正是在这个时候，对于俄国来说出现了一个千载难逢的好时机：1897 年 11 月，德国强占胶州湾。俄国立即作出反应，以帮

① 高良佐《中东铁路与远东问题》，上海太平洋书店 1929 年版，第 1 页。

助中国防备德军为由，派军舰侵入辽东，强占了旅顺港。次年3月，德国强租了胶州湾，俄国以享受同等待遇为理由，也强迫清政府租借旅顺和大连（那时候的大连还是个尚未开发的小村庄，名叫青泥洼），同时获得了从中东铁路的某一个站点修筑一条"支线"到达辽东半岛的权利。根据这项权利，中俄于1898年7月6日订立了《东省铁路公司续订合同》，将这条"支线"的起讫点定为哈尔滨和旅顺，取名"东省铁路南满洲枝路"。[①]这样，俄国得到了一个梦寐以求的天然不冻港，并通过中东铁路及其"支线"与俄国本土连在了一起。应该说，对俄国而言，旅顺的"用处"要比海参崴大得多；所谓的"支线"，也比"干线"重要得多。

在这里，我们可以清楚地看出:《东省铁路公司续订合同》是中国在俄国的武力威胁下被迫签订的，其内容也已经大大超越了《密约》所约定的权利。如果说《密约》还不算是个不平等条约的话,《东省铁路公司续订合同》则已经变成不折不扣的不平等条约了。

可悲的是，后果远不止这些。中东铁路修建期间的1900年，十万俄军以保护铁路不受义和团破坏为由，大肆侵入中国东北，并进一步突破《东省铁路公司续订合同》的规定，攫取了铁路沿线的土地、矿山、森林、邮电、航运、税务、司法以及军政、警政权,[②]"藐视我国，强夺横取，益无忌惮，自是路权遂不堪问矣"[③]。而俄国势力侵入南满的结果，又进一步激化了企图将东

① 王铁崖《中外旧约章汇编》第1册，第784页。

② 参见宓汝成《帝国主义与中国铁路》，经济管理出版社2007年版，第310—339页。

③ 傅角今编著《中东铁路问题之研究》，世界书局1929年版，第14页。

北变为自己的殖民地的日本的矛盾，从而引发了日俄战争。日俄战争以日本的战胜而告终，俄国被迫把南满“支线”长春宽城子以南包括旅顺大连在内的全部权益转让给日本。这样，中国东北形成了日俄分霸的局面。中国引狼（俄）入室不仅没能驱赶走老虎（日），反而陷入虎狼交噬的境地，境况更加凄惨。这样的后果，是李鸿章始料不及、也是难辞其咎的。黄遵宪的诗句“老来失计亲豺虎”[①]，一语道出了李鸿章晚年的这一误国行为。

① 全诗是：“毕相伊侯久比肩，外交内政各操权。抚心国有兴亡感，量力天能左右旋。赤县神州纷割地，黑风罗刹任飘船。老来失计亲豺虎，却道支持二十年。”见黄遵宪《人境庐诗草》，第806页。

陈璧与中国铁路

陈璧（1852—1928），字玉苍，晚号苏斋，福建闽县（今福州）人，光绪三年进士，曾充乡试正副考官、凤池书院主讲，是福州苍霞精舍的倡设者。历任监察御史、给事中、园寝工程监督、顺天府尹、商部右侍郎、商部左侍郎、户部右侍郎、度支部右侍郎等职，1907 年 5 月补授邮传部尚书（以下简称邮尚），1909 年 2 月被参革职。晚年在苏州、天津、上海、北京等地闲居，1928 年病逝。著有《望嵓堂奏稿》。

任邮尚是陈璧官宦生涯的最高峰。在邮传部存在的五年多时间里，尚书（后改称大臣、正首领）一职如走马灯似的，频繁换人，其中比较重要的有张百熙、岑春煊、陈璧、徐世昌、唐绍仪、盛宣怀等。以上诸人，除陈璧外，都是清末政坛上炙手可热的人物。同他们相比，陈璧的名气要小得多，但在号称"利薮"的邮传部尚书（大臣）职位上，却是任职时间最长的，政绩也是比较突出的。邮传部掌管全国的铁路、轮船、电报、邮政四政，其中，路政是重点（铁路收入占邮传部总收入的 95% 以上[①]），但笔者查阅了多种"中国近代铁路史"著作，发现这些著作对陈璧这位清末铁路的主管官员，有的仅寥寥数语、

① 参贾熟村《北洋军阀时期的交通系》，河南人民出版社 1993 年版，第 1 页。

一带而过，有的竟只字未提；而专题论文，据笔者陋闻，也没有一篇是以陈璧为题的。这不能不说是中国近代铁路史研究中的一个缺憾。本文拟列举陈璧在邮尚任上的政绩，以确立他在中国近代铁路史上的应有地位，来弥补这个缺憾。

一、“定法”邮传部、规划全国铁路轨线

陈璧虽不是邮传部的第一任尚书，但“定法”工作，实际上都由陈璧完成。

邮传部的第一任尚书张百熙在任时间很短（1906 年 10 月—1907 年 3 月），而且身体多病（不久后病逝于任上），对于部辖事务几乎没有什么作为。正如当时舆论批评的那样，“该部司员尚未建一谋画一策为国家争回尺寸利权，只知惟利是图，招摇过市”（“邮传部对于铁路之计划”，《申报》1907 年 1 月 29 日）。继任者岑春煊（岑上任前由林绍年暂时署理）上任还不到一个月便改授两广总督，也谈不上有什么建树。因此，陈璧上任伊始，邮传部仍处于“诸事草创无成法”（叶恭绰《清邮传部尚书陈公玉苍墓志铭》）的状态，邮传部的“定法”工作，都是陈璧在任内完成的。

邮传部成立之初，连像样的办公衙署都没有，先后暂借东城麻线胡同京汉铁路总局、理藩员院旧署、东华门外灯市口民房等处为临时办公之所，[1]“房屋狭窄，布置殊难，迭经迁移，均

① 参苏全有《清末邮传部研究》，中华书局 2005 年版，第 39 页。

未合用”。而邮传部掌管全国的路、轮、电、邮四政，“事务殷繁”，临时办公所“非经久之计，且不敷办公之用”。[①]陈璧上任后，首先奏请将比较宽敞、来往方便而且有拓展余地的原民政部公所改作本部衙署，获准。邮传部总算有个比较固定且较为宽松的办公环境，部务得以展开。

确定官制是部务得以开展的前提条件。邮传部成立之初，曾拟订过一套官制草案，设一厅四司，一厅为承政厅，四司为路政司、邮电司、航业司和都水司。（“交通部官制草案”，《盛京时报》1906年11月11日）此草案航业司和都水司（管理内河航运）机构重叠，而且许多事务性的工作无法纳入某一个职能部门，是一个既重叠又不完善的官制草案，因此未能施行。陈璧上任后，很快就拿出一套完整的官制方案上奏朝廷，并马上获得通过，颁布实施。该方案设两厅五司：两厅为承政厅、参议厅，“若机要、若考绩、若会计，均属于承政厅，以左右丞领之；若法制、若核稿、若检查，均属于参议厅，以左右参议领之”。五司为船政司、路政司、电政司、邮政司和庶务司，前四司分管船政、路政、电政和邮政，庶务司“掌部内各杂项事件为四司所不能赅者”[②]。这套官制，囊括了邮传部的各项职能，是一个比较完备的、切实可行的方案，为邮传部的正常运转奠定了基础，并为民国后的交通部所取法，“其定法至今犹将持循”[③]。

路政是邮传部工作的重中之重。陈璧任邮尚之时，中国的

① 陈璧《望嵓堂奏稿》，（台北）文海出版社1967年影印本，第605页。
② 同上书，第609页。
③ 叶恭绰《望嵓堂奏稿·序言一》，《望嵓堂奏稿》，第1页。

铁路建设正处在一个高峰时期，官办（含借款官办）铁路、列强强筑铁路和商办铁路交叉进行，错综复杂，没有一个统一的规划。邮传部作为全国铁路的主管部门，制订一个全国统一的铁路轨线方案，责无旁贷。这个任务落在了陈璧的身上。当时的状况比较复杂，除主要的几条官办（含借款官办）铁路是沿着清政府的预先设想——也就是以京城为总枢纽向四处辐射外，[①] 其他铁路的修筑或筹划都没有一定之规，但有的已经既成现实，不可能改变（如德国强筑的胶济铁路）；有的从局部来说具有一定的合理性（如各省的商办铁路）。因此，对于邮传部来说，最主要的任务就是将这些错综复杂的铁路纳入一个统一的规划中，做到兼收并蓄、合理可行，为将来收归国有、统一路政作准备。这个任务并不轻松，既要考虑已成、在建铁路的状况，又要充分吸收各省商办铁路规划的合理成分（当时各省将本省的铁路规划汇总到邮传部）；既要考虑到"便行军转饷之谋"，又要考虑"收通商惠工之效"。[②] 但陈璧和他的僚属们还是在很短的时间内出色地完成了任务。其规划如下：

> 干线："京城当为海内之轨枢，断无疑义，据目前诸轨而论，其南出者自当遵京汉轨线达汉口，俟粤汉路工抵武昌后跨江与接即可定为南干；其北出者现修之路原有京张……再延至库伦更展至恰克图即可定为北干；其东出者关内外线早已行车，现既收回奉新更

① 参见拙文《晚清以北京为中心的铁路网的形成》,《中国历史博物馆馆刊》2000 年第 1 期。

② 陈璧《望嵓堂奏稿》，第 633 页。

名为京奉……由新民洮南齐齐哈尔抵爱珲，一俟全工告成即可定为东干；其西出者现正自正太入手至太原，以西仍联属同蒲，更西则与陕西抚臣曹鸿勋所议由潼关至兰州之线相接以达于伊犁，即可定为西干。”

枝线：“南干自京城迤南至郑州分一枝，由开封入安徽；至信阳分一枝，向江浦入江苏；至汉口分一枝入西安；至武昌分一枝入江西；至湖南分一枝入贵州；至广州分两枝，一为广九,一为广澳，一历惠潮抵厦门，一历梧州抵桂林。由是豫皖苏浙赣闽鄂湘黔桂粤诸轨皆可定之为南枝。

北干抵张家口……分两枝，一东趋热河为张热，一西趋绥远为张绥，至库伦又分两枝赴内外诸蒙古，由是蒙古热河边墙诸轨皆可定之为北枝。

东干至天津分一枝为津镇以通胶济，至沟帮子分一枝为营口以通旅顺，至奉天分一枝趋斜以与俄人承修之东三省路相接，由是山东奉天吉林黑龙江诸线皆可定之为东枝。

西干至太原分一枝出大同以联张绥，至平阳分一枝出泽州以联泽道，至潼关分一枝出洛阳以联汴洛；至西安分两枝，一西北趋平凉入宁夏，一西南趋汉中入成都。其西南趋者则东联川汉、南联滇蜀以与滇越滇缅接。又西至兰州分一枝出青海卫藏而联印度，由是陕甘新川滇青藏诸轨皆可定为西枝。”①

① 陈璧《望嵓堂奏稿》，第629—633页。

实践证明，这个规划是合理的和切实可行的，且有一定的前瞻性，对清末、民国乃至中华人民共和国的铁道建设都具有重要的参考价值。现在我们展开全国铁路路线图，就会惊奇地发现，这个规划中的大部分已经直接或间接地实现！

清末民初，制订大的全国铁路轨线方案有两次，一次是陈璧制订的这个规划，另一次就是人们所熟知的孙中山制订的铁路规划。陈璧的名气和孙中山不可同日而语，但如果我们平心静气地分析，孙中山的铁道计划实在过于庞大，带有很大的理想主义成分，有的线路在技术上根本无法逾越，似乎也无必要（如从成都跨越横断山脉直抵拉萨①）。相比之下，陈璧的这套方案可行得多，实事求是得多。

在陈璧主持邮传部工作的一年多时间里，邮传部的“定法”工作基本完成。除了上述工作外，其他“荦荦大者”还有“督办所管之路统一于部，收管电政、电报国有”②等。至于一般的日常事务，如派员勘察线路、编制预算、拟订章程、查验工程、检查各路收支款项、变通铁路免价减价办法等，则难以计数，说明陈璧的工作是非常出色和有效率的。

二、主持京汉铁路的收回，为中国挽回了部分利权

陈璧任邮尚之时，中国收回利权运动正方兴未艾，粤汉铁

① 参孙中山《建国方略》，中州古籍出版社 1998 年版，第 285 页。
② 张心徵《中国现代交通史》，台湾学生书局 1976 年影印本，第 57 页。

路业已收回自办，民众要求收回京汉铁路的呼声也日渐高涨。由于前与比利时签订的卢汉铁路（后改称京汉铁路）借款合同第四款中有“中国铁路总公司，允将本合同所载借款，前十年不还本。由西历一千九百零九年正月初三日起，分作二十年还清”，第十五款中有“如中国公司未到合同之期限，愿将所借之款一概还清，利息即以还清本银之日停止，本合同即作为废纸”[①]的规定，清政府也认为时机很好，有意一次性将本付清，收回该路，便责成邮传部负责赎路事宜。然而要在“强邻逼处、国势危弱”的环境中赎回已被掌握了多年的长达1,300公里的铁路干线，并不是一件容易的事，“那必须有胆识，有魄力，有计划，有手段，有方法，尤其要抓紧时间，免误机宜”[②]。但陈璧和他的僚属们还是迎难而上，进行了周密的布置和认真的准备。

赎路工作主要分外交和筹款两项同时进行。按理说，外交是外务部管的事，筹款是度支部管的事，然而外务部和度支部却不配合，“交涉应属外务部，而外务部却只成了承转机关；筹款应属度支部，而度支部却安然坐视不理。一切都得邮传部拿主意，想办法”[③]。赎路的具体工作虽然由梁士诒、叶恭绰等人负责，但最后“拿主意”的显然还得是邮传部的最高长官陈璧。为京汉赎路事，陈璧坐镇幕后，“以片楮相属，往返讨论，剖析豪芒，至曙未息，或徘徊未决，（陈）公断以一语，顿解积

① 王铁崖《中外旧约章汇编》第1册，三联书店1957年版，第710—712页。

② 叶恭绰《清末赎回京汉铁路的经过》，《文史资料选辑》第1辑，1960年，第126页。

③ 同上书，第129页。

疑”[①]。大凡诸事的策划、文案的定稿、折子的上奏、各个部门之间的协调，都是由陈璧这个尚书担当的，而且还要顶住来自外部的种种非议和压力，为下属创造一个比较宽松的工作环境。

在外交上，由于京汉铁路获利丰厚，比利时公司当然不甘心轻易放弃业已掌握的权利，总是千方百计地加以刁难，设置种种障碍。开始时以合同第四款为借口，反对中国一次性将款还清，邮传部以第十五款予以驳斥。比公司见邮传部态度强硬，乃避开正面不谈，别生枝节，以《卢汉铁路行车合同》规定自1898年签订行车合同起三十年内，中国“准于每年公司结账后，除摊还各项借款本利各费外，于实在余利中，酌提十分之二，酬给比公司”[②]，企图在中国还款后继续分享20%的余利，但邮传部借助全国收回利权运动的东风，态度强硬，坚持一次性还款后注销合同，并发表声明指出：“无论评判至如何地位、若干时期，均不得因此丝毫阻碍一千九百零九年正月一（三？）号中国收回该路之事。”[③]这个声明非常有力，比公司理屈词穷，不得不就范。看来，当初在选择卢汉铁路借款国时张之洞“断不宜英法诸大国商人包办，恐获利以后，收回或费唇舌，惟（比利时）小国远国，则无此虑”（《吁请修备储才折》）的考虑是很有先见之明的，此时果然收到了成效。

在筹款方面，要一次性还清总计达一亿多法郎的借款在当时也绝非易事。陈璧主持的邮传部先后采取“照市间假贷之法”

① 叶恭绰《陈尚书玉苍七十寿序》，《遐庵汇稿》，（台北）文海出版社1968年影印本，第496页。

② 王铁崖《中外旧约章汇编》第1册，第781页。

③ 叶恭绰《清末赎回京汉铁路的经过》，《文史资料选辑》第1辑，第127页。

（《望嵒堂奏稿》）向度支部借银500万两、“仿直隶成法”（同上）发行公债1,000万元、商借商款100万两、挪用京汉铁路余利100万两等办法筹集到了一部分资金。虽然这些资金尚不够还款，最后不得不走回“借（外）债还（外）债”的老路，向汇丰、汇理两银行借了500万英镑（以其中80%用于赎路）。但此项借款利息较轻（以三十年为期，前十五年利息5厘，后十五年利息4厘半，94%折扣），而且声明贷款银行“概不干预铁路及工艺实业”（同上），是公认的条件比较优越的对外借款，而且也是当时“唯一可行的办法”[①]。

经过一年多的交涉和筹款，到1908年年底，赎路工作即将大功告成。不料，此时朝廷发生了重大的变故，光绪皇帝和慈禧太后在11月14、15日两天接连去世，朝廷“暗潮迭起”。失去慈禧太后这个保护伞的陈璧，地位岌岌可危，“别人在此时期大可放手不管，然而他们却反而坚持到底，正因为政潮有掀起的可能，乃更迫切希望及时完成任务，免得半途而废，以后更难措手”[②]。在陈璧等人的不懈努力下，终于在1909年新年到来之前将所需的赎路款项如数筹齐交清，京汉铁路管理权回到了中国人民的手中，赎路工作划上了完满的句号。

与赎回京汉铁路密切相关的是交通银行的奏设。因为赎回京汉铁路“需款尤钜，议办债票股票必须有总汇之区专司出纳……未赎路之先，所出债票股票须由银行担任，否则所有应办事宜与部直接，微（唯）独无此政体且不能消息银市机关，诸多窒碍”。而且“轮路电邮四者互为交通而必资银行为之枢

① 何汉威《京汉铁路初期史略》，（香港）中文大学出版社1979年版，第65页。
② 叶恭绰《清末赎回京汉铁路的经过》，《文史资料选辑》第1辑，第129页。

纽”，因此，有必要仿照“各国普通商业银行办法”，设立交通银行，“外足以收各国银行之利权，内足以厚中央银行之势力”。[①]交通银行后来成为南京国民政府时期的四大银行之一，其发端在清末，陈璧有首创之功。

收回京汉铁路是中国近代交通史上继轮船招商局吞并旗昌轮船公司之后少有的一次胜利。陈璧等是国家有功之臣，朝廷如果奖惩分明的话，应该大为表彰。但当时朝廷不仅“无一字之褒”[②]，反而捏造罪名将陈璧革职。朝廷的昏庸，可见一斑。参加京汉铁路交涉的有关人员以及对此事比较了解的铁路员工“见清廷这样糊涂颠倒，都怀不满，暗中遂酝酿了革命种子”[③]。清政府最终也因铁路问题而（间接地）垮台。

除收回京汉铁路外，陈璧还主持改订了沪宁铁路的办事章程。改订后的章程“主权不失，财政有裨，较之原订合同已多补救”（《望嵓堂奏稿》）。为了挽回利权，他还命令部辖各路尽可能购买本国材料。（“邮部饬铁路用本国木材”，《盛京时报》1908年4月10日）这些工作，成为清末中国人民收回利权运动的一个有机组成部分。

虽然说，上述的功绩不能都算在陈璧一个人身上（因为大量的具体工作都是由他的手下梁士诒、叶恭绰等人操办的），但以往论者仅注意到梁、叶等人的功劳而有意无意地忽视了他们的顶头上司陈璧的功劳，显然也是欠妥的。对此，当事人梁、

① 陈璧《望嵓堂奏稿》，第663—665页。

② 岑学吕编《三水梁燕孙（士诒）先生年谱》，（台北）文海出版社1972年影印本，第82页。

③ 叶恭绰《清末赎回京汉铁路的经过》，《文史资料选辑》第1辑，第130页。

叶本人倒是不掠人之美，只要有机会，就会在言谈著述中对陈璧的事迹大加张扬。陈璧去世后，叶恭绰为之撰写长篇墓志铭，高度评价陈璧的政绩，称“清末兴革大事之卓卓可纪者，若整理各省铜币，若统一电政，赎回京汉铁路，皆关国家至计，其成规为迄今所不能易，而其事皆闽县陈公玉苍实主之”。对陈璧“忠勤国事，孤行迈进”，“每昧爽兴，夜午未寝，精神所注，洪纤毕贯，劳累非隶役所堪”（《清邮传部尚书陈公玉苍墓志铭》）的情形念念不忘。梁士诒传世的著作极少，但在平日的言谈中对陈璧的声誉很是维护。据说民国三年有一次开会的时候（此时陈璧早已离职），有个人说了陈璧的坏话，梁士诒当即拍案而起，驳斥道：“公家之利，知无不为，（陈）公之谓也！”（叶恭绰《陈尚书玉苍七十寿序》）梁对陈的感情跃然纸上。

三、提拔了一批铁路管理人才，为中国的铁路事业培养了一批骨干

陈璧“系清末大官中比较能负责任事和拔擢人才的”[①]，中国铁路史上的许多著名人物就是陈璧一手提拔的。

陈璧是传统科举出身，对铁路交涉、管理、技术、财务等事务并不内行。但他一方面善于学习新知识，曾一度请求赏假数月，“前往东洋游历，以便考察邮电轮路各项事宜，藉资历练”（“陈尚书奏请出洋游历”，《申报》1907年6月29日），属

① 叶恭绰《清末赎回京汉铁路的经过》，《文史资料选辑》第1辑，第126页。

清末官僚中的“趋新”派，具备一定的现代管理知识，对于自己所管辖的事务大体上能够做到心中有数；另一方面，他敢于提拔有专门知识的人才为自己所用，并坚持“高薪养廉”的办法，给这些“干部”开了比别的部高得多的薪水（此举对于陈璧的官宦生涯来说是有风险的，陈璧被弹劾，与此有直接的关系①），为他们创造了良好的生活环境和工作环境，使他们能够“一志猛进，不复瞻顾”②。陈璧主持的邮传部之所以办理各项事务时能够井井有条，而且办一件成一件，都是与有这么一批能干的“干部”有关。

前述陈璧在拟订官制的奏折里，就特别强调“造就人才”的重要性，认为增设学堂、培养人才，使“建筑驾驶制造管理之人员亦免借材于异域”，“似缓而实急”。为了给本部人员提供一个学习的场所，还建议大批购置“专科之书”，设图书馆、讲习所（研究所），以供本部人员在业余时间作研究之用，提高自己的业务水平。③

邮传部的工作走上正轨后，由于部辖路、电、航、邮四政，头绪繁多，工作量大，需要调集大批的人员来部工作，安排人事成了陈璧工作的一个重要组成部分，而且是一件最头疼的事。由于邮传部有铁路余利等资金来源，薪水较其他部门要高，因此，亲朋好友、门生故吏上门求职者络绎不绝，“环伺左右蹈瑕抵隙以思染指于其间”（叶恭绰《陈尚书玉苍七十寿序》）者也不在少数。但陈璧坚持“任人唯贤”的原则，在自己的权限范

① “孙那两相查办陈璧覆折之内容”，《申报》1909年2月11—14日（连载）。

② 岑学吕编《三水梁燕孙（士诒）先生年谱》，第69页。

③ 陈璧《望嵓堂奏稿》，第610页。

围内尽可能地挑选那些“才大心细”“趋事赴功”且有“专门知识”的实干家。

以陈璧奏保的第一批丞参为例。这批奏保的丞参有那晋、郑孝胥、张元济、梁士诒、李经楚、李稷勋、连甲、林贻游、姚绍书、陈毅等十人。[①]其中除了那晋是为平衡满汉关系而做的人事安排外，其他九名都是在某一方面拥有一技之长的人才，是邮传部为发展路、电、航、邮各项事业（特别是铁路事业）所必须的管理型人才。

梁士诒长年跟随唐绍仪办理铁路对外交涉事务，后充五路（指芦汉、沪宁、正太、汴洛、道清等五条借款铁路）提调，是不可或缺的铁路事务专家。梁虽然早在陈璧出任邮尚前已经得到了重用，但“用得发舒”、放开手脚大干一场是在陈璧长部之后。据《三水梁燕孙（士诒）先生年谱》，梁士诒被陈璧任命为“铁路总局”局长之后，“上承枢部之信任，下得僚佐之同心，一志猛进，不复瞻顾，凡足为铁路发展之阻碍者，坚忍以待之，强毅以临之，对收回国际权利，尤断断不少假借”。终于干成了一件在中国近代史上少有的好事——成功地收回了京汉铁路。[②]这里表彰的虽然是梁士诒，但也可以折射出陈璧的知人善任。

郑孝胥早年追随张之洞，曾任京汉铁路南段总办，对于铁路事务特别是与铁路有关的对外交涉事务颇有经验，与浙、苏、闽等省的商办铁路具有千丝万缕的关系，为清末“东南三大名流”之一，是铁路事务方面的能手；李经楚“心细才长”，善于理财，是处理铁路财务方面的理想人选，日后成为邮传部奏

① 陈璧《望嵓堂奏稿》，第621—623页。

② 参岑学吕编《三水梁燕孙（士诒）先生年谱》，第69页。

设的交通银行的第一任经理；张元济、林贻游是外交（或外语）人才，而当时官办铁路多为借款，最需要这一方面的专门人才；李稷勋在部工作半年，“讲求部务，不涉虚浮”，后来成为商办川汉铁路驻宜昌公司总理，也是铁路事务的熟手；陈毅对于路政“尤能讲求”，是邮传部《轨政纪要》的主编；连甲、姚绍书也都是实干型的人才。

最能体现陈璧不拘一格重用人才的是对有“龙”“虎”之称的龙建章和叶恭绰（字誉虎）两人的提拔。

叶恭绰在陈璧长部前仅是一位默默无闻的小职员——通判。陈璧任邮尚后留用，并在一年多的时间内由通判、主事、员外郎、郎中一路升到佥事，所谓“一岁五迁”[①]，被传为佳话（也成了有些人攻击陈璧“调员冒滥”的最主要的证据）。为了避免别人的妒忌，陈璧还千方百计地予以保护。他想重用叶恭绰为借款各铁路提调，但提调一职位高权重，而叶恭绰资历尚浅，很容易遭人非议。于是陈璧就想了一个两全其美的办法，仅任命叶为“总科员”。这样，从表面上看上去，“总科员”职位不高，但实际上“等于当时之提调”[②]。其爱才如此，可谓煞费苦心。

龙建章本是吏部文选司主事，后调到邮传部，补电政司主事，不久后便被陈璧提拔为电政司员外郎、电政司郎中、参政厅佥事，最后“派在丞参上行走”，其升迁速度与叶恭绰相比有过之而无不及（后来也成了御史弹劾陈璧的主要“罪证”之一，所谓“骤进官阶”[③]即指此而言）。

---

① 叶恭绰《遐庵汇稿》，第9—11页。

② 同上。

③ “孙那两相查办陈璧覆折之内容”，《申报》1909年2月11—14日（连载）。

其他受陈璧提拔重用的“干部”还有关庚麟、关冕钧、罗国瑞等。笔者发现，这些受陈璧提拔重用的干部有许多都是旧“交通系”的骨干。[①]旧“交通系”虽然在民国初年名声不好，如支持袁世凯镇压“二次革命”，排挤进步党，支持袁世凯复辟帝制等。但如果我们全面地考察历史，会发现他们对中国的铁路事业还是很有功劳的。一般认为，旧“交通系”的后台是袁世凯、徐世昌，开山鼻祖是唐绍仪，[②]但很少有人注意陈璧在旧“交通系”历史上的地位和作用。应该说，旧“交通系”是在陈璧任邮尚期间成型的。

四、支持商办铁路，为中国民族资本的发展提供了一定的有利条件

商办铁路的兴起，是清末“收回利权”运动的重要组成部分。它遏制了清政府对路权的出卖，为中国民族资本的发展提供了一个“平台”。但由于民族资本的薄弱、管理上的无经验以及人才上的缺乏，各商办铁路公司遇到了不同程度的困难、出现了这样或者那样的问题。因此，社会上对商办铁路产生了种种怀疑和非议，清政府对是否继续支持铁路商办态度也摇摆不定。陈璧主持邮传部以后，在调查的基础上，发现商办铁路虽然遇到各种困难，但总的来说利大于弊，某些人对商办铁路公司的指摘也并没有事实依据。因此，在他任邮尚期间，秉承商

① 参贾熟村《北洋军阀时期的交通系》，第25页。

② 同上书，第33—37页。

部时期确立的铁路商办政策，继续支持铁路商办，保证了该项政策的持续性。

陈璧刚一上任，就遇到有人告商办铁路公司的状。1907年5月，法部主事涂熙雯等四十二人以商办川汉铁路公司“挪用股本、报销简略”为由联名要求主管的邮传部派员彻查。陈璧乃奏派王宗元、费道纯前往调查。不久，陈璧把调查结果上奏朝廷，说明“川路公司前后所收股银陆续存放各商号生息，所存款项以票庄为最巨，此外借拨及挪用……一律认息，与存放之款无异”，“重庆铜元局挪用款至二百余万两，系以公济公，意在获利，与别项朦混不同”，从而驳斥了涂熙雯等人捕风捉影的指责。[①]

在各商办铁路筹集资金的过程中，川、湘等省采取了抽租集股的办法。其中川汉铁路的租股占总收股本的70%以上。[②]对此，社会上多有非议。1907年8月，有一位名叫杜德舆的度支部主事呈请都察院代奏《川汉铁路谷捐苛扰请统筹全局设法变通折》，指责商办川汉铁路公司抽取租股扰民。陈璧再次奉命派人调查此事，并结合川督赵尔丰和绝大多数川省京官的意见，对杜德舆所言进行批驳，言明“（川汉）铁路抽捐并无扰累”，“杜德舆原呈所论，词近虚诬”。[③]实践证明，像湖南、四川这样的农业大省，工商业不发达，省内的主要财富就是土地粮食，采取收租股的方法，不失为筹集铁路资金的有效方式。虽然加

① 见《邮传部尚书陈璧奏折》，《交通史路政篇》1935年版，第16册，第44—45页。

②《王人文呈内阁度支部等报告清查川汉铁路帐款困难情形片》，戴执礼《四川保路运动史料汇纂》，台北“中研院”近代史研究所1994年版，第582页。

③《邮传部尚书陈璧奏折》，《交通史路政篇》1935年版，第16册，第46页。

重了农民的负担，但很有限。田租转化成产业资本，必然经过一些痛苦的过程，这是资本主义原始积累所付出的必然的代价。实际上，在川、湘两路筹股的过程中，经过有关人士的广泛宣传，多少都让人们认识到租股“无异代为储蓄，实为有利无弊”（“湘路实行租股累进法”，《申报》1910年9月19日），认识到铁路修通后的收益要远比买田收租高得多，“置田得利甚微，且往往有水旱偏灾之患，铁路则岁收常息，永远有盈无亏也”[①]。所以在为铁路而抽取租股或加派捐税的过程中，并没有发生民众大规模抗租抗捐这样的事，与保路运动的情形形成鲜明的对照。这正说明了铁路抽租并没有对民众的生活造成太多的冲击，是民众能够承受和切实可行的。

次年3月，又有一位名叫恽毓鼎的翰林院侍读学士奏称川汉铁路存在着严重的内部分歧，“川汉创议多年，集股已有成数，旋因路款为官场侵挪殆尽，议改绅办，而绅又与绅不和；仍旧官督绅办，绅与官哄，笔舌互争，各持意见”，因此请求依官办铁路例向川路派遣大员督办，“以一事权”。[②]川汉铁路已经改为商办，如果派遣督办，意味着又回到官办或官督商办的老路，与商办的性质相违背。对此，陈璧表示坚决的反对，并将“历次奏案参酌现办情形”，向慈禧太后和光绪皇帝详细奏明：“该路办法，叠经奏定，除铜元局挪用业已归款不与路事相涉外，并无议改绅办，绅与绅不和，始归官督绅办之事，（恽毓

①《四川留学生为川路事敬告全蜀父老书》，戴执礼《四川保路运动史料汇纂》，第306页。

②《翰林院侍读学士恽毓鼎片奏川汉铁路请派员督办》，《交通史路政篇》第16册，第32页。

鼎）原奏称绅与官哄，且绅与绅各持意见一节……于情事均未得实”，因此，对于派员督办一事，也“毋庸轻议更张”。[①] 在陈璧的坚持下，朝廷没有采用恽毓鼎的建议。

一波未平，一波又起。这年 6 月，清廷以商办铁路“奏办多年，多无起色，坐失大利，尤碍交通”为由，命邮传部“遴选妥员，分往各路确实勘查”。[②] 陈璧乃派李大受为勘路委员、王宗元为查款委员前往被认为问题最严重的川汉铁路调查。调查结果表明，川路工作进展顺利，所集股款也很可观。陈璧据实上奏，向朝廷进行了耐心的解释，说“铁路系营业性质，只患开工无期，坐耗资本耳，若赶紧兴筑，有此八百余万存款，先应急需，而常年又有租股等项二百余万进款以为挹注，陆续建筑陆续通车，养路之费，不患无着”[③]，从而化解了这场风波。

在清末江、浙两省的“废约”“拒款”运动中，陈璧主持的邮传部也是站在民众一边，反对外务部将沪杭甬铁路借款强加给两省人民的。因此，江浙人民一度将拒款保路的希望寄托在邮传部身上，“侧闻大部（指邮传部——引者注）抗议（外务部），士民感戴，用敢环恳始终坚持并转达外部力拒借款，全国幸甚”[④]。“路政权隶大部，苏杭借款，外部越权擅允，视大部为虚设，乞速据权力争，以符朝廷设大部之意。民心向望，大局幸甚”（“路款要闻”，《申报》1907 年 11 月 4 日）。把邮传部当成了救星。

---

①《邮传部尚书陈璧奏折》，《交通史路政篇》第 16 册，第 32—33 页。

② 同上书，第 17 页。

③ 同上。

④《上海高等实业学堂学生上邮传部公电》，墨悲编《江浙铁路风潮》第 1 册，“两省拒款函电”，第 4 页。

然而，陈璧去职后，邮传部对商办铁路的态度发生了悄然的变化。

徐世昌继任邮尚后，对铁路是商办还是官办态度开始游移。他一方面对商办铁路招股没有信心，“深恐将来不免有贻误之虞”（“徐尚书到任后之状况”，《申报》1909年5月31日），一方面又恐借款筑路“不免违舆论失主权”（“徐尚书有畏缩之意”，《盛京时报》1910年4月3日），觉得左右为难，因此，对这一职位并不热心，也没有什么建树，不久就设法离开了邮传部，另行高就。

铁路商办政策发生急剧变化是在盛宣怀任邮尚之后。盛宣怀是官僚资本的早期代言人和身体力行者，很希望将铁路纳入他一手开创的“用‘官力’联缀起来带垄断性的经济体系”中。[①] 他担任邮尚后，便得其所哉，利用手中掌握的权力，千方百计地改变铁路商办政策。为了达到这个目的，他将陈璧重用的梁士诒、叶恭绰等130多人调离铁路总局，[②] 同时提拔了一批自己的亲信，派往各商办铁路公司进行大规模的“调查”，搜集有关商办铁路公司“弊端”的各种材料，并鼓动一些人大造舆论，为收归“国有”做准备。盛宣怀表面上取得了成功，促成了清政府“干路国有”政策的颁布，但结果却引发了一场政治大地震，使清朝意外地“因路而亡”。盛宣怀自己也弄得声名狼藉，成了万人唾骂的对象，甚至一度连自己的身家性命都受到威胁。

在封建社会“人治”的体制下，当权者个人的主观意愿

① 参夏东元《盛宣怀传》（修订本），南开大学出版社1998年版，第377页。

② 参贾熟村《北洋军阀时期的交通系》，第28页。

非常重要。邮传部是铁路的主管部门，政府制订何种铁路政策（是官办？还是商办？），都是要征求邮传部尚书（大臣）的意见的。而邮传部尚书（大臣）的主观意愿，很可能决定政府的政策取向。这一点很微妙，但又是不可忽视的。陈璧的主观意愿是支持铁路商办的，因此在他长部期间，政府业已实行的铁路商办政策得以贯彻执行下去，虽然进展比较缓慢，也有这样或那样的问题，但有条不紊，没出什么乱子，这一点对于正在蹒跚起步的中国民族资本来说是至关重要的；而盛宣怀的主观意愿是垄断、是“国有”，因此，他长部以后，政府的铁路政策也随之发生了根本性的变化。铁路由商办改为“国有”，如果成功的话，对民族资本发展不利；如果失败的话，造成政局动荡，对民族资本的发展，也不利。因此，无论如何，在民族资本尚未培育成熟的情况下，将商办铁路收归“国有”，是对处于萌芽状态的民族资本的摧残。陈璧对商办铁路的支持，有利于中国民族资本的发展。

五、陈璧去职原因考析

1909 年初，清廷以“用款糜费，调员冒滥”（《清实录》）罪将陈璧革职，结束了他数十年的官宦生涯。

陈璧之去，在清末官场不啻为一场地震。从表面上看，陈璧被撤职因为“虚糜国帑，徇私纳贿”[①]，但当时的舆论普遍认

① “孙那两相查办陈璧覆折之内容”，《申报》1909 年 2 月 11—14 日（连载）。

为，其背后有深层次的原因。[①] 大学士孙家鼐、那桐“奉旨查办”后也得出“订借洋款、秘密分润；拥资百万、托人经理以及开设粮行、公行贿赂各节，虽属啧有烦言，究未指有确据”[②] 的结论。但朝廷仍然以“用款糜费，调员冒滥”这样一些无可无不可的罪名将其革职。之所以如此，其背后有多重原因。

第一个原因，也是最关键的原因是陈璧的后台慈禧太后去世。

邮传部尚书这一职位被公认为“大利所在”的“肥缺”，自然很容易引起别人的嫉恨，“寻瑕隙者百端”（叶恭绰《清邮传部尚书陈公玉苍墓志铭》）。在陈璧任邮尚的一年多时间里，被人告状可以说是家常便饭，然而由于有慈禧太后在背后撑腰，他才得以岿然不动（也有说陈璧的后台是袁世凯，但在清末的时候，袁的地位并不稳固，也要依靠慈禧太后在后面撑腰，所以，与其说陈璧的后台是袁世凯，还不如说是慈禧太后）。据说慈禧对陈璧极为信任，“每有劾奏，辄出以视，且加慰勉”[③]。陈璧“精核任劳怨，勤于职事”，与袁世凯的风格颇为相似，是个难得的实干家。在清末新政百业待举、万事纷杂的非常时期，他的这种风格颇受慈禧太后的欣赏。陈璧还“性长综核，好营造”，凡做工程，“矩度有法，财无虚费”，而且“所费皆倍省于昔”，所以“政府有大建筑悉以命公”。（同上）而这些工程，也同样是公认的“肥水工程”，有无数的人如蚁附膻地去争夺，其中有不少是权贵。但清廷最终还是将它们委托给没有任何背景

① “陈璧不免革职之原因”，《申报》1909 年 2 月 11 日。

② “孙那两相查办陈璧覆折之内容”，《申报》1909 年 2 月 11—14 日（连载）。

③ 清史馆待刊稿《清史列传》，《望嵓堂奏稿》（附），第 11 页。

的陈璧来做。如果没有最高统治者慈禧太后的点头，简直是不可想象的。

当然，陈璧也一定明白，把自己的命运系在一个人的身上是很危险的，但他又不是那种八面玲珑的人，只好听天由命。慈禧太后死后，陈璧“已自度无全理”（叶恭绰《清邮传部尚书陈公玉苍墓志铭》），果然不久就出事了。

第二个原因是陈璧被新掌权的权贵视为袁世凯的党羽，必欲剪之而后快。

慈禧死后，摄政王载沣将袁世凯罢黜，并试图将袁的亲信全部剔除出去（无奈袁世凯的势力太大，盘根错节，未能如愿）。陈璧被视为袁党，是第一个受到牵连的大员。[①]

第三个原因是陈璧在兴办陵工、建造摄政王府第这两件事上得罪了隆裕太后和摄政王载沣。

光绪去世后，因陈璧操办大型工程很有经验，便被派为“崇陵（光绪陵）工程大臣”并为摄政王兴建府第（兼差）。在做崇陵工程预算时，陈璧办事过于耿直认真，估计的款数太低，断了某些人的财路，于是那些人便制造谣言，说“大行皇帝苦了一辈子，到安葬的事，陈璧还要刻薄他”。隆裕太后听后，“椎（锥）心刺骨，非革陈职不可”。在为摄政王府第选址的时候，“有人故意告以邮传部衙署地方之佳，而陈尚书意又不舍，摄政王大怒”，“二者交集，陈璧获罪”[②]。这个说法虽然出自“野史”，但应该说是符合情理的。

---

① 参李宗一《袁世凯传》，中华书局 1980 年版，第 158 页。

② 岑学吕编《三水梁燕孙（士诒）先生年谱》，（台北）文海出版社 1972 年影印本，第 83 页。

第四个原因是陈璧坚持将铁路的余利用于发展铁路事业，反对其他部门或地方挪作他用，由此得罪了很多人。

陈璧任邮尚期间，有几条部辖铁路已经开始赢利。利之所在，也是别人的目光之所在。其他的部和地方官员纷纷奏请将铁路余利提拨他用。陈璧反对这样做，认为“铁路余利本为积成巨款以为建筑他路之用”，不宜挪为他用，“即本部除筑路以外亦不得挪移，以期集成巨款建筑他路”（“邮传部注重铁路之计划”，《盛京时报》1908 年 1 月 17 日）。此举得到当时舆论的赞誉，以“善哉，邮传部之计划哉”（“邮传部注重铁路”，《盛京时报》1908 年 1 月 18 日）加以赞扬，但被拒绝的那些人当然不会高兴，必欲去陈而后快。

第五个原因是陈璧个人性格方面的“弱点”。

陈璧的去职，还与他的不善官场交际，个人性格“孤直寡合”（叶恭绰《望嵓堂奏稿·序言一》）有关。与陈璧共事的人对他的性格很了解，说他“强直木讷，并年节生朝堂官之谒贺亦不知为之，晨夕趋公而已”，“不喜欢交际周旋”，[①]“为人气度偏浅，遇事不知从大处著手，且好挑剔细故，自诩精能”（“日下近闻”，《申报》1907 年 7 月 29 日），等等，不像官场上有些人那样八面玲珑、长袖善舞。对自己的下属也“性严正”“待下过严”，只论效率、不讲情面。有一次，陈璧对路政司司长写的稿子不满意，把叶恭绰叫来改稿。司长是叶的上司，如果改了，无异于驳上司的面子，因此“大窘”，提出和司长商量一下再改。陈璧不允，当即取笔给叶，立待改就发出，并且说，不要

---

① 叶恭绰《遐庵汇稿》，第 9—11 页。

效仿别人圆滑处世。司长惊讶得目瞪口呆。[1]如此，取怨于一部分下属也在所难免。

有上述五大原因，在倾轧激烈的清末官场，陈璧不去职而不可得。

陈璧被撤职后，再也没有担任公职，但晚年结局还算不错。他闲居在家，“辟小园，莳花木，课子孙，翛然忘世”（叶恭绰《清邮传部尚书陈公玉苍墓志铭》）。辛亥革命爆发后，袁世凯重新出山组织内阁，曾有消息称，“已革尚书陈璧颇为袁内阁所契重，近闻袁以其干练有才，拟招其出山，以资襄办将来地方上善后事宜云”（“陈璧出山消息”，《盛京时报》1912年2月10日），但终究没有出山。1928年，陈璧终老于家。

① 参见叶恭绰《遐庵汇稿》，第9—11页。

晚清摄影人闻知录

摄影术的发明，是近代史研究者的“福气”，因为它给研究工作提供了一种前所未有的形象资料，提供了除文字、器物、遗址、书画等传统资料之外一种全新的解读历史的手段。它如实地再现了历史的实情实景，所蕴藏的历史信息，往往比文字、器物、遗址、绘画等资料来得丰富、直接和准确，更接近于历史的本来面目，对于“再现历史”，具有革命性的意义，尤其是对于社会生活史的研究来说，更是如此。

照片所揭示的历史信息，对于“大历史”来说，也许只是一些“边角料”，然而在特定情况下，这些“边角料”有时也可以发挥其独特的“史料”作用。有时可以直接当作史料，有时可以用来验证史料。而且，历史照片的震撼力是其他任何资料所无法比拟的。

当然，摄影的对象是经过摄影人主观取舍的，有一定的主观成分在里面。从技术上说，照片可以作伪，① 也可能产生“赝

① 用照片作伪的手段达到某种重大的政治目的，在晚清时就有，如“袁世凯谋倾岑云阶（春煊）”事件。袁世凯为了打倒政敌岑春煊，利用合成伪造的岑春煊与康有为合影的照片，设法传到慈禧太后手里。慈禧最恨康有为，见此“铁证”，一怒之下，便将岑春煊斥逐。（胡思敬《国闻备乘》卷三，重庆出版社 1998 年版，第 198 页。刘成禺《洪宪纪事诗本事簿注》卷二，“罢除太监制度”，山西古籍出版社 1997 年版，第 204 页有类似的记载。）从技术角度来说，即使在当时，将两

品”。而且，绝大多数历史照片上没有文字说明，时间、地点、人物、事件等要素，极容易张冠李戴。因此，同其他文物一样，也有个鉴定的问题。①

一般认为，摄影术发明于1839年，数年之后传入中国。因此，中国摄影史的早期恰好与晚清史同步。晚清发生的很多重大的历史事件，都能直接间接地从照片中找到见证。晚清原版照片有些本身具有文物价值，许多博物馆把它们当作文物来收藏。有些散落于图书馆、档案馆和研究机构中，出现在古玩市场和拍卖会上。收藏老照片的私人收藏家也不少。近年来，不断有“新的”晚清历史照片被披露出来。出于专业需要，笔者多年来颇注意搜集这方面的信息。晚清历史照片传世者不少，但能知道作者（摄影者）是谁的却极为有限。笔者不揣孤陋，仅就自己的所闻所知，对晚清历史照片的摄影人作一初步考查，以求抛砖引玉。大体上可分为以下五类：

一、随侵略军来到中国的摄影记者或摄影爱好者

第一次鸦片战争时，法国人居勒斯·埃及尔（Jules Itier）在1844年中法《黄埔条约》谈判期间，以法国海关总检查官的

张照片合成一张，也是个非常简单的事。慈禧虽然喜欢照相，却不懂这个常识，信以为真，也是情理之中的事。

① 比如有人仅凭照片上的人物是否留辫来判断照片拍摄的年代是晚清还是民国，显然是不科学的，因为在清末已经有人剪辫（如新军、留学生），而民国以后，甚至到了二十世纪二三十年代，留辫者仍大有人在。

身份随法国使臣来华，用刚发明不久的银版法拍摄了一批中国风景照片，并为中国谈判代表耆英拍了“小照”。这批照片共三十几张，现在仍然保存在法国摄影博物馆里，是目前发现的最早的以中国（人）为对象的照片。法国巴黎国立图书馆 1978 年编辑出版了《19 世纪中国照片展览介绍》，埃及尔拍摄的中国照片收入其中。

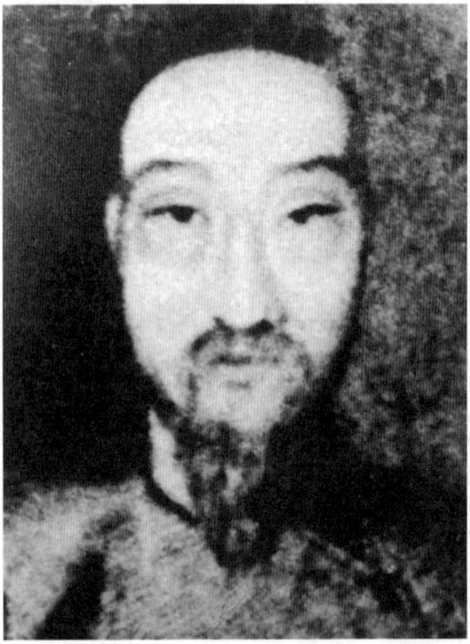

图六：耆英小照，勒斯·埃及尔摄。这幅模糊的照片是中国最早的照片，摄于 1844 年，离照相术的发明（1839 年）刚过去五年。

1853—1854 年间，美国的柏利（Perry）远征队里有一位名叫伊利法特·布朗（Eliphalet Brown）的随军摄影师，在中国东南沿海一带拍摄照片，选入《远征中国海和日本的叙述》一书中。[①]

① 参胡志川、马运增主编《中国摄影史》（1840—1937），中国摄影出版社 1987 年版，第 33 页。

图七："被英法联军攻陷的大沽炮台"

第二次鸦片战争期间，意大利威尼斯人费利斯·比托（Felice A·Beato，1825—1903）随英法联军侵入中国，拍下了中国沿海及北京景象的照片，也记录了那一段历史。据当时清朝官员的日记记载，《北京条约》举行签字仪式的时候，比托摄影留念，引起京城百姓的极大好奇，"观者万余人"[①]。比托的照片被国内的历史著作反复引用，知名度很高，如恭亲王奕䜣像、"被英法联军攻陷的大沽炮台"等。有评论认为，"论技巧，比托在十九世纪可算顶尖人物，他能揉和摄影技术与贯彻始终的记录眼光于一"[②]。

大约与比托同时，西方的另一位摄影师罗西尔（M·Rossier）

① 刘毓楠《咸丰十年洋兵入京日记》，见陈申《北京早期照相馆史料初探》，《中国摄影史料》第五、六辑合刊（1983年2月），第3页。

② 雄狮美术编辑部编《摄影中国》，（台北）雄狮图书公司1983年版，第8页。

在英法联军攻入广州后不久进入广州，拍下了断垣、英军占据的宝塔、珠宝街、妓院及其他都市景色。次年，罗西尔的赞助商将他的摄影作品制成“中国风景集”出售。这套风景集“将所有英国人都感兴趣的远方景色生动地呈现出来”①。

太平天国期间，有不少外国人拍摄了镇压太平天国的照片，并在书报上刊登。如俄国人在《中国的兵》一书中附有李鸿章淮军的照片。② 出于可以理解的原因，有关“洋枪队”“常胜军”的照片很多，而有关太平天国内部的照片却非常稀罕。上海档案馆收藏的“忠王李秀成率领下进围上海之太平军部队”是其中比较珍贵的一幅。③ 考虑到李秀成对“洋兄弟”比较宽容的史实，很可能是请外国人拍摄的。这幅照片曾被制成明信片发行，明信片上标有“Chinese Soldiers”（中国士兵）和“Max Nössler & Co., Shanghai，38 Nanking Rord”字样。

图八：“忠王李秀成率领下进围上海之太平军部队”

① 雄狮美术编辑部编《摄影中国》，第 7 页。

② 参伍素心编著《中国摄影史话》，辽宁美术出版社 1984 年版，第 92 页。

③ 此照片收入〔英〕呤唎《太平天国亲历记》，上海人民出版社 1997 年版。

甲午战争期间，日本摄影师龟井兹明带领一批助手（宫崎幸麻吕、桥元文山、森金次郎、新万之助等）随日本第二军侵入中国。他们拍摄的炫耀日军武功的照片无意中暴露了日军制造惨绝人寰的“旅顺大屠杀”的罪行。[①] 另一名摄影师浅井魁一也留下了大屠杀的罪证。当时，一些欧美国家的报社也派摄影记者跟随日军拍摄战争场面。由于技术条件的限制，照片不可能立即传回报社刊登，但文字可以立即通过电报传回。纽约《世界报》的记者詹姆斯·克里尔曼（James Creelman）亲眼目击了日军屠杀旅顺平民的暴行，写成长篇文字报道发回报社，震惊了全世界。《纽约先驱报》记者詹姆斯·惠勒·戴维逊（James Wheeler Davidson，1872—1933）和英国伦敦《画报》的特派记者乔治·F·毕格（1860—1927）则用照片记录了这一血腥场面。

在十九世纪末的那场瓜分中国的狂潮中，德军占领胶州湾、俄军侵占辽东半岛、英军强占威海卫，都有摄影人随军拍摄，用于炫耀。摄影人姓名不详。

1900年八国联军侵略中国时，留下了大量的照片。在晚清层出不穷的历史事件中，八国联军侵略可能是留存照片资料最多的，因为这个事件直接涉及的当事国几乎包括当时世界上所有的强国。当时世界各大报社均派记者云集天津，跟随侵略军从天津一路打到北京，其中就有不少摄影记者。被围困在东交民巷的凯利（C·A·Killie）用镜头记录了使馆区负隅顽抗的情景；英国人安德·伍德拍摄了一组八国联军进入紫禁城的

① 参见〔日〕龟井兹明《血证——甲午战争亲历记》，中央民族大学出版社1997年版。

照片。德国继任公使穆默（Mumm von Schwartzenstein，1859—1924）也是一位业余摄影爱好者，现在我们所见到的八国联军侵华照片，有很大一部分都是穆默拍摄的。[①]

图九："聚集在天安门前的八国联军"

联军占领紫禁城后，还印制了一批通行证，准许持证的外国人入内"参观"。"参观"者有的坐在皇帝宝座上让人拍照，过一回皇帝瘾，有的则"坐在慈禧睡过的床上，让朋友给他们拍照"[②]。另外，当列强军队齐集大沽口的时候，有一位名叫詹姆斯·理查顿（James Richard）的美国摄影师正好在中国南部用刚刚发明的立体照相机摄影，当他得知联军的舰队已经集结到天津大沽口外，便匆匆北上，随同北犯的联军，一路拍摄，记录

① 参赵健莉《庚子之变图志》，山东画报出版社 2000 年版，第 128 页。

②〔美〕I·T·赫德兰《一个美国人眼中的晚清宫廷》，百花文艺出版社 2002 年版，第 102 页。

下了这一段历史，后编辑成《“拳乱”时的中国旅行》行世，国内近代史著作图录多有采用其中照片者，如“被清军击伤的美国军舰”①、“在成为废墟的家中吃饭的天津居民”②等。日本随军记者柴田常吉还拍摄了一部电影纪录片。

图十：“在成为废墟的家中吃饭的天津居民”

1904年日俄战争期间，受雇于日本陆军大本营的村山维精、外谷钲次郎、小仑俭司等人，在东北拍摄了大量表现战争场面的照片。

① 见中国革命博物馆编《近代中国报道》（1839—1919），首都师范大学出版社2000年版，第513页。

② 见中国历史博物馆编《中国近代史参考图录》中册，上海教育出版社1983年版，第316页。

二、短期来华的外国旅行者、探险家

第二次鸦片战争后，外国人获准自由进入中国内地游历。之后，一些外国旅游者携带照相器材来中国旅行、摄影。旅行者如十九世纪六十年代来华的英国摄影师约翰·汤姆森（John Thomson，1837—1921），俄国摄影师勃尔恩；十九世纪七十年代来华的法国人托马斯·查尔德（Thomas Childe），俄国人B·拉宁；1862—1888年期间（具体时间不详）来华的F·斯科莫克；1889年来华的法国人乔治·拉比（1864—1899）；1897年来华的美国人约翰·斯塔德（John·L·Stoddard）；1898年来华的英国女旅行家毕晓普夫人（Mrs·J·F·Bishop）；1905年来华的日本人山川早水；1907年来华的A·塞格斯（他的摄影名作“中国北方的小旅馆”被选为美国《国家地理杂志》的“百年经典摄影”）；1908年来华的美国人E·H·威尔逊（E·H·Wilson）；1909年来华的法国人阿尔伯·肯恩（Albert-Kahn，1860—1940）及其助手阿尔费德·杜帖特（Alfred Dutertre）等。探险家如1863年深入中国西南边陲的菲力蒲·埃格顿（Philip Egerton）；1874年深入中国西北的俄国人阿·爱·鲍扬斯基；十九世纪七十至八十年代四次进入西藏探险的俄国人普尔日瓦尔斯基和他的助手B·罗波夫斯基；十九世纪末深入云南少数民族地区的W·A·瓦茨-琼斯、G·W·约翰逊、G·C·里格比、H·R·戴维斯；1871—1882年在中缅边境旅行的英国记者柯乐洪（Archibald Ross Colquhoun，

1848—1914）；1907 年全程报道“北京—巴黎汽车拉力赛”的意大利《晚报》记者巴津尼；1911 年来华的美国人谢维恩等。此外，来华时间不详但能肯定是在晚清时期的还有美国旅行家盖洛（著有插图本《中国十八个省会》）、美国威斯康星大学社会学教授 E·A·罗斯（著有插图本《变化中的中国人》）等。

上述来华摄影人中，有几位最值得一提：

其一，约翰·汤姆森，英国爱丁堡人，一位在世界摄影史上有很高地位的摄影师。1869—1871 年间，汤姆森带着沉重的摄影器材游历了中国的许多地方，把他看到风土人情一一摄入镜头，显然带有西方人猎奇的性质。回国后，汤姆森把自己的摄影作品用珂罗版制成插图，插入他撰写的游记《中国与中国人》中，向西方介绍遥远中国的“内在的、核心的景象”，给西方的读者以强烈的直观感受。在当时，深入中国内地的西方人很少，而又能把所见情景用镜头记录下来的更是凤毛麟角。所以汤姆森的摄影作品，成为西方人认识中国最感性的材料，在西方影响长远。从摄影艺术的角度来看，汤姆森拍摄的照片在构图、用光等方面都有独到之处，形成独特的“约翰·汤姆森风格”。汤姆森晚年被英国皇家地理学会聘为摄影顾问，并成为维多利亚女王的摄影师。在近年中国出版的有关“老照片”的书刊中，他的照片引用率非常高。

其二，乔治·拉比，法国图卢兹人，著名旅行家。1889 年，拉比来到远东，在中国、泰国和日本等地旅行，拍摄了许多照片。回国后，拉比在家乡开设了一家小型的东方艺术博物馆，将自己拍摄的（可能有一部分是购买的）照片连同带回的东方文物陈列在博物馆里，长期对外展出。

其三，阿尔伯·肯恩，法国金融家。1906年，肯恩创办了人类文化研究机构——环球会社（博物馆兼研究所性质），尝试以照片和影片来展现二十世纪初人类社会的众生相。为了搜集素材，1908年至1909年间，他与助手阿尔费德·杜帖特携带摄影器材周游世界，1909年初到达中国。1912年，肯恩资助法国职业摄影师斯提芬·帕瑟（Stéphane Passet）再次来华，拍摄了包括彩色照片（非黑白着色）在内的大量照片。这批彩色照片是目前发现的有关中国的最早的彩色照片。肯恩破产后，法国上塞纳河省收购了他的产业（包括照片和影片），并于二十世纪八十年代建立了以他的名字命名的博物馆 Musee Albert-Kahn。该馆收藏的中国照片有1,766幅，电影胶片51分钟，其中流传较广的有“逛厂甸庙会的满族皇室”等。二十世纪八十至九十年代，经过有关人士的努力，绝大部分中国照片和电影胶片已被拷贝，带回国内，交文保单位和博物馆收藏。[①]

其四，山川早水，日本旅行家。1905年，山川早水对中国四川进行了为期四个月的旅行考察，对沿途的自然风光、风俗民情、历史古迹、政治制度、经济状况、外侨生活状态等方面作了细致入微的记录，并拍摄了大量照片。1909年，游记以《巴蜀》之名在日本出版，配有150多幅照片，为了解二十世纪初四川的社会景观提供了不可多得的第一手资料。最近，《巴蜀》被译为中文出版。[②]

---

① 见〔法〕珍娜·苞索蕾《阿尔伯·肯恩的事业》，《老照片》第1辑；邱治平《珍藏在法国的清末民初照片》，《老照片》第2辑。

② 见〔日〕山川早水著，李密等译《巴蜀旧影》，四川人民出版社2005年版。

三、在中国居留时间较长的外国传教士、商人、外交官、工程师（或其他技术专家）、教师、海关官员、常驻记者、汉学家等

1. 传教士

1844年中法《黄埔条约》签订后，中国开放教禁，西方传教士可以进入通商口岸传教。当年就有一位名叫南格禄（Gottelancl Claude，1808—1856）的法国传教士携带照相器材，随同法国使臣来到中国，拍摄了许多照片。十九世纪七十年代，在福州传教的贾斯图特·杜力特（Reverend Justus Doolittle）仿效汤姆森《中国与中国人》的插图形式，出版了《中国的社会生活》，使自己在世界早期摄影史上占据一席之地。[①] 美国公理会传教士何天爵（Holcombe Chester，1844—1912）、明恩溥（Arthur Henderson Smith，1845—1932）以及英国伦敦会传教士麦高温（John Macgowan，？—1922）拍摄了大量反映中国下层社会生活状况的照片，作为自己著作的插图而为人所熟悉。在杭州传教的美国传教士罗伯特·费利斯·费奇（Robert Ferris Fitch，1873—？）也是位业余摄影爱好者，为后人留下了杭州晚清时期的风景照。[②] 费奇还出面邀请美国社会学家西德尼·D·甘博（Sideg D·Gamble，1890—1968）一家来华考察，后者身后留下了5,000余幅有关中国的黑白照片（其中有

① 参〔英〕伊安·杰夫里著，晓征等译《摄影简史》，三联书店2002年版，第66页。
② 见陈正卿编著《尘封的老照片》，四川美术出版社2005年版。

晚清拍摄的）和彩色幻灯片，还有一些16mm电影胶片，1984年在纽约被发现，[①] 成为见证中国近代历史的珍贵资料。在中国近代史上颇具影响力的著名传教士李提摩太（Timothy Richard，1845—1919）在他晚年的回忆著作中也提到自己在中国游历时亲自操持照相机。[②]

2. 商人

晚清来中国经商的商人数量庞大，业余摄影爱好者也一定不在少数，但他们很少著书立说，要了解这一部分摄影人的情况不是一件容易的事。据笔者所知，十九世纪六十年代来华，在福州长期从事茶叶贸易的美国商人特德·法朗西斯·琼斯；1899年来华，后来任屈臣氏大药房经理的唐纳德·曼尼（Donald Mennie）；清末来华，在香港、澳门及广州的轮船公司担任会计的约翰·安诺（John Arnold）等均有摄影佳作传世。另外，英国商人立德之妻阿绮波德·立德（Archibald Little，1845—1926）、荷兰东印度公司中文翻译博雷尔都是水准很高的业余摄影爱好者。

3. 外交官

由于条件优越，晚清驻华使领官员拥有照相器材者为数不少，所拍照片的史料价值也较高。目前，笔者所知的有摄影作品传世的驻华使领官员除了前面已经提到的德国公使穆默外，还有法国驻滇领事方苏雅（Auguste Francois，1857—1935）、

① 参邢文军《西德尼·D·甘博镜头下的中国》，《老照片》第18辑。

② 参〔英〕李提摩太《亲历晚清四十五年》，天津人民出版社2005年版，第262页。

在成都等多个城市领事馆任职的法国人儒勒·乐和甘（Jules Leurquin，1885—1945）。另外，美国公使康格（Edwin Hund Conger，1843—1907）的夫人曾经拍了一百多幅有关慈禧太后召见七国公使夫人的照片。

方苏雅，1895年来华，任法国驻龙州领事，1899年起任云南府（昆明）名誉总领事兼法国驻云南铁路委员会代表，1904年任满回国。在云南、广西期间，方苏雅用玻璃干片照相机拍摄了大量的照片，涉及行程、风土人情、历史事件、历史人物、交通、建筑、民族、宗教等诸方面，留下了大量的有关十九世纪末、二十世纪初中国西南地区的形象资料。这批珍贵的照片湮没在法国乡间一个地窖里达近百年之久。1997年云南人殷晓俊、罗庆昌在有关单位的协助下，耗资百万，远赴法国，购得几百幅照片的中国使用权。老照片放大后在云南和北京等地进行巡展，引起轰动。在笔者供职的中国历史博物馆（现中国国家博物馆）展出后，照片使用权人将其中80幅照片的使用权赠给我馆。

乐和甘，1909年来华，先后在成都、重庆、汉口、海口、汕头、广州、香港、天津、北京、上海、哈尔滨等地的法国驻华使领馆任职，1945年第二次世界大战结束前被日本人毒害于哈尔滨，在中国的时间长达三十六年（中间短暂回国），是中国近代史的见证人。最近，岳麓书社将乐和甘后人珍藏在家的乐和甘在中国期间寄给家人的书信翻译出版（附有乐和甘拍摄的照片），为研究中国近代史提供了一份难得的资料。[①] 在乐和甘

① 见〔法〕博里斯·马尔坦《是从中国，我给你写的信……》，岳麓书社2005年版。

拍摄的老照片中，有几张被称为“独一无二”的关于1911年成都“保路运动”死难群众的照片，弥足珍贵。

4. 教师、工程师（或其他技术专家）和海关官员

晚清在中国工作的外籍教师、工程师（或其他技术人员）、海关官员为数甚多。其中留下照片的有英国植物学家罗伯特·福钧（Robert Fortune，1812—1880）、四川高等学堂应聘教师路德·那爱德（Luther Knight，1879—1913）、商务印书馆印刷专家施塔福（Francis E·Stafford，1884—1938）、德国建筑师贝曼、日本人类学家鸟居龙藏（1870—1953）、海关税务司德国人阿理文（Ernest Ohlmer，1847—1927）、英国医生德贞（Jhon Hepburn Dudgeon 1837—1901）等。

那爱德1910年来华，任四川高等学堂教授，次年兼地质系主任。在成都期间，适逢“保路运动”和辛亥革命，他拍摄的有关大汉四川军政府成立的情景照片，弥足珍贵。辛亥革命后，由于时局动荡，那爱德一度到上海开设“波尔”照相馆谋生，时局稳定后又回到成都执教，不久染上伤寒病逝，埋土中国。也许是出于巧合，二十世纪九十年代，那爱德的侄孙来约翰也应四川大学之聘来华执教，将祖传的有关中国的历史照片公之于世。

施塔福1909年以印刷技术专家的身份来华，服务于当时中国最大的出版机构商务印书馆。在华期间，拍摄了大量照片，其中有关辛亥革命的镜头尤为可贵。施塔福的作品有一部分曾经发表过，其中“1912年元旦上海各界欢送孙中山赴南京就职”最为经典、传布最广。因为在南京举行孙中山就任临时大总统典礼的时候，已经是夜晚，又适逢大雨，而当时照相多采用自然光，因此没有留下这一历史时刻的直接的照片，在上海拍摄的这张也就成了就职典礼的唯一影像见证。施塔福在中国拍摄的大部分照片保存在他的后人手里，1998 年由他的外孙安德森（Ronald E · Anderson）带到中国，2001 年上海古籍出版社精选其中的一部分，以《20 世纪初的中国印象——一位美国摄影师的记录》为名出版。

图十一："1912 年元旦上海各界欢送孙中山赴南京就职"

福钧，英国皇家园艺学会暖室部主任。1843 年首次来中国调查产茶情况、学习茶树栽培和制茶方法。后又三次来华，采集了许多植物标本带回英国。著有《华北诸省漫记》《中国茶乡之行》等著作。[①] 在华期间，拍摄了许多照片。

① 参中国社会科学院近代史研究所翻译室《近代来华人名辞典》，中国社会科学出版社 1981 年版，第 149 页。

鸟居龙藏，人类学家，自1894年起，深入到中国的东北、台湾、西南等地人口较少的多民族聚集区进行人类学考察，积累了大量的第一手资料。鸟居在日本学界率先使用照相机作田野调查，留下了2,545张感光玻璃干板底片（其中一部分发表过）。[①] 这些底片整理洗印出来后，为人类学研究提供了不可多得的素材。

贝曼，德国建筑师。1897年德国强占胶州湾后，大兴土木，准备把这里建成远东最重要的海军基地和居住地，贝曼也参与了建设工作，并于1898年至1906年间拍摄了大批照片，内容包括青岛老村庄、宗教建筑、青岛城市建设、社会生活百态、崂山风景以及胶济铁路沿线的民风民俗等。2004—2005年间，青岛市档案馆等单位派人从德国翻拍了约600张贝曼拍摄的老照片带回国内。这批照片对研究青岛地方历史具有重大的参考价值。

阿理文曾任广州、福州、北海副税务司、税务司等职，并多次任总税务司署委巡各口款项事税务司，在中国海关工作了四十六年，几乎走遍各口，建立了一套海关统计制度。[②] 阿理文旅居北京期间，大约于1870年[③] 也就是英法联军火烧圆明园后的第十年拍摄了一组圆明园照片。从照片上看，这些劫后余生的西洋楼建筑保存还比较完整，和今天我们参观圆明园所见到

① 参黄才贵编著《影印在老照片上的文化——鸟居龙藏博士的贵州人类学研究》，贵州人民出版社2000年版，第179页。

② 参中国社会科学院近代史研究所翻译室《近代来华人名辞典》，第361页。

③ 一说1873年，见汪荣祖《追寻失落的圆明园》，江苏教育出版社2005年版，第242页。

的景象不大一样。阿理文回到德国后，这批照片秘不示人。去世后，其夫人将底片转赠给柏林工科大学一位研究中国建筑的教授。1930 年，中国旅欧画家滕固（1901—1941）征得那位教授的同意，翻拍后带回国内，于 1933 年由商务印书馆出版，书名《圆明园欧式宫殿残迹》,[①] 使后人对劫后的圆明园的命运有一个更具体、更直观的感受。

图十二：阿理文拍摄的圆明园残迹照

5. 常驻中国记者

在近代，中国的一些大城市办有给外国人看的外文报纸（如上海的《字林西报》《大陆报》等），设有世界著名报社的分支机构（如英国《泰晤士报》的驻华机构）。当然这类报纸的记者也都是外国人，他们用手中掌握的照相器材，为我们留下了另一种眼光下的近代中国的形象资料。

① 参史建《圆明园遗影》，《老照片》第 4 辑。

埃德温·丁格尔（Edwin Dingle，1881—？）是《大陆报》的记者，1911 年武昌起义爆发的时候，他恰好在汉口一带采访，亲自见证了这一重大历史事件，并用手中的照相机记录了下来。由于丁格尔是英国人，战争爆发后，英国等国宣布中立，这样，他就可以自由地出入于交战双方的阵地，拍到第一手照片，新闻性很强，极具震撼力。现在我们看到的许多有关武昌起义的照片多出自丁格尔之手（其英文著作 *China's Revolution:1911—1912* 很快就于 1912 年由商务印书馆出版，内附 70 余幅照片。该书已译成中文出版[①]），其中“黎元洪及参谋在战场指挥炮兵作战”，被誉为“真正的新闻照”闻名于新闻界。

图十三：“黎元洪及参谋在战场指挥炮兵作战”

① 参〔英〕埃德温·丁格尔著、刘丰祥等译《辛亥革命目击记》，中国青年出版社 2002 年版。

图十四:“年轻女子”

莫理循(George E·Morrison,1862—1920),澳大利亚出生,在伦敦接受高等教育,后被英国《泰晤士报》聘为驻华记者,长住北京二十余年,与清末民初的中国政坛关系密切,是一位“中国通”。莫理循生前拍摄了许多有关中国的新闻照片,去世后,他的妻子将所有的照片连同其他材料捐赠给了悉尼的米歇尔图书馆。后来,这批材料移交给中国“清史编纂委员会”收藏。

除上述几类外籍人员外,著名汉学家马达汉(Gustav Mannerheim,1867—1951)、斯文·赫定(Sven Anders Hedin,1865—1952)、斯坦因(Mark Aurel Stein,1862—1943)、伯希和(Paul Pelliot,1878—1945)、沙畹(Emmanuel Édouard Chavannes,1865—1918)在中国考察时,也都留下了不少珍贵的镜头,其中有一部分是清末拍摄的。

四、营业摄影师(包括外国人和中国人)

鸦片战争以后,列强割占了香港,在上海等地开辟了租界。

同西方的其他物质文明一样，照相业也呈现了从粤港澳向上海传播，再由上海向内地和北方传播的趋势。目前所知，最早在中国开设照相馆的可能是一位名叫约翰·麦凯（John Mccosh）的英国医生，1846年在香港开设照相馆，经营了大约2年时间。[①]大约在1860年，美国的风景摄影师查理·伟尔德（Charles Weed）和豪尔（曾在印度开过照相馆）在香港合伙开设了一家照相“公司”。后来，这家公司几易主人，先后由贺斯理、弥尔顿·米勒（Milton Miller，1830—1904）、威廉姆·佛洛德（William Pryor Floyd）、埃弥尔·罗斯福（Emil Rusfeldt）、亨利·埃弗雷特（Henry Everett）等人经营。这些人的摄影水平都很不错，使“公司的品质在十九世纪为亚洲之冠”[②]。1877年，公司宣告结束。十九世纪八十年代以后，又有一批新的外籍摄影师在香港以及华南其他地区开业，其中有：裴德、柏克、拉盖尼尔、韦伯金和奇恩斯。[③]

最早在上海经营照相馆的可能是一位名叫伍德的外国人，开业时间在1850年左右。太平天国期间，伍德曾拍有“洋枪队”的照片。[④]与此同时，前面提到的法国传教士南格禄和一位名叫李阁朗的法国人也在上海进行摄影活动。十九世纪六十年代以后，美国著名的风景摄影师W·桑德斯（W·Saunders，1864—1885年在沪营业）和F·菲希勒（F·Fisler，1866—

① 参胡志川、马运增主编《中国摄影史》（1840—1937），第16页。

② 雄狮美术编辑部编《摄影中国》，第9页。

③ 同上书，第11页。

④ 参彭永祥、李瑞峰《上海早期的摄影》（1850—1911），《大众摄影》1982年第2期。

1887 年在沪营业）也相继在上海开设照相馆，经营时间均长达二十余年，留下《上海的食担》《华北乡村景色》《上海的织布妇女》等一大批摄影佳作。桑德斯的副手格里弗士 1875 年离开上海去香港，加盟“赖阿芳”摄影社，开了欧籍摄影师与华籍摄影师合作的先端。[①]

在其他城市，十九世纪七十年代，日本人木村夫妇在福州开设了“卢山轩”照相馆。[②]1893 年，日本人山本在汉口开设了“永清”照相馆。[③]甲午战争后，日本人山本赞七郎在北京王府井附近的霞公府开设了“山本”照相馆。1909 年，田永恭平在北京开设了“三星”照相馆，聘内山留真为摄影师。[④]另外，1885 年奕譞巡视北洋海军时为奕譞拍照的德国人来兴克可能也是开设照相馆的营业摄影师。在传世的晚清照片中，笔者还见过一张标有“天津太沽道”“山本诚阳”字样的照片，这位山本诚阳应该也是一位营业摄影师，他的照相馆以自己的名字命名。

这些外国摄影师在经营的过程中，均招收当地的中国人充当助手。其中有一些助手掌握摄影技术后，便出来独立门户，开设照相馆谋生。晚清时期中国人开设的照相馆数量很多，主要集中在香港、广州、上海、汉口、天津、北京等大城市，但有摄影人（或经营者）可考的并不多。据笔者所知，列表如下：

① 参雄狮美术编辑部编《摄影中国》，第 12 页。
② 参王度《福州照相业的变迁》，《大众摄影》1982 年第 6 期。
③ 参张崇明《江城百年照相史话》，《武汉春秋》1983 年第 3 期。
④ 参陈申《北京早期照相馆史料初探》，第 6 页。

<table>
<tr><th>城市</th><th>摄影人（或经营者）</th><th>开设时间</th><th>照相馆名称</th><th>备注</th></tr>
<tr><td rowspan="3">香港</td><td>周森峰、张老秋、谢芬</td><td>咸丰年间</td><td>“宜昌”</td><td>由油画改营照相</td></tr>
<tr><td>温棣南</td><td>同治年间</td><td>“缤纶”</td><td>二十世纪初，“缤纶”成为香港最大的照相馆</td></tr>
<tr><td>赖阿芳</td><td>1859 年</td><td>“赖阿芳”</td><td>由赖阿芳及其后代连续营业达八十二年之久</td></tr>
<tr><td rowspan="4">广州</td><td>梁海初</td><td>十九世纪七十年代</td><td>“芙蓉镜”</td><td>梁的学徒出师后，分别前往上海、苏州、无锡等地开设新馆</td></tr>
<tr><td>黎镛</td><td>不详</td><td>“黎镛”</td><td>有《广东制造军械厂各厂机器图》照相贴册传世。在此类照相贴册上署名是罕见的</td></tr>
<tr><td>张老秋</td><td>十九世纪中叶</td><td>“宜昌”</td><td>张曾在香港与人合营同名照相馆</td></tr>
<tr><td>谢耀华</td><td>不详</td><td>“谢耀华”</td><td></td></tr>
<tr><td rowspan="6">上海</td><td>罗元佑</td><td>十九世纪七十年代</td><td>不详</td><td></td></tr>
<tr><td>梁杰臣</td><td>不详</td><td>“丽珠”</td><td>梁杰臣曾是梁海初的学徒</td></tr>
<tr><td>施德之</td><td>十九世纪末</td><td>“耀华”</td><td></td></tr>
<tr><td>欧阳石芝</td><td>1889 年</td><td>“宝记”</td><td></td></tr>
<tr><td>张桂生</td><td>不详</td><td>“保锠”</td><td></td></tr>
<tr><td>林祝三</td><td>不详</td><td>“亚西细”</td><td>1903 年曾在北京活动</td></tr>
</table>

续表

城市	摄影人（或经营者）	开设时间	照相馆名称	备注
北京	任景丰	1892 年	“丰泰”	拍摄中国第一部电影《定军山》
	杨远山	十九世纪末	“鸿记”	
	王子贞	十九世纪末	“王子贞”	后定名“尚友”
	潘慧南	十九世纪末	“荣升”	
	张子清	十九世纪末	“张子清”	1900 年被义和团“剿办”
	谭景堂	二十世纪初	“同生”	从上海迁至北京
	温章文	二十世纪初	“太芳”	从济南迁至北京
天津	创办人黄国华，摄影师王子铭	十九世纪末	“恒昌”	王子铭接管“恒昌”后更名“鼎昌”。王去世后，其徒王润泉、李耀亭接管，更名“鼎章”
	梁时泰	光绪初年	“梁时泰”	
	尹绍耕	不详	“福升”	
武汉	严添承	1881 年	“显真楼”	
	翁耀卿	1878 年	“美华”	
	鲍俊轩	1878 年	“文华”	
	李白贞	二十世纪初	“荣昌”	
杭州	唐镜元	不详	“二我轩”	摄制的《西湖全景》贴册获 1910 年南洋劝业会金牌奖

续表

城市	摄影人（或经营者）	开设时间	照相馆名称	备注
福州	谢芬	十九世纪中叶	不详	谢曾在香港与人合营“宜昌”照相馆
大连	邱玉阶	1908年	“华春”	
昆明	蒋楦	1904年	“水月轩”	
	蒋朴	1911年	“二我轩”	蒋朴是蒋楦之弟
热河	薛桐轩	不详	“萃芳”	

资料来源：吴群《我国早期的风景摄影》,《中国摄影》1963年第1期；彭永祥《十九世纪中叶的中国摄影》,《大众摄影》1980年第5期；王健《摄影术传入广东的年代考》,《中国摄影史料》第2辑（1981年10月）；张崇明《江城百年照相史话》,《武汉春秋》1983年第3期；陈申《北京早期照相馆史料初探》,《中国摄影史料》第5、6合辑（1983年2月）；林泉编著《重返老昆明》，云南美术出版社2002年版，第365、369页；《南洋劝业会审查得奖名册》，上海商务印书馆1910年版，“金牌奖”，第35页；大连华润啤酒有限公司《百年之旅》编辑部编《百年之旅》，大连出版社1999年版，第171页；张伟《沪渎旧影》，上海辞书出版社2002年版，第28页；胡志川、马运增主编《中国摄影史》(1840—1937)，中国摄影出版社1987年版。

在上述摄影人中，最为著名的有香港的赖阿芳、天津的梁时泰和尹绍耕、北京的任景丰。

赖阿芳，广东人，1859年在香港皇后大道开了一家“摄影社”，除拍摄人像外，还拍摄街景、自然风景等，制成旅游纪念品出售。赖阿芳是香港开业最早的中国摄影师之一，而且他的照相馆连续营业时间很长。他去世后，后人继续营业到1941年。赖阿芳的摄影技巧，被公认为是第一流的。汤姆森游历香港时，与赖阿芳有过交流。汤姆森后来在他的著作中评价赖阿芳的摄影作品“看上去照得相当不错”。他总结赖阿芳肖像摄影的特点是“从不照那种侧面或四分之三脸部的相片”，而是按照“传统的对称要求”，“把整个轮廓完整地表现出来；在脸上，要求尽可能地减少阴影，即使有一点儿，也要求对称”。[①]可见，赖阿芳自有一套自己的摄影艺术理论，与中国传统的审美观念一脉相传，丰富了世界摄影艺术，对后来的中国摄影产生了深远的影响。

梁时泰，广东人，光绪初年由上海到天津开设照相馆。1885年，主持海军事务的醇亲王奕譞赴天津巡阅海防。为了加强宣传，大造声势，特召梁时泰和德国摄影师来兴克拍照。梁时泰技法熟练，且深知封建官僚的口味，经过数日操劳，拍摄了醇亲王帅舰在巡视途中的照片，并从不同角度拍摄了北洋舰队的官兵、建制、规模等情况的照片，得到了醇亲王的赞赏。巡阅结束后，醇亲王嘱人赏银四百两，以示嘉奖。[②]这批照片次年由醇亲王进呈皇帝，使照片首次进入宫廷。后来，梁时泰又多次为奕譞照相，其中在“醇亲王五十岁照相”上，梁时泰题下了“光绪十五年清和月粤东梁时泰照”，这对于摄影师来说，是一件了不起的殊荣。梁时泰的地位由此可见一斑。除了奕譞外，梁时泰还经常为权臣李鸿章照相。

①〔英〕约翰·汤姆森《镜头前的旧中国》，中国摄影出版社2001年版，第20页。
② 参周馥《醇亲王巡阅北洋海防日记》，《近代史资料》1982年第1辑。

尹绍耕，天津人，在天津开设“福升”照相馆。同赖阿芳、梁时泰相比，尹绍耕只是个默默无闻的靠照相为生的生意人，本来没有什么名气。然而，后来发生了一件与摄影有关的大案使尹绍耕和他的“福升”照相馆声名远扬。

1909年，清廷举行慈禧太后的“奉安大典”。当时主持大典的是隆裕太后，负责具体事务的是直隶总督端方。隆裕太后明确指示举行大典时不许任何人照相（隆裕太后并不是从不照相的人，她在生前还是留下了为数不多的“御容”，原版照片至今保存在故宫博物院）。但这样的场面对摄影人来说无疑是很有吸引力的，铤而走险偷拍者大有人在。据说尹绍耕买通了端方的一名仆役，在“奉安大典”进行的过程中，沿途拍照。隆裕太后获悉后大为恼怒，以“妨害风水，破坏灵道，偷照御容，故意亵渎”为由，将尹绍耕等人拘捕定罪，并割去了端方直隶总督的职务，轰动一时，史称“东陵照相案”。照相本为小事，却使摄影师遭到不白之冤、直隶总督丢了官帽，这多少有点不可思议，背后可能有权力斗争的因素，但也从一个侧面说明，照片虽小，有时也能影响历史。

任景丰，沈阳人，青年时在日本学习照相技术，1892年在北京开设丰泰照相馆，可能是北京开设的第一家照相馆，生意兴隆。1900年“庚子事变”的时候，丰泰照相馆首当其冲，馆被焚毁，任景丰本人也差点殒命。事变之后，任景丰重操旧业，继续经营照相业，并成为北京著名的东安市场的创始人。任景丰尤其擅长拍摄戏曲照片，他的最大贡献还在于于1905年摄制了中国第一部电影《定军山》（主角是著名的京剧表演艺术家谭鑫培），在中国电影史上写下浓墨重彩的一笔。

五、国内的业余摄影爱好者

在晚清，有条件操作照相机的业余爱好者并不多。笔者闻知的有以下几位：

邹伯奇（1819—1869），广东南海人，是中国摄影史乃至科技史上的一位奇才。1844年，也就是世界摄影术刚发明不久，邹伯奇参照中国古代科学技术成果（也可能受西方影响），独自设计制造了一套“摄影器”，并留下了《格术补》和《摄影之器记》两部摄影专著。

图十五：邹伯奇自拍像

罗以礼（1802—1852），广东新会人，早年用安布罗法进行人像摄影，有“自摄像”和“广东老妪像”传世。

珍妃（1876—1900），光绪妃子，喜摄影，据说曾开设过一家照相馆。①

勋龄，驻法公使裕庚次子。勋龄和他的两位姐妹德龄和容龄随父在世界时尚之都巴黎生活了很长时间，接受西式教育，

① 参陈申《清代摄影史料琐辑》，《中国摄影史料》第2辑（1981年10月），第10页；《北京早期照相馆史料初探》，第9页。

因此，也各自学会了西洋的新鲜技艺，容龄学芭蕾舞（也会摄影），勋龄学摄影，而德龄则精通英文和法文，成为著名的作家和翻译家。他们的技艺在当时的中国是一流的。勋龄最出色的作品就是1903年为慈禧太后拍摄了三十多幅肖像照和化装照，底片和原版照片现藏故宫博物院，复制品随处可见。另外，勋龄还为慈禧太后精心摄制了“颐和园全景图”，全图由三张照片拼接而成，湖光山色，异常清晰，即使以今天的眼光看来，也不愧为风景摄影的佳作。

图十六：慈禧像，勋龄摄。

胡茂卿，广东人，1908 年到山东拍摄泰山、曲阜名景，制成画集《泰山曲阜全图》出售。[①]

赵鸿雪，江苏无锡人，画家，精摄影。由于他擅长绘画，所拍照片的光线、构图都很讲究。后专心研究照相制版技术，是中国第一个掌握照相制版技术的人。[②]

刘半农（1891—1934），江苏江阴人，著名文学家，“五四”新文化运动先驱，喜爱摄影。清末开始学习摄影，二十世纪二十年代加入北京摄影团体“光社”，有《舞》《夕照》《齐向光明去》《山雨欲来风满楼》等摄影名作传世。他写的摄影理论专著《半农谈影》被称为“中国第一本摄影艺术专著”。[③]

郎静山（1892—1995），江苏淮阴人，著名的摄影艺术大师。1904 年 12 岁入上海公共租界工部局开办的育才学堂学习，从国画老师李靖兰学习摄影。1927 年在上海创办摄影艺术团体——“华社”，与北京的“光社”南北辉映。1931 年，开设“静山摄影室”，成为职业摄影师。郎静山的作品追求中国绘画艺术的造型效果，独树一帜，被西方人称为“郎氏风格”，在国际上很有影响力。[④]

王伯南，上海富商王一亭之子，1910 年与《民立报》记者李壁仞深入皖北洪水灾区考察灾情，拍摄并编辑摄影集《江皖灾民图》（1911 年上海华洋义赈会印制），以此作为宣传品，向社会募捐赈灾。[⑤]

---

① 参彭永祥、李瑞峰《中国摄影史话》，《大众摄影》1981 年第 7 期。

② 参胡志川、马运增主编《中国摄影史》（1840—1937），第 85 页。

③ 见刘半农《半农谈影》，中国摄影出版社 2000 年版。

④ 见中国摄影出版社编《摄影大师郎静山》，中国摄影出版社 2003 年版。

⑤ 参张恣宽《李伯南与〈江皖灾民图〉》，《老照片》第 22 辑。

杜就田，浙江绍兴人，幼习摄影，后从事图书编辑工作，在自己主编的《妇女杂志》上开辟摄影学习园地，著有《新编摄影术》。

周耀光，广东高等学堂教习，1909 年，由他编著出版的《实用映相学》获广东提学使的银牌奖励。[①]

吴匡时，翰林庶吉士，南洋劝业会化学审查官。擅长化学和摄影，传世作品有《归国留洋学生参加殿试》等。

陈昭常，官至吉林巡抚，著有《摄影术二十五章》。

此外，在最早走出国门的那一批中国人中，林箴、罗森、吴嘉善、吴仰曾、容闳和康有为[②]等都擅长摄影。清末革命党人中也有不少摄影爱好者，如黄复生、汪精卫、喻培伦、李白贞、潘达微、孙揆伯[③]等。他们有的以摄影为掩护进行革命活动（如喻培伦以“守真”照相馆为掩护谋刺摄政王载沣、“共进会”将李白贞开设的“荣昌”照相馆作为策划起义的秘密据点），或者以照片为武器进行革命宣传（如潘达微在自己创办的《时事画报》上刊登宣传革命的照片）。

在上述摄影人中，最值得一记的是容闳为受歧视的华工摄影取证的事迹。

十九世纪中叶以后，华人前往美洲等地做工的人数急剧增加。华工们工作勤劳，但却受到种种不公平的待遇，健康和生命没有保障。在秘鲁，不断有华工受虐的消息传来。中国政府

① 参吴炜《摄影发展图史》，吉林摄影出版社 2000 年版，第 37 页。
② 康有为 1904 年赴欧洲游历时曾携带照相器材，在地中海转船时不幸遗失。见钟书河主编《走向世界从事·欧洲十一国游记》，岳麓出版社 1985 年版，第 66 页。
③ 孙揆伯，同盟会员，孙中山流亡欧洲的时候，为孙中山照相，见余齐昭《孙中山文史图片考释》，广东省地图出版社 1999 年版，第 28 页。

几经交涉，秘鲁方面却百般抵赖，未果。1874年，容闳奉命前往调查。为了取得铁证，容闳深入华工居所，在夜间秘密拍摄了一批照片。照片上的华工“背部被鞭笞得皮开肉绽，伤痕累累，整个背面面目全非，无一块完肤”。当容闳将这些照片出示给秘鲁人看的时候，秘鲁人“惊讶得目瞪口呆”，不得不承认这一血淋淋的事实。此举使秘鲁的非法劳工贸易受到致命的打击。①

除以上五类，其他身份尚难确定的晚清摄影人还有：柴氏（1870—1880年期间拍摄北京街景）、品石山人（1884年中法战争期间为刘永福拍照）、吴宝基（十九世纪末拍摄台湾景象）、钟大声（摄影作品在1910年的“南洋劝业会”上获银牌奖）、刘治平（所摄李鸿章像在1910年的“南洋劝业会”上获银牌奖）等。由于笔者见识有限，难免挂一漏万。随着时间的推移，今后可能还会有更多“新”的晚清历史照片被披露出来，更多晚清摄影人的姓名为世人所知晓，笔者将继续关注这方面的信息，以便日后补充。

① 参容闳《我在中国和美国的生活》，百家出版社2003年版，第205—207页。

后记

这本小书，是二十几年来本人对自己所学专业的一个侧面：即在晚清这个“三千余年一大变局”的历史阶段中，西方物质文明的传入如何对中国社会产生影响这一专题的一点粗浅认识。其中，《“春帆楼下晚涛急”——甲午前后李鸿章和伊藤博文外交策略之比较》是在硕士论文的基础上修改而成的。为了醒目起见，加了一个主标题。收入本书中的其他文章，有的已经在刊物上发表过了，收入本书时又作了一些修改；有的是未发表过的。主要论述晚清以降在西方物质文明的冲击下，中国社会所发生的种种变化：一方面，传统中国社会单调、封闭、等级森严的局面虽然被一定程度地打破了，但残存势力依然强大；另一方面，西方物质文明的传入，就像是错剪到中国历史拷贝上的“蒙太奇”，一下子打乱了中国社会发展的固有周期，引发了城乡冲突、公私冲突、新旧冲突、强弱冲突和华洋冲突，这几类冲突又往往交织在一起，呈现出错综复杂的局面。本书的特点之一，是在史料的选取上本着“史料的来源不拘一格，搜采要博，辨别要精，大要以‘无意于伪造史料’一语为标准。杂记与小说皆无意于造史料，故其言最有史料的价值，远胜于官书”的思路，“有道理”地采用时人撰写的能反映一定历史真实的文学作品，通过探微索隐，以求揭开被“大历史”掩盖住的真实的历史细节。

特别感谢王晓秋老师、夏晓虹老师、陈平原老师、胡友鸣老师、陈鼎栋老师多年来的教诲、鞭策和鼓励。感谢同辈学友厚艳芬、杨春玲、解永健、徐煜、王志明、高巍翔、吉家友、梁小红、赵爽等人的支持和帮助。感谢责任编辑贡方舟的悉心校正。但书中若有错误之处，完全由作者本人负责。

苏生文

2016 年 10 月